同济大学高质量发展系列丛书

奋楫争先

同济大学发展报告
（2018—2023）

主　编／方守恩　陈　杰　郑庆华
副主编／孔德懿　蔡三发

同济大学出版社
TONGJI UNIVERSITY PRESS
·上海·

图书在版编目（CIP）数据

奋楫争先：同济大学发展报告：2018—2023 / 方守恩，陈杰，郑庆华主编. -- 上海：同济大学出版社，2023.10

（同济大学高质量发展系列丛书）

ISBN 978-7-5765-0678-5

Ⅰ. ①奋… Ⅱ. ①方… ②陈… ③郑… Ⅲ. ①同济大学—发展—研究报告—2018-2023 Ⅳ. ① G649.285.1

中国国家版本馆 CIP 数据核字（2023）第 177797 号

奋楫争先
——同济大学发展报告（2018—2023）

主　编：方守恩　陈　杰　郑庆华
副主编：孔德懿　蔡三发

责任编辑　熊磊丽
责任校对　徐春莲
封面设计　王　翔

出版发行　同济大学出版社　www.tongjipress.com.cn
　　　　　（地址：上海市四平路1239号　邮编：200092　电话：021-65985622）

经　　销　全国各地新华书店
印　　刷　上海安枫印务有限公司
开　　本　787mm×1092mm　1/16
印　　张　32.5
字　　数　811 000
版　　次　2023年10月第1版
印　　次　2023年10月第1次印刷
书　　号　ISBN 978-7-5765-0678-5
定　　价　168.00元

本书若有印装质量问题，请向本社发行部调换　　版权所有　侵权必究

同济大学高质量发展系列丛书

编委会

主　任　方守恩　郑庆华

编　委　冯身洪　吕培明　吴广明　顾祥林　方　平　雷星晖
　　　　　陈义汉　彭震伟　童小华　娄永琪　赵宪忠

奋楫争先
同济大学发展报告
（2018—2023）

编委会

主　编　方守恩　陈　杰　郑庆华

副主编　孔德懿　蔡三发

编　委　（按姓氏笔画排列）

　　　　　王小莉　尹学锋　司惠文　朱茂然　李　博
　　　　　杨劲松　杨秋华　陆英楠　周宏武　顾旭峰
　　　　　徐荣华　殷　文　戴代红

总 序

同济大学始终与中华民族命运休戚与共、与祖国科教事业心手相牵、与上海城市发展相濡以沫。

2018年第十一次党代会召开以来，同济大学坚持以习近平新时代中国特色社会主义思想为指导，全面贯彻落实党的二十大精神，坚持同济天下，不断追求卓越，在高质量推进建设具有全球影响力的中国特色世界一流大学和一流学科方面取得显著进展和可喜成绩，书写了新时代以中国式现代化全面推进中华民族伟大复兴的同济篇章。

在中国共产党同济大学第十二次代表大会即将召开之际，学校党委全面总结了学校过去五年在党的建设、人才培养、学科建设、队伍建设、科学研究、社会服务、国际合作和文化建设等方面的经验和成效，编撰了"同济大学高质量发展系列丛书"。丛书共六册，包括《奋楫争先——同济大学发展报告（2018—2023）》《本固枝荣——同济大学党建示范创建和质量创优工作典型案例集（2018—2023）》《文成于思——同济大学党建研究成果集（2018—2023）》《百舸竞渡——同济大学教师思想政治工作案例集（2018—2023）》《芳华绽放——新时代同济文化建设案例集（2018—2023）》《阅水成川——同济大学"三全育人"综合改革案例集（2018—2023）》。

丛书既是向所有关心、支持和帮助同济大学的师生校友和社会各界人士所做的汇报，也是对中国特色世界一流大学建设经验的总结，可为新时代扎根中国大地建设世界一流大学提供参考，推动更好更快建设中国特色世界一流大学。

同济天下　追求卓越
——同济大学第十一次党代会以来的五年

在全面学习贯彻落实党的二十大精神的开局之年，同济大学迎来第十二次党代会。学校党委组织全校各部门、各学院等共同编写《奋楫争先——同济大学发展报告（2018—2023）》，旨在全面回顾五年来同济大学改革发展中的成就，总结经验再出发、凝心聚力踏新途。

同济大学第十一次党代会以来的五年，是同济人牢记嘱托、砥砺奋进的五年，是同济人矢志不渝、笃行不怠的五年。我们把习近平总书记对教育事业、对高校的殷殷嘱托，化为立德树人的现实坚守、创新引领的自觉行动和追求卓越的强大动力，开创了中国特色世界一流大学建设的新局面。

五年来，学校党委深入学习贯彻党的十九大及十九届历次全会精神、深入贯彻党的二十大精神，坚持以一流党建引领一流大学建设，学校马克思主义的底色更加鲜亮；五年来，学校紧紧围绕立德树人根本任务，深化人才培养改革，创建同济特色、同济风格、同济气派的高质量人才培养模式，人才培养质量进一步提高；五年来，学校立足中国特色，瞄准世界一流，实现学科交叉融合与协同发展，"双一流"建设向纵深推进；五年来，学校坚持"四个面向"，全力推动重大科技基础设施和科研平台建设，加强基础研究和有组织科研，健全"基础研究—前沿交叉研究—服务国家战略"三维互融的科研组织模式，科技创新策源力量进一步强化；五年来，学校坚持人才强校战略，坚持"识才、爱才、敬才、用才、容才、聚才"，把人才视为第一资源，高层次人才持续扩容，师资队伍整体实力进一步提升；五年来，学校坚持"与祖国同行、以科教济世"，广大师生坚持把论文写在祖国大地上，将高水平科研成果转化为现实生产力支撑祖国各项事业发展，服务社会能力进一步增强；五年来，学校深化"文明校园"建设，用"同济天下、崇尚科学、创新引领、追求卓越"新时代同济文化涵养师生，校园文化底蕴进一步提升；五年来，学校构建新时代国际交流合作新格局，形成了以德国为核心、欧洲为重点、辐射全球的国际合作伙伴网络布局，国际文化交流的桥梁和窗口作用进一步增强；五年来，学校不断提升现代化学校大学治理体系和治理能力，大力建设智慧校园，办学条件进一步优化。

回顾五年以来的历程，我们深切体会到，把同济大学建成中国特色世界一流大学，必须把党的领导这个政治优势、制度优势发挥好，坚持社会主义办学方向，坚持习近平新时代中国特色社会主义思想的指导，不断加强学校党的建设，加强全面从严治党，落实党委领导下的校长负责制；必须把立德树人这个办学治校根本任务落实好，围绕解决好"为谁培养人、培养什么人、怎样培养人"这个根本问题，用习近平新时代中国特色社会主义思想铸魂育人；必须把"与祖国同行，以科教济世"办学导向坚持好，践行"四个服务"，聚焦"四个面向"，增强经济社会发展支撑能力和创新驱动能力，提升服务国家重大战略能力，为党和人民事业服务；必须把"同济大学"这个鲜亮的名片打造好，建设中国特色世界一流大学就是前无古人的伟大实践，世界上不会有第二个哈佛、牛津、斯坦福，我们借鉴但不照抄这些一流大学的建设经验，不断强化学科特色，巩固学科优势，努力走出一流大学建设的同济之路；必须把以师生为本这个基本原则贯彻好，着眼师生的获得感，坚持发展为了师生，发展依靠师生，发展成果由师生共享，真心实意为师生解难题、办实事，让学校发展成果更多惠及全体师生、惠及社会民众。

展望未来，党的二十大对教育、科技、人才做出了三位一体的战略布局，对高等教育提出了更高的要求。答好"强国建设、同济何为"的时代答卷，必须继承优良传统，弘扬同济精神，志存高远、追求卓越，在建设中国特色世界一流大学征程上迈出坚定步伐，为全面建成社会主义现代化强国、实现中华民族伟大复兴贡献同济力量。

目 录

总序

同济天下　追求卓越——同济大学第十一次党代会以来的五年

第一章　坚持和加强党对学校的全面领导　1

第一节　以政治建设为统领，切实增强学校党委政治领导力　3

第二节　深化内涵打造特色，建设成为首批全国党建工作示范高校　11

第三节　健全干部工作"五大体系"，建设高素质干部队伍　18

第四节　多方施策，形成特色依法治校工作格局　25

第五节　高质量落实中央巡视整改，推进全面从严治党向纵深发展　32

第六节　发挥巡视综合监督作用，实现校内巡视全覆盖　41

第七节　坚定不移推进全面从严治党，建设风清气正校园政治环境　47

第八节　强化大统战工作格局，发挥统一战线重要法宝作用　54

第九节　凝聚各方面智慧力量，群团工作再上新台阶　61

第十节　建筑与城市规划学院：坚持党建引领，推动一流学科建设一流人才培养　73

第二章　全面落实立德树人根本任务　81

第一节　坚持开门办思政，推进"大思政课"建设　83

第二节　聚焦立德树人，全面推进课程思政改革　90

第三节　落实"三全育人"，构建思政育人大格局　96

第四节　共绘思政同心圆，推进大中小思政教育一体化　106

第五节　建强辅导员队伍，做学子引路人知心人　112

第六节　育心与育德相结合，守护大学生心理健康　119

第七节　打通育人"最后一公里"，建好"一站式"社区　126
第八节　交通运输工程学院：协同育人主阵地，课程与思政同向同行　132

第三章　扎实构建高质量人才培养体系　137

第一节　共性基础个性发展，培养创新拔尖人才　139
第二节　招生培养管理三联动，构建新生大类培养平台　147
第三节　建设国豪书院改革示范区，深化人才培养改革　154
第四节　加强质保能力建设，打造同济特色质量文化　162
第五节　专注内涵式发展，全方位提升研究生培养质量　168
第六节　坚持"经师"与"人师"相统一，持续建设一流导师队伍　174
第七节　以学生成长为中心，系统构建体美劳育人体系　181
第八节　完善双创教育体系，夯实以"城校共生"为特色的双创育人生态　188
第九节　强化"就业育人"，推进高质量充分就业　195
第十节　土木工程学院：创新知识、引领发展，培养面向未来的土木工程世界一流人才　201

第四章　加快推进学科高质量发展　209

第一节　系统推进，持续深化"双一流"建设　211
第二节　促进交叉融合，构建高质量学科体系　217
第三节　建设精品文科，繁荣发展同济特色哲学社会科学体系　223
第四节　推进上海高峰学科建设，构建优势高原学科群　230
第五节　生命科学与技术学院：瞄准生命与医学前沿交叉领域，
　　　　开辟建设一流生物学科新路径　238
第六节　上海国际知识产权学院：深化国际合作，实现知识产权学科跨越式发展　248

目 录

第五章　全力打造国家战略科技力量　255

第一节　发挥科技攻关新型举国体制优势，强化有组织科研模式　257

第二节　强化自由探索和问题导向相结合，发挥基础研究创新引领作用　264

第三节　建设高水平科研平台及科技基础设施，打造国家战略科技力量　271

第四节　构建三链融合的产教融合新机制，推进高质量成果转化　275

第五节　人工智能赋能传统学科交叉协同，打造国家战略科技力量　281

第六节　海洋与地球科学学院：面向深海科技前沿，践行海洋强国战略　288

第六章　培养造就一流师资人才队伍　295

第一节　坚持党管人才，构筑人才战略优势　297

第二节　扎实开展"四个工程"建设，培育优良师德风尚　304

第三节　坚持人才强校战略，深化人事人才体制机制改革探索　311

第四节　以长聘制为抓手，深化教师评价改革　321

第五节　测绘与地理信息学院：科教融汇、产教融合，引育人才促一流学科高质量发展　327

第七章　服务国家重大需求和地方经济社会发展　335

第一节　深化拓展国内合作，推动产学研用融合发展　337

第二节　建强同济风格新型智库，提升决策咨询服务能力　346

第三节　多措并举持续发力，打造精准帮扶案例　352

第四节　医科进入新发展阶段，加快构建并服务高质量医疗保障体系　359

第五节　改革校办产业体制，服务经济社会发展　365

第六节　汽车学院：学科交叉协同创新，支撑汽车自主创新　372

第八章　全面涵养和践行新时代同济文化　*377*

第一节　发展社会主义先进文化，践行社会主义核心价值观　*379*

第二节　弘扬革命文化，赓续同济红色血脉　*386*

第三节　弘扬中华优秀传统文化，推进文化自信自强　*392*

第四节　涵养新时代同济文化，传承发展同济精神　*399*

第五节　深耕网络文化建设，汇聚团结奋斗正能量　*404*

第六节　艺术与传媒学院：精品力作氤氲新时代文化，编创排演引领新征程育人　*410*

第九章　构建新时代国际交流合作新格局　*419*

第一节　深度参与公共外交和人文交流，服务对外开放和教育综合改革大局　*421*

第二节　以对德对欧合作优势引领建强国际合作平台，主动融入全球创新网络　*430*

第三节　加强高质量国际人才合作交流，优化国际人才发展生态　*439*

第四节　打造留学同济品牌，构筑国际卓越人才培养基地　*444*

第五节　构建对外传播话语体系，提升国际传播能力水平　*449*

第六节　设计创意学院：构筑浸润式国际一流人才培养生态，建设世界一流设计学科　*455*

第十章　健全提升现代化大学治理体系和治理能力　*461*

第一节　稳步推进校园建设，全面改善办学环境　*463*

第二节　加快建设智慧校园，推进教育数字转型　*470*

第三节　积极整合内外资源，优化办学资源配置　*476*

第四节　充分调动校友力量，助力治理能力提升　*483*

第五节　推进机关作风建设，提升管理服务水平　*489*

第六节　不断强化底线思维，确保校园安全稳定　*495*

第七节　电子与信息工程学院：聚焦数字治理创新，完善协同育人体系　*501*

奋楫争先

第一章
坚持和加强党对学校的全面领导

第一节　以政治建设为统领，切实增强学校党委政治领导力

同济大学十一次党代会召开以来的五年，校党委坚持以习近平新时代中国特色社会主义思想为指导，全面贯彻党的教育方针，落实新时代党的建设总要求，以党的政治建设为统领，紧紧围绕立德树人根本任务，将党的领导和建设贯穿办学治校、教书育人全过程，不断深化教育综合改革，切实增强学校党委的政治领导力，在贯彻党的教育方针中把方向、管大局、作决策、抓班子、带队伍、保落实，为培养德智体美劳全面发展的社会主义建设者和接班人，为扎根中国大地加快建设中国特色世界一流大学提供坚强的政治保证。

一、深学细悟习近平新时代中国特色社会主义思想，不断提高政治判断力、政治领悟力、政治执行力

学校党委把学习贯彻习近平新时代中国特色社会主义思想作为重大政治任务，坚持读原著、学原文、悟原理，坚持常态化学习机制，着力在学懂、弄通、做实上下功夫，不断学习，不断实践，不断领悟，不断提高理论素养、政治素养，努力做到学思用贯通、知信行统一，坚持用这一科学理论武装头脑、指导实践、推动工作。在严格落实党委中心组定期学习、党委常委会第一议题集体学习制度基础上，2017年起，学校全面实施全校每周二下午集中开展学习和思想政治教育活动等制度，全面构建了领导领学、干部必学、师生共学的理论学习机制。学校领导班子成员坚持带头开展理论学习，带头上党课、思政课，及时总结学习成果，发表理论文章，向师生汇报学习心得。学校按月下发教职工学习指导意见，要求二级院系党政班子带头学习，抓好学习安排。学校定期开展学习情况专项检查，将理论学习情况纳入基层党建责任考核和院系负责人述职范围，推动党的创新理论入脑入心。

学校党委旗帜鲜明地加强政治建设，专门制定《关于进一步加强学校党的政治建设的实施意见》，把增强"四个意识"、坚定"四个自信"、做到"两个维护"贯彻落实到办

2023年9月7日，同济大学召开学习贯彻习近平新时代中国特色社会主义思想主题教育总结会议

学治校全过程各方面。在"不忘初心、牢记使命"主题教育中，学校党委带领全校党员干部积极投入，在广大师生热情支持下，实现了预期目标，取得了明显的成效。学校党委扎实开展党史学习教育，从党的百年奋斗历程、重大成就和历史经验中汲取前行力量，注重融入日常、抓在经常，确保各项重点工作一盘棋推进、一体化落实，形成了一级抓一级、层层抓学习的良好局面。学校党委深入开展学习贯彻习近平新时代中国特色社会主义思想主题教育，扎实开展理论学习、增强党员理论武装，深入开展调查研究、解决群众实际问题，准确把握实践要求、推动学校事业发展，推进检视整改、巩固主题教育成果，在"以学铸魂、以学增智、以学正风、以学促干"等方面取得了明显成效，新华社、央视新闻联播和《人民日报》《光明日报》等主要央媒、教育部直属主要媒体和上海市重要媒体重点报道学校主题教育工作情况20余次。结合开展"不忘初心、牢记使命"主题教育、党史学习教育、学习贯彻习近平新时代中国特色社会主义思想主题教育等，学校党委把学习成果转化成立德树人的强大动力，把做法和经验固化成为长效机制，把党中央决策部署落到实处。

2018年7月8日,中共同济大学第十一次代表大会在四平路校区逸夫楼报告厅开幕。方守恩代表中国共产党同济大学第十届委员会作题为《与祖国同行 以科教济世 开启中国特色世界一流大学建设新征程》的工作报告

学校党委连续四年举办为期五天的"同济大学中层干部综合治理能力提升专题研讨班",校领导班子成员带头上课,集体备课,结合学校工作,总结经验成果、分析问题不足、提出改进举措。2020年第一期研讨班,重点讲思想、讲理念,校领导班子成员每人承担一个报告,培训对象主要是中层干部。2021年的第二期研讨班,重点讲政策、讲落实,培训对象从处级干部扩大到科级干部和部分青年教师。2022年第三期研讨班,明确主题就是"落实立德树人根本任务,全面提升人才培养质量",所有的报告和讨论都围绕人才培养,培训对象进一步扩大,除了中层干部外,还增加了辅导员、教务员,部分培训内容还与新入职教师岗前集中培训进行了共享。2023年的第四期研讨班以"强国建设,同济何为"为主题,全面落实习近平总书记关于"教育强国"建设的重要讲话精神,集思广益、统筹谋划学校未来发展方向,以实际工作成效迎接学校第十二次党代会胜利召开。"同济大学中层干部综合治理能力提升专题研讨班"紧盯"关键少数",通过研讨提升干部的谋划意识和办事主动性,建设与中国特色世界一流大学相适应的高素质干部队伍,提升学校治理体系

2021年8月16日，时任校长陈杰在同济大学中层干部综合治理能力提升专题研讨班（第二期）开班仪式上讲话

和治理能力现代化水平。

学校党委牢牢把握社会主义办学方向，定期召开宣传思想干部工作会议、安全稳定领导小组会议等，专门传达习近平总书记关于意识形态工作重要讲话精神和中央对高校意识形态的最新研判分析，研究部署相关工作，不断增强意识形态工作的主动性和有效性。学校每年制定《意识形态工作主体责任清单、任务清单和制度清单》和《基层单位意识形态工作要点》，明确各单位工作责任，指导二级单位党委做好意识形态工作；坚持强化对校内各种意识形态阵地的规范管理，对讲座、报告会、论坛等的管理，实行"一事一报""一会一报"，落实"谁主办谁负责"的属地化管理责任，明确各类意识形态阵地管理的主体；将意识形态工作纳入干部和教师、辅导员培训之中，在新上岗处级和年轻骨干干部培训、新教师入职培训和辅导员年度培训中安排意识形态工作单元；成立学生社团管理领导工作小组，修订《同济大学教师社团管理办法》和《同济大学学生社团管理办法（试行）》及配套文件，对师生社团进行全流程管理；在多措并举中，层层压实意识形态工作责任，牢牢掌握意识形态工作领导权。

2023年3月4日，校长郑庆华在同济大学新学期开学工作会议上作报告

二、坚持贯彻落实党委领导下的校长负责制，全面加强领导班子建设

学校以制度建设为重要抓手，加强对学校工作的全面领导，进一步提升大学的治理效能，在政治上举旗帜把方向、在战略上谋大局做决策、在组织上抓班子带队伍、在监督上扛责任保落实。坚决贯彻民主集中制原则，坚持集体领导和个人分工负责相结合，修订《中共同济大学委员会常务委员会议事规则》《中共同济大学委员会全体会议议事规则》《同济大学校长办公会议议事规则》《同济大学关于贯彻落实"三重一大"决策制度的实施办法》，坚持不断完善议事规则体系，确保各项重大决策程序的科学性、完整性。在此基础上，学校修订了《同济大学关于学院党政联席会议议事规则的指导意见》，制定《同济大学关于学院党委会议议事规则的指导意见》，进一步理顺了二级单位决策议事体系，强化党组织在二级单位中的政治核心地位。

学校以领导班子建设为重要抓手，强化党员干部的政治担当。学校制定了《同济大学党委领导班子关于进一步加强政治建设的若干要求》，要求领导班子成员用社会主义政治家、教育家的标准要求自己，树牢"四个意识"，坚定"四个自信"，做到"两个维护"，勇于担当作为，恪守政治纪律和政治规矩，不断提升办学治校的专业素养。围绕扎根中国大地建设中国特色世界一流大学的建设目标，校领导班子成员每年年初根据学校工作要点、班子民主生活会收集的意见建议，拟定年度重点调研课题，贯彻落实《中共教育部党组关于在直属系统建立一线规则的意见》，修订《中共同济大学委员会领导班子成员落实基层党建责任和联系基层的若干规定》，严格落实领导班子成员"一岗双责"，进一步推动领导班子成员将问题在一线掌握、对策在一线产生、效果在一线检验、责任在一线落实。学校还制定了《同济大学中层领导干部履职尽责若干规定》《中共同济大学委员会关于进一步激励广大干部新时代新担当新作为的实施办法》，在旗帜鲜明讲政治、守土有责促发展、全情投入重大局、严肃作风明奖惩等四个方面对中层领导干部提要求、压担子，充分调动和激励广大干部干事创业的积极性、主动性和创造性。为加强对学校主要领导干部和领导班子的监督，学校党委专门制定《中共同济大学委员会关于加强对"一把手"和领导班子监督的实施办法》及落实"一把手"监督任务分解清单，督促进一步加强党的全面领导、提高党的建设质量、推动全面从严治党向纵深发展、压紧压实管党治党政治责任。

近五年，学校系统性推进规章制度建设，形成了具有同济特色的制度体系和工作机制。2018年，全面梳理校级规章制度1000余项，宣布失效和废止制度400余项，制定和修订制度120余项；2019年，在制度系统梳理的基础上，建成了"同济大学工作规程查询系统"并持续更新升级；2020年，在依法治校工作领导小组下设立制度体系建设工作小组，围绕179项指标形成了同济大学制度体系总体框架；2022年修订并发布《同济大学行政规范性文件管理规定》，并以此为依据持续推进制度体系建设，进一步规范制度"立、改、废"流程。截至2023年10月，学校现行有效校级制度465项，覆盖学校发展的方方面面，做到有"法"可依，有"法"必依，不断提升制度执行力，推动学校治理体系与治理能力现代化建设。连续五年组织编印《同济大学加强党的政治建设干部读本（文件选编）》，收录各级各类党内规章、学校制度，帮助党员干部加强政治建设的主动性和自觉性。学校还全面梳理了学校党委关于加强基层党建工作的指导文件，编印完成《同济大学关于加强基层党建文件汇编》，突出对基层党建工作的有效指导。全面实施《同济大学推进治理体系与治理能力现代化建设2020年行动计划》，以实际举措夯实学校治理支撑保障体系，系统谋划和深入推进"1+9+N"的"十四五"规划编制工作，将党建规划列为专项规划之首，引领学校事业发展。

三、坚持深化巡视整改工作，推动全面从严治党向纵深发展、向基层延伸

五年以来，学校党委认真贯彻落实中央巡视反馈意见，把深化巡视整改、扎实做好巡视"后半篇文章"作为重要政治任务，作为党委政治建设的基础性、经常性工作，作为促进学校管理治理全面提升的重要契机，每年研究深化、总结部署、常抓不懈、常抓常新，以真改实改、标本兼治的扎实成效推动全面从严治党向纵深发展，为建设中国特色世界一流大学提供坚强政治保证。

2017年中央第十四巡视组对同济大学巡视并反馈巡视意见之后，在完成集中整改基础上，2018—2021年，学校共计制定了4轮深化巡视整改工作任务清单，整改举措共计427条。学校党委坚决扛起整改主体责任，党委主要负责同志认真履行第一责任人责任，其他班子成员认真贯彻"一岗双责"，以上率下，深入抓好职责分工范围内的整改任务落实。2020年，学校党委对照2017年中央巡视组反馈意见，对三年来深化巡视整改工作成效进行总结评估，并根据高校党的建设新形势、新要求，制定《同济大学深化巡视整改工作任务清单（2020年版）》，主动增加1项"以政治建设为统领，在学校事业改革发展中贯彻落实习近平新时代中国特色社会主义思想和党中央决策部署，坚决做到'两个维护'"的整改任务，确保巡视整改在"件件有着落，事事有回音"的同时不断深化和延伸拓展。

根据中央统一部署，2021年5月7日至7月5日，中央第四巡视组对同济大学党委进行了新一轮巡视。2021年9月3日，中央巡视组向同济大学党委反馈了巡视意见。此次巡视充分体现了以习近平同志为核心的党中央对高等教育和同济大学的高度重视与亲切关怀，对于学校党的建设和各项事业健康发展具有十分重大的意义。

学校党委全面认领中央巡视组反馈问题，举办十余次党委常委会集体学习、理论学习中心组专题学习等，深入系统学习习近平总书记关于巡视工作的重要讲话精神，不断提高巡视整改政治站位和执行力。根据中央巡视组的巡视反馈意见，学校党委自2021年9月起开展了为期三个月的巡视集中整改工作。在集中整改期间，学校党委坚持系统观念整改，制定了《同济大学党委巡视整改方案》和选人用人、意识形态专项检查整改方案，以及教育思想大讨论、师德师风建设、强化基层党建、嘉定校区学生宿舍问题整改等四个专项行

动方案，形成了包括一个总体整改方案、两个专项整改方案、四个专项行动方案的系统化方案体系。坚持"定目标、倒轧账"，定期研判整改进展和质量，以整改举措"红黄绿灯"标识通报和预警，以实地调研、会议等形式全方位推进巡视整改。主要领导做到"四个亲自"，约谈班子成员、二级单位负责人67人次，推动整改主体责任、第一责任人责任、"一岗双责"落到实处。根据整改方案，集中整改期应完成整改措施114项，实际完成率100%。坚持狠抓制度和长效机制建设，力求实效，不以"出台制度和建设长效机制"作为工作的"句号"，而以制度执行情况和整改实际成效作为检验标准，以师生的满意度、获得感作为检验标准，确保整改落地见效。

在集中整改结束后，学校党委保持整改永远在路上的高度政治自觉，继续坚持系统谋划、持续用力，着重在持续整改、长期整改、深化整改上下功夫，进一步健全整改长效机制、持续跟踪问效，推进常态化整改落实，坚持把深化整改与加强领导班子建设相结合，与落实立德树人根本任务相结合，与促进"双一流"建设相结合，防范廉洁风险相结合，不断巩固扩大整改成果。学校党委专题研究中央纪委关于巡视整改审核评估意见和"一校一策"督导意见指出的问题和工作要求，认真对照"共性问题"和"个性问题"，聚焦长期整改任务，坚持目标不变、标准不降、力度不减，结合落实"十四五"规划和新一轮"双一流"建设，做到"四个融入"，统筹推进疫情防控和深化整改，按年度制定同济大学2022年、2023年深化巡视整改任务清单，其中长期整改问题15个，长期整改举措383个，结合推进年度重点工作高质量完成深化巡视整改年度任务，坚定不移把全面从严治党引向深入。

在新的起点，学校党委将深入学习宣传贯彻党的二十大精神，坚持以习近平新时代中国特色社会主义思想为指导，深刻理解以习近平同志为核心的党中央对办好中国特色高等教育的重要指示和战略谋划，团结带领广大师生员工，切实把"两个确立"的政治共识转化为"两个维护"的行动自觉，积极主动抓住国家和经济社会发展的重大机遇，落实立德树人根本任务，与祖国同行、以科教济世，矢志不移，笃行不怠，埋头苦干，奋勇前进，走出一条建设中国特色世界一流大学的同济道路，为以中国式现代化全面推进中华民族伟大复兴作出新的更大贡献。

第二节 深化内涵打造特色，建设成为首批全国党建工作示范高校

自 2018 年同济大学第十一次党代会召开以来，全校各级党组织坚持以习近平新时代中国特色社会主义思想为指导，全面贯彻新时代党的建设总要求和新时代党的组织路线，切实加强党对学校工作的全面领导，认真落实党建工作重点任务，积极实施"对标争先"建设计划，大力推进党建示范创建和质量创优，以一流党建引领中国特色世界一流大学建设，取得了实实在在的成效。2018 年学校党委光荣入选首批十所"全国党建工作示范高校"培育创建单位并于 2021 年顺利通过验收，下属基层党组织先后入选全国党建工作标杆院系 3 个、样板党支部 7 个，"双带头人"教师党支部书记工作室 2 个，研究生样板党支部 2 个、研究生党员标兵 2 人。

一、抓制度建设，构建党建工作标准体系

1. 坚持对表对标，落实基层党建责任

学校认真落实《高校党建工作重点任务》《中国共产党普通高等学校基层组织工作条例》《中国共产党国有企业基层组织工作条例（试行）》《关于加强公立医院党的建设工作的意见》等最新党内法规和文件精神，结合学校实际，先后制定了《中共同济大学委员会关于健全和落实基层党建工作责任制的意见》《中共同济大学委员会关于加强直属公立医院党的建设工作的意见》《中共同济大学委员会关于在深化所属企业改革中坚持党的领导加强党的建设的实施意见》，对学校二级院系、机关、公立医院、国有企业等各级党组织的党建工作责任予以明确，形成一级抓一级、层层抓落实的工作格局。

2. 完善议事规则，提高治理规范化水平

学校不断健全完善学院领导体制和工作运行机制，2017 年出台学院党委会会议议事规

则和学院党政联席会议议事规则的指导意见,帮助学院制定较为规范的议事决策规则,此后又根据中组部、教育部党组下发的示范文本指导学院进行修订。2021年又研究制定《同济大学二级学院党委会会议议事决策事项清单》《同济大学二级学院党政联席会议议事决策事项清单》《同济大学二级学院党委会会议前置研究把关再提交党政联席会议研究决策事项清单》,进一步明晰学院党委会会议、党政联席会议的议事决策范围,具有很强的实用性、可操作性和指导性。

3. 制定工作标准,服务党建质量全面提升

学校先后出台了《中共同济大学委员会领导班子成员落实基层党建责任和联系基层的若干规定》《中共同济大学委员会二级党组织党建工作质量标准》《同济大学党支部工作质量标准》等三级党建工作质量标准,为"学校党委—二级党组织—党支部"三级党组织准确把握工作节奏、明确党建工作任务提供了基本遵循,有力提升了党建工作质量,教育部网站、教育部思政网等平台以简报形式进行了重点宣传和推广,在兄弟高校间产生了较大的影响。

二、抓队伍建设,培养高素质党务工作队伍

1. 选优配强二级党组织书记队伍

学校把二级党组织书记队伍的建设作为基层党务工作队伍建设的关键,注重对二级党组织书记队伍的前瞻性思考和全局性谋划,积极构建源头培养、跟踪培养、全程培养的素质培养体系,遵循二级党组织书记成长规律,优化成长路径、创造条件、搭建平台,对那些看得准、有潜力、有发展前途的中青年高层次人才和优秀管理骨干,敢于给他们压担子,有计划地安排他们接受锻炼,适时把他们选拔到二级党组织书记岗位上来。截至2023年9月,学校二级党组织书记具有副高级以上职称的比例达75%,其中具有正高职称的达59%。

2. 切实加强党支部书记队伍建设

学校全面实施教师党支部书记"双带头人"培育工程,突出政治建设,坚持双向提升,注重分类指导,强化基层导向,着力把教师党支部书记队伍建设成为新时代高校党建和业务双融合、双促进的中坚骨干力量。2019年底,学校提前1年实现119个教师党支部"双带头人"全覆盖,其中2名教师党支部书记牵头的工作室入选全国教师党支部书记"双带

2021年9月30日,同济大学二级党组织书记贯彻落实中央巡视整改工作暨《中国共产党普通高等学校基层组织工作条例》专题培训班

头人"工作室。学校注重从优秀辅导员、优秀年轻党员教师、优秀大学生党员中选拔学生党支部书记,把思想政治工作落到支部,把群众工作落到支部,党支部建设质量显著提升,党支部主体作用有效发挥,党支部书记"头雁效应"有力彰显。

3. 持续强化专职组织员队伍建设

学校出台《同济大学专职组织员岗位聘任和管理工作实施办法》,将二级党组织专职组织员纳入学校干部队伍建设整体布局,建立健全专职组织员选任、培养、管理和保障机制,打通组织员职务职级双线晋升通道,在上海高校中最早一批实现二级党组织组织员全覆盖。截至2023年9月,学校共有专职组织员60名。2023年,1名专职组织员牵头的工作室获批上海市教卫工作党委系统首批组织员工作室。

三、抓平台建设,打造特色党建工作阵地

1. 建成各具特色的"党员之家"

学校充分发挥学科和人才优势,划拨专项经费,在全校范围内打造氛围庄重、功能合理、特色鲜明、空间舒适的"党员之家",作为基层党组织开展组织生活和党建活动的专用场所。

截至 2021 年底，学校累计投入经费 600 余万元，实现二级党组织"党员之家"建设全覆盖。其中，马克思主义学院"党员之家"入选上海市教卫工作党委系统第一批示范性党员活动室，西南八楼学生社区党建服务中心入选上海市教卫工作党委系统第二批示范性党建服务中心。学校积极总结建设经验，编写《新时代高校党员之家建设导则》并出版，从建设理念、建设要求、设计导则等方面形成规范，并分送到 130 多所"双一流"建设高校，充分发挥了示范效应和辐射作用。

2. 建成便捷高效的信息化平台

为积极应对信息化时代背景下的党建工作，学校基于上海市党员党组织信息数据，2018 年 7 月上线"同济党建 e 家"信息系统，集成全校基层党组织、党支部书记、党员与党籍管理的动态数据库，有效实现了日常党费缴纳、党支部换届提醒、党员组织关系与党籍动态管理、党组织书记述职等信息服务功能，搭建了全校党建动态展示平台，大大提升日常党建工作的效率，并为学校开展考核评价提供一定依据。2021 年 6 月，上线"同济组工"微信公众号，第一时间宣传党的路线方针政策，及时传达落实上级最新决策部署，积极展示基层党建最新成果和基层党组织、党员、干部风采，有力凝聚了党员、干部和师生群众，成为又一个有效宣传党建工作质量的重要平台。

四、抓重点任务，着力打造基层党建品牌

1. 千方百计提高专任教师政治引领成效

学校坚持站在党和国家事业发展的战略高度抓好后继有人这个根本大计，聚焦专任教师党员发展方面的薄弱环节，出台《中共同济大学委员会关于加强专任教师党员发展工作的若干措施》等文件，明确学校党委、党口职能部门、学院党委和教师党支部的工作职责、工作目标、工作方式，构建起源头储备、启蒙引领、教育培养、监督指导、经验示范等全链条党员发展工作模式，推动专任教师党员发展工作的增量提质。2018—2022 年共发展专任教师党员 61 人，其中国家级、省部级等高层次人才 22 人；新增专任教师入党申请人 97 人。

2. 精心培育校级特色党建工作项目

学校结合党建"双创"建设，树立大抓基层鲜明导向，2019 年以来学校每年投入经费 100 万元，先后实施 4 批次共 36 个"双带头人"教师党支部书记工作室建设。创新推出"双带头人"教师党支部书记学术能力提升计划，由党委组织部联合科研管理部、文科办公室、

本科生院、研究生院、外事办公室、财务处等6个部门共同支持，共计投入200多万元支持3批次共14名"双带头人"教师党支部书记进行科研能力提升，极大地提高了教师党支部书记的积极性和工作热情，这项举措也得到了教育部的充分肯定，在兄弟高校中产生了较大影响。

3. 以高质量党建研究推动工作质量提升

学校积极鼓励各级党组织和广大党务干部积极开展党建课题研究，通过高质量的党建研究推动工作改革创新。加大党建课题研究支持力度，平均每年投入经费超过90万元。2018年以来已连续4年编写《同济大学党的建设研究》并出版，发挥了良好的示范效应。学校还积极组织申报上海市委组织部、市党建研究会、市教卫工作党委系统党建研究会等相关课题。2018年以来，学校获批全国党建研究会及其高校专委会课题11项、上海市组织工作重点调研课题3项、上海市"阳光计划"课题4项、上海市党建研究会课题9项、上海市教卫工作党委系统党建研究会课题41项，获得各类上级党建研究优秀成果奖励27项。

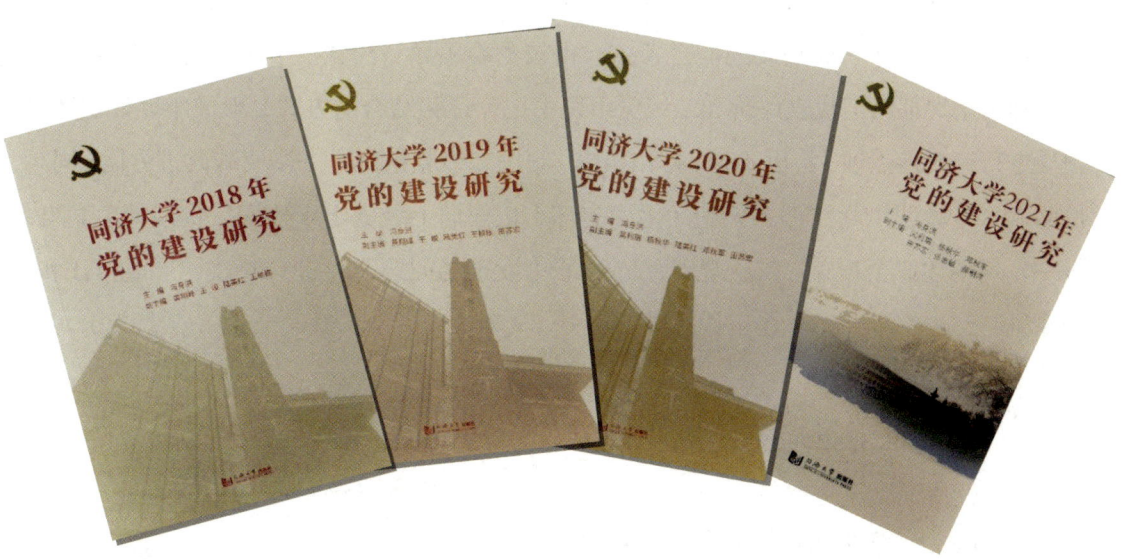

2018—2021年同济大学党的建设研究成果出版物

五、抓考核评价，形成党建工作责任闭环

1. 强化党建工作质量监督检查

为推动全面从严治党向基层延伸并有效减轻基层负担，自2018年起，校党委组织部牵头党委办公室、纪检监察机构办公室、党委巡视工作办公室、党委宣传部、党委教师工作部、党委学生（研究生）工作部等党口职能部门建立了"党建联合指导检查"工作机制，在每年年底利用2至3天时间对各二级党组织完成年度党建重点任务情况和完成质量进行指导检查，收到了良好成效。2022年，又主动转变作风，将"党建联合指导检查"改为"党建质量综合评价"，采取日常工作完成质量评价与重点工作完成质量评价相结合、定性评价和定量评价相结合、主观评价和客观评价相结合的形式，对二级党组织日常工作和重点工作完成的及时性、完成的质量等进行实时记录、实时评价，将对年度党建工作质量评价融入日常、化在经常，督促二级党组织发挥好政治功能、担负起政治责任。

2. 强化基层党组织书记述职评议考核

为推动二级党组织落实好基层党建工作主体责任、二级党组织书记履行好抓基层党建工作第一责任人职责，学校党委每年开展二级党组织书记抓党建述职评议考核工作，实现二级党组织书记三年一轮现场述职全覆盖，由校党委领导、校党委委员、党口职能部门负责人、师生党支部书记代表评价和二级党组织书记互评相结合的方式，形成年度评定结果。校领导进行针对性点评，指出不足、作出指导，帮助二级党组织进一步明确改进方向。同时，学校明确每年教职工党支部书记和学生党支部书记要向上级党组织述职，实现师生党支部三年一轮现场述职全覆盖，二级党组织对述职中发现的问题及时进行整改，形成责任和压力传导机制，进一步夯实党建工作基础。

六、抓辐射推广，不断巩固党建示范高地

1. 圆满举办"伟大工程"系列示范党课

结合庆祝新中国成立70周年和"不忘初心、牢记使命"主题教育，2019年9月学校面向上海市高校举办了市教卫党委系统第一季"伟大工程"系列示范党课，生动展现一批同济人的杰出代表坚守初心、勇担使命的爱国奋斗故事，沪上20余所兄弟院校师生代表2700余人现场观摩了这堂别开生面的主题党课。结合学习宣传贯彻党的二十大精神，学校

于 2022 年 12 月面向全市高校举办了市教卫党委系统第四季"伟大工程"系列示范党课"国之英豪",为师生呈现了一堂别开生面的"大思政"课,带领师生共同学习重温李国豪老校长献身科教事业的光辉事迹,汲取精神营养,传承家国情怀,为实现高水平科技自立自强,以中国式现代化全面推进中华民族伟大复兴贡献力量。

2. 成功举办新时代上海高校党建工作创新论坛

为深入学习贯彻习近平新时代中国特色社会主义思想和党的二十大精神,全面贯彻新时代党的建设总要求和新时代党的组织路线,积极构建高质量高校党建工作体系,持续推进新时代高校党建示范创建和质量创优工作,落实立德树人根本任务,加快推进教育现代化、建设教育强国、办好人民满意的教育,不断强化教育对全面建设社会主义现代化国家的基础性、战略性支撑,2022 年 11 月学校成功举办"学习宣传贯彻二十大精神 推动党建高质量创新发展"新时代上海高校党建工作创新论坛,上海市各高校党委或组织部门负责同志、党建工作标杆院系、样板支部、"双带头人"教师党支部书记工作室负责人代表约 150 人参加论坛并开展工作交流与研讨。这是上海市高校党建工作成果的一次集中展示,也是在沪高校充分发挥理论和实践优势、谋划推动高校党建工作高质量发展的创新性举措,产生了较大的社会反响。

党的二十大擘画了全面建设社会主义现代化国家、以中国式现代化全面推进中华民族伟大复兴的宏伟蓝图,吹响了奋进新征程的时代号角。学校将始终坚持以习近平新时代中国特色社会主义思想为指导,深入学习贯彻党的二十大精神,不断深化党建内涵,积极打造党建特色,着力增强党组织政治功能和组织功能,推动基层党建工作高质量创新发展,为加快推进中国特色世界一流大学建设提供坚强组织保障。

2022 年 11 月 29 日,新时代上海高校党建工作创新论坛在同济大学召开

第三节 健全干部工作"五大体系",建设高素质干部队伍

2018—2023 年,同济大学党委以习近平新时代中国特色社会主义思想为指导,深入学习党的十九大、二十大精神,认真全面落实全国组织工作会议精神,全面落实新时代好干部标准,不断健全干部工作素质培养、知事识人、选拔任用、从严管理、正向激励"五大体系",着力建设忠诚干净担当的高素质干部队伍,为学校各项事业发展提供了坚强组织保证。在中组部组织进行的"一报告两评议"中,师生代表对学校干部选拔任用总体评价为"好"的比例逐年提升,由 2018 年的 88.3% 提升至 2022 年的 96.9%。

一、加强素质培养,持续提升干部能力

学校党委始终坚持将干部素质能力建设摆在突出位置,研究制定《2018—2022 年同济大学干部教育培训规划》,以政治理论教育、党性教育为主线,突出专业化能力和综合素养,

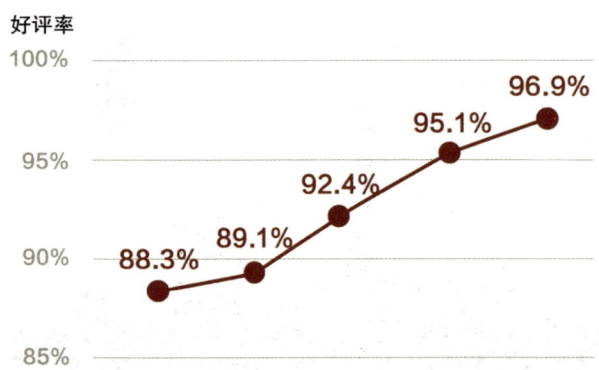

2018—2022 年同济大学师生代表对干部选拔任用工作情况总体评价持续走高

"通识+专业、长期+短期、集中+分类、线上+线下、校内+校外"五个结合，以党内主题教育、校院两级党委理论学习中心组（扩大）学习报告会、各级各类干部培训重点班次、轮训班次等为载体，逐步构建系统完备、分层分类、满足需求、特色鲜明的同济干部教育培训体系。

一是聚焦提升政治能力。切实将学习贯彻习近平新时代中国特色社会主义思想作为干部教育培训第一主题，把旗帜鲜明讲政治作为干部教育培训的根本要求，持续加强新时代党的创新理论武装。专题开展学习贯彻党的十九大，十九届四中、五中、六中全会精神教育培训班，学习贯彻党的二十大精神集中轮训班等重点班次，及时组织开展专题研讨，实现中层干部全覆盖，累计培训1800余人次。推进"两学一做"学习教育常态化制度化，深入开展"不忘初心、牢记使命"主题教育，党史学习教育，扎实开展学习贯彻习近平新时代中国特色社会主义思想主题教育，促进广大干部不断提高政治判断力、政治领悟力、政治执行力。用好上级选调培训平台，着眼提高领导干部政治素质和政治能力，累计选送205人次参加中央党校（国家行政学院）、国家教育行政学院、中国浦东干部学院、延安干部学院、井冈山干部学院等举办的专题培训。

二是聚焦提升治理能力。自2020年起，连续四年举办"同济大学中层干部综合治理能力提升专题研讨班"，逐步形成同济"干部培训金课程"。突出三个"一"：坚持一抓到底，校领导班子全员全过程参与培训组织和课程设计；坚持一条主线，培训主题一直锚定"干部综合治理能力提升"；坚持设计贯通一体，每期组织形式、内容设置、课程辐射逐步优化，实现迭代更新。实现四个"延伸"：课程主讲人从首期的全体校领导扩大至职能部门和基层单位负责人，实现接受课程的受众向主动分享的用户延伸；课程设置采取进阶式内容设计，从讲理念讲宏观向讲具体讲落实延伸；授课形式从集体式的辅导报告向智慧教室里的小班化研讨课、交流会延伸，向实地调研各行业、企业延伸；听课范围自中层干部向科级干部、党支部书记、青年骨干教师代表、基层党委组织员、专职辅导员、教务员、新进教师延伸。四期共计培训3000余人次。

三是聚焦提升业务能力。围绕学校中心大局，根据岗位群体特点和个人成长需要，分专题分类型开展学习培训。抓住二级党组织书记这支"关键少数"队伍，定期组织召开二级党组织书记例会，举办基层党委书记红船精神学习班、二级党组织书记贯彻落实中央巡视整改工作暨《中国共产党普通高等学校基层组织工作条例》专题培训班。抓住干部初提任的"关键节点"，每年度举办新上岗处级干部培训班。抓住优秀年轻干部的"关键成长期"，开办优秀中青年干部培训班、党外中青年干部培训班。抓住同济特色，发挥学校对德对欧的传统和优势，举办年轻干部德语培训班、年轻外事干部人才培训班，有组织地培养外事干部人才队伍。

四是聚焦加强实践锻炼。不断完善校外挂职锻炼制度建设，2018年修订《同济大学上级借调、校内外挂职人员管理办法》，2020年制定《同济大学援派挂职干部人才选派及管理办法》，2022年修订《同济大学选派借调、挂职人员经费补贴实施办法》，建立健全校内常态化挂职锻炼机制，不断促进干部在实践工作、一线岗位中开阔视野、积累经验、增长才干。近五年来，共计选派248名干部赴新疆、西藏、云南、江西、四川、海南、安徽等省份，以及国家部委、上海市市级和各区级委办局的援派、挂职、借调；推荐10名干部前往德国、奥地利、法国（使领馆），德国、意大利、韩国（孔子学院），摩洛哥，肯尼亚开展驻外工作；组织163名年轻干部和专技教师在校内多岗位锻炼。

二、加强知事识人，精准科学选用干部

学校党委建立健全领导班子和班子成员定期分析研判机制，将功夫用在平时，结合日常了解、工作调研、巡视检查、民主生活会、经济责任审计等途径方式，定性和定量、见人和见事结合，全方位了解干部，不断提高干部考察工作质量，精准科学地做好班子换届和干部选任工作。

一是强化政治考察。旗帜鲜明讲政治，坚持将"六个是否"作为干部考察的重要内容，注重在日常工作、谈心谈话、调研访谈中了解掌握干部政治表现，注重在应对重大风险挑战、解决复杂矛盾问题、完成急难险重任务、疫情防控工作中考察干部的现实表现，注意在任前考察中听取人选所在党组织对其政治表现、参加组织生活、履行党员义务、日常工作作风等情况的评价，严格把关政治廉洁意见"双签字"，通过考察识别干部的政治忠诚、政治定力、政治担当、政治能力、政治自律。

二是完善考核体系。综合平时考核、年度考核、专项考核、任期考核等多种方式，建立健全干部考核评价体系。将年度考核视作检视干部工作实绩的重要参考，每年持续优化干部年度考核细则。借助考评网络系统，对照年初工作计划报告年终完成情况，加强绩效考核；加强结果应用，加大考核激励力度，适度提高优秀班子和个人的绩效奖励；完善考核反馈机制，将年度考核结果反馈给班子和干部个人，形成同类型班子和干部个人之间比

业绩、比能力、比作风，奋勇争先的良好风气；对考核排名靠后的班子和个人进行提醒或诫勉。

三是重视信息治理。构建干部综合信息管理数字平台，多渠道采集与干部相关的100余项信息，集成干部教育培训、挂职锻炼、奖惩情况、年度考核、干部监督事项等全方位干部信息，努力实现对干部个人"精准画像"；综合日常了解、工作调研、专项检查、巡视巡察等，加强对基层班子综合研判，对班子结构、整体能力、发展态势和班子成员履职情况进行定期评估，坚持将识人察人的功夫用在平时，做到识别评价在平时、关键信息进系统，使用调整有根据。

三、健全选任机制，党委切实把关定向

学校党委始终坚持党管干部原则，全面履行选人用人主体责任，不断完善以德为先、任人唯贤、人事相宜的选拔任用体系建设，注重统筹谋划、系统分析和整体推进，严格执行选用工作程序，不断提高选人用人工作质量和水平。

一是强化统筹布局。以五年为周期研究制定干部队伍"十三五"和"十四五"建设规划，以三年为周期对重要部门正职岗位人选提前布局，以一年为周期对干部队伍进行整体分析，形成"531"规划研判机制，定期通过干部领导小组会、党委常委会、学校务虚会研究干部队伍建设，多部门联合举办校院干部队伍建设专题研讨会，压实压紧党政部门、基层学院共同抓好干部队伍建设责任，构建形成党管干部、横向协同、纵向贯通的工作格局。2021年开展全校处级和科级干部队伍、"双肩挑"干部队伍、院长队伍、年轻干部队伍、对德对欧干部人才队伍、高层次人才队伍等专题研究，形成《同济大学干部队伍调研分析报告》《同济大学"双肩挑"干部队伍专题调研报告》《同济大学对德对欧干部人才队伍现状专题调研报告》等多个专题报告。建立健全组织与人事、组织与统战、组织与纪检等部门联席会议制度，定期就处级与科级干部联动培养、党内与党外干部队伍建设、形成干部监督合力沟通联动；建立不同类型干部人才的专项研究机制，围绕高层次人才中的干部培养、外事干部、辅导员和教务员等队伍培养，相关部门共同研究，着力破解几支队伍发展不平衡的问题。

二是坚持程序规范。根据党中央对干部选拔任用工作的新要求，及时修订《同济大学中层领导人员选拔任用工作办法》《同济大学聘任制中层领导人员选聘及管理办法》等文件，

突出干部选用重政治、重品行、重实绩、重基层、重公认的鲜明导向，切实落实选人用人程序。把好动议关，成立干部工作领导小组，在干部选拔任用启动环节综合考量、充分酝酿；把好民主推荐关，合理确定推荐范围，将党的干部政策、标准，选拔的职位、条件公布给群众，广泛听取民意，确保考察对象是在各方意见汇总基础上，由集体讨论确定；把好组织考核环节，做到考察信息提前发布，畅通群众意见反映渠道，落实"四凡四必"，真正对考察干部做到知"案底"、知"家底"、知"身底"、知"民底"，杜绝"带病提拔"等情况发生；把好讨论决定环节，执行干部选任"两上"党委常委会制度，做到会上讨论充分、表达意见充分、发挥集体智慧、保障科学决策；把好干部任职关，将任前公示、任前谈话、试用期考核作为提任干部的规定性动作，不折不扣确保各环节严肃和规范。近五年来，共计选拔任用（含进一步使用）216人；完成二级党委换届38家，行政换届26家。

三是拓展选用视野。始终着眼抓好后继有人这个根本大计，把培养选拔优秀年轻干部作为战略任务，2019年制定《同济大学优秀年轻干部队伍建设规划和实施办法》。持续在全校范围开展年轻干部调研工作，自2019年以来，开展3次优秀年轻干部调研工作。通过基层推荐、调研座谈、组织遴选等多种方式综合研判信息，分类别、分专业建立完备的年轻干部信息库，扩大年轻干部"蓄水池"。注重从专业能力突出的青年人才中、从经历过援派挂职岗位锻炼的年轻干部中、从具有党支部书记工作经历的专任教师中甄选干部，注重将民主党派和其他界别的党外优秀人才集聚到干部队伍中来。近五年来，选拔40岁及以下领导人员共89人次，占提任总人次的40.9%，其中正处级领导人员16人次，副处级领导人员73人次，35岁及以下副处级领导人员14人次。不断优化二级单位党政负责人队伍结构，五年来，二级党组织书记平均任职年龄降低约1岁，国家级人才由1人增加至6人；提任院长时年龄45岁以下的6人，其中40岁以下的4人；提拔任用的干部中，23人有"双带头人"工作经历、49人有思想政治工作经历、78人有校外挂职经历，民主党派或党外优秀人才共32人。

四、坚持从严管理，不断加强监督执纪问责力度

学校党委不断健全全面从严治党体系，管思想、管工作、管作风、管纪律，坚持管在日常、严在经常，坚持管好关键人、管到关键处、管在关键时，推动形成良好政治生态。

一是加强日常监督。建立健全干部监督文件制度和工作机制，2020年出台《同济大学

中层领导人员工作交接办法（试行）》，修订《同济大学中层领导人员兼职管理实施办法》《同济大学中层领导人员报告个人有关事项实施办法》等文件，严格执行经济责任审计、因私出国（境）审批等制度，先后组织开展领导干部个人有关事项报告专项整治、干部兼职自查、岗位回避自查等工作。重点持续加大个人有关事项辅导填报力度，每年度根据上一年度出现的易错、频发情况，修订干部个人事项填报指南。2022年，新增《致领导干部岳父母／公婆的一封信》提高家人的配合意识，同时通过微信公众号发布填报辅导一堂课和辅助查询工具使用指南，帮助干部准确填报。近五年来，干部个人有关事项查核一致率从2018年的68.42%提升至2022年的100%。

二是突出履职监督。2019年制定《同济大学中层领导干部履职尽责若干规定》，坚持从严管理，要求中层领导人员必须遵守政治纪律、保证精力投入、落实工作任务、加强作风建设，并建立定期开展机关领导人员对照"十六条"自查自纠的工作制度。2021年制作印发《学校制度中干部履职应知应会手册》，细致梳理学校21份干部履职相关文件，分7个大类摘录56个应知应会知识点，亮明干部监督"红线"，帮助干部全面深入掌握有关要求。用好干部日常谈心谈话制度，教育引导干部提高纪律意识和规矩意识，用好提醒、函询、诫勉等措施，对干部存在的问题苗头及时进行教育提醒，防止小毛病演变成大问题。

三是织密监督网络。建立并用好干部监督联席会议制度，综合运用巡视巡察、经济责任审计、年度考核等成果，切实加强各类干部选用、履职、问责等监督信息的沟通和共享，对领导班子和干部个人的思想动态、精神状态、工作状态进行定期研判，对在干部监督中发现的问题苗头进行定期研究，提出针对性监督举措，不断夯实监督合力，提高监督实效。

近五年来，根据情节轻重，切实对发生问题的领导人员开展处理。组织部门针对经济责任审计、个人有关事项填报不一致、校内巡察、兼职等问题开展提醒谈话75人次，诫勉谈话13人次。

五、用好正向激励，提振干事创业精神

学校党委始终坚持将激励干部担当作为纳入领导班子和干部队伍建设的重要内容，积极营造有利于干事创业的良好环境，不断提振广大干部奋进新征程、建功新时代的精气神。

一是树立鲜明导向。2019年，制定《中共同济大学委员会关于进一步激励广大干部新时代新担当新作为的实施办法》，强化以干事创业为导向的正向激励，制定并落实机关"双

肩挑"干部专业技术职务聘期免考核制度，落实"双肩挑"领导人员离任后学术能力提升支持办法，进一步对任职期间认真履行岗位职责、妥善完成各项任务、工作业绩良好、群众认可度较高的"双肩挑"干部予以一定支持。近五年来，支持 65 名离任"双肩挑"领导人员开展学术能力恢复项目，22 名机关"双肩挑"干部通过专业技术职务聘期免考核。探索制定《关于处级专职管理岗干部退出领导岗位的实施办法（试行）》，推动干部"能上能下"。

二是加大关爱力度。继续落实好年度考核激励政策，对考核优秀的领导班子和个人给予一定奖励，有效增强干部的荣誉感和获得感。有意识地进行典型选树和宣传，对有担当、有作为的干部进行表彰，加大对长期坚守一线、扎根基层、勤勉敬业干部的关心关爱。新冠疫情学校封闭管理期间，针对中层干部坚守校园抗疫一线制作感谢信 297 封。"同济组工"微信公众号自 2021 年上线以来，在宣传学校组织工作的同时，加大选树先进典型干部形象，展示干部在疫情防控、援派挂职岗位上的风采，培育广大干部学习先进、争当先进的精气神。五年来，朱志良、杨正宏、石振明、陈翌、严长征等 5 名中层干部获"同济大学追求卓越奖励基金"服务奖。

五年来，校党委深入贯彻落实新时代党的组织路线，坚持不懈用习近平新时代中国特色社会主义思想凝心铸魂，坚持党管干部原则，把新时代好干部标准落到实处，聚焦"五大体系"建设，持续推动完善制度体系，制定修订干部选拔任用、监督管理、教育培养等干部工作制度 16 项，树立选人用人正确导向，对干部进行全方位管理和经常性监督，建立健全培养选拔优秀年轻干部常态化工作机制，进一步激励干部善担当、敢作为。

第四节　多方施策，形成特色依法治校工作格局

同济大学第十一次党代会召开以来的五年里，学校以习近平新时代中国特色社会主义思想为指导，深入贯彻习近平总书记全面依法治国新理念新思想新战略和关于教育的重要论述，坚定不移全面推进依法治教、依法治校，依据《中华人民共和国高等教育法》《上海市高等教育促进条例》《同济大学章程》（以下简称《章程》），坚持在法治轨道上推进学校治理体系和治理能力现代化。从构建领导和工作推动机制、深化规章制度建设、完善内部治理结构、加强法律风险防控、积极营造法治环境、落实师生权益保护、强化法治工作机构和队伍建设等方面全方位着手，经多方施策系统构建，已形成依法治校特色格局，助力学校内涵建设和长远发展。

一、坚定正确政治方向，夯实领导工作机制

坚持学校党委统一领导，确保依法治校工作保持正确政治方向，切实维护广大师生员工的根本利益。2018 年初，学校设立依法治校示范校创建工作组，负责统筹和指导学校依法治校示范校创建工作；指导各单位查摆现存制度问题和治理短板，把最受师生员工关注的发展问题、最迫切的利益诉求列入法治建设清单。2019 年 11 月，成立同济大学依法治校领导小组，负责统筹和指导学校依法治校工作；2020 年 4 月推出《同济大学推进治理体系与治理能力现代化建设 2020 年行动计划》，成立学校推进治理体系和治理能力现代化建设工作组、制度体系建设工作小组，各项工作任务的牵头部门和参与单位须按方案要求，主动谋划、明确任务、责任到人，确保各项工作落到实处。同时，搭建学校依法治校和制度体系建设总体框架，作为落实制度体系的核心机构，负责对照学校制度体系总体框架，完善制度顶层设计、中观审议、微观审核建设机制。学校已建立了以推进治理体系和治理

能力现代化建设工作组为领导机构,由制度体系建设工作小组牵头,校长办公室、发展规划与学科建设部等各职能部门分工负责,法律顾问提供专业支持的管理体系,形成"统一领导、分工负责、专业支持"的依法治校工作机制。

二、以学校章程为核心,全面深化制度建设

学校章程最早于2014年5月5日经教育部核准后实施,2018年完成第一轮修订,2022年完成新一轮修订。学校章程中有结合实际体现学校特点、特色的创新性规定,与《同济大学"十四五"发展规划和2035年远景目标纲要》紧密贴合。学校以《章程》为统领,坚持科学、高效、实用的原则,通过制度层级的科学设计和动态管理,构建结构合理、要素完备、编制规范、相互协同的大学制度体系。首先,系统梳理学校制度,形成指标体系总体框架。学校各单位积极回应来自基层的呼声与关切,以坚决啃下"硬骨头"的魄力画出路线图,列出时间表,以学校《章程》为统领,全面推动学校制度建设、支持学校制度创新,按照科学、高效、实用原则,通过科学设计和动态管理,构建结构合理、要素完备、编制规范、相互协同的制度体系。

其次,设立制度体系建设工作小组,统筹制度制定、审议工作。2018年对全校的校级规范性文件进行全面梳理,涉及38个校内单位,累计清理规范性文件1000余个,经过多年研究摸索,于2020年形成同济大学制度体系总体框架并在2021年予以完善。2020年至今,工作小组已经召开近20次工作会议,累计审议议题139个,审议制度文件和事项125项。

再次,制定规范性文件管理办法。学校2016年出台《同济大学行政规范性文件编制暂行规定》,2017年开始全面实施并于2022年修订并发布《同济大学行政规范性文件管理规定》,对照学校制度体系的总体框架,强化"立"的规范,"改"的必要,"废"的得当,"释"的清晰,结合学校管理工作的实际,把控编制环节中立项、审核、决策等重要环节,解决系统考量缺失、研究指导不足、决策层级模糊等问题,使得规章制度真正体现实用、高效的特点。

最后,技术赋能制度体系建设,出台规程查询系统。除了在学校自动化办公系统及信息公开上实时公布最新的学校规范性文件外,2019年建成同济大学工作规程查询系统(一期),实现立、改、废全流程记录和查询功能,为实现学校规章制度的全生命周期运行夯

实基础。2021年，学校再次借助信息技术赋能制度建设及其成果的共享，推出"同济大学工作规程查询系统2.0"升级工作，实现界面、功能、信息的进一步优化。在2021年底前实现了总体框架全图的系统植入，规范性文件全面上载、实时更新，使师生查阅学校规范性文件更便捷、更高效，为创建法治校园提供硬件支撑。

三、持续探索创新，完善内部治理结构

学校将党的领导和建设贯穿办学治校和教书育人全过程，持续加强学校领导班子建设。自学校《章程》发布以来，学校坚持和完善党委领导下的校长负责制，按照"集体领导、民主集中、个别酝酿、会议决定"的原则，对标中央巡视的新要求，进一步修订完善了学校党政领导班子议事决策制度，重点对党委常委会、校长办公会议事范围、决策程序等方面进行梳理规范，确保"三重一大"决策事项全覆盖，决策程序合规合理。首先，坚持党委领导下的校长负责制。2020年学校修订了《中共同济大学党委常委会议事规则》《中共同济大学委员会全体会议议事规则》。

其次，明确重大决策程序，建立法治工作机构及其负责人参与学校决策工作机制。健全学校党委常委会或全委会、校长办公会等议事规程。按校长办公会议事规则的规定，校长办公室分管法务工作副主任应参加校长办公会；法治机构负责人在决策会议上有独立发表法律意见的权利，并且其意见记入文件起草说明或者决策会议纪要、会议记录；在所有涉及法治工作内容的议题，如重大制度、合同上校长办公会审议前均要由法治机构出具法律意见书。对涉及师生利益的重大决策，有听取师生意见、师生参与决策会议的机制。

最后，推进"试点学院"改革和"依法治校示范学院"创建工作，强化示范引领。2018年，制定《同济大学推进校院两级管理体制改革指导意见》。按照分类指导原则，切实推进各项管理体制改革，逐步建立财权和事权相统一的校院两级管理体系，在人事、财务、教学、科研、国际化等管理上履行整体规划、总体管理、宏观调控职责，逐步将应属学院的相关管理权限稳步下放到学院。2020年10月，学校参照教育部和上海市有关文件要求规范二级管理，推进二级学院试点改革，依法治校标准（示范）学院创建工作，发布《关于开展依法治校标准（示范）学院创建工作的通知》，梳理《二级学院管理制度清单》，在组织领导、建章立制、内部治理、规范管理、权益保护、法治宣传等方面，加强对二级学院制度建设工作的指导。2022年版《同济大学二级学院绩效评估指标体系及计量指标》中将法

治工作内容作为评价指标之一，列明法治工作负面清单。2021年、2022年分别完成第一批、第二批示范学院创建和评估工作，通过近两年的示范学院建设，校内学院和职能部门已初步形成两级管理相关制度，学院（系）与学校之间的管理权限划分及权利义务关系明确、程序规范、规则健全，形成较完善的校院两级管理体制和二级单位制度体系。2023年，学校开展的第三批创建工作实现所有整建制二级学院全覆盖。

四、多措多维并举，加强法律风险防控

学校围绕立德树人这一根本任务，使教学、科研和社会服务等各项工作的运行有制可依、有规可循，多措多维并举，加强法律风险防控，推动各项事务在制度体系的框架内良性发展，理顺和优化治理体系，提升办学治校的能力与水平。首先，健全机构设置，强化组织保障。成立由校党委书记、校长担任组长的依法治校工作领导小组，全面领导学校依法治校工作，进一步明确党委书记、校长推进法治工作第一责任人职责。校长办公室设置法务岗位，协调推进依法治校各项具体工作，加强法治工作队伍建设，优先选聘具备法学专业背景或法律实务工作经验的人员，建立健全法律顾问制度，由学校法治机构法务、相关专家、外聘执业律师等组成法律顾问队伍，协助学校处理法律事务。

其次，健全内控机制，严抓风险防范。压实各岗位责任，推动内部控制建设与实施，确保各级各类制度有效执行。设立内部控制规范建设领导小组，由校长担任组长，统筹推进学校内部控制规范建设。系统梳理学校经济活动各项制度和工作流程，每年编制发布《同济大学内部控制管理手册》。建立经济活动变化情况按月报告制度，通过及时上报及审核，实现内部控制建设常态化管理。开展内部控制评价，识别学校日常经济活动管理潜在风险和薄弱环节，评估内部控制体系建设与运行有效性，以评促建、以评促改、以评促管。通过规范管理、有效控制、追责问效、风险防范等系列措施，推动学校法治与制度建设从"立规矩"向"见成效"转变，建立起行之有效的资金监督和制约机制，形成齐抓共管、执行到位的法治工作局面。

再次，健全合同管理制度，建设合同信息平台。校长办公室2014年制定、2021年修订《同济大学合同管理办法》，相继出台各项合同管理具体制度，明确合同管理的主管部门和审核程序，按照"统一领导，归口管理，分级负责"原则建立合同管理体制。除原有的自动化办公系统、采购与招标管理系统、人事合同系统、科研合同系统，自2021年起学校启

动开发一体化"合同管理信息查询平台",通过数据共享平台实现原有三大合同系统的信息共享,使查阅学校合同更便捷、更高效,实现合同的统一监测和管理。

最后,建立"以人为本、预防为主、统一领导、分级分类"的校内纠纷解决机制。明确不同类别纠纷的责任主体和处理机构,心理、法律等专业人士适时介入和提供服务,建立公平公正的处理程序,将因人事工作、学籍管理等引发的纠纷,纳入不同的解决渠道,从而提升解决纠纷的效率和效果。

五、搭建宣传平台,积极营造法治环境

学校高度重视法治宣传,搭建宣传平台,积极营造法治环境,开展法治文化建设,校园法治文化建设有特色、有品牌、有专题、有成效。首先,明确法治宣传规划,推广规范管理理念。制定《同济大学2021—2025年法治宣传教育规划》,明确法治宣传目标和计划,作为行动方针指导学校法治宣传教育工作。依法治校示范学院创建期间,校长办公室负责人深入基层学院,召开指导交流会,组织实地宣讲和规范性文件撰写专题培训。从制度体系的构架到制度文件的分类,从命名规则到撰写要点,从内容结构到文字表述,从实例入手,逐一展开,传递着化繁为简的管理理念,倡导形成工作闭环的管理要求。

其次,探索创新形成特色品牌。自2016年起,校长办公室每年定期推出《同济大学法务案例参阅》及《同济大学法务信访简报》,选编类型化案例供校内单位及相关人员参考借鉴,截至2023年9月已出8期。2020年起,校长办公室法治工作机构牵头推出"与法同行"系列法治培训,至今已开展5期。学校还依托法学院,在2021年推出"与法同行"微信公众号,通过微信平台进行广泛深入的法治宣传教育。

再次,把学习宣传宪法摆在普法工作的首要位置。校党委宣传部牵头,注重依托和发挥法学院在学科、人才的专业优势,以全国法制日、国家宪法日等重要时间节点为契机,面向全体师生开展宪法宣传。

最后,多措施多维度并举开展宣传。发挥思政课程、课程思政主阵地作用,把法治文化建设作为校园文化建设的重要组成部分,结合师生党支部、社团等日常活动,将法治教育浸润到师生日常学习生活中。统一部署,分级分层开展法治和制度专项宣传工作,通过管理培训班、专题学习会、法治研讨会、制度解读会、教师午间沙龙等线上线下相结合的形式,大力推进制度执行。

六、依法贯彻落实，加强师生权益保障

学校重视保护师生权益，对师生的处理、处分程序正当。对教师、学生作出重大处理、处分前，履行合法性审查程序。学校编印《同济大学教师手册》，内容翔实且不断更新，涵盖学校概况、师风师德、教师服务、教师权益等，确保各项教师权利有法可依、公开透明，最大程度方便教师了解和维护自身权利。修订《同济大学教职员工处分暂行规定》和《同济大学教职员工处分暂行规定实施细则》，进一步完善教职员工处分相关程序。学校编印学生手册，学生权利和义务有法可依、公开透明，最大程度方便学生了解和维护自身权利；学校已制定《同济大学学生违反校纪校规处分规定》，学生处分严格依法进行，对学生作出重大处理、处分前，履行法治工作机构合法性审查程序。

学校已建立健全师生校内权益救济制度。制定并公布《同济大学人事争议调解处理办法》，设立同济大学人事争议调解委员会，学校设有工会法律咨询服务，为教职工提供法律援助。学校已制定《同济大学学生申诉处理办法》，设立学生申诉处理委员会及申诉规则，学生在获得不利处分后享有充分陈述与申辩的机会。建立听证工作机制，涉及师生重大利益的处理、处分或申诉，经申请，可以举行听证。此外，设有学生事务中心、就业指导中心、心理健康教育与咨询中心、法学院法律援助中心、学生会学生权益保障部等援助与服务机构，为学生提供多元化维权渠道。

七、夯实法治基础，强化法治工作机构和队伍建设

依法治校工作推进与落实离不开法治工作机构和队伍，加强法治工作队伍建设和统一管理，提高法治工作队伍的素质能力是学校开展依法治校工作的重要基础。目前，学校已建立了"统一领导、分工负责、专业支持"的依法治校工作机制体系：常务副校长分管法律事务工作；校长办公室负责学校法律事务工作；校长办公室主任统筹学校法律事务工作，校长办公室副主任分管法律事务；法治工作机构配备专职工作人员，对专职法治工作人员安排有提升专业能力、安排专业培训、取得法律职业资格的鼓励支持措施；发展规划部负责学校章程修订及落实工作；建立法治工作联络员制度，各单位配置一名法治工作负责人和经办人，各职能部门负责本部门业务范围内专项法律事务的跟进处理；建立法律顾问制度。学校法律顾问制度健全，由法治工作机构人员、学校相关专家、外聘执业律师等组成

法律顾问队伍，在学校决策中提供法律意见。除校长办公室聘请学校层面日常法律顾问及专项事务法律顾问外，由于学校部分单位涉及的法律问题繁杂、专业性强，经学校授权这些单位也分别聘请其他专业律师作为专项事务法律顾问。自 2014 年起，学校校长办公室设专职法务岗，同时聘请专业法律顾问。2021 年 9 月聘请法学院院长为总法律顾问，指导学校依法治校工作。在法治队伍的全方位服务和保障下，学校依法治校工作形成特色格局，稳中求进，日益完善。

综上，学校正在积极运用辩证思维、系统思维、创新思维、战略思维来谋划思路，把深入推进依法治校示范校建设工作与"双一流"建设相结合，围绕立德树人的根本任务，建立与完善中国特色现代大学制度以及以党的全面领导为统领的现代大学治理体系，使学校真正成为培养人才的摇篮、教书育人的胜地、师生工作的乐园、改革示范的高地。

第五节　高质量落实中央巡视整改，推进全面从严治党向纵深发展

党的十八大以来，中央把巡视作为推进全面从严治党的重大举措。2018—2023年，同济大学党委对标对表中央精神和上级单位要求，坚持问题导向、目标导向、效果导向相结合，用文科发散思维举一反三查问题摆事实，用理科分析逻辑深挖问题存在根源，用医科靶向思路科学精准对症下药，用工科工程办法量化落实整改责任，统筹抓好"当下改"与"长久立"，突出重点、带动全面，落细落实整改工作，全面完成十八届中央第十二轮巡视对学校反馈问题的集中整改及深化整改工作，顺利完成十九届中央第七轮巡视反馈问题的集中整改工作，同时继续把深化巡视整改作为长期的、重大的政治任务，持续用力、久久为功，以真改实改、标本兼治的扎实成效推动全面从严治党向纵深发展，为建设中国特色世界一流大学提供坚强政治保证。

一、坚决贯彻中央决策部署，提高政治站位，强化责任担当，切实把巡视整改作为首要政治任务抓紧抓好

根据中央统一部署，2017年3月2日至4月28日，中央第十四巡视组对同济大学党委进行了专项巡视。2017年6月13日，中央巡视组向同济大学党委反馈了巡视意见后，学校层面先后召开3次党委全委会、16次党委常委会、7次校长办公会、6次整改领导小组会议、3次整改工作推进会和一系列书记、校长专题会等，及时研究制定整改方案，解决整改工作中的重大事项、关键环节和突出问题，推动整改工作深入开展。学校党委及时制定印发《同济大学党委巡视整改方案》，开展了为期两个月的集中整改，取得了阶段性成果。2017年8月，在完成《中共同济大学委员会关于巡视整改情况的报告》后，学校党委继续深化落实整改工作，印发《关于继续做好巡视整改工作的通知》，部署推进集中整改阶段尚未完成的整改事项和需要长期坚持的整改工作，巡视中发现的问题坚决整改，其

他单位发现的问题对照警示，新出现的问题随时整改。至 2018 年 10 月，持续推进巡视整改工作取得了明显成效，三大方面 25 项整改任务、110 项整改措施全部完成。随后，学校党委在对前期巡视整改情况进行总结的基础上，结合中央"不忘初心、牢记使命"主题教育工作，先后制定印发了分别包含 103 项整改措施的《同济大学深化巡视整改工作任务清单》2018 年版和 2019 年版，把巡视整改工作不断引向深入。

2020 年，为持续深化巡视整改，确保"件件有着落，事事有回音"，学校党委回到"原点"，对三年来深化巡视整改工作成效进行总结评估，并根据高校党的建设新形势、新要求，制定《同济大学深化巡视整改工作任务清单（2020 年版）》，形成 26 项任务，121 项整改举措，要求各部门各单位逐项开展地毯式排查，看是否有未完成的整改任务，是否有看似完成了实际上并没有完成的任务，是否有当年完成了后来又反复的情况，在限定时间内完善方案、细化措施，坚决整改到位，通过实实在在的整改成效，推动学校各项事业再上新台阶。

2021 年 5 月 7 日至 7 月 5 日，中央第四巡视组对同济大学党委进行了巡视。2021 年 9 月 3 日，中央巡视组向同济大学党委反馈巡视意见后，学校层面陆续召开巡视整改动员部署会、工作推进会，1 次党委全委会、11 次党委常委会、8 次校长办公会、4 次巡视整改工作领导小组会议和领导小组办公室会议，2 次二级党委书记及党群职能部门负责人会议以及一系列书记、校长专题会等，研究部署推进巡视整改工作。根据中央巡视组向学校党委反馈的巡视意见，学校党委制定了《同济大学党委巡视整改方案》，分为八个方面的任务，具体细化为 116 项整改措施，并完成了全部集中整改期整改任务。

2022 年，同济大学党委深入学习宣传贯彻党的二十大精神，按照中央关于巡视工作的新部署、新要求，切实担负管党治党主体责任，统筹疫情防控和改革发展，聚焦习近平总书记指出的"六个不足"突出问题和教育部主抓的"六个方面"整改工作，坚持"机制不停、人员不散、责任不变"，扎实推进年度深化巡视整改工作。学校党委学习重温习近平总书记听取中央第七轮巡视情况汇报时的重要讲话精神，深入学习中央纪委关于巡视整改审核评估意见，专题研究"一校一策"督导意见指出的问题和工作要求，认真对照"共性问题"和"个性问题"，聚焦长期整改任务，制定了《同济大学 2022 年深化巡视整改工作任务清单》，共计 383 项整改举措。截至 2022 年 12 月，完成了 383 项整改举措中的 381 项，2 项整改举措持续推进中，并纳入 2023 年深化巡视整改工作任务清单继续推进。

2023 年，为持续巩固巡视整改成果，推动巡视整改常态化、长效化，同济大学党委按

2021年10月29日，教育部党组成员、副部长翁铁慧到同济大学调研指导督促落实中央巡视整改工作

照"机制不停、人员不散、责任不变"的原则，制定《同济大学2023年深化巡视整改、推动高质量发展工作方案》及任务清单，形成六个方面共130项整改举措（含上一年度2项持续推进举措），围绕贯彻落实习近平总书记重要指示批示精神和主动服务国家科教兴国战略、人才强国战略、创新驱动发展战略，把巡视整改与贯彻落实党的二十大精神、主题教育、大兴调查研究等紧密结合，坚持"四个融入"，以巡促改、以巡促建、以巡促治，坚持不懈把全面从严治党向纵深推进。

二、牢固树立"四个意识"，有效贯彻党的教育方针，对标对表逐条逐项落细落实整改任务

学校党委深刻认识到，中央巡视组对同济大学党委开展巡视工作，是对学校开展的一次"政治体检"，既是对全校各级党组织推进全面从严治党、落实主体责任、营造良好政治生态的一次有力督促和鞭策，也是对全校各级党员干部自觉接受监督、锤炼政治品格、提高党性修养的一次深刻教育和警示。学校党委把巡视整改作为检验对党忠诚的重要标尺，

作为增强"四个意识"、坚定"四个自信"、做到"两个维护"的重要检验，全校上下以巡视整改永远在路上的坚定政治态度，推动巡视整改与学校中心工作"两结合""两促进"，推动学校各项工作取得了新的进展。经过几年努力，学校师生普遍感到，学校党的领导显著加强，党的建设持续改善，全面从严治党有力推进。

1. 坚持和加强党对学校工作的全面领导，确保社会主义大学的办学方向

一是深学细悟习近平新时代中国特色社会主义思想，立足"三新一高"，推进学校内涵式高质量发展。结合"不忘初心、牢记使命"主题教育、党史学习教育和学习贯彻习近平新时代中国特色社会主义思想主题教育，把加强思想理论武装作为政治任务，擦亮高校马克思主义的鲜亮底色，坚持正确的办学方向。建立并不断健全完善领导领学、干部必学、师生共学的理论学习机制，严格执行党委常委会第一议题集体政治学习制度、理论学习中心组定期学习及全校每周二下午不排课集体学习的制度，按月下发教职工理论学习指导意见和组织生活指导意见，不断提高全校师生理论学习质量，并将学习成果转化为共同推进中国特色世界一流大学建设的思想自觉和行动自觉。开展"教育思想大讨论"，围绕立德树人根本任务，深刻思考新时代职责使命，贯彻落实"三新一高"要求，弘扬"同济天下、崇尚科学、创新引领、追求卓越"新时代同济文化，坚持"学术与育人"的价值追求，动员全校师生共谋育人良策，凝聚教育共识。

二是把政治建设摆在首位，健全完善党委领导下的校长负责制。制定了《同济大学关于健全习近平总书记系列重要讲话和指示批示精神学习宣传贯彻机制的实施办法》，构建了从学习宣传、制定方案、贯彻落实到监督检查的闭环管理机制。开展《同济大学章程》修订工作，完善章程与时俱进修订机制，新章程彰显了"加强党对高校的全面领导""落实立德树人根本任务"等重要要求，为建设中国特色世界一流大学夯实了制度基础。制定《中共同济大学委员会关于进一步加强学校党的政治建设的实施意见》《同济大学党委领导班子关于进一步加强政治建设的若干要求》《中共同济大学委员会领导班子成员落实基层党建责任和联系基层的若干规定》等文件，切实把加强党对学校的全面领导、全面贯彻党的教育方针、坚持马克思主义指导地位、坚持社会主义办学方向、落实立德树人根本任务等要求全面落实在办学治校的全过程、各方面；进一步修订党委常委会、校长办公会议事规则，健全完善主要领导定期交流协商、共同审议重要议题机制，持续完善"三重一大"决策实施办法并严格执行，确保各项重大决策程序的科学性、完整性。

三是牢牢把握意识形态工作主动权，落深落细落实意识形态工作责任，全面提升校园文化。强化马克思主义在意识形态领域的指导地位，党委常委会坚持定期专题研究意识形态工作，专题研究师生思想动态、安全稳定、思想政治教育等与意识形态相关的工作，及时分析学校师生思想状况，研判意识形态领域风险点，定期向二级党组织书记通报意识形态领域的情况。重要工作关键节点书记校长亲自部署，具体指导。制定《基层单位意识形态工作要点》，召开深化意识形态专项整改工作会议，加强对二级党组织做好意识形态工作的指导，对全校各二级党组织履行意识形态工作主体责任情况开展专项督查。对哲学社科类学术期刊和教材加强管理，对哲学社科类讲座、报告会、论坛等实行"一事一报""一会一报"制度，建立网络舆情常态监测和预警机制，加强各类意识形态阵地管理。全面加强校园文化建设，总结凝练"同济天下、崇尚科学、创新引领、追求卓越"的新时代同济文化，对校史中的红色文化进行挖掘提炼，排演《铸诗成剑》等红色剧目，编写《同济英烈》等图书并出版，赓续同济红色血脉，构建文化育人和谐环境，获批"全国文明校园"。

四是全面提高思政理论课建设质量，深化课程思政改革创新，提高人才培养质量。学校党委高度重视思政理论课、课程思政建设，党委常委会、校长办公会定期专题研究，并通过组织保障加强对思政理论课和课程思想政治工作的领导。集全校之力办好马克思主义学院，把学校第一个自设一级博士点设立在马克思主义一级学科，着力加强思政理论课教师队伍建设，积极推进马克思主义理论和教学研究，2019年获批全国重点马克思主义学院，2020年进一步推进部校共建。构建"大思政"课程体系，进一步完善本硕博思政课程一体化教学体系。总结同济在服务国家重大战略和上海城市建设方面的重要成果，建设"中国道路""人民城市导论"品牌思政课，校领导班子成员参与备课、带头授课。把思政课作为学校落实立德树人根本任务的关键课程，在课程创优、教辅创优、师资创优、教法创优等方面作出积极探索，全国首批开设"习近平新时代中国特色社会主义思想概论"课程，发挥学校优势学科特色，阐释中国特色社会主义道路在各个领域的建设与发展。以系统观全面推动课程思政改革创新，深化"育人"和"质量"内涵，制定《中共同济大学委员会关于推进思政教育与专业教育有机融合的实施办法》《同济大学关于加强课程思政建设的指导意见》，持续推进教育部"课程思政研究示范中心"建设，全方位推进课程思政教育教学创新改革，推动课程思政向"专业思政""学科思政"延伸，入选"上海高校课程思政整体改革领航高校"。

2. 加强党的建设，以一流党建引领中国特色世界一流大学建设

一是深入贯彻新时代党的组织路线，完成并不断深化全国首批党建工作示范高校建设工作。牢牢把握新时代党的建设总要求，认真落实党建"对标争先"计划，深化党建"双创"工作，并不断深化创建内涵、扩展创建范围。从学校党委、职能部门、学院党委、教师党支部等不同层面，明确工作职责，落实具体措施。大力实施基层党支部建设标准化、规范化工程，对基层党支部设置情况进行梳理，优化部分党委下属党支部的设置。强化党支部战斗堡垒作用。学校党委、建筑与城市规划学院党委、土木工程学院建筑工程系教工第一党支部以及同济医院门急诊党支部顺利通过创建验收工作。土木工程学院党委、建筑与城市规划学院教工第八党支部在上海市教卫工作党委系统调研组所开展的"上海高校新时代基层党建质量提升工程"专题调研中均获得 A 等评价。在上海市教卫工作党委对学校示范高校创建情况进行现场满意度测评中，总体非常满意和满意的比例合计达 99.6%。

二是遵循思政工作规律，健全辐射全体学生的"三全育人"体系。学校党委以全国首批"三全育人"综合改革试点高校建设为契机，全面统筹本科与研究生教育教学改革，深化"育人"和"质量"内涵，着力培养引领未来的社会栋梁与专业精英，形成学校"三全育人"综合改革试点各项工作举措的叠加效应，青年大学生向党组织靠拢意愿明显提升。制定《"三全育人"示范学院建设标准》，实现学院层面"三全育人"综合改革全覆盖。制定《"三全育人"示范社区建设标准》，形成学生社区综合育人示范点建设方案，入选教育部"一站式"学生社区综合管理模式建设试点高校。全面推行学生社区驻楼导师工作站建设，实现 22 个本科生社区全覆盖，将育人力量和育人资源压实到学生日常学习生活的第一线。重新总结凝练学校人才培养目标，明确"培养德智体美劳全面发展的社会主义建设者和接班人，成为担当民族复兴大任、引领未来的社会栋梁与专业精英"。编制完成《同济大学关于加强新时代体育工作的实施方案》《同济大学关于加强新时代美育工作的实施方案》《同济大学关于加强新时代劳动教育工作的实施方案》，完善了德智体美劳全面发展的人才培养体系和综合素质评价体系。

三是扎实推进师德师风建设，加强分类评价管理，打造高水平一流师资队伍。制定《中共同济大学委员会关于加强讲师团建设的意见》等制度文件，新建"高校中国共产党伟大建党精神研究中心同济大学分中心"等平台，组建学科交叉宣讲团队，讲深讲透新中国建设伟大成就和改革开放生动实践。深入实施人才优先发展和人才强校战略，强化思想引领，以引高端、汇人才、稳队伍、强学术、重贡献、突特色为主线，促进各支队伍的协同高质量发展，为学校"双一流"建设提供坚实的人力资源保障。做实党委教师工作部，配强领导班子，不断深化教师思政工作、师德师风建设和教师培训工作内涵，提高工作质量。制定《同济大学关于加强和改进新时代教师思想引领工作实施意见》，修订《同济大学教职工师德师风考核实施办法》，坚持把师德师风作为第一标准，健全师德师风考核评价机制，压实基层单位考核职责。2017年接受中央巡视以来，特别加强了在专任教师中发展党员工作。校领导班子成员带头、学院班子成员跟进，主动对口联系优秀青年教师，加强政治引领。

四是主动把学校工作放到党中央重大决策部署中统筹谋划。学校党委聚焦习近平总书记交给上海的新的三大任务，积极参与国家重点实验室重组，不断增强创新策源能力，加大关键核心技术攻关，助力上海建设具有全球影响力的科技创新中心，不断夯实支撑科技创新高质量发展的能力基础。在学校新一轮"双一流"建设方案中，明确建设"智能科学与技术"为引领的理工基础交叉学科群，并通过智能赋能支撑推动其他九个领域及学科群的发展，强化了学科之间的深入交叉融合，围绕国际科技前沿以及国家战略和重大需求，提炼科学问题，开展多学科交叉创新研究。围绕"四个面向"，强化有组织科研，积极申报各类重大专项，以点带面提升学校基础研究能力。

3. 推动全面从严治党向纵深发展，为"双一流建设"提供坚强政治保证

一是落实好全面从严治党主体责任，完善监督体系。学校党委把落实管党治党责任作为最根本的政治担当，制定《中共同济大学委员会关于深化细化全面从严治党"四责协同"机制的实施办法》，深化细化全面从严治党"四责协同"机制，推动形成知责明责、履责尽责、考责问责的工作闭环。印发《中共同济大学委员会关于落实全面从严治党主体责任的实施方案》，制定党委、主要负责同志和领导班子其他成员全面从严治党主体责任清单，以上率下，切实促进学校各级党组织和广大党员干部履职尽责。紧盯"关键少数"和重点领域，制定《关于落实＜中共中央关于加强对"一把手"和领导班子监督的意见＞的任务清单》，细化工作举措，着力破解"一把手"和同级监督难题。加强日常监督，突出政治监督，完善监督部门联席会议机制，推动纪律监督与巡察监督、审计监督、财会监督等协同贯通。推进纪检监察体制改革和纪检监察队伍建设，制定《同济大学纪检监察机构改革方案》，在保留纪委办公室正处级机构的同时，进一步增设监督检查室、案件管理室两个副处级机构；增加学校专职纪委副书记1名，学校纪检监察机构的职能定位、职责权限更加明确。配齐配强基层纪检力量，41个二级党组织全部设立纪委，支部设纪检委员。从学校到二级单位，形成了校纪委、二级纪委、支部纪检委员三个层级、专兼结合的纪检工作队伍。

二是严格执行中央八项规定精神，深入整治"四风"问题。学校党委始终把贯彻落实中央八项规定及其实施细则精神，纠治"四风"作为一项重要政治任务抓紧抓实。把2020年确定为"作风建设年"，推动改进机关作风、干部作风，提升治理水平和管理效能。积极发挥"推进作风建设部门联席会议"作用，定期分析研判学校作风建设状况，查找突出问题，持之以恒正风肃纪，对违反中央八项规定精神以及隐形变异的"四风"问题，坚持发现一起、查处一起，把"严"的主基调持续坚持下去。完成2021年上半年机关中层干部履职尽责情况专项检查，开展机关职能部门落实"作风建设专项巡视"整改问卷调查。结合"我为师生办实事"活动，召开机关落实"首问负责制"专题讨论会，督促优化工作流程，强化首问负责制、服务承诺制和限时办结制，推动持续改进机关作风。

三是以巡视整改带动校内巡视巡察，强化成果运用。2017年以来，学校党委始终坚持政治巡视的工作方针，突出问题导向，把落实中央巡视整改情况作为校内巡视巡察的重要内容，在已经实现学校党委一届任期校内巡视全覆盖目标基础上，组织开展"作风建设""立德树人""大型仪器设备使用管理"等校内专项巡视，推动深化中央巡视整改走深走实。加强校内巡视规范化建设，修订完善巡视工作规程、巡视整改落实工作办法等规章制度，建立纪检监察、巡视、组织、宣传以及教师工作等部门沟通联动和协作配合机制。

三、巩固深化巡视整改成果，推动同济大学中国特色世界一流大学建设

学校党委明确要求，对于巡视意见中指出的具体的人和事，要查明情况、严肃处理、问责到底，确保集中整改期取得明显成效；更要坚持标本兼治，着重建立长效机制，以高质量制度性成果作为巡视整改的基本要求，进一步完善学校治理体系、提高治理能力。

1. 扎实做好巡视"后半篇文章"，以深化整改为契机推动改革、促进发展

学校党委持续深入学习习近平总书记关于巡视工作重要论述，深化对政治巡视内涵要求的理解把握，不断提高政治站位，切实增强抓巡视整改的思想自觉和行动自觉，对照中央巡视组对学校反馈的意见，对照近年来相关领域相关单位在巡视中发现的问题，对照中央的最新要求和最新决策部署，逐项对照、深挖根源，结合学校发展、结合中心工作，坚持问题导向和目标导向，按年度专题研究制定深化整改方案和任务清单，做到问题全覆盖、意见全纳入、责任全明确；并通过及时总结年度整改方案，体检把脉，进而制定新一轮整改举措，形成不断深化、持续整改的良性机制。

2. 压实整改责任，强化政治担当，形成全校上下合力抓好巡视整改的工作格局

学校党委承担巡视整改主体责任，强化责任分工，以整改举措"红黄绿灯"标识通报和预警，定期分析研判整改工作进展和整改事项质量，切实将主体责任、第一责任人责任、"一岗双责"落到实处。集中巡视整改期间，党委常委会、校长办公会将研究部署巡视整改工作作为固定议题，定期研究某一方面整改工作，着力解决个别整改任务推进缓慢、部分整改落实单位协同不够等突出问题。党委主要领导切实承担整改第一责任人职责，对整改工作直接部署、直接落实、直接协调、直接督办，全方位推进巡视整改工作。班子成员认真履行"一岗双责"，按照分工抓好分管范围内的巡视整改工作，并加强协同联动。校领导在中央党校参加培训期间，整改工作不间断，通过视频会议、电话督导、文件审阅等形式推动整改工作。各二级党委根据学校部署，结合实际分别制定整改方案和整改问题清单，逐项责任落实到人，明确时间节点和完成标志，形成全校巡视整改上下"一盘棋"。

3. 激励担当作为，强化监督问责，树立鲜明导向，提升巡视整改成效

学校党委建立了集中整改举措"定目标、倒轧账"机制，对照任务清单，按照时间节点，立足"治标"推行"当下改"，着眼"治本"研究"长久立"，逐项销号推进。结合选人用人专项检查整改，营造干事创业氛围，对不担当不作为的干部坚决处理、果断调整，以"下"促"干"。校纪委织密监督网，在抓好日常监督的同时，主动开展落实立德树人根本任务、意识形态工作等五项专项监督工作，协同党委有力推动全面整改、彻底整改；分管校领导、主要职能部门、二级纪委加强联动监督，延长了监督链条，构建统一协调、同频共振的监督工作局面，提升了巡视整改工作成效。

新起点新征程，学校党委将以学习宣传贯彻党的二十大精神为契机，深刻把握"两个确立"，坚决做到"两个维护"，充分发挥巡视和巡视整改在党的自我革命中的重要作用，为推进学校全面从严治党提供强有力支撑。

第六节　发挥巡视综合监督作用，实现校内巡视全覆盖

同济大学党委始终坚持以习近平新时代中国特色社会主义思想为指导，深入学习党的十九大、十九届历次全会和党的二十大精神，贯彻落实习近平总书记关于巡视工作的重要论述和党中央关于巡视工作要求，按照政治巡视的方针，以学校第十一次党代会确定的一届任期内实现巡视全覆盖为目标，聚焦坚持和加强党的全面领导、落实新时代党的建设总要求，持续推进校内巡视，努力实现有形覆盖和有效覆盖相统一，推动全面从严治党向基层延伸，助推学校中国特色世界一流大学建设。

一、加强对巡视工作的全面领导，高质量推进校内巡视

2017年11月，学校党委启动校内巡视试点工作。2018年10月以来，先后开展十轮对36个二级党委的常规巡视，对1个党总支的提级巡视，对包括机关党委、新生院党委在内33个机关职能部门的"作风建设"专项巡视，对包括机关10个职能部门和32个二级党委的"立德树人"专项巡视，对2个学院党委的巡视"回头看"。巡视覆盖率达到100%，实现一届党委任期内巡视全覆盖的目标。

学校党委加强对巡视工作的全面领导，不断完善巡视制度体系。党委设立巡视工作领导小组，校党委书记和校长任组长，分管组织工作的校党委副书记、校纪委书记任副组长。领导小组下设办公室，作为学校党委开展巡视工作的日常办事机构。学校党委先后制定了包括巡视工作规划、巡视工作办法、巡视工作规程、巡视组工作规则、巡视整改和成果运用办法等8项规章制度，使巡视各环节有规可依。较为完整的组织架构和制度规范为顺利开展校内巡视奠定了坚实的基础。

学校党委全程履行主体责任，每轮巡视党委常委会进行专题研究，确定被巡视单位和巡视组成员，审定巡视反馈报告，听取巡视整改情况报告。学校纪委自觉落实监督责任，

巡视前协助党委做好准备工作，巡视后及时对巡视组移交的信访举报件开展核查，对问题线索进行处理，在整改过程中深入被巡视单位，指导被巡视单位做好巡视整改。校党委书记率先履行第一责任人职责，部署重要工作、过问重大事项、协调重要环节、督办重要问题，每轮巡视亲自指导：巡视前召开巡视工作领导小组会议，专题听取工作准备情况；召开党委常委会，审定巡视方案；组织召开巡视动员部署会；巡视结束后再次召开巡视工作领导小组会议，听取巡视情况汇报，对巡视发现的问题点人点事，提出明确意见；主持召开常委会审定巡视反馈意见；约谈被巡视单位党委主要负责人，督促落实整改责任；集中整改结束前听取被巡视单位整改情况；整改结束再次主持常委会听取集中整改情况。校领导班子成员主动落实"一岗双责"，校纪委书记参加每轮被巡视单位的进驻动员会、反馈会，参加对每轮被巡视单位整改情况的督查，对巡视中发现的轻微违规违纪干部进行提醒或诫勉谈话；分管组织的党委副书记从干部监督和教育的角度对履职尽责不到位的干部提醒谈话；分工联系的校领导主动指导和督促被巡视单位党委做好整改，对巡视中发现的涉及校、院两级的问题进行协调。

在巡视干部遴选过程中，学校党委始终突出政治标准，从既有学校职能部门工作经验又有二级单位党委书记工作经验的同志中择优选配巡视组组长，从党口部门抽调处级干部担任巡视组副组长，选调其他优秀处级干部和年轻的正科级干部加入巡视组，保证巡视组成员的高素质。常规巡视专门设置财务审计组，解决多数巡视组成员不熟悉财务审计业务工作问题，提高发现问题的精准度。巡视前强化对巡视队伍的培训，对巡视组成员有针对性开展政治理论与业务能力培训；邀请参加过教育部巡视工作和具有丰富校内巡视工作经验的干部给巡视组授课；编印《巡视工作有关资料汇编》《巡视工作适用文件》，切实提高巡视人员发现问题的能力和水平。学校党委将巡视工作作为发现、培养、锻炼干部的重要平台，自开展校内巡视以来，巡视人员中已有十多名优秀干部被提拔到正、副处级岗位。

在开展校内巡视过程中，校党委牢牢把握政治巡视的工作定位，先后聚焦"六围绕一加强"和"四个落实"，抓"关键少数"，从具体问题切入、从履行职责上查找差距、从政治担当和政治责任上分析原因，推动领导干部带头旗帜鲜明讲政治，不断增强"四个意识"、坚定"四个自信"、做到"两个维护"，发挥"头雁效应"，督促被巡视单位党委强化管党治党政治责任，巩固"不忘初心、牢记使命"主题教育成果，推进二级单位的改革和发展。

学校党委坚持聚焦"四个落实"，紧扣被巡视党组织的职能职责，坚持问题导向，强化分类指导，突出监督重点。鉴于巡视对象涵盖专业学院、直属单位、校属企业、附属医院等不同性质的二级单位，学校党委分类细化巡视监督重点，制定了四类常规巡视监督体系。对专业学院、直属单位，厘定85个观测点，重点检查贯彻落实习近平总书记关于教育工作重要论述，坚持党的教育方针和社会主义办学方向情况，落实立德树人根本任务，加强党的全面领导和党的建设，落实全面从严治党以及落实中央巡视整改、主题教育整改等情况；对校属企业，厘定77个观测点，重点检查落实习近平总书记关于国有企业党的建设和改革发展重要指示精神、落实全面从严治党、推进校办企业体制改革等情况；对附属医院，厘定86个观测点，重点检查公立医院加强党的领导和党的建设、落实全面从严治党、加强医德医风等情况。针对专项巡视形成了两类专门巡视了解要点，对"作风建设"专项巡视，厘定76个观测点，重点检查机关职能部门落实学校党委决策部署、履行职能职责以及工作作风等情况；对"立德树人"专项巡视，厘定104个观测点，重点检查落实学校教育思想大讨论、师德师风建设、课程思政建设、教材建设等情况。对于巡视"回头看"，重点检查落实校内巡视整改情况，着力检查通过整改是否切实推动了学院的改革和发展，是否真正解决了师生反映强烈的突出问题。通过分类指导，突出重点，把巡视监督有效融入内部治理，着力发挥监督治理效能。

学校党委坚持发挥职能部门协同机制和联系群众纽带作用。注重强化部门协同，形成监督合力。学校党委不断根据巡视工作的最新要求，创新巡视方式方法，贯通融合多种监督方式。注重协同贯通联动，加强巡视与纪检、组织、审计、财务、审计、人事、信访、外事、资产、科研等职能部门的协作配合制度，为快速了解被巡视部门的有关情况节省了大量时间和精力，提升巡视质效。注重多管齐下，广泛听取群众意见。巡视组除了听取专题汇报、查看资料、实地走访、受理来电来信来访、召开座谈会外，还重点进行个别访谈。对规模小的学院教工全员谈话，规模大的学院谈话人数超过50%，谈话覆盖率71.52%。注重巡视方法创新，促进有形覆盖与有效覆盖相统一。对"作风建设"专项巡视，多途径听取意见，通过在线问卷调查方式向全校师生收集意见建议670条、深入40个二级教学科研单位召开座谈会听取意见建议599条，扩展了巡视问题的视野和切入点，提升发现问题精准度。"立德树人"专项巡视中在线问卷调查收集意见418条、建议392条。注重通过巡视组成员座谈会方式不断改进工作，如延长常规巡视集中驻点巡视时间，巡视组设立财务审计组、采取"一托二"的巡视方式等意见建议得到采纳并实践，既节约了人力资源，又能保证巡视质量。

二、扎实做好巡视"后半篇文章",推动各项事业高质量发展

学校党委制定"关键制度",紧盯"关键少数",压实整改责任。制定《关于被巡视单位召开巡视整改专题民主生活会的实施办法》,会前被巡视单位党组织组织全体班子成员深入学习习近平新时代中国特色社会主义思想和习近平总书记关于巡视工作的重要论述以及党中央关于巡视工作的部署要求,为开好专题民主生活会打牢思想基础。被巡视单位领导班子成员重点对照巡视反馈的问题和意见,主动认领问题,剖析自身在思想、工作和作风方面存在的问题,提出整改措施,并开展批评与自我批评。巡视整改办法明确把巡视整改情况列为被巡视单位党组织书记抓党建述职评议考核、领导班子及成员述职述廉述党建、领导班子民主生活会对照检查的重要内容,作为领导班子及成员年度考核的重要依据。学校党委坚持抓住关键问题,形成有效震慑。每轮巡视后,巡视工作领导小组都要对关键问题进行专题研究,由纪检监察机构和党委组织部核实关键问题中的人和事,对履职不力的班子和干部采取批评教育、诫勉谈话、组织调整、纪律处分等多种方式进行处理,有效发挥震慑作用。

学校党委坚持巡视成果运用,推动标本兼治。坚持政治巡视工作方针,注重从日常工作中查找政治偏差,既重视从具体事例中发现深层次问题,又注重从个别案例中发现体制机制共性问题。常规巡视中,针对共性问题,先后三次印发通知,督促各单位对照检查,并将自查自纠情况列为后续巡视监督和年度基层党建工作联合检查的重要内容,推动未巡先查、未巡先改;并将各单位自查自纠整改情况纳入校内常规巡视和巡视"回头看"的监督检查范围。针对巡视发现的普遍性、典型性问题,先后向校党委组织部、宣传部等12个职能部门发出17份巡视改进建议书,提出34条改进建议,督促责任部门对共性问题进行专题研究,一体整改。机关作风建设专项巡视中,根据部门职能定位,形成党政管理、人事科研、人才培养、服务保障四大类巡视反馈意见,并聚焦管理队伍建设、OA管理、信息化建设、教材建设与管理、校区管理体制等方面存在的问题,提出7份专项工作建议。

通过巡视,学校二级党委管党治党政治责任进一步夯实。学校党委进一步加强对二级党委的领导、指导,制定二级单位党委会、党政联席会议事决策事项清单,明确议事决策范围、权限、程序等要求,督促加强党委会对重大事项决策的前置研究把关。二级党委自觉强化责任担当,切实履行政治责任、发挥政治功能,构建"四责协同"机制,全面加强党的领导,定期研究全面从严治党工作,注重研判重点领域廉洁风险,不断完善风险防控

机制；领导班子成员尤其是学院院长的政治站位和大局意识明显提升，履行"一岗双责"的主动性、积极性得到加强。二级纪委书记不再分管与履行监督职责相冲突的工作，更加挺直腰杆进行监督。

学校基层党组织建设进一步加强。学校党委进一步优化基层党组织设置，在5个学生规模较大的学院下设学生党委；探索在汽车学院科技创新基地等平台建立党支部。党支部政治功能进一步加强，教工党支部书记"双带头人"全部落实到位，交通运输工程学院等建立了党支部书记参与所在系、所重大事项决策机制，强化党支部在师德师风建设中的作用。基层党组织的政治引领和政治吸纳作用进一步加强，"三会一课"制度执行更加严格，对党员的教育、管理和监督更加有力，党员发展工作更加规范，党员发展质量明显提高，软件学院院长等高层次人才被吸收加入党组织。

学校立德树人根本任务得到更好落实。各学院从领导班子到普通教师更加重视师生思政工作，定期研判师生思想状况，配足配强思政工作队伍，扎实推进"三全育人"综合改革。更加重视人才培养工作，思政理论课和课程思政建设取得明显进步。马克思主义学院着力打造"中国道路""人民城市导论"等思政"金课"，经济与管理学院、海洋与地球科学学院等增加教学经费投入，提高教学在考核评价、职务晋升中的权重。土木工程学院等5个学院入选"上海高校课程思政重点改革领航学院"；建筑与城市规划学院等3个学院入选教育部"全国党建工作标杆院系"培育创建单位。在全国大学生数学竞赛、全国"挑战杯"竞赛等赛事中，同济学子屡创佳绩、捷报频传。2021年，全校开展教育思想大讨论，广泛征求意见、凝聚共识，推动构建面向未来的高质量人才培养体系。2022年开展"立德树人"专项巡视，进一步压实了机关职能部门和学院党委立德树人政治责任，进一步凝聚共识，推进构建高质量人才培养体系。

学校主动服务国家重大发展战略的能力明显提升。各学院主动对接重大国家战略需求，积极融入长三角一体化和上海科创中心建设，在自主智能无人系统、转化医学、数字城市、深海科学、上海新城建设、长三角可持续发展等领域组建多个重大科研平台，加强基础前沿研究和关键技术突破，服务国家高水平科技自立自强。交通运输工程学院、海洋与地球科学学院分别围绕"交通强国""海洋强国"战略，结合学科建设、第五轮学科评估，制定各自"十四五"发展规划。航空航天与力学学院精准对接上海科创中心建设，服务航空航天强国战略，"飞行器力学与控制"学科成功入选上海市Ⅳ类高峰学科建设。

学校党委将深入学习贯彻党的二十大精神，坚持以习近平新时代中国特色社会主义思想为指导，深入学习领会习近平总书记关于巡视工作的重要论述和指示精神，贯彻党中央关于巡视工作的最新要求，把严的基调、严的措施、严的氛围长期坚持下去，把巡视利剑磨得更光更亮，勇于亮剑，始终做到利剑高悬、震慑常在，推动学校全面从严治党向纵深发展，营造风清气正的政治生态。

第七节　坚定不移推进全面从严治党，建设风清气正校园政治环境

同济大学第十一次党代会召开以来的五年中，在学校党委和上级纪委监委的领导下，学校纪检监察机构坚持以习近平新时代中国特色社会主义思想为指导，深入学习贯彻党的十九大、十九届历次全会和党的二十大精神，认真落实中央纪委国家监委和上海市纪委监委工作部署，深刻领悟"两个确立"的决定性意义，增强"四个意识"、坚定"四个自信"、做到"两个维护"，坚持全面从严治党战略方针，坚持稳中求进工作总基调，忠诚履行党章和宪法赋予的职责，一体履行纪律检查和国家监察职能，坚定不移正风肃纪反腐，以高质量纪检监察工作为学校建设中国特色世界一流大学提供坚强保障。

一、持续深入学习习近平新时代中国特色社会主义思想，增强忠诚履职的政治自觉和历史担当

以党的创新理论武装头脑、引领实践。坚持集体学习制度，采取轮流领学、集体研讨等方式，持续深入学习习近平新时代中国特色社会主义思想，及时跟进学习习近平总书记重要讲话和指示批示精神，做到全面系统学、联系实际学、笃信笃行学，深刻领悟其中的立场观点方法，自觉强化理论武装，切实加强政治建设。深入学习党的十九大、十九届历次全会和党的二十大精神，深刻感悟"两个确立"的决定性意义，不断增强政治判断力、政治领悟力、政治执行力。坚持深学习、实调研、抓落实，围绕加强政治监督、深化机关作风建设、提高纪检监察干部队伍能力素质、破解"不敢、不愿、不会"监督难题等问题，每年组织开展调研，总结实践经验、解决实际问题，推动学校纪检监察工作高质量发展。

扎实开展"不忘初心、牢记使命"主题教育、党史学习教育和学习贯彻习近平新时代中国特色社会主义思想主题教育。深入学习党章以及《关于新形势下党内政治生活的若干准则》《中国共产党纪律处分条例》等党内法规，认真研读习近平同志《论中国共产党历史》

"不忘初心、牢记使命"主题教育期间,校纪委书记方平上党课

《论党的自我革命》等图书,引导全校纪检监察干部聚焦高等教育的初心使命和纪检监察机关的职能职责,深入学习领悟、开展交流研讨、撰写心得体会,及时总结学习成果。组织开展专题调研,广泛收集意见建议,对照党章党规查找差距、检视问题,召开专题民主生活会认真剖析问题根源。牵头开展"违反中央八项规定精神突出问题"等专项整治工作,开展"我为师生办实事"实践活动,将学习教育成果转化为推动工作、改进作风、为师生解忧纾困的实际行动。

二、聚焦党的教育方针和中央重大决策部署,强化政治监督

加强对管党治校政治责任落实情况的监督检查。坚持把贯彻落实习近平总书记重要指示批示精神和党中央重大决策部署情况作为政治监督的重中之重,推动制定《关于健全习近平总书记系列重要讲话和指示批示精神学习宣传贯彻机制的实施办法》,并督促落实。围绕贯彻落实党的教育方针、落实立德树人根本任务,围绕推进长三角一体化和上海科创

中心建设等国家重大战略，围绕加强基础前沿研究探索和关键技术突破、提高解决"卡脖子"技术问题能力等强化政治监督。聚焦落实党委领导下的校长负责制、严肃党内政治生活、开展主题教育、落实意识形态责任制等重大政治责任，加强分析研判和监督检查，及时发现解决问题。

在新冠疫情防控中践行初心使命。始终坚持把维护师生生命安全和身体健康放在首位，成立疫情防控专项督查组和分校区监督工作组，加强对校内重点场所、重点部位的常态化监督检查。在上海疫情防控最关键阶段，全校纪检监察干部投身抗疫一线参战督战，着力在一线发现问题、解决问题。根据形势变化，督促及时调整优化防控举措，统筹各类资源，做好各项工作，确保校园平稳有序。

加强选人用人监督。督促学校党委和组织部门严把干部选任的政治标准和廉洁要求，强化注重工作实绩和群众公认的鲜明导向；重点监督二级单位换届纪律，及时受理有关问题举报，会同组织部门认真开展调查核实。全面收集领导干部廉政信息，及时更新干部廉政档案，严把廉政意见回复关。五年来，共回复干部选任中的廉政意见300余人次。

三、锲而不舍落实中央八项规定精神，坚持纠"四风"树新风

持之以恒落实中央八项规定精神。深刻把握由风及腐、风腐一体的特点，坚持严的基调不动摇。建立作风建设部门联席会议机制，定期开展分析研判，及时发现"四风"新情况新动向，纠正倾向性、苗头性、隐蔽性问题。每逢年节假日等重要时间节点，通过多种方式，开展教育提醒。每年组织开展落实中央八项规定精神检查工作，经常性开展明察暗访，坚决防反弹回潮、防隐形变异、防疲劳厌战。五年来，共查处违反中央八项规定精神问题5起。

深化纠治形式主义、官僚主义突出问题。紧盯机关作风建设存在的突出问题，督促严格落实首问负责制、服务承诺制和限时办结制。开展"机关作风建设"校内专项巡视，推动各部门持续深化整改。专题学习《晒一晒"象牙塔"里的那些官僚主义》一文，梳理分析形式主义、官僚主义在校内的主要表现和苗头倾向，重点纠治会多时长、文多表多等师生反映强烈的突出问题；紧盯工作懈怠、推诿扯皮、敷衍塞责以及漠视侵害师生利益等问题，督促干部履职尽责、担当作为。

坚持纠树并举，推动弘扬新风正气。结合党史学习教育，督促深入挖掘校史中的红色资源，弘扬伟大建党精神。结合贯彻落实《关于加强新时代廉洁文化建设的意见》，组织

开展廉洁文化作品征集活动，推动廉洁校园建设。结合学校开展的教育思想大讨论，推动持续弘扬优良的校风教风学风，弘扬"同济天下、崇尚科学、创新引领、追求卓越"的新时代同济文化。

四、聚焦"关键少数"和重点领域，做实做细日常监督

强化对"一把手"和领导班子的监督。紧盯"关键少数"，制定关于加强对"一把手"和领导班子监督的实施办法，从严监督关键人、关键事、关键时、关键处。落实两级纪委书记与同级领导班子成员谈心谈话制度，督促经常梳理分管领域的廉洁风险，切实履行"一岗双责"。通过列席会议、抽查材料等方式，督促提高民主生活会质量。

加强重点领域常态化监督检查。强化靠前监督、主动监督、跟进监督意识，经常深入基层一线查找和发现问题。建立覆盖招生考试、基建工程等重点领域的八大类31项风险防控监督观测体系，加强常态化监督检查。开展资产出租出借专项督查，督促加强报批报备、公开招租、租金收缴的规范化管理。督促梳理科研经费管理的风险环节，重点整治虚假报销、关联交易等问题。组织开展招标采购专项检查，推动全面排查950余项采购金额在20万元以上的项目，落实深入整改、完善制度机制。

持续开展非主业领域清理整顿。督促系统梳理非学历教育、合作办学中存在的廉洁风险隐患，重点整治违规对外合作办班行为，推动修订完善管理制度，强化落实监管责任。督促校办企业持续深化清理整顿，推动企业领导人员开展违规经商办企业以及防范利益冲突自查自纠，完善廉洁风险与经营风险防范联动机制。督促附属医院加强医德医风教育和招标采购管理，实行采购归口管理，建立健全监管机制，强化监督制约。

五、严格执纪问责，推动标本兼治和系统施治

坚持从严执纪问责。坚持严的基调不动摇，建立问题线索专管制度，实行专人负责、动态管理，加强集体研判、分类处置。始终强化不敢腐的震慑，坚持削减存量、遏制增量。截至2023年9月底，处置问题线索123件，立案30件，予以党纪处分29人，行政处分1人、问责二级党组织2个、党员干部5人。运用"四种形态"处理124人次。其中，运用第一种形态处理94人次，运用第二、三、四种形态分别处理16人次、11人次、3人次。查办

案件的数量、质量较之前显著提升。

深化以案促改、以案促治。坚持惩治震慑、制度约束、提高觉悟一体发力，系统分析问题线索和违纪违法典型案件，通过制发纪检监察建议书、约谈提醒等方式，督促查补漏洞、加强管理、完善制度。每年组织召开全校警示教育大会，点名道姓通报曝光违规违纪典型案件，深入剖析案件成因，撰写案例分析报告，编发典型案例汇编，一体推进不敢腐、不能腐、不想腐。五年来，共制发纪检监察建议书19份，开展各类纪律宣讲上百场。

六、强化中央巡视整改监督，确保巡视整改见底见效

推动落实中央巡视整改。深入学习领会习近平总书记听取第七轮中央巡视综合情况报告时的重要讲话精神，把巡视整改作为重要政治任务，成立巡视整改监督工作小组，建立监督台账、双周例会和督查督办三项工作制度，从严督促校院两级党委压紧压实整改主体责任。集中整改期间，学校纪委开展各类监督检查、专项督查40余次，提出意见建议近160条，推动114项整改任务全部按时完成、2项长期整改任务稳步推进，整改完成率100%。

持续加强深化中央巡视整改监督。学校纪委每年协助校党委制定深化中央巡视整改清单并督促落实，协助校党委专题研究中央巡视整改审核评估意见和"一校一策"工作要求，制定深化巡视整改工作方案，细化整改举措和责任分工。会同党委组织部、党办等部门，通过走访调研、约谈提醒、召开推进会等多种方式，强化监督检查，督促聚焦重点难点问题加强统筹协调和沟通会商，推动深化巡视整改与贯彻落实中央重大决策部署、深化重点领域改革、完善治理体系结合起来，一体推进、同步落实。

七、切实履行协助职责，推动主体责任与监督责任协同贯通、一体落实

协助做好工作部署和责任落实。学校纪委及时向校党委报告、传达上级纪委监委的工作部署和要求，协助分析研判学校政治生态、召开全面从严治党工作会议、制定党风廉政建设和反腐败工作要点、细化校领导班子成员全面从严治党责任清单，推动抓好工作部署和责任落实。制定《同济大学党委、纪委关于建立定期沟通和重要情况通报机制的实施办

法》，推动主体责任与监督责任贯通联动、一体落实。加强对班子成员的日常提醒，督促班子成员认真落实党风廉政建设责任制，做到知责、明责、履责、尽责。会同相关部门，每年开展全面从严治党联合检查，推动压紧压实管党治党政治责任。

推动深化细化"四责协同"机制。协助制定《中共同济大学委员会关于深化细化全面从严治党"四责协同"机制的实施办法》，推动构建主体明晰、有机衔接、协同贯通、运转高效的工作机制。督促党委书记带头履责，班子成员主动担责，组织机关职能部门实施党风廉政建设项目，为班子成员履行"一岗双责"提供抓手。实行廉情抄告制度，督促分管校领导抓好整改落实、开展警示教育。

八、深化纪检监察体制改革，完善协调贯通联动的监督工作机制

深入推进纪检监察机构改革。认真落实关于深化中管高校纪检监察体制改革的意见精神，结合学校实际，完善学校纪检监察机构的内设部门，明确各部门的职能权限、人员编制和干部职数，厘定相应岗位职责。加大干部选配力度，配齐配强工作力量，形成系统完备、协同高效的工作体系。

自觉执行请示报告制度。及时向上级纪检监察机关上报年度工作计划、总结、统计数据以及涉及学校的重要情况。认真落实重要问题线索处置、查办腐败案件以上级纪委为主的要求，及时请示案件处理意见。

不断完善沟通协作机制。建立"四项监督"统筹衔接制度，推进纪检监察与巡视、审计监督贯通协作，建立信息共享、力量整合、线索移交、成果运用等工作机制。立足"再监督"职责定位，充分发挥"作风建设联席会议""监督部门联席会议"等平台作用，加强与组织、人事、财务等部门沟通协作，形成监督合力。

九、从严从实加强自身建设，锻造纪检监察铁军

认真整改自身存在的突出问题。对照习近平总书记指出的高校纪委普遍存在"不敢、不愿、不会"监督的共性问题以及中央巡视反馈的具体问题，多次召开专题研讨会、座谈会，组织全校纪检监察干部自觉对标对表，梳理自身存在的突出问题，全面深入整改。扎实开

展纪检监察干部队伍教育整顿,以纯洁思想、纯洁组织为目标,通过多种方式,深入开展学习教育,认真开展检视整治,查摆问题,起底线索,动真碰硬、真抓实改,切实把教育整顿成果转化为推动纪检监察工作高质量发展的强大动力。

多措并举提升纪检监察干部能力本领。每年组织全校纪检监察干部开展全员培训,编印《纪检干部应知应会知识点汇编》,并进行闭卷测试,夯实业务工作的知识基础。充分利用上级机关各类资源和机会,选派纪检监察干部参与中央和教育部巡视、借调挂职、专项检查以及业务培训。通过谈心谈话、交流研讨、联合办案、述职考核等方式,加强对二级纪委工作的领导、指导和监督检查。根据干部管理权限,有针对性地向二级纪委交办信访件,指定专人跟踪指导和审核把关。有序抽调二级纪检干部参与校内专项检查、问题线索处置工作,切实提高二级单位纪检干部的工作能力和水平。

不断完善内部管理和监督制约机制。五年来,学校纪委不断加强制度建设,细化工作流程、明确岗位职责、建立制约机制,先后制定了纪委会议事规则、信访受理办法、集体研判规程、案卷质量自查标准、审查调查安全工作实施办法等 30 多项工作制度,进一步提高了全体人员的法治意识、程序意识、证据意识,有力推动了纪检监察工作的规范化、法治化、正规化建设。

第八节　强化大统战工作格局，发挥统一战线重要法宝作用

同济大学第十一次党代会召开以来的五年中，学校党委坚持以习近平新时代中国特色社会主义思想为指导，全面贯彻习近平总书记关于做好新时代党的统一战线工作的重要思想，切实履行党委主体责任，推进大统战工作格局构建，凝聚共识、凝聚人心、凝聚智慧、凝聚力量，推动学校统战工作不断开创新局面。

一、加强党对统一战线工作的集中统一领导，完善大统战工作格局

校党委高度重视统一战线工作，通过党委理论学习中心组学习、党委常委会、统战工作领导小组会议等方式，深入学习宣传习近平总书记关于做好新时代党的统一战线工作的重要思想，进一步提高思想认识、领会核心要义、把握科学内涵，充分认识新形势下高校统战工作的特殊地位作用。更加全面、准确、扎实地贯彻落实党中央和上海市委关于统战工作的决策部署和各项要求，保证学校统一战线工作始终沿着正确政治方向前进。2020年中共中央印发修订后的《中国共产党统一战线工作条例》（以下简称《条例》），学校党委按照中央要求认真组织一系列学习宣传贯彻工作，开展党委理论学习中心组专题学习、统战工作领导小组及民族和宗教工作领导小组专题学习、二级党组织书记和党群系统职能部门负责人专题学习、民主党派和统战团体负责同志集中学习、基层统战委员专题培训，保证学习入脑入心，并在工作中坚决贯彻落实，用《条例》规范学校统战各项工作，提升学校治理体系、治理能力现代化水平。

校党委书记认真承担统战工作第一责任人职责，始终把统战工作摆在党委工作的重要位置，研究部署重要工作、抓统战工作落实、推动解决重要问题。校党委书记担任学校统战工作领导小组组长，定期主持召开工作会议、民族和宗教工作会议，传达上级会议、文

2022年7月8日，校党委书记方守恩主持召开同济大学统战工作领导小组会议及民族和宗教工作领导小组会议

件精神，指导、部署学校统战重点工作、专项工作；主动关心民主党派发展，经常与市委统战部、各民主党派中央、各民主党派市委主要负责同志就党派发展、党外干部培养等问题开展专题研讨和座谈；重视统一战线理论方针政策学习研究，在《中国统一战线》杂志上发表《深耕党外人士成长沃土，厚植"同济天下"报国情怀》文章，多次在市委统战部平台发表关于高校统战工作的署名文章。

校党委始终坚持落实统战工作"四个纳入""三个带头"机制。校党委将统战工作纳入重要议事日程，定期在党委常委会上就统战工作进行专题研讨，定期召开统战工作相关工作会议研究部署统一战线重要工作，不断加强组织领导；将统战工作纳入二级党组织党建工作质量标准，编制《同济大学二级党组织统战工作手册》，压实基层党委统战工作责任；将统战工作纳入学校党校的干部教育培训规划，针对各级统战干部、党外干部以及党外代表人士开展教育培训，进一步强化政治意识，提升工作能力；将统战工作纳入宣传工作计划，加强学校、部门网站、官微等平台对统战相关工作的宣传，加强统战工作信息报送，进一步扩大统一战线的影响。校党委带头学习宣传和贯彻落实党的统一战线理论和政策法规，在党委中心组、中层干部（扩大）会议、两会精神传达学习会上，党委领导班子成员做好表率、领学促学；校党政领导班子带头参加各民主党派换届选举、党外代表人士座谈、党派团体主题教育、年终总结等重要活动，广泛团结统战各界人士，赢得人心、凝聚力量；

校党政领导班子带头广交深交党外朋友，以"结对子"的方式定期开展谈心谈话、座谈会、午餐交流、节日问候等活动。

校党委健全落实四大工作机制。一是落实党政领导与党外代表人士联谊交友机制。每位校领导干部都有"结对子"的党外优秀人才，各基层单位每个党员领导干部至少联系一名党外优秀人才。二是落实党外代表人士意见征求机制。坚持校领导结合工作分工，参加民主党派及其他统战团体负责人双月座谈会、双节茶话会、统战各界别人士座谈会、党外青年教师座谈会等，班子成员每年以不同形式联系慰问党外代表人士3~4次，就学校改革发展重大事项向党外人士通报信息、征求意见。党委统战工作分管领导定期主持民主党派及其他统战团体主要负责人座谈会，就学校统战工作、党派和团体建设等重要工作商讨交流。三是落实传达重要文件和邀请参加重要会议机制。召开多种形式、不同规模的座谈会及时通报党中央关于统战工作大政方针和同济大学统战工作的重要文件精神，邀请党外人士参加或列席党代会、教师干部大会、中层干部会、教代会、"一评议两报告"等重要会议。四是落实支持党外人士发挥作用机制。注重为党外知识分子提供人员、空间和环境支持，支持他们在科学研究、参政议政等领域发挥作用。

学校党委树立统战工作"一盘棋"意识，进一步健全完善党委统一领导、统战部牵头协调、有关方面各负其责的大统战工作格局，做到统战工作"面""线""点"全覆盖，形成了党委书记亲自抓、分管领导直接抓、组织部和统战部与基层党组织共同抓、相关部门配合抓的"四个抓"工作局面。学校党委细化成员单位职责，明确项目任务，及时分析研判，定期交流研讨，压实工作责任，强化协同配合，确保统一战线各项工作部署落实见效。校党委常务副书记同时分管组织和统战工作，校党委对统战工作的领导力度得到加强。统战部加强自身建设，充分发挥牵头协调、联系上下的纽带作用，扎实做好各项工作的督导检查，推进保障各项任务落实落地。加强对基层党委统战工作的指导。明确各基层党委设统战委员，配齐配强基层统战工作队伍，制定并下发《同济大学基层党组织统战委员职责》，定期召开基层统战工作会议、基层统战委员培训班，强化基层统战工作意识。举办面向职能部门主要负责人、二级党组织书记、统战委员和辅导员的统战理论政策培训班，进一步提升基层党组织和职能部门统战干部政策把握和落实工作能力。

二、深耕党外人士成长沃土，厚植"同济天下"报国情怀

学校党委坚持高站位谋划，不断加强党外人士工作的顶层设计，从合理化数量规模、优化队伍结构、提升整体素质、完善体制机制四个方面加强总体规划，确保党外代表人士队伍持续发展。学校有3名党外副校长，处级以上干部中党外人士比例保持在12%~15%。坚持精准化施策，研究把握党外代表人士成长成才的规律和最佳时机，完善党外代表人士发现、培养、使用和管理全链条工作机制。在发现环节，注重涵养水源，调节党外人才资源配置，不断优化党外代表人士队伍结构。在培养环节，为党外代表人士量身定制"一人一策"的个性化培养措施。在培养环节，畅通政治安排和实职安排"双通道"机制，有计划、有组织地把成熟的党外知识分子输送到民主党派担任职务，将优秀党外代表人士安排在学校重要教学科研管理岗位，推荐到各级人大、政协等平台锻炼成长、发挥作用。材料科学与工程、环境科学与工程、生命科学与技术、数学科学、研究生院等学院和职能部门的多名党外代表人士从专业型人才迅速成长为专业型＋管理型＋政治型"三型"人才。

学校党委着力加强思想政治引领，为党外人士成长固本浚源。健全思想政治引领体系，坚持将党外干部培训纳入党校学习计划，在独立设立"党外干部进党校"模块的同时，开展党内党外干部联合培养的有益探索。制作《同济人与中国共产党统一战线》《中国心，同济情》专题视频，编撰《同舟共济——同济大学统战工作纪实》，举办统一战线"红色百年，同舟共济"龙舟赛，开展"追寻红色记忆，汲取奋进力量"实践培训班，组织党外代表人士国情社情考察、革命传统教育，组织暑期调训，以多样化形式丰富课程体系，以沉浸式课堂模式凸显"思政＋文化""理论＋实践"，把思想政治引领与红色文化、传统文化、校史文化紧密融合。创新记录党外青年人才成长足迹的"三微"工作模式，通过"微视频""微访谈""微沙龙"的方式，在不影响正常教学科研的情况下关注党外青年教师教学科研进步进展，关心他们的思想成长，解决他们的困难诉求，满足了不少党外青年教师尤其是归国留学人员适应国情、校情的现实需要以及被同伴群体关注、认可的心理需要，以"小关怀"促进了党外人士思想上的"大成长"。五年来，同济大学各民主党派基层组织多名"80后"新任副主委均通过新的工作模式被关注、发现、培养并迅速成长起来。

学校党委积极搭建平台、创造条件，鼓励党外代表人士建功立业。通过榜样引领，强化党外代表人士教书育人、立德树人的责任和使命。全国道德模范、被誉为"深海勇士"的无党派人士汪品先院士在80岁高龄时开设"科学、文化与海洋"公共选修课，激励同

济学子构筑科学与文化之间的桥梁。汪品先院士与夫人捐出多年积蓄200万元人民币，设立"同济大学海洋奖学金"，推动多学科交叉培养海洋人才。五年来，多名党外代表人士带领课程思政教学名师团队获批教育部课程思政示范项目，为广大教师树立了育人榜样。注重引路铺石，为党外人才的发展创造良好环境和氛围，鼓励高层次党外人才深耕基础研究，为重点人才设破格通道。构建"一门式"高层次人才服务体系，人才专员一对一精细化服务，为党外高层次人才建立职业发展全周期手册，提供预先指导。搭建大团队大平台，打造战略科学家成长梯队，参与大项目，催生大成果，党外人才得到快速成长。党外高层次人才挑大梁、当主角，在长三角一体化、乡村振兴、雄安新区规划建设等国家重大战略实施中发挥了重要作用。

三、围绕中心服务大局，引导民主党派、统战团体履职尽责

学校党委重视民主党派和统战团体组织建设。学校现有民革、民盟、民建、民进、农工党、致公党、九三学社共7个民主党派基层组织，民主党派成员共1217人，其中在职成员665人。2021年是民主党派基层组织换届年，学校党委通过协助民主党派开展新老交替和政治交接，凝聚各民主党派的集体智慧和力量，达到巩固多党合作共同的思想政治基础、加强民主党派自身建设、提高基层组织履职能力和水平、进一步推动统一战线工作高质量发展的目的。学校党委与各民主党派市委会及基层委员会密切联系，支持并协助各民主党派做好新一届班子人选的酝酿、提名、协商、考察等工作。在班子人选酝酿中，学校充分尊重各民主党派和市委、基层委员会和支部的意见，当遇到困难时，及时给予鼎力支持，从学科结构、年龄梯队等方面综合考虑，及时从群众队伍中选派合适人选加入民主党派。2021年6至10月，学校7个民主党派按照党派市委的具体安排，先后召开换届大会，顺利完成换届工作。学校党委积极引导各民主党派立足自身界别特色，充分发挥自身"造血功能"，激发党派组织活力。2022年，在广泛征求各民主党派及中共基层党组织意见基础上，制定同济大学民主党派新成员发展流程，厘清九项流程环节，明确民主党派基层组织与校党委统战部、基层党委、民主党派市委四个组织或单位在各流程环节中的责任分工，健全发展程序，党委统战部主动作为、端口前移、协调组织，为各民主党派成员发展成员提前把好质量关和数量关。在2019年11月、2021年12月、2022年10月和2023年6月，学校党委还分别指导同济大学归国华侨联合会、同济大学少数民族联合会、上海市欧美同

学会同济大学分会、同济大学中青年知识分子联谊会完成换届工作，激发组织活力，把统战团体的组织动员优势、人才智力优势、广泛联络优势转化为服务学校改革发展、服务国家和地方发展战略重要力量。

学校党委历来重视支持民主党派思想政治建设。五年来，学校党委支持和引导各民主党派开展"不忘合作初心，继续携手前进"主题教育、"四史"学习教育、党史学习教育、庆祝建党100周年、中共二十大精神学习、"凝心铸魂强根基、团结奋进新征程"主题教育等一系列思想政治教育工作。学校党委针对民主党派和统战团体无固定活动和工作场所的难题，明确要求"要像建好中共'党员之家'一样建好'民主党派之家''统战团体活动基地'，将其建成多党合作的实践之家、参政议政的研究之家，凝心聚力的和谐之家，充分发挥思想政治引领阵地作用"。学校党委统筹协调、整合资源，建设"2+1+X"模式"统战之家"，在学校机关办公楼内协调腾挪空间，建设两个"同心会客厅"，实现深化联谊交友、举办主题沙龙、展示统战风采三大功能；协调相邻多间办公室，建设"同心办公中心"，实现建言献策直通车、统战理论研究坊、组织建设交流间三大功能；协调各学院资源逐步建立一批"同心活动室"，为各民主党派提供固定活动场所和集中展示空间，大大提升了党外人士的政治归属感和身份认同感。目前，"同心活动室"已基本实现党派团体全覆盖，已经建成使用和正在设计中的同心阵地面积约500平方米。学校党委以空间平台凝聚统战成员，以阵地建设凝聚同心力量，为党派团体履职尽责夯实基础、提供保障，在交朋友中切实发挥了思想政治引领作用。

学校党委重视民主党派和统战团体履职能力建设。每年组织开展党派团体负责人履职能力专题培训班，邀请各民主党派市委老主委、市委统战部老领导、市社会主义学院负责人等专家为学校各民主党派、统战团体主要负责人、班子中新任委员代表作辅导报告，有针对性地提升负责同志在思想引领、组织协调、民主决策、制度优化等方面的履职能力。五年来，学校党委统战部组织党派团体负责人开展校情考察，通过参观上海自主智能无人系统科学中心、同济大学月球与深空探测精密测绘综合实验场、同济大学海洋科技中心临港基地等，提升党派团体围绕学校中心工作，服务学校改革发展大局的意识。每年设立统战专项经费、党派团体主要负责同志履职考核绩效、党派团体活动经费、统战集体活动专项经费、统战各界人士培训费等经费项目，并将经费审批与履职考核相结合。印发《同济大学党委统战部统战专项经费使用管理细则》，明确经费使用范围和标准，鼓励党派团体依托同心阵地主动开展专项活动及日常工作。学校党委注重通过考核激励机制，激发党派

2021年6月22日，同济大学统一战线庆祝建党100周年"红色百年，同舟共济"龙舟赛

2023年6月29日，组织统一战线成员参观长三角G60科创走廊规划展示馆

团体活力。

五年来，同济大学统一战线工作呈现团结、奋进、开拓、活跃的良好局面，取得历史性成绩。在新征程上，同济大学将继续加强党对统一战线工作的全面领导，完整、准确、全面贯彻落实习近平总书记关于做好新时代党的统一战线工作的重要思想，牢牢把握大团结、大联合的主题，团结带领党外代表人士倡导"学术与育人"的价值追求，弘扬"同济天下、崇尚科学、创新引领、追求卓越"的新时代同济文化，推动中国特色世界一流大学建设迈上新台阶，为实现中华民族伟大复兴作出新贡献！

第九节　凝聚各方面智慧力量，群团工作再上新台阶

2018年以来，同济大学各群团组织高举习近平新时代中国特色社会主义思想伟大旗帜，围绕学校中心工作，充分发挥党的群团组织优势，不断增强"四个意识"、坚定"四个自信"、做到"两个维护"，在工会工作、共青团工作、妇女工作、离退休工作、科协工作等方面取得新成绩，各项工作迈上新台阶。

一、凝心聚力，在学校改革和发展中贡献工会力量

1. 榜样引领，做广大教职工的领路人

五年来，同济大学工会坚持强化以劳模为代表的教职工模范群体建设。姚启明同志先后被授予"全国五一劳动奖章"（2018）、"全国劳动模范"（2020）；童小华同志被授予"上海市先进工作者"（2020）；李国强同志被授予"上海市五一劳动奖章"（2022）。为大力弘扬劳模精神、劳动精神、工匠精神，2019年校工会与校党委宣传部合作举办"与共和国共奋进"劳模主题展；2019—2020年，与校党委宣传部联合开展"匠心同济人"主题宣传活动；拍摄制作系列劳模微电影并获奖，微电影《问题》2022年获"为党育人为国育才"身边的好教师微电影金奖。

2. 民主管理，做广大教职工的代言人

精心组织各次教代会。2021年1月22—23日，校工会组织召开同济大学第十一届教职工代表大会第一次会议，首次选举产生学校教职工代表大会执行委员会（简称教执委），修订《同济大学教职工代表大会实施办法》。扎实推进二级教代会建设。目前，学校已经实现二级教代会（职代会）全覆盖，并逐步完善会前报备会后报告制度，涉及教职工利益的重大事项通过教代会进行审议。做好提案征集和处理工作。五年来共征集提案草案360份，反映的问题主要涉及校园建设与环境治理、学校管理、教学等方面，提案人对提案处理工

2022年1月,同济大学第十一届教职工代表大会、第二十届工会会员代表大会第二次会议召开

作的总体满意度为84.8%。

3. 以人为本,做广大教职工的贴心人

充分依托教工社团组织,开展合唱专场、戏曲专场、书画展等一系列文化活动;每年举办教工运动会、羽毛球等群众性体育活动,年均2000余人次参与;积极组队参加各项体育赛事,在2022年上海市第九届教工运动会上,同济大学教职工荣获足球、龙舟、象棋团体、游泳等19块金牌,体现了同济教职工同舟共济,永争第一的良好精神风貌。开发体检预约系统,由教职工自主选择受检医院及时间,更好地进行人性化服务。2019年起落实学校关于决定组织50岁以上教职工到附属三甲综合性医院进行高质量体检的部署,2019—2022年共服务6570人,满意率达到90%以上。依法依规实施教职工休息休养计划,2018年将教职工休息休养补贴费用从2000元/人提高至5000元/人,2019年又调整至6000元/人。立足嘉定校区教职工诉求,于2019年建设嘉定校区教职工活动中心并投入运营;附属嘉定幼儿园于2020年9月开园,有效解决了嘉定校区教职工子女入园问题。不断完善教职工医疗保险体系。目前,学校在职教职工可享受医疗保险包括上海职工互助保障项目、同

济大学教师补充医疗保险等。2018年以来，为教职工追加购买重大疾病和意外医疗保险，减轻教职工在重大疾病和意外伤害方面的就医压力。

4. 提升服务水平，架起校内校外连心桥

2020年开发工会综合服务平台，打造"一站式"服务；依托"一网站一平台一微信"，建立起具有信息发布、福利发放、帮扶帮困、会员发展等功能的工作模块；2021年，建设完成疗休养系统及工会会员系统升级工作，并将现有服务功能延伸至手机端。发挥工会职能，决战脱贫攻坚。五年来工会贯彻中央精准扶贫工作要求，共计投入1700万余元助力消费扶贫。2021年起与教育系统"e帮扶"平台深入合作，提供多种产品选项，努力满足教职工个性化需求。

二、把共青团锻造成为新时代党的得力助手和可靠后备军

五年来，同济大学团委在学校党委和上级团组织的坚强领导下，坚持以习近平新时代中国特色社会主义思想为指导，以保持和增强政治性、先进性、群众性为目标，以全面提升组织力、引领力、服务力和大局贡献度为重点，全面深化改革，全面从严治团，把共青团锻造成为新时代党的得力助手和可靠后备军。

1. 抓牢根本任务，引领凝聚青年，培养社会主义建设者和接班人

开展主题教育，在五四运动一百周年、中国共产党成立一百周年、中国共产主义青年团成立一百周年、"一·二九"纪念日、烈士纪念日等重大时间节点开展系列活动，每年覆盖近万人次。结合团支部"三会两制一课"，围绕青春战"疫"、"学四史"、学习党的二十大精神等主题持续开展主题教育。深化组织育人，以青马工程和时代新人研习营为抓手，完善"聚沙成塔"式组织育人培养体系，每年培养团支书、专兼职团干部等学生骨干近500人。传播时代强音，成立"同济大学时代声音青年讲师团"，打造"赓续同济红色基因"、"四史在校园"、同济战"疫"团课、五四主题团课等，面向党团支部、班级、社区等开展"送团课进支部"，每年覆盖约2万人次。文化浸润青年，组织协调《同舟共济》《国之英豪》等"同济出品"系列文化育人产品编排、演出，每年覆盖师生达1.2万人次。

2. 夯实政治责任，团结服务青年，巩固和扩大党执政的青年群众基础

全面从严治团，每月编发《基层团支部组织生活指导意见》。2022年召开校院两级全面从严治团工作会议，编发《共青团同济大学委员会关于贯彻落实〈新时代全面从严治团

2021年10月24日,"逐梦青马,济刻启航"同济大学2021—2022学年青年马克思主义者培养工程开学典礼

实施纲要〉的工作指引》,依托"智慧团建"系统做好团支部整理整顿、管理考核和团员管理工作。

深化共青团改革,指导学生会组织改革取得里程碑式成果,《中国青年报》头版予以报道,工作案例作为高校学生会组织改革微团课案例在全团发布。完善社团管理,修订完善《同济大学学生社团建设管理办法》,落实学生社团指导教师工作量认定,首次编制《同济大学学生社团建设发展白皮书(2022)》,健全学生社团全覆盖观测评价机制、常态化预警与应急处置机制,学生社团观测点总合格率提升至99.11%,实现学生社团总体可管可控目标。

持续推进学生代表提案机制,五年来指导学生会、研究生会直接处理学生日常意见建议近2500条,处理提案456份。着力塑造青年典范,每年开展同济青年五四奖章、优秀学生(标兵)、优秀学生干部(标兵)、五四红旗团支部(标兵)等评选,加强优秀青年(集体)的示范引领作用。

3. 聚焦工作主线,组织动员青年,围绕中心、服务大局

服务国家重大战略,实施"青年进社区",联动上海市五个区近百个社区,组织千余人次围绕城市治理和美好家园开展实践。2019年承办上海团市委"长三角地标设计大赛"

等活动、2022年承办挑战杯上海市大学生创业计划竞赛；围绕学校中心工作，培育科创土壤，2020年恢复成立学生科协，开展五月科技节、"学术之星"、"学术先锋"评选、学生科创盛典等学术交流活动。在 2022 年上海科技 35U35 获评与提名共计 12 人，连续两年位居上海市第一名；2022 年开办首届"启迪班"，打造三级递进式第二课堂科创人才培养体系。

以赛促学，五年来获"挑战杯"全国大学生课外科技作品竞赛全国一等奖 3 项（全国获奖 12 项）、"挑战杯"大学生创业计划竞赛全国金奖 5 项（全国获奖 19 项）。依托同济创业谷，五年来孵化创业项目百余项，每年举办同济创新创业日等创新创业服务活动近 200 场，吸引近万人次参与，聚焦科技创新打造公益性孵化器，完善四级基金支持体系。

推进实践育人，联合发起成立"全国高校实践育人暨创新创业工作联盟"，打造"新时代实践育人导论"通识导论课程，对接百个四重领域实践基地和"百+"科创育人实践基地，五年来打造"同行计划""梦想教室"等一批重点社会实践项目，先后获得教育部、上海市思政精品项目立项。

弘扬志愿精神，自 2018 年起连续五年参与进博会志愿者工作，每年组织超 4 万人次青年参与校园迎新、疫情防控、脱贫攻坚、社区行动、大型赛会、生态文明等志愿服务工作，

2021 年，同济大学青年志愿者服务第四届中国国际进口博览会

服务时长超 16 万小时。"拾忆"积极老龄与认知健康志愿服务平台项目等一批志愿服务先进组织和优秀个人荣获全国奖项。2022 年新冠疫情防控期间，储备建设青年志愿者突击队、先锋队、攻坚队三支疫情防控志愿者队伍。紧急动员，15 分钟千余名志愿者集结完成，30 分钟所需志愿者奔赴工作岗位，仅在"志愿汇"打卡记录的就有超 5.8 万人次投身学校疫情阻击战志愿服务，总服务时长超 14 万小时。繁荣校园文化，组织实施"中华经典诵读工程"，推出"嘉定校区学生美育提升计划"系列课程。每年开展校庆晚会、高雅艺术进校园、枫林节等校园文化艺术体育等活动超 200 场，覆盖师生达 10 万余人次，原创作品《同济的风》《终将见我微笑》等充分展现同济青年的精神风貌，广受师生好评。

三、党建带妇建，团结凝聚引领广大女性奋进新征程

五年来，同济大学妇女工作委员会（以下简称妇委）坚持党的全面领导，以党建带妇建，创新"12345"工作模式，通过选树巾帼先进典型、营造卓越女性文化、聚焦同济大学妇女工作阵地"提高级妇女之家"建设，团结凝聚引领广大女性奋进新征程，建功新时代。

1. 坚持党建引领，推动妇女事业发展

妇委坚持党建引领，推动妇女事业发展，探索形成了"12345"工作模式。聚焦建设一个妇女工作阵地"同济大学提高级妇女之家"，先后在四平路校区、嘉定校区建成校级妇女之家；实行校院二级管理，支持院系"妇女小家""妈咪小屋"建设，构建校院两级妇女之家联动机制；围绕创先争优、引导成才、服务发展三条主线，引领女性发展；依托女教授联谊会、优秀青年女教师联谊会、同济女子学院、同济大学妇女研究中心四大平台，拓展妇女工作服务能级；形成同济卓越女性奖评选、青年女教师成才资助金、女教职工慰问金、女性特色教育及服务社会五大品牌，发挥好半边天作用，贡献巾帼力量。践行社会主义核心价值观，以中国特色社会主义共同理想凝聚广大女性。组织女教师原创诗歌作品征集活动及朗诵比赛，庆祝中华人民共和国成立 70 周年。迎接建党百年，实施"七个一"行动计划，成功举办"同心祝福 百年辉煌"主题活动。编制并实施《同济大学妇女工作"十四五"发展规划和 2035 远景目标纲要》及《同济女子学院"十四五"发展规划和 2035 远景目标纲要》，着力构建理想德范引领、卓越文化建设、美好生活营筑、综合素质涵育等妇女工作四大平台，大力推进品德修养培育、特色课程建设、实践教育拓展、卓越文化传播等女子学院四大发展体系，落实各项行动计划。2019 年同济大学妇委作为市教育

系统首家单位,荣获上海市妇联"提高级妇女之家"称号。2021年12月28日,全国妇联书记处杜芮书记一行来校调研,充分肯定了我校妇女工作取得的成绩。

2. 发挥先进引领,营造卓越女性文化

五年来,妇委精心组织三八节表彰会,每年近100人次获评上海市教育系统、校级等各级各类荣誉,通过选树巾帼先进典型,发挥优秀女性示范作用,凝聚"她"力量,同心向未来。2020年突发新冠疫情,妇委克服重重困难,首次采用线上方式,成功召开纪念"三八"国际妇女节110周年"同舟共济,巾帼抗疫"交流会,荣获上海市教育系统优秀案例一等奖第一名;何敏娟、袁华、李岩等获评全国巾帼建功标兵;谢欢获评市三八红旗手标兵(提名);刘颂、周颖、张冬梅、陈之毅等获评上海市三八红旗手;周颖、张冬梅获评上海市巾帼建功标兵;李岩获评上海市巾帼创新领军人物,谢欢、高亚威获评上海市巾帼创新新秀;何敏娟、马人乐家庭获评2019年全国五好家庭;外国语学院德语系本科教研室获评全国五一巾帼标兵岗;建筑与城市规划学院学生工作办公室获评2019年上海市巾帼文明岗。每两年组织开展一次"同济大学卓越女性奖"评选。2018年,杰出校友、"时代楷模"李桓英教授获第五届"同济大学卓越女性特别荣誉奖";2020年设立抗疫贡献奖,吴文娟、惠蔚二位援鄂一线的女医护工作者获此殊荣;2023年,吴於人、高乃云、龚沛曾三位教授获"第七届同济大学卓越女性荣誉奖"。每两年承办一次上海妇女理论研讨会。2019年和

同济大学女性成才工作坊之"女教授牵手女大学生"活动

2021年分别以"女性·使命·成长——汇聚新时代的爱国力量""女性·环境·未来——双碳愿景与永续发展"为主题组织研讨，激励广大妇女为国家建设和社会发展贡献才智，建功立业。

3. 搭建涵育平台，全面助力成长成才

妇委依托同济大学提高级妇女之家、女性成才坊、女优青成才资助金项目、海鸥计划同济湾、女教师低碳创意工坊等组织各类活动150余场，参与人数近3000人次，全面助力女性成长成才，提升女性综合素养。在同济大学党委和市妇联指导下，推动同济女子学院发展，积极探索高层次女性专业人才培养模式，2020年举办"追求卓越 砥砺同航"同济女子学院成立二十周年报告会；2022年与校就业指导中心合作，面向在校女大学生开展职业生涯发展教育、创新创业活动20余场，参与学生1000人次以上。2018—2022年度，同济大学青年女教师成才资助金共资助114名女教师，围绕建党百年、教学科研及管理服务等主题开展研究工作；组织女教授名师教学交流、科研能力辅助、心理压力舒缓等专题讲座10余场，指导青年女教师近100人；新冠疫情期间，创办"同济大学提高级妇女之家云课堂"，围绕"运动健身、中医养生、健康咨询、亲子教育"等主题开播130余场，为女教职工加油鼓劲，参与人数2000人次左右；2020年开始，学校下拨专项经费，妇委设立校院两级妇女之家联动机制构建专项，迄今已立项支持40个校院两级活动项目，形成中华优秀传统文化传承发展、女教职工综合素养提升、女教职工身心健康促进等数个主题，覆盖各基层学院和机关职能部门女教职工，活动参加人数逾2000人次。

四、加强对离退休教职工关心关爱，发挥老同志优势助力学校中心工作

1. 依托离退休干部党组织，加强离退休干部思想政治建设

贯彻《中共同济大学委员会关于进一步加强和改进离退休干部工作的意见》的要求，加强学校离退休干部党组织建设。五年来每年举办离退休党支部书记培训班；离退休干部党工委与四平街道、桃浦街道等联建成立功能型党组织，鼓励老党员就近参加组织生活，在社区发挥作用。积极参加上海市委老干部局离退休干部示范党支部创建工作，土木工程学院地下系退休教工党支部分别于2020年、2021年获得上海市离退休干部示范党支部称号，医学院退休教工党支部于2022年获得上海市教卫系统离退休干部示范党支部称号。

进一步发挥离退休干部党建的政治引领作用、组织凝聚作用。五年来，先后举办"我看脱贫攻坚"征文、老党员寄语新党员、我为"十四五"规划献一策、"最可爱的人——抗美援朝中的同济人"展、"我和共和国同龄"座谈会、"建言二十大"、"我看中国特色社会主义新时代"调研等学习教育活动，引导离退休干部自觉做习近平新时代中国特色社会主义思想的坚定信仰者和忠实实践者。

2. 对离退休教职工思想上关心、生活上照顾、精神上关怀

充分发挥老年活动中心党员之家阵地作用，新冠疫情期间为全校离退休党支部提供党建活动场地保障。深化为老服务精准精细。落实离休干部生活和医疗政策待遇，用好联络员制度完善离休干部"一人一册（策）"。

持续开展对全校离退休教职工"送温暖、送清凉"、节假日走访慰问、生日慰问、集体祝寿等工作，加大对高龄独居、大病和有特殊困难离退休教职工的关心力度，完善住院保险、医疗补助、临时困难补助等困难帮扶机制，设立"银发同心"帮困基金。为有需求的高龄孤老免费安装"安康通"、办理健康咨询卡。

新冠疫情期间，为有特殊困难的老教师购买药品，配送物资。为全校 5700 多名离退休教职工邮寄《同济报》，修订《同济大学老龄工作指南》。2019 年完成同济新村老年活动中心修缮工程，改善了老年大学教学和老年社团活动条件。

3. 持续发挥离退休干部独特优势，助力学校中心工作

学校关心下一代工作委员会充分发挥"五老"作用，助力立德树人。五年来，深化推动关工委特邀党建组织员、网站工作组、"五老"报告团参与学生党建和思想政治教育，

2019 年 9 月 18 日，离退休干部庆祝中华人民共和国成立 70 周年座谈会

打造了读懂中国、院士回母校、感恩教育、三区融合共同育人等育人品牌项目，参与策划同济一·二九纪念园爱国主义教育基地建设。2020年7月成立上海市关工委线上思政工作基地，2020年10月设立同济关工委–紫马中学奖学金资助山区贫困学生，2020年被评为"全国关心下一代工作先进集体"，2021年3月聘请汪品先院士为上海市教育系统关心下一代工作委员会工作室导师。

2019年出台《同济大学党委贯彻落实〈中共教育部党组关于加强新时代全国教育系统关心下一代工作委员会工作的意见〉实施方案》；2023年7月修订《同济大学关心下一代工作委员会工作条例》；2022年8月编写出版《同济学子话恩师》一书、《同济的故事》语音版读物，讲述同济校史，传承同济精神，弘扬高尚师德师风。

贯彻教育部《高校银龄教师支援西部计划实施方案》的要求，2021年起共援派18人次优秀银龄教师赴喀什大学和滇西应用技术大学开展支教。

五、以高质量科技创新支撑学校科协工作纵深发展

五年来，同济大学科学技术协会（以下简称同济大学科协）充分发挥学校人才优势和科技资源优势，为科技工作者服务、为创新驱动发展服务、为提高全民科学素质服务，在深化学术合作、涵养校园学风、举办科普活动、举荐科技人才等方面不断创新发展。

1. 加强科协组织建设，强化协同联动机制

按照党中央"哪里有科技工作者，科协工作就要做到哪里；哪里科技工作者比较密集，

同济大学科协组织"全要素城市轨道交通小比例沙盘模型观摩"科普活动

科协组织就到哪里"的总体要求，不断完善同济大学科协组织建设。2020年在校科协和校团委共同努力下恢复成立同济大学学生科协，面向在校研究生及本科生开展五月科技节、"学术之星"、学生科创盛典等特色学术活动；2022年学生科协启动首届"启迪班"，为培育未来科学家打造蓄水池。2022年获批中国科协"科协组织创新试点建设项目"；2023年9月15日，同济大学科学技术协会第三次代表大会召开，确立以组织建设为抓手，以学风建设给为底线，强化多体协同，创新科协组织体系和协同机制，优化科技创新体系和创新生态，在校科协常委会下着手组建若干专门委员会，对口联系各级科协和主管部门，提升科协组织的专业性，提高科协工作的质量、效率和应急能力。

2. 举荐优秀科技人才，提供强大智力支持

秉持"抓人才就是抓发展、强人才就是强实力、赢人才就是赢未来"的导向，积极对接中国科协、上海市科协及区科协，大力举荐各类优秀科技人才。五年来，同济大学科协推荐4人（含委员2人）成为中国科协第十次全国代表大会代表；3人入选"上海最美科技工作者"；多人任上海市各区科协主席、副主席；1人获评2020年全国科学素质工作先进个人；4人获评2022年世界人工智能大会青年优秀论文奖，在人工智能领域不断创新进取；20余人获批中国科协青年人才托举工程，涉及海洋、物理、土木工程、电信等多个学科方向。

3. 着力提升办刊水平，推动学术期刊繁荣发展

依托学科优势，已在土木工程、建筑城市规划等学科形成期刊集群，成立土木学院期刊中心，支撑和引领学科发展。新增创办英文期刊6种，引进英文期刊1种，《设计、经济与创新学报（英文版）》《交通科学与技术（英文版）》2本期刊入选全国首批回归期刊；2020—2022年连续三年获批中国科协高起点新刊项目（《智能建造（英文版）》《自主智能系统（英文版）》《低碳材料与绿色建筑（英文版）》），居全国高校前列；首本完全自知识产权SCI收录英文期刊《地下空间（英文版）》2022年进入SCI Q1区，发出更多中国学术声音，提升了国际影响力。启动"同济大学期刊建设项目"，对全校中英文期刊进行针对性支持。

4. 积极推动科技创新，开展特色科普活动

按照总书记关于"科技创新，科学普及是实现创新发展的两翼，要把科学普及放在与科技创新同等重要的位置"的重要讲话精神，深耕科普平台建设，开展特色科普活动。主动对接国家重大发展战略和区域重大发展需求，首批获批"科创中国"创新基地，推选同济创新创业控股有限公司、同济大学建筑设计研究院（集团）有限公司分别获批 2020 年度"科创中国"产学研融通创新组织和新锐企业，同济大学科技园入选 2019 年度"助力杨浦—中国科协创新驱动助力工程"。依托同济大学科协平台，上海市自主智能无人系统科学中心、同济大学铁道与科普实践教育基地获批中国科协 2021—2025 全国科普基地，与深海科普基地、物理科学与工程青少年创新实践工作站、交通运输工程实践工作站等科普基地形成同济大学独具特色的科普平台体系。联合基础教育办公室共同组织实施每年的中学生夏令营。

5. 涵育校园优良学风，营造良好学术生态

获批同济大学李国豪科学家精神教育基地，打造"大师讲坛"学风建设活动品牌，积极举办系列讲座，弘扬科学家精神，涵育校园优良学风。邀请李德仁院士、房建成院士、林国强院士、杜彦良院士等科学家分享学术人生，启迪人生智慧，加强对师生的精神感召、学术引领和人生指导，形式有利于科技人员潜心研究、勇于创新的学术生态；积极组织学风宣传月活动，营造风清气正的学术生态，把科研诚信和科技伦理教育常态化，融入科研项目、科研成果申报和管理的全链条，融入"科研育人"全过程。

第十节 建筑与城市规划学院：
坚持党建引领，推动一流学科建设一流人才培养

同济大学建筑与城市规划学院党委（以下简称学院党委）下设1个学生党委、32个党支部，共有近900名党员。学院党委深入学习宣传贯彻习近平新时代中国特色社会主义思想，围绕新时代党的建设总要求和新时代党的组织路线，贯彻落实《中国共产党普通高等学校基层组织工作条例》，严格对照对基层党委"五个到位"的要求，以聚精会神抓党建的责任担当和坚定行动，切实履行主体责任，以立德树人为根本，扎根中国大地建设世界一流的建筑学、城乡规划、风景园林学科群，以优异成绩为决胜全面建成小康社会、实现"两个一百年"奋斗目标作出应有贡献。

近年来，学院党委荣获"全国党建工作标杆院系"（第一批）、"全国创先争优先进基层党组织"。连续多年获批上海市党建课题，并多次获得上海市教育卫生党委系统党建研究课题优秀成果一等奖、三等奖。学院教工第八党支部获评"全国党建工作样板支部"（第二批）、上海高校党组织"攀登"计划之样板支部、"上海市先进基层党组织"等多项荣誉；本科生第一党支部获评"全国党建工作样板支部"（第三批）；教工第三党支部获评"上海市先进基层党组织""上海市教卫工作党委系统先进基层党组织"；研究生景观党支部获评全国高校"百个研究生样板党支部"，多名党员获得国家级、省部级等表彰。

一、加强自身建设，以学院事业高质量发展为主线，切实发挥政治作用

1. 强化理论武装

学院党委统筹部署，学习贯彻习近平新时代中国特色社会主义思想，持续推进党史学习教育、"不忘初心、牢记使命"主题教育、学习贯彻习近平新时代中国特色社会主义思

想主题教育常态化、长效化。在学院党委会议、党政联席会议、理论学习中心组学习会、党支部书记会等把党的创新理论作为集体学习的首要内容，党员领导干部带头学、带头讲，在学懂弄通做实上下功夫。建立经常性学习制度，切实落实到位，严格执行每周二下午开展学习和思想政治教育活动，结合学院实际制定学习方案，制定了贯穿全年、分层有序、全面覆盖的教职工政治理论学习和思想政治教育活动，明确学习任务和时间安排，通过集中理论学习、专题培训、全院教职工大会、教职工党员大会及基层党支部活动等多种形式进行，学习和教育的内容力求贴近思想实际、当下热点和学科特色，使全体师生增强"四个意识"、坚定"四个自信"、做到"两个维护"。

2. 完善制度体系

近年来，学院党委汇编党建文件制度21项，内容涵盖二级党组织、党支部、工作队伍、党员教育管理、日常事务等，规范学院党委党建主体责任，指导支部规范开展党建活动。此外，建立《学院党员领导干部党建工作任务清单》《学院党员领导干部履行"三大主体责任"工作手册》，加强对党员领导干部抓基层党建的意识，督促其以党员身份常态化地参加所联系支部的组织生活并讲授党课。制定《学院发展党员情况表》，加强党委对于党员预审、发展及转正的工作力度，把好党员发展的质量关。建立学院党支部工作督查制度，成立督查工作小组，每学期对党支部工作手册、党员发展材料等进行严格督查。

高度重视行政规章制度建设，2014年学院首次制定《建筑与城市规划学院规章制度汇编》，2022年通过同济大学"依法治校"示范学院建设，对学院制度建设进行全面体检，结合巡视整改过程中深层次的问题推进落实、建章立制，规范形成覆盖教学、科研、外事、学生工作、行政工作、设备管理、财务等管理制度51条，从制度层面解决问题、推动工作。坚持"让制度先行，绝不一事一议"的原则，对新事物的管理一直坚持先调查研究制定政策，再实施运营管理。

3. 发挥辐射作用

学院党建双创建设以来，在实践中凝练出一套成熟有效的党建工作制度体系和机制方法，形成一系列建设成果，学院党委注重以实践研讨+理论研究双向拓宽党建成果辐射路径，与清华大学、北京林业大学、华东师范大学、井冈山大学、上海交通大学等近百所高校进行双创建设经验交流和成果辐射；发挥专业特色，在庆祝中华人民共和国成立70周年、中国共产党成立100周年等重大时间点，打造艺术大赛、美术作品展等特色品牌党建活动，拓展辐射影响；时任教育部部长陈宝生、教育部副部长翁铁慧及多位省部级领导到院考察听取以一流党建引领三个一流学科建设、着力培养一流人才等情况汇报。

同时，学院党委对标高校基层党组织建设，着力研究健全完善基层党组织、建立健全基层党建工作制度、强化党员教育管理服务、抓好统战和群建工作、强化舆论宣传功能、建立和健全考评办法等方面的课题，着力提升高校基层党组织组织力，突出基层党组织政治功能，提高党建理论研究的科学水平。近年来先后完成上海市教卫党委系统党建研究课题、同济大学党建研究课题10余项，发表研究党建研究论文10余篇，其中"坚持党建引领创新高校院系基层治理研究"荣获党建研究课题优秀成果一等奖，"以提升组织力为重点加强高校二级党组织建设的研究"荣获党建研究课题优秀成果三等奖，"加强境外交流党员的管理和教育研究"荣获同济大学党建研究课题优秀成果等。

4. 深化巡视整改

学院党委坚持贯彻、狠抓落实，切实把巡视整改作为一项重大政治任务，近年来根据中央巡视、同济大学专项巡视等，针对巡视中发现的问题进行深刻反思、深入分析、深度整改，确保件件有着落、事事见成效。学院召开各类专题会议及时通报、研究、解决整改落实工作中的有关事项和问题，全方位部署整改工作，详细制定整改措施，落实责任到人，并通过深入调研、听取汇报、现场查看等多种方式，收集师生反馈意见，推动整改工作顺利开展。同时，勠力同心推动做好巡视"后半篇文章"，坚持长期整改、深化整改，制定建筑与城市规划学院深化巡视整改年度任务清单，按季度推进深化巡视整改推进情况，学院纪委全程监督，切实用整改成效推动学院各项事业发展。

二、坚持党管人才，以建设世界一流学科群为目标，努力打造一流师资队伍

1. 引领学科建设

学院党委围绕"双一流"学科建设抓党建，注重发挥建在学科团队上的教师党支部在教学科研、教书育人中的引领作用，将组织建设、党员发挥作用和党建创新等工作与学科建设紧密结合。学院教职工第三党支部依托同济大学"建造节"活动，以特色教学活动促进基层党建，使党支部切实成为体现教工党员先进性、示范性的战斗堡垒。教职工第八党支部与创智坊社区党支部联学共建，服务社会，支部建设融入学科发展。一流党建引领一流学科，一流学科助推一流党建。学院三个学科全部入选教育部"一流学科"建设，开展

学科深度交叉与合作，积极推动组建交叉学科群及研究团队，全面提升学科的创新能力、整体水平和国际竞争力，"建筑与建成环境"学科连续三年QS全球排名第18位，2021年、2022年排名均上升为第13位，2023年排名上升为第12位。

2. 选树先进典型

学院党委以优秀党员为榜样，树立党员在教学、科研和服务国家重大需求等方面的先锋模范作用。中国科学院院士、全国最美教师、上海市教育功臣郑时龄同志始终怀着作为教师的强烈责任感和使命感，在人才培养、学科建设、城市建设与发展上作出了卓著贡献；中国工程院院士、第二届全国创新争先奖获得者吴志强同志带领团队开展的"人工智能规划"研究，取得世界影响；上海市教卫党委系统优秀共产党员、上海工人先锋号、"布袋教授"杨贵庆同志多年来带领一批矢志"美丽乡村"建设的学院师生，长期投身浙江黄岩乡村建设，率先在全国成立了第一个乡村振兴学院，真正实现了"绿水青山就是金山银山"的"美丽乡村梦"；全国工程勘察设计大师、上海市劳动模范周俭同志带领团队在雄安新区规划实践中作出重要贡献；同济大学优秀党员刘悦来同志开展的"社区景观共治"探索，成为上海城市更新的重要实践。

2022年上半年新冠疫情防控期间，充分发挥党员的先锋模范作用，99%的教师党员完成到社区报到，积极参与社区防疫、社区治理、捐赠物资等；组建学生志愿突击队，学生党员冲锋在前、迎"疫"而上；召开百余场学生座谈会、班主任会、党员大会、全院大会等，全体教师全程参与学生的心理疏导、学业辅导、就业指导，为疫情期间的学生学习生活做好保障，为打赢疫情防控保卫战贡献力量。

3. 打造一流师资

深入实施人才强国战略，强化高层次人才的支撑引领作用，引育并举，加快培养和引进一批活跃在国际学术前沿、满足国家重大战略需求的学科领军人物和创新团队，聚集世界优秀人才。建立以院士、全国勘察设计大师等学科带头人领衔的产学研团队，申报国家级教学科研团队奖项。完善教学、科研和应用实践中老中青教师之间的传帮带的组织方式和机制建设，遵循教师成长发展规律，强化教师之间的协同合作。加大对中青年教师的扶持力度，组建特色方向上的创新团队，优化中青年教师的发展环境，增强师资队伍的可持续发展能力。

进一步加强师德师风建设，师资培训常规化、系统化，造就一支有理想信念、有道德情操、有扎实学识、有仁爱之心的优秀教师队伍；连续举行八届学院师德师风品牌活动"可爱老师"评选，用老师的行为示范引领学生；主动培养、并积极引导优秀教师向党组织靠拢，严把政治关口、把政治标准放在首位，切实做到"成熟一个发展一个"，做好党员发展工作，近年来发展 10 余名专任教师入党。

三、坚持育人为本，以培养一流人才为己任，积极构建一流的创新人才培养体系

1. 强化"三全育人"

学院党委重视学生思想政治教育工作，紧密围绕培养具有"社会责任感、创新精神和实践能力"的人才目标，坚持以学生发展为本，把握学生成长规律，切实做到党建带团建、团建促党建，增强基层党团组织对青年学生的引导力和凝聚力，促进学生成长成才。学院成功获批和积极建设同济大学"三全育人"综合改革首批试点学院，入选同济大学首批"三全育人"示范学院创建单位，通过新型城镇化研究中心和乡村振兴研习社等实践育人平台、博研班等入学教育环节、本研联合颁奖典礼、本科生导师制、校友论坛等，注重思想引领，打造"三全育人"品牌项目，不断在培养有理想敢担当能吃苦肯奋斗的新时代好青年上发力。

2. 构建"党建 +"模式

坚持以党建示范创建和质量提升为主线，以问题为导向，以提升为重点，以政治领导力、发展推动力、自我革新力、社会号召力和群众凝聚力为引领，带动"党建 +"思维模式构建三全育人新格局。"党建 + 机制护航"模式，统筹推进筑基础，将政治理论学习纳入"三全育人"中心工作，落实各项"三全育人"工作制度，抓好基层党支部和学科团队建设。"党建 + 通识培养"模式，五育并举促发展，德育为本，强化责任意识同济情怀，加强榜样和仪式教育，举办可爱老师颁奖典礼、评选"我心目中的好导师"、组织"学院奖"艺术大赛作品展，促进学院师德师风建设；智育为要，共筑朋辈学习共同体，开展朋辈学业帮扶计划，打造全方位、立体式、浸润式的育人时空；体育为基，培育学生良好身心；美育为尚，艺术教育精彩纷呈；劳育为核，深度推进实践育人。"党建 + 创新思维"模式，聚焦质量促提升，把创新创业教育融入人才培养全过程，定向孵化选送优秀项目。"党建 + 实践育人"模式，坚持一条主线贯彻思想政治教育始终，践行乡村振兴战略，布局实践项目融入国家发展重大战略，组织学生奔赴浙江黄岩乡村振兴学院、金山区水库村等开展实践活动。"党建 + 社会责任"模式，弘扬榜样树先锋，对标国家政策和地方需求，联合学院团委做好志

愿服务工作，强化队伍建设，聚焦志愿服务的社会需要。"党建＋全球视野"模式，在课程设置及教学体系安排方面，将国际理解教育、实践课程、教师国际化能力提升、国际师资引进等融入学校课程体系建设中，提高学生国际交往能力。

3. 打造特色课程思政体系

学院党委全面贯彻"立德树人"根本任务，自觉将国家战略、为人民服务的精神和理念贯穿所有课程内容、教学设计全过程。近年来，学院打造三个一级学科课程思政的新体系，完成同济大学课程思政15门"精品课程"建设，被评为"同济大学课程思政示范学院"，获批国家课程思政示范课程1门，上海课程思政示范课程3门，上海课程思政示范团队2个，上海高校党史学习教育与课程相融合示范课程1门；现有国家级一流课程16门，上海高等学校一流本科课程7门，上海市教委重点课程9门，上海高校国际学生英语授课示范性课程2门，上海市级虚拟仿真实验教学项目2项。注重将习近平新时代中国特色社会主义思想有机融入专业课教育教学，制定专业课程育人教学规范和评价标准，将课程育人编入教学督导及教师绩效考核内容，编制课程教学指南，修订专业培养方案，全面梳理和完善专业课程教学大纲，创新教育教学方式方法，对专业的课程体系、教材系统、教学体系、管理体系、师资队伍建设等进行思政教育与专业教育的有机融合，通过层层落实、常态化

2019年11月，同济大学云南云龙帮扶项目永安上村议事中心启动仪式，该中心由建筑与城市规划学院袁烽教授领衔设计

2022年10月,《人民日报(海外版)》以"来了规划师,'画'出乡村新模样"为题,报道同济大学建筑与城市规划学院杨贵庆教授

管理和制度化督导,积极建构一套具有学院特色的课程思政模式,在课程育人探索上提供有价值、可推广的"同济经验"。

四、发挥学科优势,以服务社会为战略牵引,深度融入国家发展战略

在学院党委的组织带领下,广大师生党员充分发挥学科特色,积极主动承担社会责任,将自身的专业优势与科学研究成果同国家重大需求联系起来,广泛开展了国家重大研发专项等国家级研究课题、国家和地方重点建设项目以及国际项目等,取得优异成绩,获得多项奖项,并推进了世界一流学科的建设。

1. 服务国家战略

学院党委长期贯彻落实"实施乡村振兴战略",师生党员投身美丽乡村建设事业,

建设"同济·黄岩党建教育基地",为实施乡村振兴战略贡献"同济智慧"。2019年9月,由学院党委主导的"同济·黄岩党建教育基地"在浙江黄岩成立,2020年与山东潍坊对接,达成组建"同济·潍坊乡村振兴学院"的初步设想。积极参与雄安规划建设,以同济智慧助力新区发展;组织党员团队并整合多学科力量,做好海南省三沙市建设规划;积极参与上海2035城市总体规划,为城市发展献计献策。学院党委进一步推进基层支部党员与街道、社区开展联学共建,签署支部党建合作共建框架协议,为深化区域化党建联建,促进校区、社区、园区融合共享搭建新平台,发挥学科优势,鼓励党员积极投身社会服务。

2. 践行社会责任

学院师生党员投身援疆、援藏、援滇、博士服务团等脱贫攻坚和灾后重建工作。吴志强院士赴四川宜宾长宁县指导地震灾后恢复重建规划工作;常青院士深入四川宜宾地震的震中双河镇指导古镇及历史建筑保护,现场听取灾损情况汇报并指导重建计划。多年来,学院党委在学校扶贫工作的统筹指导下,抽调精干力量,赴云南省元谋县、乌鲁木齐市规划局、日喀则市规划局、雄安新区、海南省规划委员会和海南省自然资源厅等地对口支援挂职等。学院副院长袁烽教授领衔设计的云南云龙永安上村村民议事中心,不但成为同济大学十年如一日定点帮扶云南云龙的见证,也斩获Dezeen设计大奖城镇建筑(Civic Building)奖,助力打赢脱贫攻坚战,为祖国各地的建设献计献策、发光发热,贡献力量。

学院党委将持续深入学习贯彻习近平新时代中国特色社会主义思想,秉承一流党建引领一流学科、培养一流人才的工作目标和宗旨,增强"四个意识"、坚定"四个自信"、做到"两个维护",不断探索党建工作对思想引领、学科建设、人才培养、管理服务等多方面的辐射作用,以点带面,推动学院各项事业高质量发展。

第二章

全面落实立德树人根本任务

第一节　坚持开门办思政，推进"大思政课"建设

2018—2023年，在同济大学党委的坚强有力领导下，学校各单位始终坚持不懈用习近平新时代中国特色社会主义思想铸魂育人，聚焦立德树人根本任务，依托建设全国重点马克思主义学院，切实发挥思政课主阵地主渠道作用，打造具有同济特色的"1+4+1+N"（"1"指"习近平新时代中国特色社会主义思想概论"；"4"指"马克思主义基本原理""毛泽东思想和中国特色社会主义理论体系概论""中国近现代史纲要""思想道德与法治"；"1"指"形势与政策"；N指系列思政选修课）思政课程体系，基于校本特色和学科优势、盘活用好社会资源谋划推进"大思政课"建设总体布局，举全校之力、守正创新办好思政课，努力为党育人、为国育才。

一、贯彻落实习近平总书记重要指示批示精神，大力推进"立德树人"关键课程建设

同济大学以习近平新时代中国特色社会主义思想为指导，贯彻落实习近平总书记关于马克思主义学院和思想政治理论课建设的重要指示批示精神，深入学习贯彻全国高校思想政治工作会议、全国教育大会和学校思想政治理论课教师座谈会精神，认真贯彻落实中宣部、教育部关于加强马克思主义学院建设的意见要求，不断传播马克思主义科学理论，永葆中国特色社会主义大学的马克思主义最鲜亮底色。

1. 提高政治站位，加强组织领导

加强学校党委对马克思主义学院的领导，党委书记、校长直接联系马克思主义学院，党委常委会、校长办公会、书记办公会定期研究马克思主义学院和学科发展问题，在资源配置、条件保障、队伍建设等方面给予马克思主义学院重点支持，推动马克思主义学院优先发展、优势发展、优质发展。成立马克思主义理论教学与学科建设领导小组，定期召开

领导小组会议，研究解决马克思主义学院和学科建设发展中的重大问题。2018年3月，获批马克思主义理论本科专业；2019年5月，获批马克思主义理论一级学科博士学位授权；2019年7月，获批第三批全国重点马克思主义学院；2020年2月起，上海市委宣传部与同济大学共建马克思主义学院。目前拥有全国高校思政课"手拉手"集体备课中心（同济大学—海南省）、教育部课程思政教学研究示范中心、高校中国共产党伟大建党精神研究中心同济大学分中心、上海市习近平新时代中国特色社会主义思想研究中心同济大学基地等国家级省部级平台。

2. 坚持多措并举，建设一流学科和高质量师资

制定《同济大学一流马克思主义学院（学科）建设方案》，确立"高起点、入主流、有特色"的发展方针，推动规范执行马克思主义学院建设标准。每年投入近千万元"双一流"建设配套专项经费，推进马克思主义一流学科建设。2018年学校获批成为可自主设置一级学科博士点的高校后，即将马克思主义学科确定为第一个自设一级学科博士点，努力创建国家重点马克思主义学院。推进马克思主义学院一流师资队伍建设，制定《同济大学高水平马克思主义学科师资队伍建设实施办法》，设立马克思主义学科责任教授岗、思政理论课课程责任教授岗，强化岗位责任和薪酬激励机制。已引进和培养3名特聘教授和3名责任教授，国家教学名师1人，中央马克思主义理论研究和建设工程专家1人，教育部高等学校思想政治理论课教学指导委员会委员2人，全国高校思想政治理论课教学标兵1人、教学能手1人，全国高校思想政治理论课影响力人物1人、提名人物3人，全国高校优秀中青年思想政治理论课教师择优资助计划人才6人，上海市高等学校政治理论课教学指导委员会委员6人，上海市学科评议组成员3人，上海市思想政治理论课教学名师4人，上海市马克思主义理论教学研究"中青年拔尖人才"4人，上海高校思想政治理论课名师工作室2个。

3. 整合各方资源，强化条件保障

学校克服办学条件相对紧张的困难，为马克思主义学院单独调配面积约4000平方米办公楼，并投入1400万元配备先进教学科研设施，创建优质教学科研环境。在图书馆开设"马克思主义专题阅览室"，面积超过300平方米。单独设立课程改革专项，重点支持思想政治理论精品课程建设，培育思政理论课精品课程群、课程链。单列申报名额和研究专项，对马克思主义理论研究和建设工程重点项目和青年项目开展专项资助。在学校学报设立"马克思主义专栏"，推进马克思主义理论学习传播的阵地与平台建设。设立"马克思主义理论教学科研教师发展基金",鼓励和支持马克思主义学院教师安心从教、潜心科研。

4. 凝聚育人合力,提高教育教学质量

将校领导、院系负责人、知名专家学者、辅导员、优秀学生、优秀校友等6支队伍引入思政课堂,各有侧重、优势互补,打造育人共同体。校院领导带头上"形势与政策"课、"新生第一课";以院士为代表的知名学者走上思政讲坛,促进思政理论与学科前沿相结合;辅导员、优秀学生、校友通过"信仰的力量""青春在西部闪光"等报告会以身边事感染身边人。不断丰富思政课授课内容,融入国情党史校史,突出形势与政策、社会热点等内容。积极借鉴MOOC优势,推进课程的多形态建设,开发线下线上互动、理论实践交融的课程形态和精品课程链,5门思政课均为国家或上海市精品(重点)课程。拓宽课程边界,打造"我身边的思政课"行走课堂,建立"乡村振兴研习社""同济梦想教室",开展"社会实践与创新大赛",组织学生赴浙江黄岩实践、赴云南云龙和甘肃定西对口扶贫点支教,把思政课堂搬到中共一大会址、嘉兴南湖等场所,把思政课程和社会实践开在祖国大地上。

二、深入推进四大体系创优,守正创新办好新时代高校思想政治理论课

同济大学以全国重点马克思主义学院建设为契机,积极推进课程创优、教辅创优、师资创优、教法创优,为培育时代新人擦亮鲜红底色。

1. 坚持一体两翼,推进课程体系创优

坚持以加强习近平新时代中国特色社会主义思想"三进"为"体",以思政课程和课程思政建设为"翼",加强思政课课程群建设,推动全校课程同向同行。以开设"习近平新时代中国特色社会主义思想概论"课程为契机,推动新课程与既有课程建设相结合,思政课与专业基础课建设相结合,全面梳理习近平新时代中国特色社会主义思想的核心内容,渗透融入思政课知识要点、专业基础课价值观教育之中,打造特色课程链。将谱系化的知识点向各学段学生专业学习与日常生活渗透,凝聚思政课牵引下全校课程同频共振的协同效应和全员、全方位、全过程育人的综合效应。在上海和全国高校率先全覆盖开设"习近平新时代中国特色社会主义思想概论"必修课,已形成"1+4+1+N"思政课建设新格局。创新建设思政课课程群、创新开设思政课选择性必修课和选修课,推进课程多形态建设,

开发线下线上互动、课内课外结合、理论实践交融的课程形态。目前已拥有国家一流本科课程4门、教育部精品资源共享课1门、上海市精品课程2门、上海市重点课程2门、上海市思政课金课1门。获上海市教学成果一等奖1项、国家级教学成果二等奖1项。

2. 加强内容统筹，推进教辅体系创优

以规范使用思政课统编教材为基础，把思想政治理论教育系统融入各学段课程内容。深入开展课程内容研究，由马克思主义学院教学指导委员会统一组织，推出以成果为导向的教学改革研究专项，组建以课程组为单位的研究团队，深研教材内容，多层面推进教辅体系创优，实现以研促教。把聚焦课程内容重点难点与关注社会热点、关心学生需求相结合，通过提炼教学要点、打磨教学专题，挖掘实践素材、编撰教学案例，集体研究攻关、制作教学课件等工作，形成校内共有、校外共享的教辅体系。已出版《高校思想政治理论课专题教学讲稿》（丛书）5种、编撰专题式"校本资源教辅"《工科学科经典案例》1套，入选上海高校思政课教学资源建设基地，初步建成思政课程网络教学资源库。

3. 注重引领提升，推进师资体系创优

牢牢抓住思政课教师队伍这一关键，以建设政治强、情怀深、思维新、视野广、自律严、人格正的思政课教师队伍为目标，严格建设规模和质量要求，不断提高教师自我发展内生动力。强化教师培训体系，促进教师知识结构改善和能力水平提升。加大教师考察调研和学术交流支持力度，不断开阔教师视野。举办院校两级讲课比赛，进一步提高教育教学积极性、主动性、创造性。坚持全体校领导带头上好思政课，促进形成校内多方共同参与的联动机制。改革教师评聘机制，不断激发思政课教师队伍活力。先后获得教育部教学标兵、教学能手称号各1人，首届全国高校思政课教学展示特等奖、一等奖各1人，上海高校思政课教学大比武特等奖1人、一等奖4人，上海高校青年教师教学竞赛二等奖1人。

4. 遵循认知规律，推进教学方法创优

积极倡导思政课教育教学理念变革，推动师生关系、教学模式、校园环境逐步实现"以教为中心"向"以学为中心"转变，引导学生主动学习、积极探索、发现问题、提高认识、增强能力。通过问题导向的教学设计，针对学生思想困惑，解答理论学习难题；充分利用各类教学平台资源，开展"课内课外""线上线下"师生互动，不断增强思政课亲和力和吸引力。开展情境创设实践活动，引导学生运用马克思主义理论来认识社会、关注民生。持续推动实践教学的创新改革，已连续举办8届"使命与担当"社会实践与创新竞赛，年均报名参赛人数2000人以上；2022年成功举办首届"济时开讲"大学生讲思政课活动。

竞赛内容以思政课知识体系为主体，结合时政，根据每年新形势新任务确立专题。竞赛旨在培养学生理论知识的转化应用能力、思辨能力和团队合作意识，通过历史与现实、理论与实践的结合，培养学生关注民生、关注社会的家国情怀和使命担当，鼓励学生把论文写在祖国大地上，深入培育学生家国情怀和理论思维，增强思政课亲和力针对性，努力为思政课实践教学范式创新提供同济智慧。

三、整合盘活校内外育人资源，高质量推进同济特色的"大思政课"建设

在组织领导、教学改革、育人模式、队伍建设等方面持续发力，循序渐进拓展思政课载体和平台建设，扎实推进"大思政课"落实落细，充分挖掘和发挥学校土木、规划、城建、环境、人工智能等学科优势和专业禀赋，深入推进理论与实践相结合，拓展和创新大思政课平台建设，全方位精细化把"思政小课堂"搬进"社会大课堂"。

1. 加强组织领导，健全工作机制

全面加强党的领导，先后出台《中共同济大学委员会关于推进思政教育与专业教育有机融合的实施办法》等系列文件，进一步强化思政育人主体责任，健全保障机制，不断完善党委统一领导、党政齐抓共管的工作格局。在全校开展教育思想大讨论，依托讨论系列成果，修订人才培养方案，着力构建以思政课为核心，各类课程与思政课程同向同行、同频共振的"大思政课"课程体系。切实推动思想政治教育、专业教育和实践教育深度融合，着力构建以课程教学为核心、实践平台为拓展、学科文化为浸润的"大思政课"育人模式。

2. 深化教学改革，优化课程体系

加强以习近平新时代中国特色社会主义思想为核心内容的课程群建设，进一步优化课程体系。由学校党委书记、校长和资深教授等领衔，开设"中国道路""人民城市导论"等特色鲜明的思政选修课程。实施思政课创优计划，积极拓展课堂教学内容，创新课堂教学方式，推进思政课的多形态、高质量建设。持续推进课程思政教育教学改革，设立思政教改专项。充分发挥党团支部、班级等力量，建设与课堂教学同向同行的思政微课，确保思政教育每月有主题、月月有活动。同济大学还注重将文化前移，让附属学校主动对接，形成了中学、小学等不同学段对大学文化的传承，并内化于附属学校育人理念、外化于各类校园文化实践活动之中。

2020年12月2日,校党委书记方守恩讲授同济特色思政课"中国道路"

2020年10月20日,时任校长陈杰讲授同济特色思政课"中国道路"

3. 汇聚内外资源,拓宽育人渠道

整合校内外思政育人资源,培育"同行计划"、乡村振兴、"梦想教室"、"红色大课堂"等实践精品项目,建设具有学校学科特色的"大思政课"实践教学基地。善用"社会大课堂",全面推进"大思政课"建设,与上海市杨浦区人民政府、中国远洋海运集团有限公司、上海市龙华烈士陵园、上海城市规划展示馆、云南省云龙县等单位签约共建"大思政课"实践教学基地。这是校企、校地贯彻落实习近平总书记关于"大思政课"建设重要指示精神的具体行动,是深入学习贯彻党的二十大精神的重要举措。每年举办"小我融入大我,青春献给祖国"主题社会实践报告会,强化实践育人的思想政治引领作用,帮助学生了解国情社情,增强"四个自信"。深入挖掘红色校史资源中蕴含的育人元素,打造以原创话剧《国之英豪》为代表的"同济三部曲"等文艺作品,引导学生厚植家国情怀、涵养优良学风。将学生社区作为加强思想政治教育的重要阵地,持续推进驻楼导师工作站建设,积极探索"同场域、同频率、同成长"工作方式,不断提升思政工作的针对性和有效性。

4. 注重示范引领,建好师资队伍

建立健全思政课特聘教授、兼职教师制度,着力打造专职思政课教师、辅导员、党政领导、科学家、老同志、先进模范等组建专兼结合的思政课师资队伍,支撑保障思政育人质量提升。充分发挥教学名师及团队的示范引领作用,建立集体教研制度,开展"手拉手"集体备课、交流培训、观摩课堂等系列活动,在互学互鉴中促进资源共享,着力提升师资队伍综合能力。强化对青年教师的梯队式培养,遴选一批"政治强、情怀深、思维新、视野广、自律严、人格正"的青年教师队伍,持续为思政课教育教学引入新鲜血液。推进马克思主义学院和马克思主义学科建设,不断加强马克思主义理论和思政课教学研究,努力培养一批青年马克思主义理论家。支持思政课骨干教师到党政机关、基层单位、对口帮扶地区等挂职锻炼,完善思政课教师能力培训长效机制,不断提高思政课教师队伍的整体素质和专业水平。

第二节 聚焦立德树人，全面推进课程思政改革

同济大学深入贯彻落实习近平总书记有关教育的重要论述和在全国高校思政工作会议、全国教育大会上的重要讲话精神，立足新发展阶段、贯彻新发展理念、构建新发展格局，聚焦立德树人根本任务，深入践行为党育人、为国育才的历史使命，把思想政治教育贯穿人才培养全过程，坚持问题导向、坚持系统推进、坚持资源拓展、坚持示范引领，切实推动实施《高等学校课程思政建设指导纲要》，以系统观全面推动课程思政改革创新，实施具有同济特色的课程思政方案，着力深化课程思政"育人"和"质量"内涵，在改革创新进程中培育时代新人，服务社会发展和国家战略。

一、加强组织领导，增强立德树人使命意识，建立健全课程思政体制机制

学校坚持社会主义办学方向，深入学习宣传阐释党的创新理论，持续深化社会主义核心价值观教育。出台《中共同济大学委员会关于推进思政教育与专业教育有机融合的实施办法》《同济大学关于加强课程思政建设的指导意见》等规章制度，加强顶层设计、部门协同，形成思政课程、课程思政、日常思想政治教育三位一体的保障机制强化课程育人主体责任，建立健全课程思政体制机制。

1.坚持正确的办学方向，强化课程育人主体责任，不断完善党委统一领导、党政齐抓共管的工作格局

坚持正确的办学方向。坚持和加强党对高校的全面领导，坚持马克思主义指导地位，毫不动摇地坚持社会主义办学方向，深刻认识"两个确立"的决定性意义，深入学习宣传阐释党的创新理论，大力推进习近平新时代中国特色社会主义思想进教材、进课堂、进头脑，持续深化社会主义核心价值观教育，不断增强学生的道路自信、理论自信、制度自信、

文化自信。先后出台《中共同济大学委员会关于推进思政教育与专业教育有机融合的实施办法》《同济大学关于加强课程思政建设的指导意见》等规章制度，强化课程育人主体责任，明确课程思政建设新要求，不断完善党委统一领导、党政齐抓共管的工作格局。学校在同济大学思政教育领导小组统领下开展课程思政教育教学改革，成立由本科生院、研究生院和课程思政教学研究中心组成的多部门联动的课程思政联合工作小组，为课程思政全面融入新时代拔尖人才培养保驾护航。探索建立以课程思政为核心的"一个体制统领、三项机制支撑、若干制度保障"的"三全育人"工作体系，构建以第一课堂课程教学为核心、第二课堂思辨和实践平台为外延拓展、学科文化为环境浸润的"三圈层"课程思政和育人模式，从课程建设、德育规范、师资培育等方面完善体制机制建设，形成制度生态。

2. 增强立德树人使命意识，加强顶层设计、部门协同，形成三位一体的保障机制

将"增强立德树人根本任务的使命意识"作为第一主题，在全校开展教育思想大讨论，广泛凝聚共识，形成同向同行、相互支撑的全方位育人合力。为破解高校思政课与专业课教育"两张皮"，课程思政建设"硬融入""表面化"的难题，学校加强顶层设计、部门协同，形成思政课程、课程思政、日常思想政治教育三位一体的保障机制。依托全校教育思想大讨论系列成果，全面修订2022级人才培养方案，以思政课程为核心、课程思政为关键，将思想政治工作深度融合、全面贯穿教育教学全过程。深度挖掘课程思政元素，以课程体系设置、课程大纲修订、教材编审选用、教案课件设计为抓手，将课程思政要求细化到每门课程的具体任务和计划中，切实推动思想政治教育、专业教育和实践教育深度融合、取得实效。

二、坚持立德树人，不断提升课程思政内涵建设，筑牢铸魂育人全域阵地

学校创新完善思政课程体系，加强以习近平新时代中国特色社会主义思想为核心内容的思政课程群建设，深入落实《高等学校课程思政建设指导纲要》，抓牢抓实抓好课程思政建设质量，实现课程思政全覆盖，推进专业教育与思政工作同向同行。

1. 强化思政课程价值引领，抓牢抓实抓好课程思政建设质量

强化思政课程立德树人关键作用。深入了解学生的内在需求，创新完善思政课程体系，加强以习近平新时代中国特色社会主义思想为核心内容的思政课程群建设，不断增强思政

课的思想性、针对性、时效性、亲和力和感染力。通过思政课的价值引领,激发学生的理想信念和学习兴趣,引导学生主动学习、自觉学习、相互学习,使思政课成为学生培根铸魂的主阵地。强化课程思政在人才培养中的重要作用。深入挖掘专业课程、实践环节和科研训练中的思政元素,找准专业教育与思政教育的契合点,科学合理、润物无声地设计思想政治教育内容。深入落实《高等学校课程思政建设指导纲要》,围绕机制、体系、分类、过程、培训、教研、评价、示范、资源九大方面,抓牢抓实抓好课程思政建设质量,实现课程思政全覆盖,并不断挖掘科研实践等第二课堂的思政融合内容与实施路径,推进专业教育与思政工作同向同行。

2. 持续推进课程思政教学改革,设立课程思政教改专项

持续推进课程思政教育教学改革,设立课程思政教改专项,鼓励教师积极投身课程思政研究。学校不断提升课程思政内涵建设,推动课程思政持续延伸和升级。择优遴选资助建设243门示范课、31个专业课程链及6个示范专业,重点建设5个领航学院、13支特色改革领航团队、93门精品改革领航课程,推进"课程思政"全覆盖。在已建设课程基础上,推动课程思政持续延伸和升级,选树校级课程思政示范课程40门,其中本科课程思政示范课程25门、研究生课程思政示范课程15门;开展课程思政示范推广和课程观摩,向全校教师推广好经验、好做法,进一步加强课程思政师资培训,不断提升教师课程思政意识与教学能力。课程思政教学改革成果卓越,获批2个教育部课程思政教学研究示范中心(分属普通高等教育、职业教育和继续教育),获批4门课程思政示范课程(含4位课程思政名师和4个课程思政示范团队),18门课程获上海市课程思政示范课程,7名教师获上海市课程思政教学名师,12个团队获上海市课程思政示范团队,首届上海市课程思政教学设计展示活动获得特等奖1名、一等奖3名、二等奖3名,以"全满贯"形式涵盖本科生、研究生和继续教育领域。交通运输工程学院牵头的"高校交通运输类专业课程思政研究联盟"被教育部列为十大课程思政资源库建设单位之一,"交通运输类专业课程思政研究虚拟教研室"上榜教育部首批虚拟教研室建设试点名单。

三、系统推进改革,积极构建"大思政"格局,打造同济特色思政品牌

创新思政课实践模式,"把思政小课堂同社会大课堂结合起来",立足同济学科优势,

2021年6月10日，在教育部召开的课程思政建设工作推进会上，同济大学获批2个课程思政教学研究示范中心，4门课程入选课程思政示范课程，相应的负责人和教学团队入选课程思政教学名师和团队

全力打造同济特色思政选修课程。持续推进课程思政重点课题研究和课程思政改革，积极构建"大思政"格局。

1. 依托国家级教学示范中心，创立课程思政"同济品牌"

依托教育部课程思政教学研究示范中心、课程思政资源库建设单位和课程思政示范课程，以课程内容为基石、教学设计为关键、师资队伍为核心，研制优势专业、特色专业的课程思政教学指南和标准。选树一批课程思政标杆课程、专业、学院，成立不同专业类课程思政研究联盟，由点、线到面及体，形成体系、形成范式，抓典型、树标杆、立标准，加强示范引领。

2. 全面落实课程思政教育教学改革，积极构建"大思政"格局

对标一流，加强马克思主义学科建设，实施思政课创优计划，不断提高思政理论课教学质量，实现思政理论课深度"触网"，推进思政理论课的多形态建设，充分发挥思政理论课的引领、示范作用。学校持续推进课程思政重点课题研究和课程思政改革，由专业课程向专业课程链、示范专业、学院及大类延伸，以二级学院为主体全面落实课程思政教育教学改革，积极构建"大思政"格局。结合各学科专业特色，由点到线及面，层层拓展，推动课程思政广覆盖、多层次、立体化体系建设。各学院结合各学科专业特色，制定"一院一策"课程思政建设方案，将思政元素融入每门课程，推进课程思政全面融入新时代人才培养工作。

3. 编制课程思政教学指南，积极探索学科知识和思政教学相融合的课程建设机制

组织实施课程思政教学研究成果的交流研讨与推广，健全课程思政教研成果的交流共享机制，研发课程思政认定与建设标准，加强课程思政有效实施的质量保障体系建设，为课程思政教育教学研究工作的高效推进提供制度保障。编制课程思政教学指南，积极探索学科知识图谱和思政教学要点相融合的课程建设机制，鼓励各学院研制具有学科特色的课程思政教学指南。交通运输工程学院编制国内首部《交通运输类课程思政教学指南》，从总体原则、教学目标、教学内容体系等六个方面，首次为国内交通运输类专业课程思政"定标准"。环境科学与工程类、建筑类（建筑规划景观）、交通运输类、土木类（土木工程专业）课程思政教学指南，均入选上海市课程思政教学指南编制专项，在上海市级层面起到引领、示范、辐射作用。与此同时，受教育部高等学校教学指导委员会的委托，承担了教育部交通运输类、土木类、地质类专业、基础力学类（结构力学）等课程思政教学指南的撰写工作。

四、注重示范引领，加强师德师风建设，全面提升教师课程思政教学能力

1. 全面加强师德师风建设，着力提升"大思政"主干队伍综合能力

提升教师的使命意识。全面加强师德师风建设，引导教师以习近平总书记提出的"四有""四个引路人"和"四个相统一"标准严格要求自己，不断提高思想政治素质，增强价值判断、选择、塑造能力，做社会主义核心价值观的坚定信仰者、积极传播者、模范践行者；引导教师深入理解教学与科研、育德与育才、育己与育人之间的关系，推动教育理念不断革新、教学内容不断更新、教学方法不断创新，增强教师教书育人使命感，提升教师教书育人获得感，提升学校管理服务责任感，形成使命驱动、主动育人的良好氛围。着力提升"大思政"主干队伍综合能力，建设了一支由高校专职思政课教师、辅导员、党政领导、科学家、老同志、先进模范等组成的综合型、多层次、高水平的思政课教师队伍。充分发挥教学名师及团队的示范引领作用，建立集体教研制度，开展集体备课、交流培训、观摩课堂等系列活动，在互学互鉴中促进资源共享，以高素质队伍建设推进育人质量提升，推动"大思政"建设可持续发展。强化对青年教师的培养，持续为思政课教育教学引入新

鲜血液，努力培养一批青年马克思主义理论家。

2. 持续加强教师课程思政培训，全面提升教师德育意识和课程思政教学能力

持续加强教师课程思政培训，全面提升教师德育意识和课程思政教学能力，激活教师育人力量，打造有"温度"的校园，建设一支政治素质过硬、业务能力精湛、育人水平高超的教师队伍。让广大教师做到教书与育人兼顾、信道与传道兼顾、立己德与树人德兼顾。夯实教师在学生群体中的"引领力""权威性"和"话语权"，切实发挥教师正向引领作用。每年度与教师发展中心联合举办 6~8 场课程思政教师专题沙龙，开展"学科教学育人与课程思政"专题网络培训，开展课程思政教学案例征集与出版活动，开展课程思政示范课程观摩推广，持续加强课程思政师资培训，组织课程思政教学研究分中心和各学院、各层面的教学研讨和交流，提升全校教师课程思政意识与教学能力。

第三节　落实"三全育人"，构建思政育人大格局

自 2018 年入选全国首批"三全育人"综合改革试点高校以来，同济大学以习近平新时代中国特色社会主义思想为指导，全面贯彻习近平总书记关于教育的重要论述以及关于高校思想政治工作的系列重大决策部署，认真落实全国高校思想政治工作会议精神、全国教育大会精神，紧扣立德树人根本任务，注重系统规划，遵循"从点到面、从试点到示范、从协同到集成"的改革思路，推动"三全育人"综合改革的转型升级与提质增效，构建"三全育人"工作格局，培养堪当民族复兴大任的时代新人。

一、强化顶层设计，以"三个层级"贯通育人网络

"三全育人"综合改革之初，凝练形成"融合""贯通""聚焦""筑基""质量"五大理念。试点改革工作开展以来，"五大理念"切实对"三全育人"工作开展起到指导作用，为深化育人共识奠定了思想基础。在四年多的改革探索与实践中，学校以推动人才培养理念和培养方式变革为着眼点，从学校、职能部门、学院三个层级，统一思想认识，实现"三个层级"贯通育人网络。

1. 学校层面强化组织领导，完善工作体系

成立"三全育人"综合改革工作推进领导小组、工作小组及十个育人小组，构建党委统一领导、部门分工负责、全员协同参与的"三全育人"责任体系。召开教代会、工代会专题研讨"三全育人"工作，出台《同济大学"三全育人"综合改革试点建设方案》《同济大学工作要点责任单位和节点目标安排表》，将"三全育人"综合改革试点工作分解为 83 条具体任务，明确责任主体，逐一落实到位。划分校院两级职责，聚焦"三全育人"建设重要领域和薄弱环节，完善监督和评价机制，以高站位、高标准、高水平推进育人工作。

2. 部门层面强化协同育人，务求育人实效

校内 33 个职能部门根据学校提出的目标任务，围绕中心工作转换思路，形成一个部门牵头抓总、多个部门共同参与的"1+N""三全育人"协同工作模式。如本科生院牵头推进课程育人，统筹课程思政与思政课程建设，发挥课堂主渠道育人功能；科研管理部牵头推进科研育人，完善科研育人制度设计，创新工作平台载体，有效引导科研力量发挥育人作用；校办牵头推进管理育人，把"三全育人"工作成效纳入管理考核评价体系；人事处牵头推进服务育人，明确各类服务岗位育人内涵，通过主题教育及各类活动发挥服务育人功能；组织部牵头推进组织育人，发挥党组织育人保障功能和群团组织育人功能。

3. 学院层面强化重点发力，实现系统推进

学院层面以"十大工程"试点项目建设为抓手，切实将"十大育人"落实到学院工作的各个环节，落实到全体教职员工工作职责。2021 年，学校已经分三批实现试点工作在 31 个学院全覆盖。通过试点工作，各学院探索院系育人育才和党建工作对接融合、党建带团建的新模式，将"三全育人"工作与学院学科建设、人才培养相结合，与学院教师队伍的

全员全过程全方位培育时代新人

实绩考核相结合，重点发力、创新突破、形成特色。如，建筑与城市规划学院牵手浙江黄岩共建党建教育基地，带领学生在乡村中研究乡村振兴。2021年11月，学校按照"从点到面、从试点到示范、从协同到集成"的改革思路，研制出台《同济大学"三全育人"综合改革示范学院建设标准（试行稿）》，遴选16个学院开展"三全育人"示范学院创建工作。

二、细化落实措施，以"八大行动计划"全面落实改革举措

学校以课程育人、科研育人、实践育人、文化育人、网络育人、心理育人、管理育人、服务育人、资助育人、组织育人等十大育人体系为基础，举全校之力，打好组合拳，重点实施具有同济特色的"八大行动计划"。

1. 把课程创优计划作为抓好"三全育人"改革工作的主渠道

成立由校党委书记、校长共同担任组长的思政课建设领导小组，建立了所有校领导联系思政课教师制度。依托全国重点马院全面推进思政课创优。在6门本科生思政课必修课的基础上，自主开设具有同济学科特色的"中国道路""人民城市导论""改革开放与新时代""中国特色社会主义政治经济学"等思政课选修课，实现对必修课知识的深化与延展。横向覆盖所有专业，打造课程思政群，纵向贯穿培养全过程，打造课程思政链，构筑形成横纵结合的完整课程思政育人网。建设课程思政长效机制，成立课程思政教学改革领导小组、课程思政指导委员会、课程思政教学改革办公室。加强课程思政制度保障，持续出台《中共同济大学委员会关于推进思政教育与专业教育有机融合的实施办法》《同济大学关于加强新时代教师队伍思想政治和师德师风建设的实施意见》《同济大学教材使用管理办法》等文件。修订教学大纲，将"立德树人"内涵有机融入所有课程，实现课程思政全覆盖。

2. 把实践教育计划作为抓好"三全育人"改革工作的有效载体

融合思政小课堂和社会大课堂，把实践育人价值融入全校31个学院的人才培养方案，建立"学时、学分、学程、学位"要素与"课程—实践—创业"链条有效对接的实践育人机制，设立实践教育引导性学分，实现学生实践教育全覆盖。把创新创业教育贯穿人才培养的全过程，构建共生型创新创业生态系统。围绕学校传统优势学科、新兴学科、国家重点实验室和产学研融合实验平台，依托环同济知识经济圈，推进创新创业+人才培养模式试验区建设，完善思创融合和专创融合的创新创业通识课程体系。以基地建设和项目培育为抓手，推进社会实践提质增效。整合政府、企业、社会、高校多方资源，建设爱国主义教育基地、

2019年9月26日，同济·黄岩乡村振兴党建教育实践基地启动仪式

乡村振兴实践基地、同行计划实践、劳动教育基地、大中小思政一体化大学生志愿服务实践基地，形成100个四重领域实践基地。结合国家重大战略、地区重大需求，将育人元素有效融入志愿服务。依托"志愿汇"App开展师生志愿服务评价认证。每年选拔大学生参加志愿服务西部计划和研究生支教团，分赴云南、四川、西藏、新疆等地进行支农、支教、支医和扶贫工作。

3.把团队育人计划作为抓好"三全育人"改革工作的关键环节

聚焦培养创新能力，打造科研育人团队。打造校院两级"院士讲座""大师论坛""星空讲坛"等平台，定期邀请学界、业界科研大咖与学生交流，引导学生树立科研报国崇高理想；出台《同济大学本科新生导师管理办法》，明确育人职责，发挥导师在科研兴趣和学业指导上的重要作用；出台《同济大学研究生指导教师职责与工作规范》，组织"研究生卓越导学团队""我心目中的好导师"等评选，激励教师以育人育才为荣；建强学生科学技术协会，举办同济科技节、学术之星和学术先锋评选，搭建科研育人导师指导联系学生创新平台。聚焦提升领导力，打造一支组织育人团队。实施教师党支部书记"双带头人"培育工程，"高校基层党建对标争先计划"，建强线上网络媒体矩阵和线下党员之家，培育建设一批先进基层党组织，培养选树一批优秀共产党员、优秀党务工作者，评选党的建设优秀工作案例。聚焦拓宽国际视野，打造一支国际化育人团队。全面建设外籍特聘教授、国际项目导师、国际辅导员等国际化育人力量。课程建设方面，学校重视全英文课程和专业建设的顶层设计，统筹通识类、专业基础类、专业类的全英文课程，搭建以加强和改进国际传播工作为导向的课程框架体系。聚焦厚植家国情怀，打造一支思政育人团队；建强高校党政干部、共青团干部、思想政治理论课教师、哲学社会科学课教师、辅导员、班主任、心理咨询教师等思政队伍。落实校领导与学生党支部、班级、社团、社区等结对子制度，每学期制定校领导联系学生工作方案。

4. 把文化传承计划作为"三全育人"改革工作的重要源泉

加强社会主义核心价值观教育。拍摄一系列以身边人身边事为主要内容的社会主义核

2021年7月6日，同济大学2021届毕业典礼在在四平路校区一·二九运动场举行，送别4215位本科毕业生、5680位硕士毕业生、1015位博士毕业生

心价值观短片,利用微信朋友圈定点推送、电子大屏幕等方式加以宣传。开展"感动同济""追求卓越奖"等各类先进选树和表彰工作。同济师生积极践行社会主义核心价值观,发扬"与祖国同行,以科教济世"传统,坚持"把论文写在祖国大地上"的价值追求,在探月工程、港珠澳大桥、北京城市副中心、雄安新区、北京大兴机场、上海进博会等国家重大工程建设和重大活动中,不断贡献"同济智慧"。开展系列艺术活动。学校依托同济大学艺术节、校庆系列活动及高雅艺术进校园开展高覆盖度、高密度、高辐射度的系列艺术活动,推进中华优秀传统文化、革命文化和社会主义先进文化的宣传推广,定期举办"高雅艺术进校园"、戏曲进校园等巡演活动,提升学校整体艺术氛围。挖掘革命文化和校园文化育人元素,持续排演校园版歌剧《江姐》和《同舟共济》舞台剧,创演大师剧《国之英豪》、原创话剧《铸诗成剑》,歌剧《志丹,志丹》等一批原创作品。

5. 把网络育人计划作为抓好"三全育人"改革工作的重要阵地

学校率先成立网络安全和信息化领导小组,组织网络安全教育主题周活动、制作专题网络教育警示片、发放《网络安全素养教育手册》等,有效提升师生网络素养教育。积极开展网络育人的阵地建设,分别针对在校师生和校友等群体以网络直播、广播专栏、有声书、有声电台等多种形式倾力打造激扬青春正能量的网络育人品牌。学校已入驻学习强国、微信、微博、抖音、快手、B站、头条号、央视频、教育部官方App"中国教育发布"等18个媒体平台。

6. 把大爱之心计划作为抓好"三全育人"改革工作的强大动力

挖掘育人元素,全面梳理服务岗位所承载的育人功能,编制详细岗位说明书;压实育人责任,通过岗位职责制度性文件进行明确和固化。学校秉持"深化高等教育综合改革,全面推进高校依法治校"理念,2019年顺利完成"上海市依法治校示范校"创建实地评估工作。推动服务育人落到实处,学校党委以深入推进机关作风改进为契机,优化工作流程,完善规章制度,立行立改。学校完善激励机制,在"同济大学追求卓越奖励基金"中,专设"追求卓越服务奖"。深化勤工助学育人功能,修订《同济大学学生勤工助学管理办法》,推进勤工助学育人管理与服务升级;开展新生一对一电话家访,对经济困难生开展暑期家访,送去爱心物资及路费补贴;通过一卡通充值隐形资助方式,开展物价补贴送温暖活动;携手京东开创"网上爱心助学超市",为学生提供更多选择和个性化服务。

7. 把健康提升计划作为抓好"三全育人"改革工作的基础环节

强化体育育人顶层设计,形成涵盖课程、实践、评估的工作体系,学校开齐开足体育

2023年9月4日，同济大学举行2023级新生开学典礼，校长郑庆华代表学校欢迎来自全球127个国家和地区的4765名本科及预科生、8110名研究生

课，以体育教学部、国际足球学院等为代表的各个学院创新工作方法，提高学生体质健康，培养学生健康意识和体育精神。体育教学部依托优质教学团队开设30余个体育课程及特色工作坊，为学生提供课程多样化选择，同时，建立"课程—竞赛实践"对接机制，全力打造精品赛事。近年来，学校举办的舞龙、龙舟等一二课堂联动的同济特色体育兴趣活动深受学生喜爱。同时，在上海高校中率先开设"生命的省思——如何过好这一生"生命教育通识课，通过个体与团体心理辅导，全面提升学生心理素养；开展不同主题的团体工作坊，在校医院开设"临床心理科"，为需要医疗介入的学生提供"身边一站式"便捷服务。不断加强与完善心理健康微信公众平台建设，线上倾诉栏目"深夜树洞"等品牌栏目受到好评。

8. 把生涯规划计划作为抓好"三全育人"改革工作的成效体现

开设"大学生生涯教育"通识选修课，建设专业生涯指导教师队伍；印发《新生生涯规划教育教师工作手册》，针对性地提高新生班主任、辅导员和本科生导师生涯指导能力。前置择业观教育，针对创新创业、参军入伍、基层就业、国际组织等去向类别开展精准化分类指导，举办国际组织储备人才训练营、"基层就业毕业生"论坛周等活动。创新典型宣传平台。连续三年开展"扬帆奖"评选，鼓励毕业生赴重点领域就业创业，宣传在重点领域建功立业的典型，激励学生树立远大理想。布局云端生涯教育，形成入门级、提升式、拓展化三个层次的生涯教育与就业指导学习课程包，满足学生不同阶段和不同类型的辅导需要。学校培养了一大批拥有"爱国情、强国志、报国行"的优秀学生,毕业生赴重要领域、重点行业就业率近 70%。

三、创新平台载体,以"一区五品六中心"实现育人突破

1. 打造新生院改革"示范区",创新育人新范式

新生院以立德树人为根本任务,着力打破现有院系之间和学科之间的壁垒,促进跨学院的大类培养和学科交叉培养。实行"1+3"为主的人才培养模式。推动第一、二课堂联动,实现一年级新生的大类培养、学堂式管理,以夯实一流本科教育基础,培养德智体美劳全面发展的社会栋梁和专业精英。学校从 2019 年开始,全面实施"大类招生、大类培养和大类管理联动"人才培养新体系,所有新生第一年进入新生院学习。新生院成立时设立 8 大学堂,学堂院长皆由同济知名院士或相关领域专家学者担任。2020 年,为了着重培养有志于服务国家重大战略需求且基础学科拔尖的人才,新生院增设专门针对"强基计划"的"国豪学堂"。新生院的设立,为深化通识教育、实行"德智体美劳"五育并举的人才培养模式打造了样板。

2. 擦亮育人"五大品牌",形成示范效应

一是充分发挥课堂教学主渠道作用,打造课程育人品牌。学校课程思政建设成果丰硕,在全国范围内形成示范效应。学校主要领导领衔授课"中国道路"思政课选修课,班子成员结合各自学科专业,以身示范推动全校课程思政改革守正创新,多次被《光明日报》等主流媒体报道。在上海和全国高校率先全覆盖开设"习近平新时代中国特色社会主义思想概论"必修课。本科课程"马克思主义基本原理"入选"七一"重要讲话精神进思政课示范"金课"。汪品先院士等一批专家教授示范引领,带头主讲"科学、文化与海洋""桥梁工程科技与文化"等慕课课程,选课人数破万,获得校内外学生的一致好评。

二是推进实践教育改革,打造实践育人品牌。牵头构筑全国高校实践育人资源共享网络,制定《全国高校实践育人创新创业基地建设评估建议》,举行全国实践育人暨创新创业工作联盟专题研讨会。擦亮"同济创业"名片,形成"课程培养—项目培育—技术转化—创业孵化—投资融资"完整体系,将学科链与产业链紧密结合,产业链与创新链深度融合。打造"同济梦想教室"精品项目,在西藏拉孜、云南云龙、江西瑞金等地建成梦想教室 15 间,依托新技术打造集"同步课程、远程对话、云端活动"为一体的支教平台。打造"同行计划"

精品项目，2018—2023年间累计选派1168名学生深入基层实践锻炼。

三是强化以文化人、以文育人、以文培元，打造文化育人品牌。学校构建大美育育人格局，加强对专业学科的文化渗透。学校已建成艺术评论、陶艺及雕塑鉴赏、篆刻鉴赏、摄影鉴赏、美术鉴赏、音乐鉴赏、中国戏剧鉴赏等艺术类核心及精品通识选修课。高质量建设中华优秀传统文化（京昆）基地，组建大学生版的昆剧班，携手上海昆剧团共同打造的全国首部学生版《长生殿》成功首演，获得业界好评。打造文化精品项目，同济校园版歌剧《江姐》在五年里累计演出18场，总计观演观众达3万余人次。《终将见我微笑》用第一人称视角表现在民族独立和人民解放斗争中各行各业的无名英烈坚定的革命信仰和一心报国的庄严承诺。

四是提升校园新媒体的服务力、吸引力和黏合度，打造网络育人品牌。打造《听Ta说》直播品牌，将常规校园文化活动"搬迁"至网络空间，以年轻人喜闻乐见的形式、视角、语言等进行再创作，打造"星空讲堂"校友大课堂，党委书记、校长等校领导云端领讲，面向校友讲述学校发展和学科前沿，为校友提供终身教育。

五是深化育人内涵，强化育人要求，打造服务育人品牌。实施"三全育人"综合改革以来，学校实现了既有主渠道的"强磁场效应"，也有"边边角角"的润物细无声。各个部门围绕服务学生，打造了一系列管理和服务育人特色品牌。如基建处主动与土木工程、建筑与城市规划、机械与能源工程、环境科学与工程等学院对接，依托专业课程实习，组织学生参观学校建设项目，让学生更好地了解最新的建筑工程施工工艺，增强大学生对专业课程的理解。

3. 以新内涵重点推进六大中心发展

一是学生智慧党建中心。开创党建慕课平台，推动思政教育从学生"指尖"到"心尖"。打造学生党建媒体矩阵，建设"学思·知行"学生党建慕课平台、入党教育在线培训平台和"支部书济"公众号三大学习宣传平台，打造"党史教育、入党启蒙、榜样模范"系列视频微课，使用动画制作、绿幕合成、虚拟场景、数字影像等多种技术。提升党支部书记胜任力，"线上"与"线下"相结合，开展党支部书记培训、党支部书记论坛和红色大课堂，编写针对性强的《同济大学党务工作手册》，提升党支部书记胜任力。关注党员培养全流程，形成了从入党启蒙教育到正式党员全过程培养体系，围绕信仰起航、先锋示范、卓越领航三大工程，紧紧依托智慧党建模式，打造学生党建矩阵，打通党员成长"全链条"。

二是"一站式"学生社区协同育人中心。根据学生成长过程中呈现的多元需求，全方位配齐完善宿舍软硬件设施，将学生社区空间功能延展为"9+1"项功能。以"驻楼导师工作站"为抓手，形成学生社区协同育人机制。校院领导班子成员带头进学生社区，密切联系学生；辅导员入驻社区，发挥统筹协调重要作用；社区管理服务人员做好学生日常管理；学生骨干参与社区工作，加强学生自我教育；邀请杰出校友和先进人物参与社区育人，帮助开阔学生视野；邀请知名教授、学者进驻社区，将知识教育与价值引领有机结合。

三是学业发展与指导中心。学校将"三全育人"理念贯穿工作始终，统筹学校教育资源，培育跨校区、跨学科、跨学院的学习共同体，打造"校—院—学生社区"三级阵地。完善队伍建设，组建"专业导师、成长导师、发展导师、朋辈导师"四支队伍，明确学业辅导员学风建设、学业促进、学业提升、研究咨询、发展领航五大工作职责，协调资源统筹联动，实现全员育人。形成"学业困难预警、学业能力提升、能力拓展助跑、优良学风助推"四大工程，关注全面成长需求，实现全方位育人。寒暑假期间，开展"假期加油站"一对一学业咨询。

四是积极心理体验中心。组建多层次、立体化、网格化心理育人队伍，学校配有专职心理咨询师11名，师生比位列上海第一。在上海高校中首开"生命的省思——如何过好这一生"通识课，定期开展面向学生和家长不同群体的心理类团体工作坊，全面提升学生心理健康素养。深化医教结合，校医院成立临床心理科，为需要医疗介入的学生提供"身边一站式"便捷服务，同时，积极整合附属东方医院、附属浦东精神卫生中心、附属同济医院及学校心理学的专业力量，构建专家督导资源库。发挥网络育人功能，打造"深夜树洞""生命教育"慕课等品牌项目。新冠疫情期间开设"心理热线"，获评中国临床心理学会"专业可靠的中国心理热线"。

五是思政工作创新发展研究中心。学校把思政工作理论创新作为推进思政工作实践和促进思政工作队伍专业化、职业化发展的重要抓手，2019年成立"同济大学思政工作创新发展研究中心"，探索建设成为集思政理论研究、决策咨询、课程建设、辅导员队伍研修等一体的工作载体。制定《同济大学思政基金管理办法》，以思政基金课题、辅导员创新示范项目等形式支持辅导员开展理论研究。

六是教师育人能力提升中心。制定《同济大学关于加强和改进新时代教师思想引领工作实施意见》，出台《同济大学教职工招聘思想政治考核办法（试行）》。制定《同济大学新入职教职工岗前培训实施办法（试行）》，提升教师职业认同感，形成良好的职业道德和敬业精神。搭建交流平台。利用教师发展中心平台，开展"教学科研能力提升""政治文化素养提高""学科交叉专业交流""人文关怀心理辅导""国际合作视野拓展"等主题教师沙龙，有7000多人次参加，基本覆盖学校所有岗位。

第四节　共绘思政同心圆，推进大中小思政教育一体化

同济大学第十一次党代会召开以来的五年中，学校党委深入贯彻落实党的十九大和历次全会精神，准确把握全国教育大会、全国高校思想政治工作会议、学校思想政治理论课教师座谈会等党中央对新时代大中小思政教育一体化的工作要求，坚持以习近平新时代中国特色社会主义思想铸魂育人，结合同济大学和各学段附属学校的办学实际，以高校引领下的基础教育集团化办学为抓手，在组织机制、课程衔接、资源共享、队伍培育等方面上下功夫，构建高质量思政教育一体化工作体系，培养担当民族复兴大任的时代新人，共同绘就大中小学思政教育一体化的同心圆。

一、强化顶层设计，密织工作网络，构建目标同向的思政一体化组织体系

1. 加强校内协同，形成制度创新和体系创新合力

学校将大中小学思政教育一体化作为校级层面开展思想政治教育工作和基础教育合作办学工作的重要任务，将全国首批党建工作示范高校、首批"三全育人"综合改革试点高校的工作经验向下延伸，注重组织机制顶层设计，在实践中探索构建具有同济特色的大中小思政教育一体化长效协作制度体系。五年来，学校由党委宣传部牵头，专门成立基础教育合作办学管理委员会及下设办公室作为基础教育合作办学业务管理部门和大中小思政教育一体化总体协调部门，党委学（研）工部、马克思主义学院、校团委、科研管理部、本科生院等多部门协同配合，跨学段、跨区域的各附属中小学共同参与，共同搭建指向统一、涵盖全员、任务清晰、权责明确的大中小思政教育一体化工作网络。多部门间以"大思政""善用之"为内核，注重凝聚各部门、各教学单位育人制度创新合力，融合队伍建设、文化建设、课程和学科思政、科技创新活动、实践活动等学生培养的全场域，突出了不同学段、不同

类型学校的差异发展和融合发展,以"培养德智体美劳全面发展的社会主义建设者和接班人"共同目标,践行为党育人、为国育才的初心使命。

2. 依托校地合作,构建区域联动工作平台

五年来,伴随基础教育合作办学成为学校开展校地战略合作的重要内容,学校将大中小思政教育一体化建设作为合作内容写入共建各基础教育集团协议书,与地方教育主管部门共同形成具有统一性、前瞻性以及具体协调机制的大中小思政教育一体化合作对接机制。以与嘉定区合作办学为例,同济大学党委与中共嘉定区委共同召开大中小学思政教育一体化建设推进会,制定同济大学嘉定校区党工委与嘉定区教育工作党委区域化党建三年行动计划,将探索大中小学思政教育一体化建设的有效路径作为双方管党治校、履行立德树人根本任务的重要任务,区校合作组建"同济大学嘉定基础教育集团",并成立集团党总支,遴选具有丰富思政教育经验的高校管理干部担任党总支负责人,在对集团内学校发展规划、重大事项进行决策的同时,为探索党组织领导下的校长负责制与大中小学思政教育一体化试验区建设提供组织保障。

二、突出高校优势,把握学段特点,推进育人同频的思政一体化课程建设

1. 坚守思政课主阵地,科学构建思政课一体化教学内容

学校按照"大学阶段重在增强使命担当、高中阶段重在提升政治素养、初中阶段重在打牢思想基础、小学阶段重在启蒙道德情感"的阶段性思政教育目标,牢牢把握思政课的主阵地,充分发挥马克思主义学院学科力量,以及各学科开展课程思政的成果,基于不同学段思政课程内容体系,组织不同学段思政课教师根据课程总体目标和各学段目标要求开展集体备课,科学构建并合理优化了不同学段的思政课程的教学方法和教学内容,使小学、初中、高中、大学各教育阶段的课程形成分层递进、螺旋上升、整体衔接的内容教育序列。

2. 发挥党史育人引领作用,建设丰富的思政一体化育人资源库

在校党委宣传部和马克思主义学院的指导下,学校基础教育办公室围绕党史育人、《习近平新时代中国特色社会主义思想学生读本》、党的二十大精神进课堂等多个主题推进各附属学校的联合教研和集体备课十余次,由不同附属学校根据自身学科教学特长分别承办。

2021年6月6日，上海学校依托课程思政育人体系深入推进党史学习教育现场活动

其中，同济大学嘉定基础教育集团牵头编写党史学习教育读本初中版和小学版，并承办上海学校依托课程思政育人体系深入推进党史学习教育现场活动，时任上海市委副书记于绍良出席了活动并参观了同济大学附属实验中小学开展党史育人所取得的成果和同济大学大中小学党史学习教育一体化工作展示；同济大学第一附属中学聚焦读本中的协调推进"四个全面"战略布局举办初中、高中和大学教师共同参与的同课异构教学设计分享，并抓住建党百年的重大时间节点，由《觉醒年代》编剧龙平平教授带领大中小学生共同祭奠英烈，在烈士陵园为"00后"学生上实景沉浸式思政课；同济大学第二附属中学围绕党的二十大报告提出的"中国式现代化"，就其如何融入课程思政和思政课中开展联合说课，并由来自上海市教委教研室、上海市教科院、同济大学马克思主义学院和普陀区教育学院的多名专家对构建一体化跨学段的大思政课育人体系、做好党的二十大精神进课堂等进行指导。

3. 提升优势学科辐射效应，加强课程思政与学科育人衔接

学校发挥优势学科的溢出效应，每年度在附属学校开设超过400学时学科选修课程，并将课程思政与学科德育理念渗透这些选修课程中，提升了课程育人的实效性。其中，学校重点打造学科牵引下的大中小贯通教育系列课程，围绕"落实立德树人，坚持'五育并举'，服务'双减'任务，培育时代新人"的目标，由11个学院组合开设的9门课程作为首批建设课程，组建了大学教授领衔、在校本硕博学生助教、各学段基础教育学科教师共同参与的授课团队，对日常教授进中学、学生科技创新活动、科普教育等进行有机整合，形成覆盖高中、初中和小学各学段贯通的课程大纲、课程教材与培养计划，打造具有同济特质、对接优势学科、以课程为核心的贯通培养体系。目前，已有物理、化学、德语、生命科学、环境与生态文明和智能交通等课程持续开展教学授课，在探索高校赋能基础教育新模式的同时，进一步发挥课程思政的示范引领作用。

三、坚持五育并举，文化传承创新，拓展知行同悟的思政一体化育人阵地

1. 以项目为牵引，建设五育并举一体发展育人阵地

学校发挥高校引领下的基础教育集团化办学优势，坚持五育并举，利用大学高位育人资源能级，助力附属学校在体育、美育、劳育方面协同发展，积极拓展思政一体化育人阵地。一方面，以项目为牵引，以大学牵头、附属学校参与的形式，组建团队申请各类市区级科研和工作项目，带动附属学校育人能力提升。在上海市教委等单位的支持下，学校已牵头开展"大中小美育一体化试验区建设""大中小学陶艺创客工作坊""大中小足球一条龙"等多个市区级项目，使得学校体育、美育学科发展得到充分的资源和平台保障。另一方面，将大学体育教学部、艺术与传媒学院等院系的优质教育资源导入各附属学校，以大中小一体化方式为附属学校提供智力和人才支持。目前已由体育教学部为附属学校开设中国武术、空手道、羽毛球等精品课程，并与嘉定区教育局合作开展足球"一条龙"项目；艺术与传媒学院深入指导附属学校各类艺术团建设，音乐系原系主任张小平教授作为附属实验中小学管乐团艺术总监，带领团队于2019年起坚持每周为乐团提供授课和指导；合唱指挥专家朱洋副教授为同济大学第一附属中学等附属学校提供合唱团指导，并积极推动附属学校合唱团加入上海市学生合唱联盟，指导合唱团在多个市级层面活动和演出中取得优异成绩；建筑与城市规划学院刘悦来教授为附属学校开发综合实践课程"一米菜园"，在传授自然、景观相关课程内容的同时，成为中小学生开展劳动教育的实践基地。

学校发挥综合性大学特点，举办"同济大学附属学校系列科创活动""同济大学附属学校科技夏令营"等面向中小学生的科技创新活动，在内容设计上充分发挥科创实践育人

功能，大学教授在指导中小学生科技创新的同时，突出课程思政贯通融合，开展国情教育，培育学生的家国情怀，帮助学生树立正确的世界观、人生观和价值观。

2. 落实同济文化传承与创新，强化大学文脉在一体化育人中的浸润作用

一体化育人同时要求传承与创新同济文化。大学与附属学校文脉相连，相辅相成，大学深度参与各附属学校的规划编制，将同济大学校风校训以及育人理念向下延伸，将同济大学"与祖国同行，以科教济世"的人才培养理念和"同济天下、崇尚科学、创新引领、追求卓越"的新时代同济文化进行细分与前置，形成从基础教育到高等教育贯通的不同学段落实方案。同时，学校向附属中小学全面开放校园文化资源，通过"同济文化进附校传承与创新专项"，切实把握各学段实际情况，进行高校文化建设成果在中小学的"再生"而非"复制"。在党委宣传部的支持下，各附属学校结合大学文脉和自身校史，打造校园同济文化墙、文化角；开展"同济故事"系列引领教育，针对小学生编制绘本版；将高校版"启航——中共早期在上海史迹展"进行内容整编，形成中学版和小学版分别送展到附属中小学，发挥文化育人在推进思政教育一体化中的浸润作用。

四、助力教师成长，加强互动合作，夯实队伍同心的思政一体化育人力量

1. 加强交叉与联动，形成上下贯穿、横向融合的思政工作队伍

学校注重不同思政队伍的交叉和引领，将全校大学思政课教师、辅导员、附属学校德育教师、大学生志愿者等原先不同领域、不同学段和不同工作对象的思政工作者，通过各类平台和机制进行有机联动，形成贯穿大中小学段、贯穿一二课堂的大中小一体化思政工作队伍。学校不仅安排大学思政课教师到初高中讲课或担任课程指导，而且还组织高中德育教师与初中、小学的德育老师加强互动合作，形成学段之间的互通，在互学互鉴中促进资源共享，着力提升师资队伍综合能力。其中，党委学（研）工部成立大中小思政教育一体化辅导员工作坊，组织大学辅导员和院系学生骨干走进中小学，担任中小学生课外辅导员工作；马克思主义学院与同济大学第一附属中学等学校签约结对共建，双方共同成立同济大学第一附属中学"思政课教师研学基地"和同济大学马克思主义学院"学生生涯教育实践基地"，在开展思政一体化教育的同时促进双方自身建设；组织大学相关学院与各附属学校合作共建成立"大中小思政课一体化工作联盟"，形成组团式思政课一体化试验区；

校团委建设同济大学大中小思政一体化志愿服务实践基地，联动校院两级志愿服务组织、大学生社团、科普宣讲团等，组成专项行动志愿者队伍，走进附属中小学和幼儿园，在落实"双减"工作精神的同时，开展寓教于乐的趣味课堂，助力同济学子拓宽视野、感受知识的乐趣。此外，学校还在高中学段成立时代声音传播研习社，初中学段成立先锋队，小学学段成立星火社，发挥学生朋辈教育育人功效。

2. 注重骨干培育和引领，构建大中小学一体化思政工作梯队

在队伍交流互动的同时，学校以各学段思政教师成长为核心目标，在2021年"同济大学基础教育师资协同培育计划"和2022年"同济大学基础教育教师发展论坛"的教师发展培训方案中，重点建立优秀思政课教师培养机制，邀请德育专家、特级校长等定期来校开展教师专业化培训，指导思政课教师做好职业生涯规划，督促提升教学效果，制定并落实优秀教师激励办法，形成思政课教师自身成长的内生动力。同时注重发挥骨干引领作用，构建了大中小学一体化育人干部梯队，遴选具有丰富思政教育经验的高校青年干部，委派至附属中学全职担任党组织的副职，负责推进大中小学思政课一体化工作，为思政课一体化实验区建设提供坚实保障。

奋楫扬帆启新程，在新的起点，学校将深入学习宣传贯彻党的二十大精神，继续坚持以习近平新时代中国特色社会主义思想铸魂育人，落实新时代党中央对思政教育及推进"大思政课"建设的工作要求，在各学段同济人中弘扬"同济天下、崇尚科学、创新引领、追求卓越"的新时代同济文化，探索做好新时代大中小一体化思政教育"同济模式"，切实提升立德树人实效。

第五节　建强辅导员队伍，做学子引路人知心人

同济大学第十一次党代会召开以来的五年中，学校党委坚持以习近平新时代中国特色社会主义思想为指导，认真学习贯彻全国高校思想政治工作会议与全国教育大会精神，深入贯彻落实《中共中央 国务院关于加强和改进新形势下高校思想政治工作的意见》《普通高等学校辅导员队伍建设规定》等有关要求，将辅导员队伍建设摆在尤其突出的位置，纳入学校人才队伍建设总体规划。坚持以"政治要强、情怀要深、视野要广、自律要严、人格要正"作为辅导员队伍建设的重要标准，推动形成"高进—精育—严管—善任—优出"的闭环管理培养模式，努力建设一支高素质专业化的辅导员队伍，为落实好立德树人根本任务、培养德智体美劳全面发展的社会主义建设者和接班人做好重要保障。

一、高度重视、统筹部署，配齐建强专职辅导员队伍

学校党委出台《同济大学贯彻落实〈中共中央 国务院关于加强和改进新形势下高校思想政治工作的意见〉实施细则》，明确学校辅导员队伍建设要求；制定落实"立德树人"专项行动方案，将学生工作队伍提升行动作为重点专项行动之一，每年都将辅导员队伍建设相关工作列入学校年度工作要点。

1. 辅导员人数持续增加，师生比得到切实改善

2018年以来，学校优化调整辅导员队伍建设体系，不断完善选拔、培养、激励机制，坚持把政治标准放在首位，高标准选拔政治素质高、组织能力强、热爱教育事业、熟悉学生工作的优秀人才充实辅导员队伍。坚持党委统一领导，协同相关职能部门，采用公开招聘和组织推荐相结合的方式，严格制定笔试、面试、公示等选聘程序，切实把好入口关。学校党委明确要求本科生辅导员按照1∶150师生比配备、研究生辅导员按照1∶200师生比配备、国际学生辅导员按照1∶100师生比配备、新疆籍少数民族学生辅导员按照1∶50

师生比配备。目前,学校一线专职辅导员190人,一线师生比为1:197。

2. 辅导员队伍结构不断优化,专业化、职业化发展路径进一步完善

从年龄分布来看,学校辅导员队伍构成以青年教师居多,30岁以下辅导员55人,占比23%;30岁至39岁辅导员121人,占比50%;40岁至49岁辅导员51人,占比21%;50岁及以上辅导员16人,占比6%。从学历分布来看,具有博士研究生学历的辅导员64人,占比26%;具有硕士研究生学历的辅导员163人,占比67%;具有大学本科学历的辅导员16人,占比7%。从专业技术职务分布来看,目前已取得职称的辅导员已达83%。具有高级职称的辅导员人数为20人,占比8%;其中,取得思政系列高级职称者10人,取得正高级职称者2人。具有中级职称的辅导员168人,占比69%。具有初级职称的辅导员13人,占比5%。从行政职级分布来看,已定处级岗位者43人,占比18%;已定科级岗位者95人,占比39%。

3. 建立各项规章制度,健全思想政治工作体系和工作机制

学校陆续出台《同济大学关于进一步加强辅导员队伍建设的若干意见》《同济大学关于进一步加强辅导员队伍建设的若干补充意见》《同济大学班主任工作管理和考核办法》,进一步完善辅导员、班主任队伍的选聘、管理、考核和保障机制,落实中央31号文件有关青年教师晋升高一级职称对班主任工作经历的要求。修订《同济大学学院学生工作考核办法》,印发《同济大学专职辅导员考核与优秀思政工作者评选奖励办法》,建立辅导员综合考评体系,制定针对性的年度考核工作实施细则,从本人自评、单位评价、学生评议、学校考核小组评价四个方面综合考核工作表现。将考核结果纳入学校绩效考评体系,并作为辅导员专业技术职务聘任、晋级和评奖评优的重要依据。

二、分类培养、多元发展,聚焦辅导员队伍核心能力提升

按照"信念坚定、爱心坚守、能力坚实、执行坚决"的培养理念,推动形成"高进—精育—严管—善任—优出"闭环管理培养模式,科学制定辅导员学习培训计划,努力构建多层次、多形式、全覆盖的辅导员培训体系和职业发展支持平台,鼓励并支持辅导员队伍向专业化、职业化、专家化发展。

1. 明确不同类别辅导员的专项岗位职责，厘清辅导员、班主任、导师三支队伍的职责分工

明确辅导员队伍以师生比 1∶200 配比，工作上侧重对学生群体的引领培养，统筹落实党委关于学生思想政治工作的要求，有针对性地开展思政教育活动，指导党团活动，负责学生日常事务的总体协调，同时关注各类重点学生情况，确保学生安全稳定底线工作。班主任队伍以师生比 1∶60 配比，工作上侧重对学生班集体的教育管理，做好班集体建设，对班级学生的思想、学习、生活给予指导帮助。本科生导师队伍侧重学生个体的学术培养和品德培育，做好所带学生思政教育工作，一对一对学生开展学业指导、个性关怀、职业引导，解决学生个性化发展的问题。在培育学生成长的过程中，辅导员、班主任和导师三者工作各有侧重，互有交叉，有分工职责不同，但无工作壁垒和边界，在"立德树人"工作中相互主动补位，有机融合，共同形成协同育人的有效机制。出台《同济大学班主任工作管理和考核办法》《同济大学青年教师担任班主任实施办法》，明确青年教师在职称评聘中，需要有担任班主任的经历。专业教师参与学生思想政治工作经历可作为工作量纳入

辅导员暑期专项实践团在延安宝塔山开展实践锻炼

年度岗位考核体系或职称评审体系。目前，专任教师担任班主任占比超过70%。同时，激活更多教师的育人情怀，每学年开学初，校党委书记、校长等校领导及各学院党委书记、院长走上讲台，为新生讲授"立德树人"新生第一课。打造驻楼导师工作站，推进知名教授、知名学者进驻学生社区，并将教师承担驻楼导师工作写入《同济大学关于加强和改进新时代教师思想引领工作实施意见》，将学院开展驻楼导师工作情况纳入学生工作系统年度考核体系。截至2023年6月，已基本实现学生社区驻楼导师工作站全覆盖，已有800余名教师担任驻楼导师，每年开展驻楼导师活动260余次。

2.建立分层分类的精细化培训体系，满足不同类别、不同群体辅导员职业能力提升需求

建立岗前培训机制，坚持先培训后上岗，针对新任辅导员系统设计为期一周的岗前集中培训，涵盖辅导员队伍建设、学生思想教育、学生事务管理、心理健康教育等内容；创新打造青年辅导员成长领航班，首期班覆盖青年辅导员32人，聘请26名职业领航导师，

同济大学首届辅导员素质能力大赛比赛现场

通过及早培育、重点扶持、跟踪培养等措施，进行长期持续培养；坚持教育者先受教育，每年选派新任辅导员赴甘肃定西、陕西渭南支教及挂职锻炼，扎根西部农村，接受国情社情民情教育。注重专业技能提升，出台《同济大学辅导员培训管理办法》，规定每名辅导员每年须参加32个学时的培训学习；每学期初下发《辅导员培训学期计划》，发放《同济大学辅导员参加培训记录认证卡》，将培训学时与学习效果纳入年度考核指标。每学期开学前举办学生工作系统集中培训；分别举办少数民族学生工作、国际学生工作专题培训。在全国率先建设国际学生专职辅导员队伍，将国际学生辅导员队伍纳入学校思想政治工作队伍进行一体化建设与管理，着力培养知华、友华的高素质国际学生；依托思想政治教育中心、心理健康教育咨询中心、学生就业指导中心、学生事务中心等开展学生工作专门领域的业务技能培训。

3. 拓展队伍培育渠道和核心能力提升平台，推动辅导员队伍高质量发展

探索新任辅导员支持计划、骨干辅导员发展计划、资深辅导员提升计划三个维度的专业化职业化系统性培育体系。修订并实施《同济大学"青年人才储备计划2.0"实施方案》，在本校贯通培养一批政治强、素质高、业务精的博士学历青年后备人才，作为专职辅导员招聘的重要补充渠道和储备力量。制定《同济大学学生工作系统内部轮岗与转岗工作流程》，

2022年11月8日，校党委书记方守恩、时任校长陈杰与青年辅导员成长领航班学员合影

推动形成学工系统人员统筹调整机制，畅通辅导员多岗位锻炼通道。落实"同济大学思想政治工作队伍在职攻读博士学位专项计划"，遴选优秀辅导员骨干攻读思想政治教育及其相关专业的博士学位。重点打造辅导员队伍建设月，聚焦政治能力、说理能力、谈心谈话能力、凝聚学生的能力、走上讲台的能力等方面重点提升辅导员的核心素养。聚焦学生思想政治工作重点、难点和短板弱项，组建三全育人、五育并举、实践育人、网络思政、积极心理、社区思政、研究生思政、资助育人以及辅导员队伍建设等10大研修团队，有组织地开展思想政治工作实务探讨和理论研究。近年来，辅导员荣获全国辅导员年度人物、上海市辅导员年度人物等荣誉称号，辅导员主持的国家级、省部级项目10余项，主编或参编专著10余种。在上海市辅导员建设月活动中，多名辅导员在素质能力大赛、主题班会比赛、工作法征集、优秀论文评比等活动中成绩优异，位居上海高校前列。

三、筑牢基础、精准发力，加强辅导员工作的针对性和有效性

1. 积极深入教学一课堂，鼓励辅导员走上讲台

选拔30余名优秀辅导员作为兼职思政课教师走上讲台，每年覆盖8000余人次授课对象。鼓励辅导员发挥特长开设公共选修课，截至2023年6月，学校辅导员在心理咨询、就业指导、创业教育、实践育人等方面共开设约10门课程，每学期覆盖1000多名学生。印发《关于进一步规范辅导员课时认定工作的指导意见》，鼓励辅导员用好班会课、党团课、社会实践等平台上好学生综合素养课程。

2. 形成学生社区巡查机制，督促辅导员走进宿舍

学校党委发文并实施《关于推动实施同济大学学生社区"新三同"工作的实施方案》，推动党员干部下沉至学生社区一线，形成"平战"结合、高效协同的楼宇管理体系，要求全校70栋学生楼宇责任学院或单位全覆盖，每个楼宇选派至少1名驻楼教师。目前已先后选派200余名辅导员担任楼宇总指挥或驻楼教师，每月平均安排30余名辅导员坚守在社区一线，及时处理社区内的各类突发情况。制定学院辅导员每月巡查学生社区制度，深入学生宿舍，了解学生思想动态，开展安全卫生教育、日常行为规范教育等，辅导员每学期进学生社区不少于5次。每学期初、学期末及重要时间节点，要求学院分管副书记带队统一巡查学生宿舍。此外，学校每年在全日制研究生中遴选70余名优秀研究生党员作为"社区辅导员"（兼职辅导员）入驻学生社区，与学生同吃同住同学习，在学生社区开展思想

政治工作。

3.建立学生动态滚动调研机制，制定学生成长沟通记录制度，推动辅导员工作融入内心

组建网络辅导员队伍，定期通过线上调研、舆情分析、大数据统计、线下座谈等形式，了解不同时间段大学生的思想和行为特点。建立重点学生调研分析机制，精细排摸学生的各类困难，提早预防可能的危机风险并展开针对性帮扶。辅导员每学期与学生至少进行1次面对面的谈心谈话，将学生成长变化、谈心谈话内容记录在册。建立重点学生或危机学生"一人一策"制度，根据不同学生的实际情况，采取不同的针对性措施，提升辅导员工作的实效性。

第六节　育心与育德相结合，守护大学生心理健康

面对新时代心理育人的更高要求，同济大学始终将心理健康教育放置于"为谁培养人、培养什么样的人和如何培养人"的整体框架中。2018—2023年，学校不断探索创新，为学生们提供受欢迎、重实效、有亮点的心理健康服务，探索出个人与团体结合、预防与治疗结合、实体与网络结合、医院与学校结合的工作方法，提升了心理健康理念在师生中的普及度，营造了良好的心理育人环境，并充分落实了"心理育人"在当代大学生德育工作体系中的重要功能和作用，切实践行育心育德相结合的心理健康教育和服务体系。

一、打造心理健康教育教学工作格局，构建系统化心理关怀体系

"育人者必先育心"。五年来，学校结合双一流人才培养目标，积极构建系统化的心理健康教育教学工作体系，在课程建设、发展性团体、心理健康教育活动、新媒体宣传、医教结合等工作中取得了长足进步，并在新冠疫情期间，充分利用心理关怀体系帮助学生平稳应对各种困难和挑战，适时向社会延伸，积极发挥心理援助及科普宣传职能。

1. 构建特色心理课程

五年来，学校实现了由点到面、点面结合、亮点突出的课程建设及发展路径。学校积极响应教育部课程开设要求，先后开设女性心理学、心理学与人生、心理学与人生智慧、青年心理探索等15门通识类选修课，实现通识类心理健康课程的多样化及全覆盖。同时，学校心理健康教育与咨询中心牵头，调用专职咨询师及心理辅导员力量，推出线上线下相结合的生命教育特色课程，积极探索以生命教育为抓手，以引导学生感悟生命、理解生命、热爱生命、敬畏生命为愿景，切实提升心理健康教育工作质量。

学校自2018年起在教育教学中探索"生命教育"主题，2020年在新冠疫情形势下第

2021年12月10日，同济大学承办"2021年度上海大学生生命教育课程建设研讨会"

一时间推出线上慕课课程"大学生生命教育——生存、生机、生活"，共24讲450分钟，收录在"学习强国"App平台，点击量4万余人次。2021年推出线下升级课程"生命的省思——如何过好这一生"，采用灵活多样的教学内容和形式手段，整合多个学科的特色成果，覆盖多个校区开设多个教学平行班，成为广受师生好评的全校特色选修通识课程，并通过课程教学培养出40余名教学团队成员，逐步完成大学生生命教育的特色课程体系建设。

自2020年，学校连续三年获得市教委生命教育课程建设立项和经费支持，承办上海市相关课程研发及实践推进研讨会，相关工作成果受到东方网、《青年报》、第一教育、腾讯教育、长三角之声、上海学校心理公众号等媒体平台的关注和报道。

2. 打造系列学生发展团体

五年来，学校不断探索，开辟了学生发展团体从探索、到铺开，多样发展之路。随着学生心理咨询预约需求的逐年攀升，心理中心积极探索多样化心理支持路径，通过发展性团体的模式起到了良好的心理支持效果。团体建设主要涉及亲密关系工作坊、学生禅绕画小组、音乐治疗团体、陪读父母减压工作坊、非暴力沟通小组、亲密之旅亲密关系、生命力的舞动等。团体辅导降低了来访者求助的孤独感，比个体咨询一对一的咨询体验更加真切，效果更加有效。心理中心充分调动专兼职咨询师力量，在场地和团体带领师资较为稳定的情况下，年均开展连续性发展团体 20 余个，活动 300 余次，惠及学生 3000 余人次。

3. 构建特色校园心理文化

学校通过心理集市、心理情景剧、网络电台等品牌项目，构建特色校园心理文化。学校充分利用校园心理文化月、世界精神卫生日等特定时间节点，开展主题多样、内容丰富，学生喜闻乐见的心理文化活动。注重校院联动，调动校、院、班力量，实现心理知识科普及活动开展的全覆盖。年均举办线下活动超过 500 场，参与人次超 3 万，逐步营造出人人关注心理健康的氛围。新冠疫情期间，积极探索心理发展团体新形式，开设线上游园会等心理活动，取得了积极的效果。学校连续多年获上海心理健康教育宣传月优秀组织奖，2021 年，学校承办上海学校心理健康教育活动月闭幕式并作为高校代表进行经验分享。

2023 年同济大学心理集市日现场，心理咨询师带领同学们体验笔迹分析

举办"鼓圈身心工作坊"活动,上海市杨浦区精神卫生中心的医师带领学生体验鼓圈音乐疗愈

加强校院联动,建设品牌活动。积极支持学院开展"大学生心理健康实践工作课题"、"心理自助读书角"、"5·25"心理健康节、心理主题班会、心理脱口秀等活动,实现学院班级全覆盖。同时,组织心理故事征文、心理集市日、"同心杯"心理知识大赛、心理剧大赛、心理读书电台、系列自我成长工作坊、音乐治疗、绘画团体、人际互动成长小组等特色活动,吸引学生踊跃参与,得到广泛好评。疫情期间学校积极探索主题活动形式,通过学生喜爱的热门媒体平台,举办了多场直播,线上观影等活动,依托中心公众号平台,撰写科普原创推文百余篇,帮助学生减轻焦虑,平稳度过艰难时期。

学校心理育人工作通过线上与线下相结合的新形式,以贴近学生的喜闻乐见的各类心理健康教育活动,使心理健康教育活动真正做到了趣味浓、覆盖广、专业精,并逐步形成了品牌特色,起到了广泛的心理宣传教育作用。

4. 拓宽心理育人传播载体

五年来,学校心理中心每年编辑和分发《幸福周记》,通过给学生们每周布置一个"幸福小任务",浸润式吸引学生投入生活、体验生命,在同龄人群体中激发自主性互学互助和自学自助,达到认知领悟和实践体悟的双循环。建设心理公众号,提升心理健康知识普及的广度和效度，年度发文推送200余篇，阅读量20余万人次；推出"你好啊，生命"、"自助心理测试"、深夜树洞、在线电台等栏目。新冠疫情期间撰写疫路"心"陪伴系列心理贴士35篇并编辑成册，同时在公众号和学生工作信息通报中进行宣传，帮助学生缓解疫情期情绪压力及心理困扰。以"深夜树洞"品牌栏目为例，积极组织咨询师对学生提问进行专业性回复，共推出百余期"树洞回音"推文。同时，精心挑选"深夜树洞"栏目中的68个精彩问答，编写《深夜树洞：大学生与心理咨询师的书信对话》并出版。该书在原来的微信推文基础上进一步打磨和精进回答，嵌入专业的理论知识，并提供意见和建议，作为推动大学生心理健康作用的自助科普读物，不仅为全国大学生心理健康教育贡献了学校的智慧，也为心理育人的素材库建设增添了经验积累与实务探索。

5. 探索医教结合新形式

积极探索医教结合新形式、新方法，为学生提供便利、多样的心理服务。在学校积极推动下，校医院开设了"临床心理科"，成为上海第一家开设精神科的校医院，为学生寻求精神科医疗服务提供了极大便利，也为危机学生摸排提供了有力抓手。同时，学校积极整合上海医疗机构优质资源，2022年，先后与上海市精神卫生中心、杨浦区精神卫生中心、同济大学附属精神卫生中心和附属养志医院签约，为学生就医转诊、住院治疗和精神医学科普等工作开通绿色通道。

6. 因势而变应对疫情

新冠疫情以来，学校积极探索推出多样化心理援助平台，通过构建心理热线、特色课程教学、疫情专题讲座、公众科普宣传等方式为学生提供支持。第一时间开通面向校内外的心理援助热线及公众号深夜树洞在线回复，为本校师生、一线医务工作者、患者及家属、安保人员及社会大众提供心理援助，在疫情初始阶段和2022年校园封闭管理期间发挥巨大作用。利用中心公众号开展疫情期科普宣传，年均推送各类防疫科普推文百余篇，组织专职教师撰写疫路"心"陪伴系列心理贴士并编辑成册，为各学院学生及社会大众年均开展疫情专题讲座和主题工作坊40余场，极大缓解了疫情对学生心理带来的不利影响。

二、建好心理健康教育服务队伍，健全专业化心理教育与咨询保障体系

五年来，学校聚焦育心育德，将专业化和全员化队伍建设作为保障心理健康教育工作

的基石,坚持在配齐配强队伍的同时,不断提升工作能力,并积极向全员延伸,真正发挥三全育人功能,为学生健康成长筑牢"承重墙"。

1. 配齐专业工作队伍

健全"专兼职心理咨询师、院系辅导员、学生心理委员等学生骨干、基层服务团队、医疗系统团队"的工作队伍,构建相互支持、相互渗透的安全工作网络。专兼职心理咨询师团队着重提升专业技能,加强案例督导和教学督导;院系辅导员团队着重提升谈话技能和研判能力,持续推进谈话技能训练和危机干预培训;学生骨干着重提升朋辈辅导技能,加强谈话技能培训;基层服务团队着重提升危机意识和责任心,加强制度学习和危机识别意识及技能培训;医疗系统团队着重对于心理障碍学生的复诊随访,加强危机干预的即时性和专业性。

根据相关部门要求,五年来,完善学校心理健康教育专职咨询师梯队,配置专职心理咨询师11人,已达到上海市专职咨询师配备要求。同时,积极选拔和培养其他工作队伍,现有兼职、义工咨询师30余名,院系心理辅导员40多名,学生心理委员队伍共800余名。四支队伍密切合作,互相补位,形成工作合力,确保了心理健康与咨询工作的有效开展。

2. 提升工作队伍的专业能力

配齐队伍是基础,提升队伍能力是保障。五年来,学校先后完成上海高校心理健康教育与咨询示范中心、上海市教委名师工作室和中国心理学会临床心理学注册工作委员会注册实习机构的换届申请工作,并全部获评新一轮建设支持,为心理育人队伍的专业成长提供了有效支撑。每年开展两期示范中心专题培训项目,积极推荐学校专兼职咨询师和心理辅导员参加,为其专业能力提升助力。连续四年承办上海学校心理咨询师培训项目,为上海高校培养咨询师679人,其中同济75人。每年开展新生全体心理委员集中培训和心理沙龙活动,加强心理委员科普宣传、危机识别及协助支持指导能力。开展学校心理辅导员为期三年专题培训项目,为学生提供更加专业的指导。

3. 拓展心理工作队伍

协同人才培养各环节的教师,为其提供专业支持。不断加强研究生、班主任等专业教师的心理育人能力培训,努力提升学校职能部门的危机识别意识,充分发挥名师名家引领学生锤炼积极向上心理品质的榜样示范作用。2019年,组织编写《同济大学研究生心理健康工作导师协助手册》,2023年编写印刷手册修订版,从研究生心理健康、心理问题的识别与干预、危机干预、校园心理建设资源、自我心理关怀等多个角度介绍了研究生心理健康工作各个要点，为研究生导师识别与干预学生心理问题提供了有效帮助。2022年，录制学生常见危机信号的识别专题讲座，通过线上平台开放给全校师生员工及宿舍管理人员，帮助其从专业工作视角开展心理助人工作。

三、形成链条式工作机制，提升心理健康咨询服务质量体系

五年来，学校积极探索并完善心理健康咨询服务及危机学生预防及干预机制，融入心理服务及干预各环节，形成链条式工作闭环。先后建立了新生心理健康筛查、重点学生及危机学生动态研判与转化、危机学生干预、与校医院临床心理科建立转接诊、教务—思政—家庭沟通等工作机制，全链条保障重点学生心理健康。鉴于学校在心理健康教育工作中的特色实践，2022年初上海高校心理健康教育工作推进会上，学校作为4所代表高校之一进行了经验分享，学校及附属医院4名教授当选为新一届上海学校学生心理健康教育专家指导委员会委员。

学校连续五年开展新生心理普测，注重发挥心理普测的预防作用，密切联动学院提高参测率，实现"测评—访谈—反馈"的管理闭环。重视心理咨询服务质量，并通过开放晚间时段、预约分诊和危机评估机制，完成年均个案咨询8000余人次，咨询满意度超过99%。制定危机学生评分体系，实现学生分级分类管理；通过制定危机预防与干预流程、定期排摸机制和一人一策建档制度实现重点和危机学生摸排有章程，管理有制度，工作有方向。开发心理咨询预约及档案管理系统，重点和危机学生流程管理系统实现学生咨询预约、档案管理、重点和危机学生筛查、流转及服务工作的信息化。通过推进家校协同机制，开展陪读家长工作坊和多方会谈调动家庭资源；通过整合上海市、区精神卫生机构和学校附属医院资源、在校医院建设临床心理科，实现学生就医服务多样化和转诊通道一站式。

五年来，学校积极探索与深入实践育心与育德相结合，守护大学生心理健康，形成了专业化、系统化、机制化的工作模式与工作路径，并在新冠疫情期间，探索实践了一系列新的工作方法，帮助学生平稳度过疫情期。未来，学校将在此基础上，继续深化探索实践，认真研究新形势对大学生心理工作的新挑战，积极推进协同全员育人力量，为学生健康成长保驾护航。

第七节　打通育人"最后一公里"，建好"一站式"社区

为深入贯彻落实习近平新时代中国特色社会主义思想，加快构建高校思想政治工作体系，同济大学依托教育部"一站式"学生社区综合管理模式建设，深化高校"三全育人"综合改革工作，着力打通育人"最后一公里"，建好"一站式"学生社区，将学生社区作为提高人才培养质量、促进学生德智体美劳全面发展、落细落实疫情防控各项政策的重要阵地。着力将学生社区打造为平安校园样板高地、党建前沿阵地和"三全育人"实践园地。全面激发学生社区创新活力，实施学生社区综合育人"同场域、同频率、同成长"工作，构建"全景式"社区育人生态，助力学校人才培养改革工作。"同场域"即育人队伍入住学生社区，深入学生生活空间；"同频率"即育人队伍贴身守护、贴心交流，将解决学生的实际问题与思想问题相结合；"同成长"即育人队伍全程陪伴学生成长，实现学生综合素养全面提升以及育人队伍专业化、职业化发展。

一、发挥党建引领作用，由"被动"向"主动"转变，打通基层党建"最后一公里"

优化拓展党建阵地，创新活动载体、工作方式、运行机制，充分发挥学生党支部政治引领和服务群众作用，引导学生党支部及学生党员积极投身基层社区治理及服务。

1. 亮相党员先锋，融入社区建设"示范力"

推进党团工作进社区，实行党员"亮身份"，通过建立党员值班制、党员责任区、党员社区挂牌等，将学生社区打造成入党积极分子培养、党员先锋模范作用发挥、党性锻炼的重要阵地；定期开展党章学习、"学生社区微党课"等活动，将学生社区打造成为政治理论学习的重要阵地。建立学生党支部参与社区服务长效机制，如结合党史学习教育，2021年共有295个学生党支部进入学生社区，多校区开展"解疑杂货铺""数学'赶集'""收

纳大师""简历问诊""社区开放麦"等学生们喜闻乐见的社区活动，真正做到"我为学生办实事"。建设"博士驿家"社区党群服务中心，打造"驿家沙龙""悦读书屋""心灵驿站""博士会客厅"四大品牌；充分发挥博士生党员"生力军"作用，成立博士生社区党员先锋队，凝聚博士党员力量，教育引导青年博士生"心怀国之大者，冲锋科研一线，团结带领同学，争当国之大才"。

2. 重在组织建设，强化社区建设"组织力"

2022年新冠疫情期间，在全校社区楼宇全覆盖建立41个学生社区临时党支部，通过开展线上组织生活会、专题主题党日、重温入党誓词等活动，引导广大党员和入党积极分子在疫情防控中主动担当作为。充分发挥党员"生力军"作用，成立青年突击队。10000余人次党员志愿者奋战在学校疫情防控岗位一线，开展楼宇内学生思想引领、人文关怀、心理疏导、义务理发、物资配送等工作，形成全覆盖无遗漏的防控网。

二、升级公共空间，由"平面化"向"场景化"转变，提质创优社区空间功能

1. 强化空间设计，拓展育人阵地

围绕学生成长成才需求，合理规划社区公共区域，以宿舍楼群为单位，因地制宜建设功能齐全、富有特色、类型多样的育人空间和室外公共空间景观设计，提升基础设施配套，增进师生对社区公共空间的体验感、获得感。尤其是提升基础设施配套，应对楼宇封闭管理要求，从而实现让学生社区从单一的生活空间向集思想政治教育、师生交流、文化活动、生活服务等多功能一体的教育新空间拓展。

2. 强化功能延伸，打造示范社区

在具体做法上，学校结合各社区楼宇实际情况，因地制宜将学生社区空间功能延展为"9+1"模式："9"即党团活动室、传统文化工作室、自习室、爱心屋、健身房、宣泄室、洗衣房、浴室、自助厨房；"1"即驻楼导师工作站。充分结合楼宇空间特色和学生群体学科特色，引入社区空间"特色+"理念，建好"梦想嘉园"青年社区中心，将青年社区中心打造为"三全育人"社区建设示范点，将单幢宿舍楼宇为单位的点状育人空间进行延伸和辐射，组成以宿舍楼宇群落为单位的大社区，将宿舍楼宇内的育人空间与宿舍楼宇间的公共或半公开空间形成集成，以"智能+""勤业+""课程+"赋能社区空间功能，打

同济大学"一站式"学生社区协同育人中心（四平路校区）

同济大学"一站式"学生社区协同育人中心（嘉定校区）

造集"文化创享""学习共享""知识乐享"于一体的多功能学生社区园地，探索形成学生社区空间功能"同济模式"。在前期工作的基础上，学校又积极推进四平路校区西南九楼地下空间、嘉定校区友园6号楼公共空间、沪西校区生乐B区的"一站式"学生社区协同育人中心建设。

三、创建楼宇文化，由"显性"向"隐性"转变，营造"浸润式"社区文化环境

在集中打造系列功能空间的基础上，将"五育"元素融入社区文化建设，以润物无声的"浸润式"方式强化思想政治教育。

1. 挖掘育人内涵，促进学生全面发展

以党建活动室为依托，开展入党启蒙教育、党史宣讲、红色观影等活动，引导学生自觉把个人理想同国家前途命运紧密结合；以学业研讨室、自习室、阅读室为依托，开展读书活动、经验交流、朋辈讲堂等，引导学生养成良好学风；以健身房、心语屋、爱心屋为依托，强化体育精神和心理健康教育，引导学生走出宿舍、积极锻炼，使学生在紧张的学习生活中能够保持旺盛精力和健康心态；以美育室为依托，积极开展传统文化教育，引导学生传承和弘扬中华优秀传统文化；以洗衣房、社区义务劳动岗等为依托，挖掘学生日常生活中的劳动教育资源，在社区内增加劳动实践锻炼机会，设置垃圾分类督导员、宿舍安

全检查员、宿舍卫生检查员等实践岗位，让学生在实践中养成劳动习惯，学会劳动、学会勤俭。

2. 紧扣形势要求，丰富社区文化生活

学校有序组织学生在社区内开展体育锻炼、健身操等活动；各楼宇充分发挥学生专业特长，安排社区 K 歌达人评选、线上晚会、观影和文艺活动直播等文化活动。各楼宇因地制宜，开展文明宿舍评选、"劳动节，楼宇我当家"大扫除、向日葵种植活动等；每年开展"社区文化节""最美寝室长""一屋济室""一楼一品""每月主题教育"等社区品牌活动。2022 年所开展的"文明寝室""文明标兵寝室"等活动，累计覆盖 1000 余间宿舍 4000 余名学生，相关主题文章网上阅读量累计超过 25 万余人次。

四、凝聚育人力量，由"单向式"向"聚合式"转变，构建社区育人共同体

凝聚各类育人力量和育人资源，形成学校党委统一领导、党政齐抓共管、各部门协同联动的工作机制，实现由社区管理人员单一队伍转变为辅导员、班主任、专业教师、学生骨干、社区管理服务人员等全员参与的社区思想政治工作队伍，各队伍的育人职能各有侧重又相辅相成。校领导带头进驻学生社区，全年深入学生社区 30 余次，实现校领导下沉学生社区全覆盖；辅导员入驻学生社区，发挥统筹协调关键作用，将思政工作融入学生生

同济大学测绘与地理信息学院谢欢教授在学生社区开展驻楼导师工作站活动

活；社区管理服务人员做好学生日常管理，提升服务育人亲和力；学生骨干群体参与学生社区育人工作，形成志愿服务队，通过宿舍走访调研、社区公共空间运行管理、社区文化氛围营造、主题教育活动开展、社区日常管理督导等工作，加强学生自我教育；邀请杰出校友和先进人物参与社区育人，帮助开阔学生视野；建立知名教授、专任教师等驻楼制度，全年开展社区讲堂、学术研讨、成长问诊和师生对话等活动近400场，有针对性地为学生提供思想引导、学业发展、科研训练、项目实践等辅导，探索形成富有特色的学生社区"课程包"，实现一二课堂同频共振的良好氛围。

五、形成工作机制，由"阶段性"向"常态化"转变，培育协同育人长效机制

1. 注重制度设计，提供有力保障

2019年开始在学生社区全面推行驻楼导师工作站建设工作，将学科、课堂、教师、朋辈等育人资源配备到学生身边，因材施教、精耕细作，打造围绕在学生身边的全方位、立体式、浸润式的育人时空。党委学研工部牵头，联合教学、后勤等各育人部门下发《学生社区驻楼导师工作站建设方案》，明确工作职责，形成了有效合力；将教师承担驻楼导师工作写入《同济大学关于加强和改进新时代教师思想引领工作实施意见》；将学院开展驻楼导师工作纳入年终考核体系。构建片区、楼宇、楼层、宿舍和学生全覆盖的网格化工作体系，打造"学院—系所—班级"纵向管理与"学院—社区—宿舍"横向服务相互作用的运转机制。以"责任到楼、片区协作、导师轮转、学科交叉"的模式设置驻楼导师工作站，每个楼由楼宇牵头学院制定本楼宇驻楼导师工作计划，选派10名驻楼导师，每名驻楼导师每学期驻楼一周开展工作；每个片区由片区牵头单位统筹楼宇间驻楼导师轮转工作，每学期片区内每个楼至少有1次驻楼导师轮转，形成协同育人长效机制。

2. 细化工作方案，推进举措落实

学校党委发文并实施《关于推动实施同济大学学生社区"新三同"工作的实施方案》，通过构建"片区指挥长—住楼队伍—学生网格员"总体架构、搭建"学校—学院—学生"三级管理体系，实现学生社区、学院在工作职能、工作方式、工作内容上融合互补，推动干部教师全员践行"一线规则"，高效协同的楼宇管理体系，实现全校70栋学生楼宇楼宇责任学院或单位全覆盖，每个楼宇选派至少1名驻楼教师。

2021年学校入选教育部"一站式"学生社区综合管理模式建设试点高校,并被央视《新闻联播》报道。"学生社区综合育人平台建设"入选教育部思想政治教育精品项目,《同济大学创新提升学生社区育人功能》工作简报被教育部专题报道。在工作探索过程中,学校认为要长效化激发工作站的育人活力,必须在完善运行机制上下功夫,为提升社区思政育人质量构建有效的保障机制。具体包括:一是完善协同育人机制。形成学校党委统一领导、党政齐抓共管、各部门协同联动的工作机制。各部门相互衔接,分工协作,共同打造学生社区驻楼导师工作站,建立"学校—职能部门—学院"协同联动的建设进路。二是完善资源配置机制。以资源整合、优化管理、加强育人为导向,丰富工作站功能,将各育人体系整合下沉到学生社区,打造围绕在学生身边的全方位、立体式、浸润式的育人时空。比如,依托社区的学院分布,将课程思政元素引入社区,探索"课程思政"和"社区思政"的加法。三是完善制度保障机制。明确将工作站专项管理纳入学校教育体系中,加大经费投入,修订完善学校层面管理规范和细则,配套出台学院层面的相关制度,明确规定不同学生育人队伍的岗位职责。

未来,同济大学将紧扣学生成长发展需求,以"共享、服务、参与、协调、共识"理念为指导,扎实推进学生社区思想政治阵地建设。以社区空间为支撑,全面拓展社区育人维度,努力使学生社区成为践行"三全育人"的最佳区域,不断提高学生思想水平、政治觉悟、道德品质、文化素养,擦亮一流人才培养鲜明底色。

第八节　交通运输工程学院：协同育人主阵地，课程与思政同向同行

交通具有"交融天地而连通万物"的宏大格局，在国民经济中发挥着重要的基础性、先导性和战略性作用。交通运输工程学科对象的物理尺度涵盖从纳米级的道路材料到数千千米的高速铁路；社会尺度从一个人的行为到国家战略。同济大学交通学科前辈们很早就认识到培养能够胜任综合交通发展的人才需要卓越的综合素养，不仅要具备精深的专业知识和匠心精神，更需要具备战略思维、全局意识和体恤民情的家国情怀。学科创立百余年来，始终不渝以民族振兴、国家富强、人民幸福为己任，在人才培养中渗透课程思政元素，为国家培养了一大批德才兼备、担当大任的治国英才、学术大师和行业领袖。

进入新世纪，面对高等教育高质量发展要求，交通运输工程学院凝聚"思行合一、交融成艺"的同路人文化，以培养担当民族复兴大任的社会主义建设者和接班人为己任，强化课程思政在人才培养中的核心引领作用。2018 年，交通运输工程学院被确定为上海市课程思政领航学院，形成了各类课程与思想政治理论课同向同行，专业教育与思政教育同频共振的"同路人"课程思政育人模式。

一、构建"第一课堂、创新实践、文化浸润"三圈层思政育人模式

1. 构建"三圈交融"学科育人模式

依托 2017 年开展的"立德树人"专项行动，建立起"第一课堂同向同行—第二课堂创新实践—学科文化传承浸润"三圈层交融思政育人模式。

2. 核心圈层：思政课程与课程思政同向同行

在内圈的第一课堂，打造"交通运输与人类文明""交通行为心理学"和"批判性思维"

等具有思政特色的专业通识课程，鼓励所有教学团队深入挖掘提炼各门专业课程所蕴含的思想政治教育元素，形成了思政课程与课程思政同向同行。细化从学生入学前到毕业后全过程、全链条育人各环节的思政教育。

3. 拓展圈层：实践育人与平台育人相生相长

在中圈的第二课堂，持续20年建设"同路人"育人平台，实践育人与平台育人相生相长。打造了一批专业实践—社会实践—红色实践三维立体交融的育人平台和基地。

4. 浸润圈层：文化传承与文化育人互促互进

在外圈的全域环境，文化传承与文化育人互促互进。梳理学科发展文化脉络和典型，编撰学科前辈人物传记、学科发展史，完成学科发展史展示馆建设及社交型学术文化空间系统改造，凝练师生校友科教济世优秀事迹和典型工程案例。打造学科文化符号，构建以开学和毕业典礼、新教师宣誓和老教师荣休、学科纪念和系科庆典等活动为载体的仪式教育体系。

二、构筑思政全面融入思辨、实践、创新的"同路人"育人平台

1. 搭建交互思政与思辨"同路人"系列平台

同路人学术论坛，聚焦前沿、开拓视野、启迪智慧、激发创新；同路人校友讲堂，提升学生专业认知与兴趣，引领学生坚定理想信念；同路人百科讲坛，丰富校园文化、营造德育氛围、传播核心价值；同路人博思论坛，分享科研成果、引发思想碰撞、培养思辨精神。

自2010年起，同济大学交通运输工程学院连续举办499期学术论坛、18期博思论坛、24期百科讲坛、26期校友讲堂，每期论坛参与人数约150人。其中"同路人"系列论坛面向重庆交通大学等西部高校同步直播。

2. 打造"专业实践—社会实践—红色实践"三维立体实践育人平台

将专业实习和学术研究等专业实践、志愿服务和乡村振兴等社会实践、革命教育和基地参观等红色实践融为一体，打造知行合一立体交融育人平台，促进学生在实践中增长才干、了解社会、认识国情、培养人格、奉献社会。

同济大学交通运输工程学院连续 17 年组织师生赴贵州赤水开展暑期实践活动

在社会实践过程中，由专业教师带队开展山区道路安全排查等专业实践活动；在专业实践过程中，开展当代重大交通工程考察、历史重要交通工程寻访和学院历史传统寻根溯源等社会实践活动；在专业实践和社会实践活动中，充分利用所在地红色资源，通过参观遵义会议等革命纪念馆、开展红色实践，让学生接受革命传统教育。"同路济承贵州情，交通铺筑中国梦"实践团队获 2019 年上海市大学生社会实践项目大赛一等奖。

在原有中共一大会址纪念馆理想教育基地与西藏农牧学院党史教育宣讲基地的基础上，进一步深入建设，发展义务讲解员团队，发挥育人作用。贵州赤水、浙江江山、福建松溪社会实践基地育人成效进一步扩大，产生了深远的社会影响力。建立港珠澳大桥等工程教育基地，形成重大工程教育基地清单。建成国家大学生校外实践基地、4 个国家级工程实践教育中心 60 多个校外人才培养和产学研合作基地，以及十余个三维立体实践基地。打造了贵州赤水（专业实践、红色教育、支教相结合）、浙江江山（专业实践、乡村振兴结合）、上海崇明（专业实践与生态、环境和可持续发展结合）等十余个特色基地。《贵州日报》等媒体高度评价了同济交通学子在贵州赤水基地持续开展的实践活动。

三、建立课程思政教学目标与专业认证的德育要求深度融合的育人体系

1. 成立思想政治教育研究中心破除体制障碍

成立交通学科课程思政教育研究中心，将相对独立的教学管理、学生工作和教师工作板块充分融合，提出了课程思政与专业认证融合的新体系，使课程思政与专业认证的价值引领要求和德育标准密切结合，形成引领和助推学生思政素质提升的合力。

2. 通过与专业认证融合将课程思政融入育人全过程

实现课程思政教学目标与专业认证的德育要求一体化，将思政内涵融入培养方案和教学大纲修订、教材编审选用、教案课件编写各方面，贯穿课堂授课、教学研讨、实验实训、作业论文各环节。编制了国内首部交通运输类专业课程思政教学指南，也涌现出一批"可借鉴、可复制、可推广"课程思政成果。牵头成立"高校交通运输类专业课程思政研究联盟"，被教育部列为"课程思政资源库建设单位"；2门课程入选教育部课程思政示范课程；形成2个教育部课程思政名师和团队；4门课程入选上海市课程思政示范课程；3个团队入选上海市课程思政示范课程团队；2名教师获评上海市课程思政名师；2名老师获首届"智慧树杯"课程思政示范案例教学大赛本科赛道卓越奖；编制了国内首部交通运输类专业课程思政教学指南；2次向教育部领导专题汇报课程思政建设经验；成果被新闻联播、人民日报、微言教育等媒体报道近百次。

四、协同育人成效显著

1. 培养了一大批兼具家国情怀、匠心精神、创新能力、精湛专业的优秀毕业生

在课程思政工作的不断推进和育人体系建设的不断完善下，在"经师"与"人师"为一的学科教师带领下，交通运输工程学院培养出了一大批兼具家国情怀、匠心精神、创新能力、精湛专业的优秀毕业生，树立了良好的学习榜样，缔造了良好的家校联盟，收获了无数家长的好评。五年来，毕业生赴艰苦地区和基层工作人数大幅增加，5名毕业生赴西藏自治区就业，70余位同学赴西部省份艰苦地区和基层从事选调生工作。

五年来，交通运输工程学院在校生思政素养明显提升，实现学科在校生获国家级荣誉称号"零"的突破。100%在校生参与志愿服务，志愿活动获上海市大学生社会实践项目

大赛一等奖;共173人次获省部级以上荣誉称号,包括全国"百名研究生党员标兵"、中国大学生年度人物提名奖等;在校生踊跃参加重点工程建设,获省部级科技奖一等奖8人次。

2. 涌现了一批"经师"和"人师"相统一的教师榜样群体

学科教师积极投身党和国家教育事业、带领学生服务重大工程建设和卡脖子技术攻关,15人获"庆祝中华人民共和国成立70周年"纪念章;朱兴一教授领衔上海高校"双带头人"党支部书记工作室师生共建,个人获得全国优秀党务工作者光荣称号,联系的学生获得上海市青年五四奖章;孙立军教授潜心育人,带领的"同路人"师生团队入选上海市教育系统劳模创新工作室;周顺华教授率先垂范,感召团队大批学子和毕业生为浙西山区捐资献策、造桥修路,获评上海市十佳好人好事;张轮、陈长、杨群等教授在援藏援滇援疆中,为边疆地区培养急需人才。

身处中华民族伟大复兴新时代的同济交通人,将传承学科百年"以专业知识服务国家建设"的赤子之心,站稳人民立场,以立德树人为专业教育校准经纬,用思政教育为人才培养引领航向,为祖国培养堪当民族复兴大任的时代新人。

第三章
扎实构建高质量人才培养体系

第一节　共性基础个性发展，培养创新拔尖人才

2018年以来，同济大学相继全面修订2018级、2022级本科人才培养方案，开展教育思想大讨论，围绕"培养什么人、怎样培养人、为谁培养人"的问题，广泛凝聚共识、聚力人才培养，形成《同济大学关于全面提升人才培养质量的若干意见》，提出以凝聚共识和行动计划两个阶段，全力构建"三新一高"要求下的同济大学高质量教育体系，致力打造"同济天下、崇尚科学、创新引领、追求卓越"同济文化，践行"学术与育人"世界一流大学的第一价值追求。

一、人才培养新思考：教育思想大讨论

2021年2月，同济大学启动教育思想大讨论。围绕"培养什么人、怎样培养人、为谁培养人"的问题，凝聚共识、落实行动。

1. 学校始终坚持问题导向，深入思考人才培养

教育思想大讨论启动以来，学校共梳理汇总人才培养相关问题近400个，收到意见建议180余条，提出解决思路530余条。结合学校发展现状与建设目标，高度凝练同济大学人才培养"十大问题与挑战"。一是高校立德树人根本任务意识仍待增强；二是新时期办学定位和培养目标需有共识；三是新时期培养理念和培养模式亟待更新；四是学科专业的设置和动态调整有待优化；五是全过程一体化人才培养体系有待完善；六是学生的价值引领与兴趣驱动仍需强化；七是学生成长为中心的评价体系亟须创新；八是师资队伍和教学组织的建设亟待加强；九是多部门协同育人与条件保障亟须提升；十是高质量人才培养的质量文化亟待形成。

2. 学校始终坚持目标导向，深入凝练培养共识

教育思想大讨论全面掀起了人人参与的讨论热潮，初步形成了人才培养的广泛共识。

同济大学的人才培养理念（新时代同济文化），是"同济天下、崇尚科学、创新引领、追求卓越"。同济大学的人才培养目标，是培养具备"通专基础、学术素养、创新思维、实践能力、全球视野、社会责任"综合素质、担当民族复兴大任、引领未来的社会栋梁与专业精英。同济大学的人才培养模式，是夯实共性基础，强化个性发展。同济大学的阶段培养定位，是本科基础宽、硕士专业深、博士学术精。

3. 学校始终坚持结果导向，深入落实培养举措

教育思想大讨论的凝聚共识阶段，从思想上再认识、观念上再调整，确立了培养理念，构建了大学精神，为付诸行动作好了思想铺垫。行动计划阶段，学校汇聚磅礴合力，明确了应该干什么、应该怎么干、应该谁来干，锚定形成七个"一"，将理念共识真正落实到行动计划中、落实到具体工作中。"一中心"是以学生成长为中心；"一幅图"是人才培养体系的梳理与重构；"一条线"是打造"招生—培养—深造—就业—校友"联动一条线；"一盘棋"是育人共同体内的协同育人；"一本账"是育人共同体的资源统筹、经费统筹；"一张网"是从质量控制走向质量文化的完善的质量保证体系；"一个文"是形成《同济大学关于全面提升人才培养质量的若干意见》。

二、人才培养新作为：共性基础 + 个性发展

学校以 2018 级本科人才培养方案修订为契机，深入探索改革培养模式、培养路径，从顶层设计上完善进阶式培养，增加学生学习路径的多样化，探索实施大类培养模式。为应对高等教育由精英化、大众化发展到普及化教育阶段的多样化、个性化需求，落实"以学生成长为中心"教育理念和育人文化，基于新时期同济大学人才培养理念和人才培养目标，2022 年，学校全面实行夯实"共性基础、强化个性发展"的人才培养模式。

1. 扎实立稳"共性基础"

学校在优秀本科生源的基础上，以课堂教学链、创新实践链、交流合作链三个链条为横向培养轴，以本硕博一体化为纵向培养轴，搭建共生发展平台，夯实学生在知识、能力和人格方面的共性发展基础。

面向培养高水平、研究型的拔尖创新人才，统筹考虑本科阶段与研究生阶段的教育，打造具有同济特色的本研贯通培养体系，实现本科基础宽、硕士专业深、博士学术精的定位要求。本科阶段，强化基础、通专融合，关注专业总体概念与方法的建立，关注素质提

升和全人培养；硕士阶段，强化专业知识、强化职业素养，关注创造性地发现和解决专业问题的能力；博士阶段，着力培养学术共同体下的原始创新能力，实现不同文化背景下的知识创造和技术创新。

持续推进"大类招生、大类培养、大类管理"三联动改革，先行先试"学分制、导师制、书院制"国豪书院建设，逐步实现由通识教育、专业教育为特征的"1+3+X"人才培养体系向强化基础、通专融合的"2+1+X"（2年通专基础、1年专业核心、X=1到6年本研衔接的专业学习与学术创新）人才培养体系的转变。到"十四五"末，本科生深造率提高到75%，适度提高本科毕业生直接攻读博士学位的比例。

聚焦培养基础学科拔尖人才，大力培养卓越工程师、卓越医师、卓越法治人才和卓越新闻传播人才。强化长周期培养和稳定性支持，依托数学、物理学、力学、化学、生命科学、计算机科学等教育部基础学科拔尖学生培养计划2.0基地，引导学生投身基础科学前

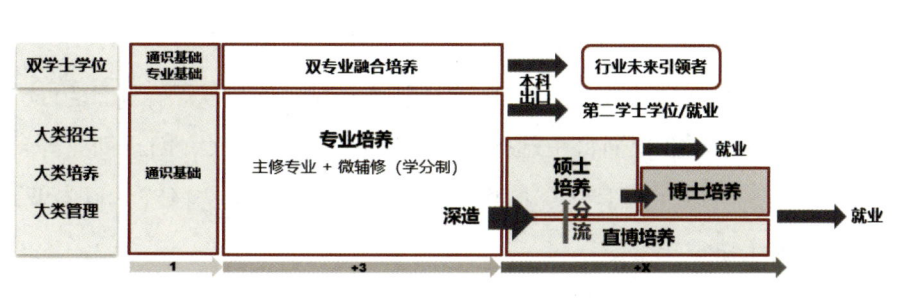

同济大学 1+3+X 人才培养体系

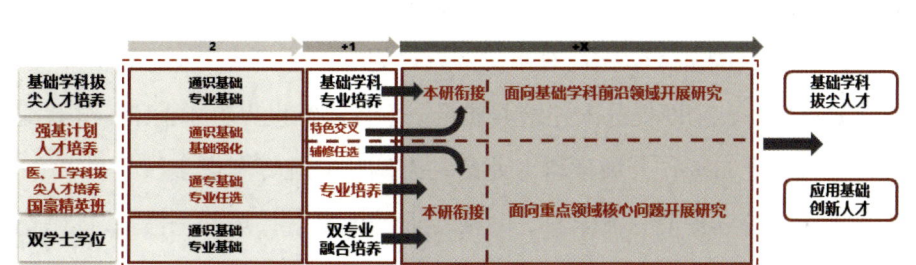

同济大学 2+1+X 人才培养体系

沿领域开展研究，培养基础学科拔尖人才和未来自然科学家；依托强基计划、国豪精英班，深化书院制、导师制、学分制改革，引导学生面向国家重大战略需求和重点领域开展研究，培养应用基础创新人才和未来战略科学家。

2. 精雕细琢"个性发展"

学校因材施教，制定导师指导下的个性化培养方案，构筑书院制、浸润式等"五育并举"全人培养育人环境，打造良好的人才培养生态环境和健康的学术生态，创建自主、多元、进阶式个性发展体系，思维涵养、兴趣驱动、理想启迪，拓展学生的未来发展空间。

结合人才培养模式创新实验区项目、国际双学位项目、不同类型学程教育项目，创设内涵丰富、选择自由的学习发展机会，探索多元化人才培养路径，充分满足学生自我设计、自主学习、个性发展的需求。

推进新生大类培养一年后的类内主修专业确认和跨类专业确认，以及其后一定范围内的自由转专业工作；设计进阶式成长路径，完善或开展课程模块/微专业（专业有基本了解）、辅修专业/辅修学位（专业有基本把握）、双专业/双学位（两个专业的融合）、第二学位（两个专业的累加）等多元培养模式；根据各专业满足（工程）教育认证要求和授予学士学位要求的基本知识体系或课程模块，探索导师指导下的完全学分制。学生结合自己的兴趣爱好、个性特长及未来职业规划自主选择专业进阶、跨学科发展、创新创业等多元成才路径。学生本科毕业后既可以在原学科专业继续深造，也可以自主选择跨学科专业攻读学术型或专业型硕士、博士研究生。

三、人才培养新基建：深化教育教学改革

1. 不断优化专业建设，持续打造"一流专业"

2018年以来，同济大学积极对接"双万计划"，全面落实立德树人根本任务，加快构建高质量教育体系，全面提升人才培养质量。学校瞄准世界科学前沿、主动适应国家需求，全面优化学科专业布局，开展学科专业的动态调整，统筹考虑学校学科、专业的调整与一体化培养工作，持续提升一流学科、一流专业建设水平，培养一流人才。强调专业内涵升级改造和新专业建设并举，不断夯实专业内涵建设，优化传统学科专业，实现学科专业深度融合，为传统学科专业发展注入新动能。推进新工科、新医科、新文科建设，推动以"人工智能+"为特征的交叉融合，构建具有同济特色的拔尖创新人才培养体系。2018年至今，

学校共有 60 个专业进入国家级一流本科专业建设点，获批 12 个新工科、新医科、新农科、新文科"四新"相关专业，建设包括智能建造、智能制造、人工智能等"人工智能+"专业群。一流本科专业和"四新"专业的总数已占招生专业的近九成，成为同济大学专业建设的主体，并覆盖了全部学院和全部 10 个学科门类。

2. 加强课堂教学质量，持续建设"一流课程"

课程是人才培养的核心要素，是落实以学生为中心理念的"最后一公里"，一流课程建设是一流专业建设的重要基础。学校始终把课程建设作为提高培养质量的重要抓手，对标教育部一流本科课程建设要求并结合同济大学一流本科人才培养目标，制定了"2020—2022 年同济大学一流本科课程体系建设规划"，三年共建了 700 门同济大学一流本科课程。在改革举措方面，推进以"厚基础、宽口径、多学科交叉"为特色的复合型创新人才课程体系重构，逐步打造"线上线下+交叉自主"的"微专业+辅修专业/辅修学位"进阶式人才培养模式，构建以课程质量为中心的教师评价机制。在资源配置方面，将更加注重具有现代教学观的师资队伍的培养，与行业优质企业建立广泛的合作联盟，同时以课程建设为主体、以智慧教室改造为依托，从软硬件及相关配套政策上进行支持、引导，使校内更多教师主动参与一流本科课程建设，进一步提升校内教学创新氛围与教育教学质量，逐步建成基于同济特色、较为完善的一流本科课程体系。2020—2023 年期间，学校共获批 109 门国家级一流本科课程，75 门上海市一流本科课程，89 门上海高校市级重点课程。

3. 深化教育教学改革，凝练高水平教学成果

学校通过持续推进教育教学改革凝练高水平教学成果。2020 年学校获批教育部第二批新工科研究与实践项目 8 项，数量在全国高校列第 13 位。2021 年同济大学获批 9 项教育部首批新文科研究与实践项目，获批项目总数名列高校并列第 7 位。2018 年至今结题验收 25 个上海市本科重点教改项目，完成评选两届校级教学成果奖。其中 2019 年校级教学成果奖比上一届申报项目数增加 45%，评选出 20 项特等奖、43 项一等奖。2021 年校级教学成果奖共有来自 37 个学院、部门申报的 167 项，内容涉及本科、研究生及成人教育的主要培养环节及教学管理、课程思政等多方面的成果。最终评选出 30 项特等奖、35 项一等奖、39 项二等奖和 34 项三等奖，代表了学校教育教学工作的较高水平。校级教学成果奖旨在凝练成果"以评促建""以评促改"。加强组织谋划的同时，立足学校、学院优势和特色，挖掘、培育标志性教学成果，以有效推动国家级、上海市级教学成果奖的孵化，发挥教学成果奖在教学建设、教学改革及人才培养工作中的引领示范作用，进一步提升教育

师生交流研讨

教学水平及人才培养质量。为全面总结凝练学校人才培养能力取得的新成果，本科生院牵头完成2022年上海市优秀教学成果评选工作和2022年国家级教学成果奖申报工作。2022年10月，上海市教育委员会公布2022年上海市优秀教学成果名单，学校作为第一完成单位共荣获上海市优秀教学成果63项，其中特等奖11项，一等奖25项，二等奖27项。其中，高等教育（本科）41项，高等教育（研究生）9项，高等教育（成人）1项，职业教育3项，基础教育9项，做到了成果类别全覆盖、成果数量新突破，所有类别成果数量全线提升。2023年7月，教育部发布了《关于批准2022年国家级教学成果奖获奖项目的决定》。学校共获奖25项，创历史新高，其中以第一完成单位获奖15项，包括一等奖2项，二等奖13项。

四、人才培养新探索：拔尖人才培养特区

1. 持续探索拔尖人才培养

同济大学作为国家双一流建设高校，始终秉承"与祖国同行，以科教济世"的优良传统，紧密围绕"培养什么人、怎样培养人、为谁培养人"这一高校人才培养的根本问题，聚焦国家战略需求，注重培养拔尖创新人才。自2009年起，学校先后建立了以强化数理基础、促进学科交叉等为特色的国际化、复合型"人才培养模式创新实验区"，以先进的教学理念为指导，通过改进教学方法、丰富教学内容、重构课程体系和实践环节，实施人才培养综合改革，探索建立有利于多样化创新型人才成才的特殊环境。2011年，学校启动实施"同

济大学基础学科拔尖学生培养试验基地",在基础学科进行拔尖创新人才培养试点工作,并纳入人才培养模式创新实验区统一管理,基础学科拔尖学生培养试验基地在导师制、小班化、国际化方面积累了丰富的经验。2019年学校将十年来在拔尖创新人才培养工作中的经验汇编成册,出版《十年教改 春华秋实——同济大学人才培养模式创新实验区十周年论文集》。十余年来,实验区为国家培养了一大批具有良好道德素质修养、原创性思维和科研创新能力,引领国际科学创新研究的优秀顶尖后备人才,成为同济大学基础学科拔尖人才培养之重镇、新学科新专业孵化的摇篮、人才培养新模式输出的改革试验田。

2. 升级拔尖人才培养特区

2020年以来,数学、物理学、生命科学、计算机科学、化学、力学6个专业相继入选教育部拔尖学生培养计划2.0基地,数学与应用数学、应用物理学、应用化学、生物技术、工程力学5个专业相继入选教育部强基计划;2022年以来,视觉传达设计–人工智能等12个双学士学位项目获批。随着人才培养类型更加丰富,学校梳理与重构人才培养体系,升级人才培养模式创新实验区为拔尖人才培养特区。同时,为进一步深化教育教学改革,创新育人体制机制,探索国际顶尖人才培养的新范式,为国家重大战略发展领域输送后备人才,学校及时总结强基计划培养过程中的经验与不足,设立了国豪书院。

3. 拔尖人才培养卓有成效

以学科交叉融合、对欧交流深化、校企深度协同育人为特色,建设培养引领未来的新工科、新医科、新文科拔尖人才的8个人才培养模式创新实验区;贯彻"严选才、强引领、

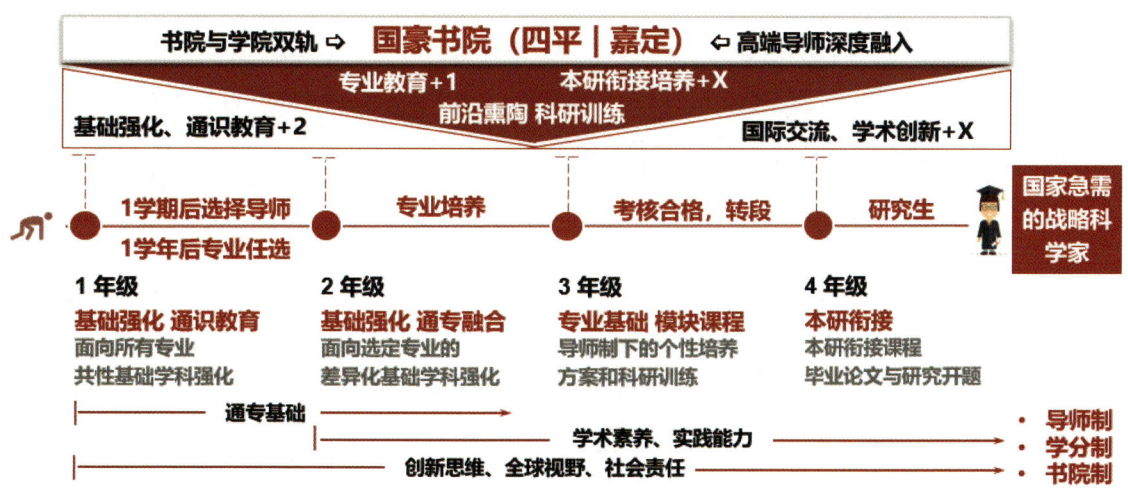

同济大学国豪书院培养路径

厚基础、重交叉、育栋梁"的人才培养理念，建设培养基础学科拔尖人才的8个基础学科拔尖基地（班）；以提高学生的数理基础或交叉学科基础为目标，设立培养复合创新型人才的6个双学士学位项目；以培养学生的学科专业兴趣和学科素养，为一年级学生开设4个先修课程计划。拔尖人才培养特区采用高考招生和二次选拔相结合的方式，为学生提供辅修、国际双学位项目、双学士学位项目的学习机会，使学生可以结合自己的兴趣爱好、个性特长及未来职业规划自主选择适合的项目。拔尖人才培养特区践行"同济天下、崇尚科学、创新引领、追求卓越"新时代同济文化，瞄准智能科技、先进制造、数字城市、生命健康等国家重大战略需求，依托各前沿科学中心、大科学工程中心、重点实验室的导师引领，培养拔尖创新人才，2022届拔尖人才培养特区中有毕业生的项目，深造率76.50%（其中境外高校占比31.93%），其中拔尖基地（班）的深造率达到86.96%；人才培养模式创新实验区的深造率为73.68%。

第二节　招生培养管理三联动，构建新生大类培养平台

党的二十大报告指出，"教育、科技、人才是全面建设社会主义现代化国家的基础性、战略性支撑"，要"全面提高人才自主培养质量，着力造就拔尖创新人才"。同济大学始终把培养拔尖创新人才作为崇高责任和使命，在本科教育中不断加强以通识教育为基础的宽口径专业人才培养，持续构建大类招生、大类培养和大类管理联动（以下简称三联动改革）的人才培养体系和平台，于2019年正式设立新生院，持续深化通识教育，促进专业融合，全面提升拔尖创新人才培养质量。

一、聚焦大类招生、大类培养、大类管理联动，构建人才培养新体系

同济大学在大类人才培养模式改革试点的基础上，从2019年开始推进"三联动改革"，依托新生院打造多元育人共同体，开启人才培养模式新篇章。作为新生入校的第一个舞台，新生院致力于为新生打开大学通识教育和专业认知的第一扇窗，为人才健康快速成长创造最好的平台。

1. 从试点到建院，夯实制度建设

2018年9月，同济大学以"工科试验班"为实体推行大类联动人才培养模式改革试点，充分遵循思政工作规律、教育教学规律、学生成长规律，在整合育人资源、创新管理机制、建设特色课程等方面进行了一系列探索。2019年5月，同济大学新生院正式成立，由本科生院和党委学研工部统筹指导，设置学院教学事务管理中心和学生教育管理中心两个院级行政机构，下设同心、同德、同舟、同和、济人、济世、济勤、济美八大学堂，分别设院长、执行院长、副院长，统筹执行学堂教学和学生管理相关工作，聘请在相关学科领域具有卓越贡献的院士或资深教授担任学堂院长，其中包括6位院士和3位前校长，组建高效管理

团队。新生院的设立打破了现有院系、学科之间的壁垒，为构建和完善三联动人才培养新体系提供了制度保障。

2. 从理念到实践，明确育人目标

结合新生院教育工作背景和新生群体特点，新生院确定育人工作的四大着力点和五大模块，并以此为核心，统筹规划、系统设计，切实将学院各项工作有效衔接、融会贯通、做细做实。五大育人模块即理想信念与核心价值观、文化素养与能力提升、强身健体与意志培养、艺术鉴赏与审美实践和劳动实践与志愿服务。四大工作着力点即树立远大理想、适应大学生活、促进全面发展、明晰专业选择。树立远大理想：以培育社会主义核心价值观为主线，紧抓理想信念教育，引领新生爱国爱党、爱校荣校，激发学生入党愿望；适应大学生活：从学习自主、生活自律、主动交往和资源利用四方面着手，全面助力新生迅速、有效适应新阶段、新环境、新内容；促进全面发展：提升新生沟通表达能力、文字写作能力等，为学生成长为"通专结合"、全面发展的新时代青年打下坚实基础；明晰专业选择：开展生涯教育，引导学生将国家社会发展需要和个人发展相结合，理性选择专业。

3. 从探索到实施，优化培养模式

同济大学一直致力于探索卓越拔尖人才自主培养的新路径，学校围绕培养引领未来的"社会栋梁和专业精英"的人才培养目标，逐步构建并完善了"三联动改革"人才培养新体系，建立了"1+3"为主的本科人才培养新模式，成立新生院作为大类培养和管理的实体平台。新生院以立德树人为根本任务，促进跨学院的大类培养和学科交叉培养，促进通识教育和跨学科专业教育的有机融合，本科一年级学生在新生院接受为期一年的大类培养和管理教育后，从第二学年开始进入专业学院学习，夯实专业教育之"基"，为卓越拔尖人才培养奠定坚实基础。

在高质量人才培养的理念的指引下，同济大学开始了对人才培养工作的新思考、新探索、新作为，实行"共性基础+个性发展"的多元化人才培养模式。按照"本科基础宽、硕士专业深、博士学术精"的阶段培养定位，打造以书院制、导师制、学分制为特色的"2+1+X"本研贯通人才培养体系，逐步实现由通识教育、专业教育为特征的"1+3+X"人才培养体系，向强化基础、通专融合的"2+1+X"人才培养体系的转变，全力支撑世界重要人才中心和创新高地建设。

在本科生院的指导下，新生院组织十个大类的专业学院共同制定本科生一年级大类培

养方案。同时，为大类学生开设"专业导论"课程，邀请各专业的学者专家走进课堂，采用讲座、讨论、参观和实验等多种授课方式，帮助新生建构本大类通识基础知识体系，建立对大类内的所有专业的初步认识，同步加强新生家国情怀、社会责任等方面的引导。结合各学院的师资力量、办学条件、专业热度、各大类在读学生人数等因素，科学编制核算各学院专业接收计划数，优化学科专业布局，完善进阶式人才培养模式，坚持科教协同，形成基础学科拔尖、荣誉计划、强基计划相结合的多维度多层次拔尖人才培养体系。

二、落实全员、全程、全方位育人要求，推进"三全育人"综合改革示范区建设

新生院坚持把立德树人作为根本任务，围绕学校"双一流"建设、"三全育人"综合改革目标，对标"十四五"规划工作重点，积极作为、主动创新，推动第一、二课堂联动，实现一年级新生的大类培养、学堂式管理，以夯实一流本科教育基础，培养德智体美劳全面发展的社会栋梁和专业精英。

1. 理顺内部运行机制，发挥顶层设计优势

新生院内部实行责任制与合作制相结合的运行机制。"两中心，八学堂"各司其职，对育人工作质量负责。教学事务管理中心负责新生院学生（含少数民族预科生）教学管理相关工作，同时组织开展校聘导师选拔、培训、考核等工作，承担学院教学指导委员会、大类教学分委员会的秘书处工作，与各专业学院协调大类培养方案修订、开设大类导论课以及其他跨院教学事务。学生教育管理中心统筹新生院思政教育和学生管理工作，统筹、协调、指导各学堂学生工作，组织新生院院级各类团学活动，负责学生工作队伍建设，对接学生档案管理、组织人事工作等。八大学堂在新生院"两大中心"的领导下，全面负责学堂各项具体学生工作，具体包括学生思政教育、事务管理、学业发展指导、心理健康教育和职业生涯规划教育等，并结合学堂特色，有针对性地开展思想引领、适应性教育、通识教育、专业文化认同教育。在本科生院和党委学研工部的统一部署和指导下，教学事务管理中心、学生教育管理中心、各学堂建立常态化协同机制，相关负责人定期召开联席工作会，尤其在培养方案制定、主修专业确认、线上教学等重要工作时期，确保每项育人工作的可行性、科学性、有效性。此外，完善工作对接制度，做到机构对接、人员对接、工作内容对接，防止新生教育管理中出现工作盲点、断点。

2. 建立五支育人队伍，形成新生教育合力

新生院育人队伍建制完备，由专职辅导员、新生导师、班主任、兼职辅导员和学长组共五支专业队伍构成。为进一步提高本科生培养质量，新生院面向大一新生全面实施"校聘导师制"，建立本科生全程化、全覆盖、个性化的学业指导机制，充分发挥本科生导师在本科生的思想、专业、学业、职业规划等方面特有的指导与引领作用，每年均有来自各学院的600多名专业教师加入新生导师的行列，其中不乏各类高层次领军人才，可谓名师云集。新生院公众号开设"师说心语"专栏，通过导师寄语、新生有话说等多元化形式倾听导师和新生们的声音，互通有无、分享经验。新生院充分发挥辅导员的"排头兵"作用，选强配齐专职辅导员队伍，遴选研究生兼职辅导员，不断提高辅导员的职业素养和专业能力。同时，不断强化班主任和导师等专业教师的育人实效，制定工作职责，定期召开班主任、导师见面会和工作协同会，充分发挥专业教师在思想政治工作全程育人过程中的作用。此外，新生院积极发挥朋辈教育在学生发展中的积极作用，基于专业学院选送与新生院选拔，组建具有榜样效应的新生学长组，发挥满足新生个性化需求的育人功能。

3. 打造交叉育人模式，构建多元育人系统

新生院充分发挥平台学院优势，整合专业学院、职能部处的育人资源，打造育人交叉模式，以多样化形式开展各项协同育人工作，通过凝聚多方育人力量，发挥新生院"聚宝盆"效应，通过两大中心、八大学堂、五支育人队伍、六大基础学科拔尖2.0基地、九个创新实验区、12个双学位项目与29个专业学院联动，形成了多元育人共同体。创建"新生院—学堂—专业学院"联动机制，各学堂与专业学院形成定期联席会议和调研制度，组织召开以专业引导、通识教育、主修专业确认等为主题的研讨会，充分沟通、资源互补，加强协同育人体系的广度和深度建设，对新生开展通识教育、创新活动和学科竞赛等方面的联动培养：发挥专业学院学科优势，整合校内外教育资源，将学科资源、学术资源转化为育人资源，开展系列主题教育讲座及报告会；构建协同互动空间，促进师生交流融合，开展系列主题沙龙和交流研讨活动；把握学生成长规律，激发学生发展潜力，协同开展各类主题比赛；立足五育培养目标，整合各类育人资源，全程开展专业引导，打通实践育人路径；牵头开展多种形式教学拓展和引导活动。此外，各学堂与专业学院、校外实践基地联动，构建实践育人的合作平台；以信息化建设和公众号运营为抓手，拓宽网络育人平台，构建云端共享空间。

三、围绕远大理想、五育并举、通专融合培养目标，建设新生成长成才平台

结合新生院教育工作背景和新生群体特点，以远大理想、五育并举为核心，新生院坚持统筹规划、系统设计，切实将学院各项工作有效衔接、融会贯通、做细做实，破解育人难题，深耕新生培养沃土，全力以赴完成立德树人的根本任务。同时，新生院以高质量为统领，优化教学体系，强化协同育人，注重通专融合，夯实通识基础，全方位构建适合新生的高质量课程体系，全要素打造育人共同体，全过程推进招生培养管理联动，建设新生成长成才平台。

1. 树立远大理想，筑牢信念根基

新生院在做好日常工作的基础上引导学生进一步树立将国家发展和个人理想相结合的信念，坚持爱党、爱国和爱社会主义相统一。用好新生教育周，全覆盖开展主题教育活动。一直以来，新生院坚持设计具有系统性、综合性和科学性的新生教育周内容，主题涵盖规矩意识养成、以美育人教育、入党启蒙教育、优良校风传承等，将主题教育贯穿始终，充分发挥新生教育周的思想引领作用。抓好国庆主题月，扎实推进入党启蒙教育，国庆是新生入学后的第一个重大节日，是做好入党启蒙教育的重要时机，为新生理想信念教育适时

2022年10月1日，新生院举行国庆升旗仪式

地提供了生动素材，为学生自觉接受主题教育提供了最佳体验。做好入党启蒙教育及入党申请人培养系统设计，新生院从学生入学前、迎新日、新生教育周、入学后全过程设计入党启蒙教育及培训大纲，引领学生树立坚定的理想信念，积极向党组织靠拢。新生院自2019年成立以来，学生递交入党申请书比例稳步提升，从2019级的58.6%提升到2021级的74.32%，2021级的多个学堂与专业大类学生提交入党申请书比例超过70%。截至2023年9月，2023级满18周岁学生总人数3581人，满18周岁团员人数2570人，其中满18周岁团员入党申请人数1918人，占比69.75%。

2. 推行五育并举，促进全面发展

针对新生特点，新生院打破原有设置，探索"五育并举"背景下促进学生全面发展的机制，依托《同济大学新生院学生全面发展"五育"培养及评价方案》（以下简称"五育"方案），制定了模块化培养方案。从2018至2020年，"德智体美劳"五育并举的育人体系的建立和完善经历了三个重要发展阶段，每一届新生实施"五育"方案前，新生院都会进行有的放矢的修订和完善。"五育"方案集"模块化活动"和"引导性分值"于一体，围绕行为参与、思想感悟和争先创优等多种评价方式将培养理念融入学生成长的知、情、意、行。德育为先，树立新生理想信念与核心价值观；智育为本，增强文化素养与能力提升；体育为基，实现强身健体与意志培养；美育为重，培养审美实践与艺术鉴赏；劳育为要，开展劳动实践与志愿服务。配套的"五育"方案手册和iTongji-s平台，时时更新五大模块的育人实践活动，全过程记录新生青年的大一成长表现。2019年来新生的五育成绩逐年提升，37.9%的2022级学生"五育"培养方案获满分，71.5%学生取得90分以上，极大提升了新生文体素养。2022级学生获得全国及省部级以上奖项229人次，校级各类奖项1010人次，占总人数的25%。2021年，新生院学子首次荣获中国国际"互联网+"大学生创新创业大赛金奖。

3. 着力通专融合，提升综合能力

新生院通过大类导论课改革建设，搭建了校院协同、通力合作的大类专业教育通识课程平台，为大类人才培养奠定专业认知之基；实现了大班化、单向输出、拼盘式讲座的授课模式向小班制、双向互动、理论实践相结合的授课模式转变；构建了可量化、可追踪、多维度的学生课程考核评价体系。同时，新生院在课堂之外面向新生进行专业引导，创造机会让学生近距离接触学科专业，逐步明确自己未来的专业方向并进行人生规划，通过学堂读书分享会、创新体验及实践活动、各类创新竞赛、走访知名企业、案例考察、实验室

参观、教学实践、作业展览、设计竞赛等多种形式，促进新生知晓自我的专业兴趣和方向，努力提升其自身学习能力、实践能力、创新能力、领导能力和全球视野。

在本科生院指导下，新生院狠抓学生学业水平提升工作，与学业发展中心高频联动，开展新生学业帮扶计划，建立以导师、学习委员团队、团工委学术部和学堂辅导员为主的学业指导工作队伍，为学生自主学习能力的提升提供最优化和最有效的支持。此外，新生院在大类导论课作业管理中引入知网查重系统，有效降低课程作业抄袭问题，让本科生从大一起始阶段，逐步树立学术诚信意识，培养自主学习和研究型学习的能力，从而助力大类人才培养。任课老师普遍反映，新生院成立以来学生学习主动性明显提升，学习积极性高涨，学习风气良好。2019级学生第一学期平均绩点为3.88，其中一年级第一学期所有课程成绩优良率为78.98%；2022级学生第一学期平均绩点为3.99，其中一年级第一学期所有课程成绩优良率为80.62%。同时，新生院科学研究制定主修专业确认方案、组织教学拓展活动和专业开放，帮助学生理性选择未来，依据"兴趣驱动、志愿优先、学业先导、综合评价"的基本原则，制定《同济大学本科生主修专业确认实施办法》，全过程跟踪，分阶段实施，作好风险预判和应对。2019年来，主修专业确认平稳有序，第一、二志愿录取率从2019级91.84%上升至2022级92.58%，第一志愿录取率从2019级85.62%上升至2022级88.51%。

自2019年来，同济大学新生院的成立与发展，实现了全校育人资源的进一步统筹，"三全育人"综合改革向深入发展，通过制定培养方案、构建培养体系、丰富培养内涵，将全员、全方位、全过程培养与个性发展相结合，切实提升了大一新生的综合素养和核心能力，使每一名学生"成长有方向、发展有平台"，为新生今后的本科学习打下坚实的基础。

第三节　建设国豪书院改革示范区，深化人才培养改革

同济大学始终把为国家培养拔尖创新人才作为崇高使命和责任。作为学校人才培养模式和教育教学管理改革的新型学院，国豪书院以"夯实理工基础、强化学术创新、浸润人文素养、开拓国际视野"为人才培养理念，通过改革公共基础课程内涵、设立导师指导下的个性化专业核心课程、本研衔接课程修读机制夯实理工基础，通过以问题为导向、以项目为载体、以平台为依托进阶式开展科研探索和科技创新实现学术创新强化，通过强化阅读、强化写作的通识教育实现人文素养浸润；通过全球胜任力培训计划及国际交流开拓国际视野。

一、从学堂到书院，探索精英人才培养新范式

从 2009 年开始，学校以强化数理基础、注重前沿引领、推动学科交叉、促进国际交流为人才培养核心要素，探索建立创新型人才培养试验区。2020 年 8 月，为服务国家重大战略需求，加强基础学科拔尖创新人才选拔培养，学校实施"强基计划"，成立国豪学堂。2022 年 7 月，在国豪学堂运行两年基础上，正式成立国豪书院。书院紧紧围绕立德树人根本任务，试点建设书院制下的拔尖创新人才培养新范式。

书院关注学生个性化发展，探索导师指导下的完全学分制建设，着眼于培养具有深厚科学素养、前瞻性判断力、突破性学术创新能力、大团队组织领导能力的战略科学家，全力支撑世界重要人才中心和创新高地建设。

国豪书院下设书院事务中心和学生发展中心，目前有 5 个强基计划基础学科专业；2 类试验班，即工科试验班（国豪精英班）和医学试验班（国豪精英班），面向全校工科专业和基础医学专业。截至 2023 年 9 月，书院在读学生人数为 890 人。

国豪书院学生拥有双属身份，获得书院与学院的双重关爱；书院实施交叉培养，兼顾

2022年8月30日，同济大学国豪书院揭牌

科学素养与工科基础；配备一流师资队伍，引领学术志趣；实行小班化、学分制、探究式教学；获得一流国际交流平台和一流科研资源支持。

二、聚焦高端导师引领，多措并举凝聚教育合力

1. 立足精英培养，建设本研贯通人才培养体系

"2+1+X"本研贯通人才培养体系是在"1+3"大类培养基础上进一步延伸，突破学科藩篱，以开放、包容的教育为终身学习打下基础，培养具有扎实学科基础和创新创造潜力的复合型人才。"2+1+X"本研贯通人才培养体系，按照"本科基础宽、硕士专业深、博士学术精"的阶段培养定位，以书院制、导师制、学分制为特色。即2年高质量的数、理、化、信息学课程及专业基础课程，夯实共性科学基础，强化差异性专业基础；强化阅读和写作能力，浸润人文素养。1年专业核心知识和能力培养，在学术名师引领下进行个性化培养，依托各前沿科学中心、重大科研平台进行学习，强化思维涵养。第四年起面向服务国家重

大战略的关键领域需求，引导学生初步明确研究方向，进入研究生学习阶段直接攻读博士学位，最终培养出国家急需的科技人才。

2. 强化导学关系，构建全方位全过程导师制

自 2020 年起，书院每年从各学院遴选出师德高尚、治学严谨、学术造诣高的专业教师担任新生导师，其中有教育部"长江学者"特聘教授、国家杰出青年科学基金获得者、教育部"新世纪优秀人才支持计划"入选者等。从思想引领、专业指导、学术引导、职业与人生规划等各方面给予学生全面指导，专业教育与立德树人同向而行，构筑国豪特色三全育人体系。2022 年，担任国豪学子的导师来自 19 个学院共 453 人次（新生导师 179 人次，学业导师 274 人次）。其中正高级职称 428 人次，占 94.5%；新生导师长聘教授 95 人次，占 53.1%。书院为新生导师提供了一系列特色活动平台，指导学生的成长规划、基础知识学习和综合素养提升，帮助学生发现自身学术志趣和优势特长，实现学科交叉与氛围育人，如"嘉园导学直通车""教学拓展活动""大学生创新体验竞赛指导""同思双创新生导师推荐课题沙龙"等。其中，"同思双创新生导师推荐课题沙龙"旨在帮助书院学子了解大学生创新创业项目与科研项目课题，由名师发布科研项目主题，通过前辈经验分享、师生自由交流等方式，让书院学子更早地接触科研，提升科研素养。截至 2023 年 9 月，已开展 4 场活动，来自电信、物理、交通学院的导师发布了"集装箱装载优化及方案设计""范德华层间激子光学性质的多场调控""新型二维半导体材料的光学性质表征""基于深度学习的交通参与者行为感知方法"等四项课题，激发了学生参与科创实践的热情和志趣。有学生在项目发布现场即与导师达成意向，加入导师研究团队。

2022 年 12 月，2020 级强基计划 114 名学生完成与学业导师 1∶1 互选结对，达成培养意向。学业导师将结合学生学术志趣，助力学生开展研究型学习和科研实践，为进入研究生阶段学习打下坚实基础。

3. 打破学科壁垒，探索导师引领的完全学分制

书院已初步完成 39 个工科、1 个医科精英班专业培养方案、5 个强基计划专业培养方案的制定。以国豪育人理念为指导，结合完全学分制培养模式要求，国豪精英班培养方案在满足教育认证要求、授予本专业学士学位要求的基本知识体系或课程模块基础上，均设置不少于 13 个学分的"任选课程"模块。该模块由导师结合学生学术志趣和研究方向为学生量身制定个性化学习方案。强基计划则以各专业进阶式培养方案（课程模块、微专业、辅修专业、辅修学位等）为依据，在导师指导下开展交叉学科培养。此外，书院课程体系设置注重高阶性及课程组织形式的灵活性，主动吸纳社会、学界、企业资源，推动实现学生交流互访联合培养，实现交叉培养及小班化、学分制、探究式教学，为学生培养提供宽广的空间。

4. 跨学院联动培养，共建品牌教学拓展活动

为了拓宽学生学术视野，激发学术志趣，强化学术能力，加深学生对学科专业及其科创活动的认识，学堂/书院联合各学院共建"学思践悟"特色项目，汇聚校内外优质资源，合力打造品牌教学拓展活动，包括国豪讲堂、境内外交流、实践参观、科创活动等。自2022年书院正式成立以来，各学院共计申请项目70余项，覆盖学生1400人次。通过开展导师主讲/带队的"大咖小咖对对碰"科研课题交流会和实验室实践参观、磁悬浮体验等活动，学生得以与学术名师面对面交流，畅谈科创，近距离接触科研现场，亲身体验科技的魅力。活动激发学生科研兴趣，开阔学生学术视野，引导学生深入思考。2023年暑假，书院联合各学院、港澳台办组织120余名学生参与12个交流项目，出访意大利、德国、奥地利、新加坡等国家以及我国港澳台地区交流，助力学生的全球视野和全球胜任力提升。

三、注重学生思想引领，引导服务国家战略

1. 全过程加强党建引领，做好精英理想信念教育

书院针对入党申请人和积极分子打造"国之英豪养成计划"，全覆盖开展新生入党启蒙，自2020年起，国豪学生递交入党申请书比例均超过60%。党支部以弘扬科学家精神为主题，强化党建工作品牌，开展"弘扬科学家精神，科技追梦志报国"演讲比赛和主题宣讲会及"弘扬伟大精神，勇担时代重任"四史主题教育暨主题分享会等。书院兼职辅导员党员和高年级入党积极分子带领各年级全体入党申请人组成学习小组开展研讨，灵活运用音频、诗歌、朗诵等方式，通过宣讲和展览的形式宣传爱国科学家和同济前辈们为学校和科技事业的发展作出的卓越贡献，领悟学习科学家精神及其家国情怀，饱含真挚情感地演绎百年征途中前仆后继的共产党人的伟大精神。

做好党员发展，发挥榜样辐射作用。书院累计发展学生党员24人，培养入党积极分子114人。过程中加强政治理论学习，严把党员发展关口，亮明学生模范身份，重视仪式教育作用，通过党的二十大报告、党章、党史学习、主题展示、观演红色舞台剧等环节，

全过程加强学生理想信念教育。充分发挥榜样辐射作用，连续三年聘任入党积极分子组成新生学长组，与累计 581 名新生结对，从学习、生活和思想等方面关心帮助新生成长。

2. 以国豪之名，丰富学生培养新内涵

认识国豪、学习国豪、传承国豪。书院通过组织全体学生参观校史馆、观看大师剧、开展校史校情讲座、重要节点纪念等活动，不断增强学生爱校荣校的光荣使命，提升人才培养实效。自 2021 年以来，每年 4 月 13 日，举办李国豪诞辰周年纪念活动，使学生全面了解李国豪老校长的人生经历和可贵精神，深切领会科研工作者应具备的基本素质和国豪学子的使命与担当。持续推进学院师生人人会讲国豪故事，以国豪书院为荣，为国豪书院发展建言献策。

多场域、多频次，凝练文化育人品牌。在院长沙龙、生涯畅谈会、学长组培训会、新生教育周等活动中，书院领导、辅导员、学长组等育人力量多场域、多频次讲好李国豪故事，凝练文化育人品牌。同时，书院充分挖掘并激活文化育人资源，如通过线上线下相结合方式，组织全员观看《同舟共济》《国之英豪》《铸诗成剑》等红色舞台剧；通过举办"中秋月下感恩情"主题作品征集、"深藏之美、待你探寻"宝藏校园推荐官、"奏夏日之曲，迎同济华诞"国豪书院夏日音乐会活动，丰富美育活动形式。深入推进文化育人、以文化人，全员动员参与国豪书院首届"青春献礼二十大，国豪扬帆新征程"迎新晚会，充分弘扬书院精神、展现国豪学子风采。

3. 夯实班团组织建设，主题教育走深走实

书院组织各团支部开展"永远跟党走，奋进新征程"学习党的二十大主题团日活动、青年大学习、参加升旗仪式、新生感恩征文等系列活动。着力加强学生骨干培训，精选学生骨干参加新生骨干训练营、组织全体班委参加学生骨干培训会，助力学生骨干提升能力，担当重任；2022 年 9 月建立书院学生活动项目组，下设学生组织统筹项目组、学生学业发展项目组、学生新媒体宣传项目组、学生文艺活动项目组、学生劳动实践项目组、学生体育运动项目组，通过朋辈领航，打造凝聚青年力量的坚固阵地。书院累计获批并立项五育班级建设项目 8 项，获评优良学风班 2 个，五四红旗团支部 2 个，五四红旗团支部标兵 1 个等班团集体。

4. 关注学生学业发展，朋辈帮扶保驾护航

做好学生学业发展帮扶顶层设计。依托同济大学"同舟助飞"项目，书院两大学业帮扶学生组织学业发展项目组和先锋队精心设计六大特色系列讲座，开展框架性讲座、期中期末回顾性讲座、学长座谈沙龙、国豪自习室、专题性研讨班和先锋队拓展共学，自2022年3月以来，共举办50余场学业帮扶活动，覆盖学生400余人次。组建20余人的朋辈导师队伍，在不同时间节点举办多场线上线下常态化课程帮扶活动。打造助学云平台，通过B站"国豪先锋队"发布微课程视频32个，探索网络学业辅导新模式，建立5大专业性课程微信共学群和1个QQ资源共享群，覆盖1000余人次，定期收集、整理、发布课程知识重点、难点，逐步形成精准的帮扶模式和完善的资料共享机制，为书院学子学业进步保驾护航。

四、围绕学生全面发展，探索全方位育人氛围

1. 注重文化浸润，搭建高品质书院成长环境

书院事务中心对接基建处、设计院，参与书院空间改造工程，打造以上海市优秀历史保护建筑西南一楼为核心的集住宿学习、学生活动、书院办公、导师驻楼于一体的书院空间。通过查阅李国豪老校长办公日志、教学笔记等，复刻手书"国豪书院"牌匾。书院联合社区中心完善学生社区公共活动空间基本装潢布置，定制党建室、自习室、健身房、心语屋、研讨室和多功能厅等，配备书架、护眼灯、围棋、笔墨、蓝牙音响等文体设施，为学生打造温馨舒适的学习、生活空间。

2. 提升信息化管理水平，为教学事务管理赋能

作为书院教学工作顺利实施的保障，学生发展中心与本科生院教育技术中心、信息中心联动，跟踪做好教学事务管理系统相应模块的需求梳理、协助开发和功能测试等工作，制定"学业导师双选系统""专业选择模块""定制个人培养计划""学生成长档案"等模块开发计划，严格把关系统开发的逻辑与现实工作的匹配度、系统开发的进度以及系统测试的每个环节，为书院改革提供及时有效的信息化支撑。

3. 精准资助育人，关注重点学生群体

持续做好各项学生日常事务服务，强化资助育人保障。累计精准认定并帮扶52名助学成才服务对象，对学生经济、学业、心理多维状况及时追踪。在重要时间节点，关心关爱助学成才服务对象和少数民族学生，做好思想引领和感恩教育。2021—2023学年评定奖学金共计193人次，为激励和坚定学生致力于未来战略性科学研究保驾护航。认真遴选新生心理委员，开展班级心理健康教育主题活动，同时健全书院重点学生工作制度，对重点

2023 年 9 月 26 日,校党委书记方守恩与国豪书院学生交流

关注群体实行跟踪制度和个体访谈咨询服务。充分调动导师、班主任、学长组和专兼职辅导员各支育人队伍力量,关注关心学生学习、生活和心理状态,及时解决学生面临的问题。

4. 推动劳动教育,志愿服务实践育人

开展劳动教育实践项目,引导学生参与丰富多样的劳育活动。鼓励学生在社会实践中锻炼自我,强化社会责任,"战疫 Q&A"项目荣获同济大学 2022 年大学生社会实践活动优秀项目;组织实践角色体验系列活动 7 次,联动学校多个社团引导学生体验不同的角色,感受劳动实践的快乐。大力弘扬志愿服务精神,成立国豪书院志愿者中队运营国豪志愿工作微信群(389 人),搭建志愿服务平台,参与新生入学物资搬运、校医院体检引导、书院迎新、上海图书馆服务等志愿工作;组建一支寝室安全志愿者护卫队,对所在班级宿舍进行认真巡查;开展"宿舍安全、卫生、环保教育"楼宇义务宣讲活动,加强学生宿舍安全教育和管理。

5. 丰富体育活动,促进学生身心健康

2022 年 9 月,成立学生体育运动项目组,培养学生健康的运动作息习惯,开展"冬日济划"打卡活动,鼓励学生走出寝室,迈入操场,增强个人体质。组织参加丰富多彩的体育赛事,在趣味运动会中充分展现书院学子的创意设计与个人天赋;组织队伍参加超过60场线下系列体育赛事,多项赛事屡创新高,如羽毛球女子单打第一(校内)、200米短跑第一(校内)、排球新生杯亚军(校内)等,快速提升团体凝聚力和集体荣誉感,彰显书院学生运动风采。组建书院体育俱乐部,覆盖足球、篮球和武术等8项运动,500余名学生参与其中。学生参与体育的积极性与运动技能在俱乐部中被充分激发和调动。

6. 筑牢意识形态阵地,强化网络思政教育

2022年7月,建立书院微信公众号,组建学生新媒体宣传项目组,共发布原创推送150余篇,粉丝关注数3548。加强网络阵地建设,持续发出书院好声音,弘扬主旋律,传递正能量。动态设置德、智、体、美、劳五大板块,主推"科学家精神""班团建设""大咖小咖对对碰""朋辈沙龙""义务劳动周""二十四节气""国豪志愿者""国之英豪名人录"等品牌栏目。同时为国豪师生整合通知资讯、学院讲座、校园活动等各类资源,打造学生喜爱的网络育人阵地。

第四节 加强质保能力建设，打造同济特色质量文化

同济大学第十一次党代会召开以来，同济大学教学质量管理办公室在学校党政班子的坚强领导下，坚持以习近平新时代中国特色社会主义思想为指导，全面贯彻党的教育方针，紧紧围绕立德树人根本任务，立足学校实际，以大学内部质量保证为基础，从更新质量观念、落实质量责任、强化智慧赋能等方面入手，通过实现"四个转变"，推动形成以持续提升人才培养能力为核心的同济特色质量文化，全面提高学校人才自主培养能力，为培养担当民族复兴大任、引领未来的社会栋梁与专业精英"保驾护航"。"从质量控制走向质量文化：大学人才培养质量保证体系的创新发展"获得上海市教学成果特等奖及国家教学成果一等奖。

一、更新质量观念，全面实施质量保证体系 2.0

1. 更新升级学校人才培养质量保证体系

学校 2005 年启动实施"本科教学质量保证体系"，2009 年实施"研究生教育质量保证体系"，构建起"学校内部质量保证体系 1.0"。"1.0 体系"坚持"全方位监控、多阶段跟踪、持续性改进"，将影响质量的关键因素和环节作为质量控制点，强调质量管理的闭环和持续改进，应用成效显著，为全国高校质保体系建设发挥了示范辐射作用。

2018 年起，学校启动实施更新升级的"人才培养质量保证体系 2.0"，创建形成了"从质量控制走向质量文化：大学人才培养质量保证体系"的新范式，不断满足学生成长发展和国家社会对高质量人才的需要。在试点运行的基础上，2022 年正式印发《同济大学人才培养质量保证体系 2.0》（以下简称"质保体系 2.0"）并全面推进实施。"质保体系 2.0"坚持"学生中心、产出导向、持续改进"理念，涉及影响本科教育、研究生教育（含硕士研究生和博士研究生）质量的关键因素和关键环节，涵盖国际学生教育和终身教育；包括

教育质量目标和管理职责、教育资源建设与管理、人才培养全过程管理、监控分析和改进、质量文化五个主要方面；共设置一级项目 20 项、二级项目 63 项以及 215 个关键要素；实施"计划—运行—检查—反馈—改进—再检查"质量闭环控制，提高质量保证有效性，逐步推动学校人才培养保证体系从质量控制走向质量文化。研究成果《大学人才培养质量保证体系研究》由高等教育出版社出版。

2. 积极推进大学质量文化建设

"质保体系 2.0"以大学内部质量保证体系持续改进为基础，坚持以学生成长为中心，以教育、管理、文化和技术要素为抓手，突出"质量内涵多元化、质量治理自主性、价值追求自觉性、监测评价智能化"，推动人才培养质量保证实现"四个转变"，即：从教学过程向育人过程转变，从质量管理向质量治理转变，从制度约束向价值追求转变，从信息化向智能化转变。将质量要求内化为全校师生的共同价值追求和自觉行为，打造与"同济天下、崇尚科学、创新引领、追求卓越"新时代同济文化一脉相承的"自觉、自省、自律、自查、自纠"的同济特色质量文化，推动本科和研究生教育高质量发展。2019 年 6 月，学校牵头成立全国高校质量保障机构联盟（CIQA）并发布《中国高校质量文化建设工作指南（试行）》，示范引领全国高校质量文化建设。

二、落实质量责任，全面提升人才培养质量

学校根据终身学习、师生共进、全人发展的需求，耦合"空间、时间、人员"多维度、全链条教育要素，构建立体化质量保证体系。空间维度上，质量保证从第一课堂拓展到第二、三课堂，优化学科专业、课程、学位论文等各教学环节质量标准，实施课堂、课程、实践、学位论文、专业等全方位质量评价。时间维度上，全过程、分阶段开展"招生—培养—深造—就业—校友"全链条人才培养质量评价。人员维度上，以育人效果为核心，着力推动教师、学生、校友、用人单位等利益相关者广泛参与，校、院、职能部门协同，落实学校、"学科—专业—课程责任岗位"、教师的质量责任，从制度约束过渡到质量意识凝聚，从质量意识转化为自觉行为，逐步形成全员参与的质量治理格局，使质量监督评价有效支持服务于人才培养，助力培育一流专业、一流课程等各类卓越教学。

1. 深耕课程教学评价主阵地

聚焦"课程"这个基本教学单位，2019 年，学校印发《关于开展本科课程评价的原

则意见（试行）》，制定《同济大学本科课程评价实施细则》，持续提高本科课程建设水平、保证课程教学质量，指导学院各专业定期开展本科课程评价。2020年，为进一步加强一流本科课程建设，提升本科课程的高阶性、创新性和挑战度，印发《同济大学一流本科课程教学评价方案》，推动教师全员参与课程理念创新、内容创新和模式创新。2022年以来，陆续印发同济大学体育、美育、劳动教育课程评价实施方案，创新课程评价模式，服务于德智体美劳全面发展教育体系。同年，为应对新冠疫情带来的停学、停教、停课突发情况，制定《同济大学线上（混合式）教学课程评价实施方案（试行）》，运用信息化手段，面向大规模在线教育切实做好疫情防控期间的线上教学课程评价工作，努力确保在线教学与线下课堂教学质量实质等效。

为激活教学基层组织，树立以立德树人成效为根本标准和以师德师风为第一标准的育人导向，2018年起开展"立德树人"示范课程评选，加强"从思政课程到课程思政"的课堂督导，同时注重发挥示范课程的引领作用，以课堂教学为抓手，引导教师潜心教书育人。四年共评选出"立德树人"示范课程49门。

2. 推动专业建设内涵式发展

专业是人才培养的基础平台，是建设高质量教育体系、培养一流人才的"压舱石"。学校在积极推动相关专业参加各类教育教学外部评估、专业认证的同时，对接外部要求，持续推进校内专业评估工作。按照分期、分批、分类的原则，2018年起开展第二轮校内本科专业评估。针对纳入评估范围的专业，分别制定理科、工科、经管及艺术类、人文类4套评估指标体系，定性与定量结合，坚持"以评促建、追求卓越"，构建专业自评估常态化机制，形成学校常态化内部人才培养自评与外部阶段性教育教学评估认证相融合的良好生态，有效推动专业建设高质量、内涵式发展。截至2023年6月30日，学校共有13个专业通过工程教育专业认证、2个专业通过医学类专业认证、5个专业通过住建部专业评估，专业建设质量持续提升。

为进一步规范和优化学校学科专业布局与动态调整工作，2022年，学校结合本科专业动态调整方案，探索研制"本科专业全过程评价指标体系"，参照工程教育认证、专业评估标准、本科专业类教学质量国家标准、本科教育教学审核评估实施方案等相关标准及要求，开展学科专业分类评估和动态评估。指标体系共设置一级指标6项、二级指标25项、观测点60项，构建"评估—警示—减招—停招—撤销"动态调整机制，持续优化学校学科专业生态。

3. 深化教师教学与学生评价

学校注重深化新时代教育评价改革，以质量保证体系为基石，推进落实教师教学评价和学生评价。教师教学评价方面，2021年印发《同济大学"六位一体"教学评价的指导意见（试行）》，针对教师教学质量开展综合评价，通过效果评价、诊断评价、过程评价、毕业生评价、教师自评、同行专家评价等六个方面，加强多元评价、强化过程评价、改进结果评价、探索增值评价、健全综合评价，为客观评价教师教学质量提供支撑。此外，针对教学管理的突出质量问题，学校开展专项督导检查。2022年，学校试点本科招生宣讲评价，提高招生宣讲质量并推动招生与人才培养有效衔接，吸引优质生源；强化本科毕业论文（设计）抽查，实施研究生学位论文质量全过程督导和保障机制，强化过程性评价。

学生评价方面，连续开展全链条人才培养质量调查与评价工作。在前八轮人才培养质量跟踪调查与评价的基础上，2019年起，学校开展"招生—培养—深造—就业—校友"全链条人才培养质量调查与评价，关注学生从"入口"到"出口"全过程及成长发展的核心指标，深化完善多主体、全链条的评价模式，探索增值评价、健全综合评价。针对人才培养的不同阶段，评价内容各有侧重。利用现代信息技术创新评价工具，以事实材料收集、数据统计分析和多种形式调查等为基础，通过横向、纵向比较分析，总结阶段性成果，查找结构性短板。每年度教学质量管理办公室会同有关管理部门及各学院联合开展全链条评价工作并形成年度总报告，作为学校持续改进教育教学、提高人才培养质量的重要参考依据。

此外，教学质量管理办公室每年度组织编撰同济大学本科教学质量报告、校内质量保证工作报告，参与编撰学位与研究生教育质量报告，全面监测学校教育教学各项数据指标和发展动态，为学校教学投入、学科规划、师资建设、资源配置等相关决策提供信息支持。

4. 加强督导队伍履职能力建设

学校注重加强校院两级教学督导建设与管理。充分发挥教学督导在稳定教学秩序、规范教学活动、促进教学改革等方面的作用，保证和提高教学质量。学校已逐步打造形成一支约180名校级督导和250名院级督导的教学督导队伍，着力强化教学督导队伍培训的系统性和针对性，提升督导队伍思想建设和业务培训，主动实现从以"督"为主向以"导"为主的转变，从关注教师"教"向关注学生"学"的转变。

学校注重发挥校教务委员会、学位评定委员会的质量领导职责，充分吸引学科委员会委员、教学指导委员会委员、教学名师、教学竞赛优胜者等参与质量督导检查工作。及时修订和完善学校本科、研究生各类督导听课评价表，突出督导对教师改进课堂教学效果及能力提升的指导作用。试点教师"选、导、培、树"全过程教学能力精准提升计划，通过对一名教师进行多次"听课—交流—建议—改进—跟踪"等指导，为教师提高教学质量提供服务，发现并培育有教学潜力的青年优秀教师与课程案例。

学校每学期召开教学督导工作会议，邀请人才培养相关职能部门负责人、教学督导、各学院教学院长、教师代表及质管员等参会，通过专家政策解读、名课优师案例分享等环节，提升督导队伍的履职能力，切实帮助教师提高教学和育人水平，助力学校人才培养质量提升。

三、强化智慧赋能，全方位提升质量保障能力

1. 加强质量保证信息化、智能化建设

学校注重加强质量保证的信息化、智能化建设，主动适应在线教学、智慧教室建设，推进智慧评价改革。开发教学质量常态监测平台、教学状态数据库系统，将质量保证落实到教学各环节，实现教学过程评价的常态化、长效化。利用智慧教室、Canvas 学习系统、同济云课堂等线上教学平台，记录学生学习和研究过程，结合形成性评价和终结性评价，建立学生学业预警机制，实现本研核心课程全覆盖，推动构建课程智慧评价系统。

2. 试点 5G+ 课堂教学观摩与智慧评价

在"5G+ 智慧教育"和上海教育数字化转型试点区建设项目支持下，学校开展智慧评价试点。通过大数据驱动、人工智能赋能教师教学评价，探索实现信息与智能的高度融合，辅助教师教学能力提升及督导听课、巡课，促进课程教学评价方式转变，提高督导线上巡课、听课的智能化水平。试点智慧教学督导和培养质量大数据评价，探索建设教师教学能力及教学成效画像和数据库，推动监测评价由经验驱动逐步向数据驱动转型。不断完善教学质量监控流程，确保反馈闭环，强化持续改进。

2023 年是全面贯彻落实党的二十大精神的开局之年，是实施"十四五"规划承上启下的关键一年。在新的起点上，面向全面建成社会主义现代化强国对加快建设教育强国的内在要求，面向新一轮科技革命和产业变革带来的挑战，面向人口和社会结构变化对教育布

局结构和资源配置调整的紧迫要求，面向国际形势新动向新特征给教育带来的机遇挑战，教学质量管理办公室将深入学习贯彻党的二十大精神，坚持以学校"双一流"建设、"三全育人"综合改革试点和落实立德树人根本任务为主线，进一步完善学校管理和教育评价体系，全面落实人才培养质量保证体系2.0，积极推进同济特色质量文化建设，坚持承前启后、开拓创新、求真务实、追求卓越，坚定主攻方向和重点任务，为保障一流拔尖创新人才培养质量，形成与建设中国特色世界一流大学相匹配、与一流人才成长发展相适应的高质量教育保障体系不懈奋斗。

第五节 专注内涵式发展，全方位提升研究生培养质量

习近平总书记在 2018 年 9 月全国教育大会上指出，教育工作的根本任务是培养担当民族复兴大任的时代新人、培养德智体美劳全面发展的社会主义建设者和接班人。同济大学研究生教育以习近平新时代中国特色社会主义思想为指导，坚持"四为"方针，扎根中国大地，秉持"同济天下、崇尚科学、创新引领、追求卓越"新时代同济文化一脉相承的人才培养理念，瞄准国家重大战略和经济社会发展重大需求，突出创新意识和实践能力、强化基础研究和原始创新、推动学科交叉、科教产教融合、校企校地联动，深化国际合作。进入新时代，学校研究生教育秉持"与祖国同行、以科教济世"理念，紧密围绕立德树人根本任务，以提高质量为指导思想，持续深化综合改革，着力推进内涵式发展，全方位提升科学素养。

一、把牢方向，持续改进研究生思想政治教育，塑造"同济天下"的家国情怀

1. 贯彻落实《新时代爱国主义教育实施纲要》，全面推动习近平新时代中国特色社会主义思想进教材、进课堂、进头脑

充分发挥课程教学的主渠道作用，坚持思政课程在德育中的核心地位，多举措支持重点马克思主义学院建设；开展优质思政课程专项建设，探索新时代提升思政课程教学质量的新模式、新方法。促进各类课程与思政理论课同向同行，形成广覆盖、多层次、立体化的思政教育与课程教学有机结合的德育模式。重点实施五大"领航"行动计划，扎实推进五大领航学院及所属 13 支领航团队、93 门领航课程的各项建设任务。每年持续建设课程思政教育教学示范项目，实现本研课程思政全覆盖。以入选全国首批"三全育人"综合改革试点单位为契机，充分发挥课程教学的主渠道作用，构建思政教育与课程教学有机结合的"大思政"新格局。

2. 思政课程与课程思政有机融合，构建同济特色思政教育体系

全面促进思政课程与课程思政的有机融合，以2018级研究生培养方案修订为契机，明确课程思政在各学科专业课程体系的全覆盖。学校将"工程伦理"纳入最新的研究生培养方案中，并作为全校工程类研究生的公共必修课程，旨在加强工程伦理课程建设，培育德才兼备工程专业学位研究生。建设以"中国道路"为代表的"中国系列"思想政治理论课，以大家风范、学科前沿的视角，围绕创新、协调、绿色、开放、共享的新发展理念和具有中国特色社会主义的政治、经济、文化、社会、生态五大建设，阐释中国道路。2021年学校获批教育部首批课程思政教学研究示范中心，"建筑评论""交通管理与控制""工程伦理"和"运筹学"等4门课程入选教育部课程思政示范项目，充分发挥示范典型的引领带动作用，逐步形成同济特色思政教育体系。

二、着力提升优质教育教学资源建设，开设校院两级"同济高等讲堂"，全方位提升学生科学素养

1. 加强课程与教材体系建设，打造线上线下精品课程、融合教材

通过教育研究与改革项目的实施，紧紧围绕学校"双一流"建设目标和"立德树人"根本任务，持续推进研究生教育教学资源建设、教育管理研究改革，既丰富了教育教学的理论体系，也完善了各培养单位的实践与改革，对同济大学完善研究生人才培养体系、提高研究生培养质量、培育优秀教学成果、提升学科建设水平等方面发挥重要作用。自2019年起，研究生院开展校级线上平台课程和精品课程建设，并联合同济大学出版社打造自主线上教育平台"同学堂"，持续丰富优质教育教学资源。同时，线上课程的建设与实施也为精品融合教材的打造提供了坚实的基础。

2. 创建"同济高等讲堂"，全方位提升科学素养

同济高等讲堂以增长知识、提高能力、完善人格为主线，以培养研究生综合素养为主题，邀请校内外学术巨擘和社会杰出人士共同授课，并建立教学资源共享机制，使用智能管理模式，形成了研究生综合素养培养的新路径、新示范。讲堂立足研究生综合素养培养，设置了思想政治素养、学术素养和职业素养3个培养模块，并在每个模块中设置了与知识、能力、人格培养相关的10个主题。五年来，累计邀请了超过150位院士、1600多位国内外杰出人士及知名企业家主讲了"同济高等讲堂"。目前已连续开设校级高等讲

堂540讲，听讲人次超20.5万；院级高等讲堂3500讲，听讲人次逾22.3万。此外，"同济高度讲堂"经录制并制作成慕课后，发布于同济自主品牌"同学堂"线上课程平台，供全校师生和校友观看。目前，同济高等讲堂已经成为研究生综合素养提升、学科交叉碰撞和研究生与巨擘们自由对话的平台。同时，每一期同济高等讲堂制作的慕课，都成为学生自由学习的资源和老师完善课程体系的素材，形成了长效与良性发展的运行机制。

三、创新科教融汇，以高水平科学研究引领高质量人才培养

1. 高水平科学研究支撑高质量人才培养

科学研究与人才培养都是大学的重要使命，前者重在知识的产生与创新，后者重在知识的传播与传承，科教融汇将二者有机统一。从高层次拔尖创新人才的成长过程角度，随着科学技术的进步，信息量呈几何级数增长，知识更新和成果转化的周期不断缩短，而且未来的发展具有不确定性。因此，如何立足当前、面向未来，是高层次拔尖创新人才培养面临的挑战。迎接这一挑战，必须遵循终身教育的理念，在科学研究中培养学生的持续学习能力。

2. 依托大团队、大平台、大项目开展科教融合，培养高层次拔尖创新人才的新范式

学校以前沿科学中心、国家重点实验室为承载平台，遴选本研贯通培养的学生，结合其科研兴趣，参与原创性理论、前沿基础、颠覆性技术、重大工程应用等重大科研项目，深度融入由学术带头人领衔、优秀科研骨干组成的科研大团队，运用平台所拥有的大型仪器和设备，开展系统科研训练，直面科研攻坚问题，在研究中培养崇尚科学、探究真理的志趣，不断提升知识创新能力。同时，不断将平台在重大项目研究中取得的前沿知识更新到课程和教材中，将平台在重大项目研究中发明的先进仪器设备运用于教学过程中，使教学资源保持高水平和先进性，为人才培养提供支撑。通过构建以高水平科学研究引领高质量人才培养、以高质量人才培养支撑高水平科学研究的良性循环，面向世界科技前沿、面向经济主战场、面向国家重大需求、面向人民生命健康，培养学术型高层次拔尖创新人才。近年来，学校依托上海自主智能无人系统科学中心的建设，具体探索试点上述的科教融合人才培养范式。上海自主智能无人系统科学中心自2018年成立以来，立足人工智能重大前沿科学难题，强化学科交叉融合，充分发挥多学科优势，培养智能科学与技术领域一流的科技创新高端人才，并致力于解决人工智能重大前沿科学难题，力争在自主智能无人系统领域取得一批原始创新性研究成果，努力建设人工智能领域的重要创新中心，助力上海

具有全球影响力的科技创新中心建设。中心由院士牵头，实行导师双聘，多学科参与人工智能交叉人才培养，推进一级交叉学位点建设，并在全国率先建设"智能科学与技术"高峰学科。大力引进高端人才，在九大研究方向上均形成了院士领衔、优秀中青年骨干加入的研究团队。率先建设全国首批智能科学与技术博士精英班，五校协同，跨校双聘，致力于培养具有人工智能基础研究和交叉应用能力的优秀青年人才。

四、深化产教融合，促进教育链、人才链与产业链、创新链有机衔接

1. 加强学校—企业协同，培养关键核心技术攻关人才，服务企业技术创新需求

学校积极推动高等学校和企业面向产业技术重大需求开展人才培养和协同创新，实践创新基地聚焦长效机制，推进与重要产业的领头企业共建校企联合研究院，着力培养专门领域高层次拔尖人才。企业需求和资源向学校前伸，人才培养定位与实施向企业后延。通过搭建实践平台、参与课程体系建设、建立导师组联合指导研究生等渠道进行合作。充分发挥高校人才优势，实现"智库"功能，助力企业攻克卡脖子技术问题，实现研发周期短、投入资金少、创新能力强、产出质量高，最终提高企业竞争力，推动成为行业龙头；同时高校相关学科导师和研究生的创新理念和技术落地，促进学科发展，培养专门领域的高层次拔尖人才。

2. 加强学校—行业联动，培养具有全产业链格局的综合型人才，服务行业创新发展需求

结合重点行业、重点领域的发展需求，依托学校多学科、多层次（本硕博）的人才培养体系，充分发挥行业主管部门和行业协会的协调推动和公共服务职能，形成人才培养和行业创新活力的良性互动。促进教育和产业体系人才、智力、技术、资本、管理等资源要素集聚融合、优势互补，增强教育对经济发展和产业升级的服务贡献。学校协同主管部门或协会，通过参与设定培养目标、设置学科专业和设置课程体系等参与人才培养过程，或出台职业资格标准和提供相关培训强化人才素质和相关政策倾斜，积极引流人才。学校对接行业需求，提供人才储备、整合学科专业、制订培养计划，针对性培养全产业链型人才。

3. 加强学校—政府合作，培养建设人民城市和乡村振兴的高层次人才，服务区域创新发展需求

地方区域经济要发展，需要能够因地制宜、因时制宜地将新技术进行成果转化，需要

懂技术、有创新、会业务、善管理的能够创造性研究和系统解决复杂问题的高端复合型人才。通过统筹组织学校资源、提供研究生培养指标、聘请兼职导师以及联合制定培养方案的方式提供充足的学科能力和人才资源注入，地方上通过提供联合研发课题、参与制定培养方案、担任兼职导师、提供奖助学金的方式进行政策引领和资金注入，校地合作模式共同实现了提升人才培养质量、促进学科建设发展、推动科技成果转化和促进创新创业就业的良性发展，为国家重大工程和区域发展建设贡献"同济智慧"。

4. 加强学校—社区融合，提升人才实践创新能力，服务创新创业需求

学校—社区融合，为创新创业人才培养提供良好环境。围绕培育要求，构建以"目标共定、任务共谋、人才共育、技术共创、平台共建、成果共享"为内涵的共生型实践创新教育链，实施立交化、贯通式创新型人才的培养路径和模式。针对国家战略、区域经济和城市发展对人才的复合多元化需求，创建专门的校内实践创新平台，校企联合共同建设国家级或省部级等实践基地，逐步实现"教""学""练""用"四位一体，使学生的专业课学习、实践能力与相关技能培训实现有机融合。通过校企深度合作，大力推动与产业企业共同建设创新创业人才培养实践创新基地。学校根据学科专业分布、校区地理位置，结合区域经济发展定位，建立杨浦环同济知识经济圈、嘉定环同济创智城、普陀桃浦智创城三个环/泛同济知识经济圈，分别以设计创意、新能源汽车和智能制造、生命医学为主导学科发展和技术特色。坚持和发扬"市场驱动、学科支撑、企业主体、政府引导"的产业发展新模式，通过更高品质的校区、园区、社区"三区联动"，以"科技成果转化、科技企业孵化"为核心，积极推进"大学科技园2.0版"建设，落实"创新创业创造服务体系、'登峰计划'品牌化行动方案、产业集聚特色园区"三项深化建设，形成"特色专业服务平台、特色产业战略联盟平台"两大特色平台，拓展和培育创投服务网络，加速新技术、新产业、新业态、新模式的培育，全力打造具有品牌效应和辐射作用的国内一流示范性大学科技园。深化基于"思创融合、专创结合、赛教联合和产学研协同"的跨院系、跨学科、跨平台的创新创业教育体系建设，完善"三全育人"和实践育人格局，形成新时代高等教育创新人才培养的新范式。

五、着力打造国际交流平台，提升研究生国际交流与胜任力

1. 将国际交流贯穿研究生人才培养全过程

以全英语课程包为载体，邀请知名外籍教授参与课程讲授，改变学习方式，锻炼表达

技能。同济大学与德国学术交流中心、芬兰阿尔托大学、意大利政府合作建立中德学部、中芬中心、中意学院并相继成立中德智能科学与技术研究中心、中德汽车联合研发中心、中德机械工程中心、上海国际设计创新学院、同济大学－米兰理工大学创新工场等一批对标高水平学科融合和产教融合的中外合作新平台。进一步加强了中欧教育、工业、科技交流，强化了高质量人才培养和学科前沿研究，服务学校学科建设，并为上海科创中心的建设作出贡献。

2. 深化对德合作 2.0 战略，打造中德博士生院

以"小核心、大外围、高层次"特征的人才培养体系，在既有本科和硕士项目的基础上，学校设立中德博士生院协同中德联合研究中心和欧洲与德国研究院，推行中德"人才培养—科学研究—人文交流"三位一体的博士培养理念，协同推进前沿科技研究和科教、产教融合人才培养。中德博士生院强化以中德联合或双学位的形式进行培养，采用"122"的合作模式，即依托"1"个国际合作科研项目、由中方和德方"2"名导师联合指导、导师组每年同时招收中德"2"方博士生。在人才选拔中严格落实与中德联合中心规划研究方向匹配、中德合作导师匹配、中德国际合作科研项目匹配的"三匹配"要求。人才培养过程充分融入同济对德合作积累的历史、语言、政治、科技和文化等元素，强化跨国别协同、跨校院合作、跨学科交叉，以中德人才共育、科研共谋、技术共创、成果共享的理念，制定融通和个性化兼顾的培养方案，分类实施科教融合与产教融合，建立具有中德教育和文化特征的世界一流研究生培养质量保障体系。实现对急需的国际化人才的高质量培养，引领示范对等国际交流并创新国际化高层次人才培养体系。

"同心同德同舟楫，济人济事济天下"。恢复研究生教育 40 年来，同济大学累计授予博士学位近 11000 人、授予硕士学位超过 83000 人，为国家培养了大批德才兼备的高层次人才。近五年来，学校在研国家重大科研项目中 73% 的参与者为研究生，研究生已成为我国创新创造队伍中的一支重要力量。新时代同济大学研究生教育将不忘立德树人初心，牢记为党育人、为国育才使命，坚持"四为"方针，结合"中国特色世界一流大学"建设，在思想认识上提高站位，在贯彻落实上抓实举措，全面深化改革，着力培养大批引领未来的社会栋梁和专业精英，朝着"与祖国同行，以科教济世，建设成为中国特色世界一流大学"的奋斗目标砥砺前行。

第六节　坚持"经师"与"人师"相统一，持续建设一流导师队伍

同济大学坚守为党育人、为国育才的初心使命，以加强导师队伍建设为着力点，稳步推进研究生教育高质量发展。深入实施导师遴选制度改革，严格规范导师岗位管理及业务培训，不断完善学位论文培优推优、导师评优等激励机制，全面落实导师立德树人职责，不断提升导师育人水平，形成了具有同济特色的导师队伍建设模式。

一、把好入口，深入推进导师遴选制度改革

1. 构建长效机制，树立师德师风作为第一评价标准的鲜明导向

学校修订《同济大学教师手册》和《同济大学教职工师德师风考核实施办法》，积极构建师德师风建设制度体系，明确导师在教育教学、学术活动、为人师表等方面的要求及师德师风失范行为清单，明确将师德师风考核作为考核评价、职务晋升、岗位聘用、评奖评优、导师遴选、人才推荐等的首要条件。学校将师德师风建设列为二级单位工作和绩效考核的重要内容，实行师德师风一票否决制。制定《同济大学师德专题教育工作方案》，开展学校师德师风主题教育实践活动，引导和督促全体教师对照"四有"好老师、"四个引路人"、"四个相统一"的要求，寻找差距、提高认识、明确目标，督促全体教师涵养高尚师德，切实增强思想政治素质，以德立身、以德立学、以德施教。建立师德电子档案，应用于评奖评优、职务晋升等，实现了师德师风的全周期评价。

2. 改革导师工作制度，深入推进"两岗合一、两权分离"

坚持"两岗合一"，减少同质化的审核内容，导师任职资格审核环节，指导资格与教师职称并轨。学校评聘为副教授及以上职称教师具有指导博士生资格，评聘为讲师及以上职称教师具有指导硕士生资格。在经济与管理学院开展改革试点，育人效果突出、科研创新能力强的讲师经审核可以担任博士生导师，让"谁有能力谁揭榜"的良好竞聘生态在导

师资格认定中落地生根。同时严格落实"两权分离",将指导资格与招生资格分离。学校每年组织考核认定下一年度的招生导师名单。由各学位评定分委员会根据学科特点,自主审核确定导师招生资格,每年全面考核评价导师的学术成果、科研项目和经费、指导研究生能力及质量等综合情况,确定是否列入下一年度招生导师名单。

3. 坚持动态管理,持续优化导师队伍

针对以前只重视岗前的审核遴选而忽视上岗后导师对研究生指导和培养质量的监督评价,只重视导师上岗前的学术水平而忽视上岗后指导能力提升等现象,学校大力实施导师招生资格动态管理办法和负面清单,指导各学位评定分委员会根据招生资格审核办法,采取限招、停招,直至取消导师资格等举措,持续严格把关、动态调整具有招生资格的导师队伍,保持导师队伍活力,每年新增约200名招生资格导师,同时约百名导师离开导师队伍。截至2023年9月,学校具有博士招生资格导师2007名,具有硕士招生资格导师3065名。

二、强化培训,全面提升导师育人能力

1. 以制度化保障导师培训实施

将导师培训纳入学校相关制度要求,在《同济大学研究生指导教师职责与工作规范》中明确规定:作为招生资格必备条件之一,导师应参加导师培训与学习交流活动。持续构建导师交流互动机制,通过制度化的交流互动平台,宣讲研究生教育政策,解读培养制度,分享指导经验,听取导师对现行政策的意见建议。导师交流互动机制主要由共享平台、导师手册、宣讲人定制、信息反馈等部分组成。针对性较强的分类平台,为每名导师提供能够自我适应、自主选择的互动交流渠道,双向沟通和快速反馈机制,为适时调整、完善相关管理制度,最大限度地满足导师的需求创造了条件。

2. 以体系化提升导师培训内涵

以导师培训组织体系化推动全校开展上海市、校级、院级等多层次导师培训。学校组织导师参加每年的"上海市导师工作坊"和上海市导师培训,充分利用学校一流学科优势,积极承办上海市学位办组织的全市导师专题培训,推广宣传学校导师队伍建设经验。学校每年组织开展全员导师培训,将师德师风、师生关系、岗位纪律、导师行为规范、学位论文质量、学生心理辅导等作为培训重点内容,邀请校党委书记方守恩、李杰院士、赵旭东教授等名师为全校导师作培训讲座。每年编制《同济大学研究生指导教师工作手册》发放

给导师和各学院研究生管理人员。手册内容涵盖导师工作规范、学校学术组织架构、学位授予等纲领性文件，同时包含研究生招生、培养、学籍、学位、资助等重要环节规定。督促指导各学位评定分委员会及学院召开导师工作交流会议，分享指导经验，对新任招生导师进行岗前指导。培训内容包括学校人才培养总体方针政策、立德树人与"三全育人"、学术规范、师生关系、导师行为规范、岗位纪律等内容，逐渐形成了较为完善的培训体系。

3. 以精准化增强导师培训效果

定期面向导师和研究生开展问卷调研和座谈，摸清导师培训需求以及研究生反映的导学关系问题，总结分析导师在指导学位论文方面存在的典型问题，并以问题导向设计培训专题，提升导师培训的针对性。学校研究生院、党委宣传部、党委教师工作部等部门联合开展面向全校导师的培训，邀请校内外知名导师结合自身指导经历，分享育人经验。各学位评定分委员会和学院根据学科特点，分别组织开展导师培训，邀请本学科资深导师举办讲座和分享经验，结合案例，深度交流导师在育人理念、导学关系、对不同类型研究生因材施教等方面的真知灼见，起到了良好的培训效果。

2021年11月12日，同济大学组织召开研究生导师培训交流会

三、打造典型，引领导师队伍高质量发展

1. 持续建设完善荣誉体系，激发导师群体潜心教书育人

坚持将导师纳入学校教职工荣誉体系，每年评选 10 名师德师风优秀教师，激励导师立足本职工作，潜心教书育人。持续开展"我心目中的好导师"评选品牌活动，多方面展现导师在科研、教学、学生工作、公益等各方面的突出成绩，全面展示同济优秀导师的精神风采。从 2021 年起，开展"卓越"研究生导学团队评选，评选产生 20 支"卓越"研究生导学标兵团队，20 支"卓越"研究生导学团队，以深化导学思政为"切入点"，强化导师研究生培养第一责任，进一步选树了一批在研究生思想引领、学术研究、创新实践等研究生培养方面表现突出的导学团队，以更好发挥他们的引领示范作用。在全国道德模范、"五一劳动奖章"、"三八红旗手"等校内推选及"同济大学追求卓越奖""同济大学青年五四奖章""同济大学优秀共产党员""同济大学优秀共产党员·师德标兵"等各类教职工荣誉评选中，将导师作为推荐、评选的主体，多方面激发导师群体的荣誉感、责任感。

2020 年 11 月 30 日，同济大学开展首届"卓越"研究生导学团队标兵评选

2. 全方面展示典型人物，努力形成"选树一个、引领一片"的引领示范效应

五年来，学校选送优秀教师参加上海市级、国家级荣誉奖项评选，成绩突出，涌现出全国道德模范、全国"最美教师"、全国"最美高校辅导员"、"全国优秀教师"、"全国教育系统先进集体"，以及上海"四有"好教师、"感动上海年度人物"等先进个人和集体。学校举办各级各类荣誉奖项获奖教师颁奖仪式、退休教师荣休仪式，发放荣誉证书和荣休证书。每年9月，学校组织召开教师节大会，举办大型优秀教师先进事迹展览，从教书育人、科教兴国等方面讲述导师感人故事，激励广大导师见贤思齐，在各自岗位上投身立德树人的崇高事业。拍摄《师说济语》《敬仰吾师》专题片，协助中央电视台拍摄郑时龄院士专题片，展现一个又一个优秀导师的立体形象，引领广大导师弘扬爱国奋斗精神，激发广大导师培育时代新人的责任担当意识。同时，运用报纸、网站、微信、宣传画册等载体，广泛宣传优秀导师先进事迹，形成"选树一个、引领一片"的良好氛围。

四、强化责任，增强导师"导德导学导研"意识

1. 规范导师指导行为，全面落实导师在研究生培养中的第一责任

不断规范导师工作制度，2020年修订完善了《同济大学研究生指导教师职责与工作规范》（以下简称《导师规范》）。《导师规范》立足学校深入落实"三全育人"，全面规范了导师岗位职责与工作制度，明确了导师是研究生培养的第一责任人，导师立德树人、核心价值观教育示范责任，导师岗位要求，导师招生资格条件及年度考核认定办法等；强调了导师岗位纪律；明确了导师岗位权利。自《导师规范》实施以来，组织各学院深入宣传解读，大力促进构建和谐的导学关系。在调研中发现，导师召集研究生基本每隔一到两周召开组会，全面了解学生在学业进展、就业、心理、生活等方面的情况，特别是在新冠疫情期，导师对研究生的全面关心和帮助，对研究生在特殊时期的健康成长起到了重要作用。

2. 健全问责制度体系，全面保障研究生人才培养质量

学校对学术不端始终坚持"零容忍"的态度，构建起了学术不端的完善处理机制和流程，严肃处理各类学术不端行为。2018—2022年，共计处理11起涉嫌学术不端学位论文，并撤销9人硕士学位。制定《同济大学对博士硕士学位论文抽检结果的处理办法》，大力开展问题论文整改，成立由书记、校长任组长的整改工作领导小组，推进整改进度，监督

考核整改实效。严肃问责问题论文相关责任人，通报批评、约谈问题论文相关学院负责人，压实责任人责任。学校研究生院、质管办、人事处等相关部门联动，将问题论文与学位点建设、研究生招生、教学状态评估、职称评聘等挂钩，对出现问题论文的学院，不得申请新增学位点，暂停招收非全日制学历博士生，扣减招生名额，取消研究生教育年度状态评估评优资格。对出现问题论文的导师，从严问责，停止其招生资格，暂停申报职称、人才计划以及各类评奖评优评先等。

3. 常态化开展警示教育，全面筑牢导师队伍的底线意识

学校召开全校警示教育大会，组织开展各类案例警示教育 50 余场，向全体教职工通报学校师德失范和违规违纪典型案例。通过向相关人员通报，发挥震慑作用，用身边人、身边事教育人，引导全体导师牢记为党育人、为国育才的职责使命，不断增强纪律规矩意识和法治观念，知敬畏、守底线，引以为鉴。开展问题论文专题警示教育，引导导师在指导研究生过程中重视学术规范，明确学位论文质量底线。将警示教育纳入各学位评定分委员会和学院每年组织的新增导师培训，研究生院积极参与各学院的导师培训会议，介绍近年学位论文质量问题和学术不端等情况，警示导师对论文质量问题"入脑入心"，严守学术底线。

五、紧抓学术，促进研究生培养质量持续提升

1. 持续激励，高水平保持导学团队学术能力

五年来，学校不断强化学术导向，狠抓教师队伍的学术能力，通过一系列改革创新激发教师的积极性。导师作为学校科研创新的主体，积极申报国家重点研发计划、国家自然科学基金、国家社科基金等科研项目，在重大重点类科研项目的申请数和获批数稳步提升；一大批导师持续活跃在学术第一线，紧跟国际科技前沿，为研究生科研实践提供了良好基础，为高质量的研究生培养提供了重要保障。

2. 控制规模，高水平保持研究生培养质量

针对最近五年导师指导研究生人数多、对研究生培养不到位导致的学位论文质量问题，2022 年学校出台了《同济大学研究生管理补充规定（暂行）》，严格控制导师指导在籍学生总数，明确规定每名导师的在籍博士生不超过 10 人，已经满 10 人的，暂停其博士生招生资格，进一步督促引导导师投入足够的时间和精力培养研究生。

3. 培优推优，高水平产出研究生学术成果

研究生作为科研生力军，其高水平学术成果直接反映了导师队伍建设水平。五年来，学校将研究生的高水平成果纳入学校重点工作，按月督办，持续推进。积极鼓励研究生参与导师重大科研项目和高水平成果发表。授予博士学位毕业生人均发表高水平学术论文逐年提高。为了激励导师和研究生产出高水平成果，从 2019 年起，学校启动优秀博士硕士学位论文培育工程，每年评选校级优秀博士、硕士论文，并进行集中展出，鼓励各学院积极组织参评全国一级学会优秀博士学位论文。2022 年学校获得全国一级学会优秀博士学位论文 15 篇，较 2020 年提升了 400%，同时多名研究生列入导师科技进步奖、国际顶级期刊论文的团队成员。

通过一系列创新与实践，学校建立起较为完备的导师队伍建设体系，把好导师队伍入口关，充分释放导师队伍的潜能与活力，大力弘扬研究生培养质量文化，持续打造一支"经师"与"人师"相统一的导师队伍，有力保障了研究生教育高质量发展。

第七节　以学生成长为中心，系统构建体美劳育人体系

同济大学以习近平新时代中国特色社会主义思想为指导，全面贯彻党的教育方针，坚持社会主义办学方向，以立德树人为根本，以社会主义核心价值观为引领，以提升学生身心健康水平、提高学生审美和人文素养、发挥劳动的育人价值为目标，贯彻落实《关于全面加强和改进新时代学校体育工作的意见》《关于全面加强和改进新时代学校美育工作的意见》《关于全面加强新时代大中小学劳动教育的意见》等文件精神，坚持立德树人，强化体育锻炼，增强美育熏陶，加强劳动教育，加快构建德智体美劳全面培养的教育体系，促进学生全面发展，努力使学生经过大学阶段的学习、熏陶以后，具有"通专基础、学术素质、创新思维、实践能力、全球视野、社会责任"综合素质，成为担当民族复兴大任、引领未来的社会栋梁与专业精英。

一、以体育智、以体育心，形成"健康知识＋基本运动技能＋专项运动技能"的大学体育教学模式

学校系统梳理体育课程教学内容，持续加强课程体系建设，深化体育教学改革，形成以"健康知识＋基本运动技能＋专项运动技能"的学校体育教学模式，促进"课内外体育课程一体化"，推动"人人运动，人人健康"的活力校园建设。

1. 加强体育课程体系建设，深化体育教学改革

系统梳理体育课程教学内容，全面覆盖运动营养调控、体育技能实践、运动技能评估、运动损伤处理、运动心理调适等"五位一体"的体育相关学科基础知识和专业核心知识。本科阶段，实施"4+1+N"体育课程方案，实现体育课程全程覆盖。要求学生原则上在第1学期至第4学期依次修读完成共4学分的体育必修课程；开设模块化体育课程包，要求学生在第5学期至第6学期修读完成1学分的体育必修课程；督促学生日常体育锻炼，完

成体育"刷锻"和体质健康测试,确保学生从第 7 学期开始,每学期 N 学时体育活动时间。研究生阶段,适当增加研究生公共体育课程数量,探索建立研究生日常体育锻炼机制。发挥学校足球、游泳等项目的特色和优势资源,构建特色化、高水平的体育学科专业课程体系,形成一批具有同济特色的高质量专业体育精品课程。结合学校"课程思政"体系建设,体育课程与创新人才培养紧密相结合,充分挖掘体育中蕴含的德育元素,在体育教育中实现思想政治教育育人功能。

集中围绕体育跨学科交叉融合、体育课程建设、教材建设、教学模式、训练锻炼制度、竞赛体系建设、文化推广、评价考核等方面,设立一批体育教改试点项目,进一步完善创新体育人才培养方法路径,促进体育教学科研水平整体提升。根据新时代教育发展规律和大学生身心健康发展规律,编写"体育与健康"系列课程教材,推出相关视频教学资源,加强体育教材的创新性、实践性。

2. 健全体育锻炼制度,加强校园特色体育文化建设

形成以"健康知识+基本运动技能+专项运动技能"的学校体育教学模式,传授学生科学锻炼和健康知识,在此基础上指导学生掌握跑、跳、投等基本运动技能和足球、篮球、排球、田径、游泳运动等专项运动技能。将课外体育活动纳入学校教学计划,广泛开展普及性体育运动,充分发挥高水平运动队的辐射引领作用,依托学生社团、兴趣小组等开展形式多样的课外活动,保障学生每天1个小时体育活动时间,帮助学生养成终身锻炼的习惯。建设"面向人人,全员参与"的课外体育活动与竞赛体系,形成"课内外体育课程一体化",推动"人人运动,人人健康"的活力校园建设。推广中华传统体育项目,因地制宜开展传统体育教学、训练、竞赛活动,打造校园传统体育项目品牌。培养学生爱国主义、集体主义、社会主义精神,增强文化自信,促进学生知行合一、刚健有为、自强不息。继承、发展、传承"同舟共济,自强不息"的同济精神,打造同济"龙""舟"品牌项目,形成同济体育文化特色。发掘同济老校长张仲苏、李国豪等卓越同济"体育人"的生平事迹,通过"线上+线下"相结合方式,拓宽体育文化传播路径,努力打造讲述同济故事。开展同济体育明星校友进校园活动,积极发挥模范引领作用,讲好同济体育故事,传播"以体之强健,济国之盛年"的同济情怀。

3. 加强体育队伍建设,明确责任岗位职责

设立专(兼)职教练员岗位,配齐配强体育教学、训练、体育活动与赛事的专业教师。制定《体育训练型专业技术职务聘任实施细则》。依据同济大学学科、专业、课程责任岗

"同济跑天下"活动现场

同济大学举办第二届"友谊杯"舞龙比赛

位实施意见,明确和压实体育学科专业责任岗位、体育卓越人才培养责任岗位、体育课程责任岗位等的职责,保障学校体育教学工作顺利有效实施。开展体育师资培训,鼓励体育教师参与在职学历进修、海外培养研修、访学进修等,推动组建高水平教学科研团队,提升体育师资教学科研能力,促进科研反哺体育教学训练。重点加强青年体育人才培养机制,建立和完善青年体育人才成长的绿色通道。

二、以美育人、以美化人、以美培元,构建课程教学、实践活动、校园文化、艺术展演"四位一体"的大美育教育体系

结合同济大学人才培养目标和学科特点,构建以理论为依托,以实践为途径的美育课程体系,形成完善的课程总体框架,促进美育课程建设的标准化和品牌化,培育建设高质量精品美育课程,进一步扩大优质课程覆盖面。明确人才培养方案中美育教育内容,要求本科生须修读"大学美育"及一门美育实践通识课程。

1. 打破学科界限,建设美育核心通识课程

2022年9月,同济大学美育核心课程"大学美育"线上课程上新开课。同济大学"大学美育"课程体系呈现着同济大学作为国内一流综合性大学在人文艺术、跨学科和交叉学科领域的独特优势,通过打破学科界限,带领学生们认知美的多元意义、感受美带来的精神世界提升,发现"理、工、文、医"背后的和谐之美,理解人与世界的关系,进而传承中华美育精神,在未来工作生活中发现美、认识美、创造美。"大学美育"由顾祥林、赵宪忠、李麟学、章小清、王建民、王鑫担任总策划人,由艺术与传媒学院院长、建筑与城

同济大学高雅艺术进校园系列活动芭蕾舞剧《胡桃夹子》精彩上演

通过同济梦想花园节，对学生开展劳动教育

市规划学院教授李麟学担任课程总负责，邀请了30余位两院院士、学院院长、艺术大家、专业学者为学生们开讲。2022年秋季学期首期开课，6000余名学生选课，覆盖了同济大学大一和大二学生群体。"大学美育"包括"人文艺术美学、美学鉴赏提升、工程科技美学、美学全人培育"四大板块，分别从人文艺术的东西方比较互鉴、中华美育经典等讲述美的历史与理论；从美术时尚、音乐舞蹈、戏剧影视、文学书法四个方面，邀请一线的艺术实践者与学者，为学生们讲授艺术鉴赏能力的涵养与塑造；从同济大学"理工文医"多学科融合角度，从"建筑之美、城市之美、园林之美、设计之美、数理之美、桥梁之美、AI之美、机械之美、生命之美"等讲述工程科技中蕴含的美学要素与精神；从全人培育角度，以院士访谈形式讲述美在院士成长历程中所起的重要作用，以及在专业融合、促进人生等方面的重大意义。

2. 建设美育实践通识课程群，强化美育实践体验

培育第一课堂与第二课堂相融合的高质量美育精品实践课程群，包含造型艺术、建筑与建成环境、音乐舞蹈、文艺美学、戏剧影视、设计制造等板块。已建设"星期音乐会""陶艺设计"等高水平美育实践通识课程118门，通过强化美育实践课程学习体验，提高学生审美的自觉性与能动性，丰富学生的美感体验，增加学生的美感储备，提升校园文化能级，形成协同育人的教育环境。

3. 拓展美育实践活动，丰富校园艺术文化

推进文化传承创新，加强原创大师剧、原创话剧、原创朗诵剧、歌剧、合唱剧等作品的深化和推广，持续展演原创舞台剧《同舟共济》、歌剧《江姐》等成熟作品。建设高质

量中华优秀传统文化（京昆）基地、学校艺术成果展示周、中华优秀传统文化教育、星期音乐会、美术精品展、红色艺术教育季、新年音乐会等系列活动。持续做好同济大学艺术节、校庆系列艺术活动，定期举办"高雅艺术进校园"、戏曲进校园等巡演活动，进一步提升美育的铸魂功能。积极参与美育品牌活动，培养学生兴趣爱好，建设高质量艺术社团，支持学生创作突出同济特色的艺术作品。积极组织参加全国大学生艺术展演、中国校园戏剧节、"上海之春"国际艺术节、五月鲜花等美育赛事和美育品牌活动，在大型展演中出精品出成果，全面展示学校美育成果。

4. 加强校外美育基地建设

整合校内资源，拓展校外渠道，在全国范围内建立美育体验与实践基地。结合培养目标，组织学生参观学习，充分发挥校外基地的美育育人功能。已建设完成校内美育实践创新基地20座，校外美育实践基地如宜兴陶艺基地、东阳木雕基地等15座，聘请艺术大师、国家级非物质文化传承人进入美育课堂，在美育教学中充分利用同济大学留学生、交换生较多的优势，形成中外学生协同创作小组，多途径、全方位促进美育实践课程建设。

三、手脑并用、知行合一，劳动教育与专业教育紧密结合，探索构建进阶型劳动教育实践模块

学校将劳动教育内容贯穿整个人才培养过程，形成32学时的理论、实践相结合的劳动教育必修课程，将劳动教育工作及成效纳入人才培养工作评估指标体系，结合学生特点和工作实际，推进劳动教育实践平台建设。

1. 加强劳育课程体系建设，构建知行合一的劳育体系

同济大学加强顶层设计，构建知行合一的劳动育人体系，将劳动教育内容贯穿整个人才培养过程，形成32学时的理论、实践相结合的劳动教育必修课程。开展不少于8学时的理论课教学，包含马克思主义劳动观教育以及科学家精神、劳模精神、工匠精神和大学生劳动法相关法律法规学习。在展现同济精神和学科特色的同时，深入解读劳动精神、奋斗精神的实质和内涵。成立由马克思主义学院、法学院优质师资构成的核心教学团队，同时结合学校学科特点，邀请两院院士、全国劳模代表以及优秀校友加入劳动育人队伍。线下实践环节24学时，以日常生活劳动、生产劳动和服务性劳动为主，设置开放的劳动教育实践模块分类实施，丰富学生劳动实践。

2. 建立劳育教学成效评价体系，确保劳育课程质量

劳动教育工作及成效纳入人才培养工作评估指标体系，确保劳动教育课程教学具体实施和质量保障。强化身体力行，制定多元劳动教育实践菜单。设计递进式课程架构，构建进阶型劳动教育实践模块，鼓励高年级劳动教育实践与专业教育有机结合。将教育内容融入校园活动和生活日常，立体式宣传劳动教育。结合重要节日开展劳动教育主题活动。以项目化思维促进劳动实践教育的开展，同时发挥榜样育人的示范引领作用。强化环境浸润，营造劳动光荣的校园氛围。

3. 劳育融入人才培养全过程

在知识层面上，探索将劳动教育融入人才培养全过程，加强劳动教育，使学生能够理解和形成马克思主义劳动观，牢固树立劳动最光荣、劳动最崇高、劳动最伟大、劳动最美丽的观念。通过慕课平台开放课程教学方法、课程成绩评定方法、网络课程管理办法，以不断扩大社会影响和传播受众。在实践探索中精进劳动技能。在能力层面上，拓展原有人才培养理念的内涵，将具备胜任专业工作的劳动实践能力、创新创业能力以及在劳动实践中发现新问题和创造性解决问题的能力纳入考量。在素质层面上，探索培养学生具有勤俭、奋斗、创新、奉献的劳动精神，并尊重普通劳动者、热爱劳动、珍惜劳动成果，使学生养成良好的劳动习惯。

4. 推动劳动教育实践平台建设，促进"三全育人"

学校结合学生特点和工作实际，推进劳动教育实践平台建设。以"学年劳动周"为载体，发挥教学、管理和后勤服务等部门育人合力，形成"生活技能培养""社会实践锻炼""公益志愿服务""勤工俭学助力""创新创业提升""生态文明建设"和"劳动文化繁荣"七大实践板块，构建完善具有同济特色的劳动教育实践工作体系。重点围绕创新创业，结合学科专业开展生产劳动和服务性劳动，帮助学生积累职业经验，培育创造性劳动能力和诚实守信的合法劳动意识。开展劳动模范面对面、大国工匠进校园等以弘扬劳动精神为主题的宣传教育活动，挖掘师生身边涌现出的典型人物和事迹，打造劳动教育文化阵地。把劳动教育融入社会实践、志愿服务、实习实训等活动中，创办形式多样的"行走课堂"。推动构建政府、社会、学校协同联动的"实践育人共同体"，挖掘和编制"资源图谱"，加强劳动教育。

四、构建德智体美劳协调发展长效机制，促进拔尖创新人才培养

学校强化协同保障，形成校院两级协同联动工作机制，坚持全面、协调、可持续的发展观，为"五育"协调发展提供保证。

1. 坚持以人为本，完善教学管理机制

学校坚持全面、协调、可持续的发展观，在学分管理、课程设置和教学过程等环节上，为"五育"协调发展提供保证。通过学程、辅修、微专业、双学位等进阶式人才培养，鼓励学生树立自由探索的精神，给予学生自主选择权，使学生能够自由制订大学的学习计划，成为学习积极主动的参与者，提升学生的自我判断能力。课程在教学过程中起导向和决定作用，课程改革是加强德智体美劳协调发展的重点和突破口。推动德智体美劳协调发展，培养社会所需的德才兼备、有道德情操、健全人格、健康身心、良好习惯的人才，促进学生健康、充分、全面、可持续发展，为学生的未来发展和幸福生活奠定基础。

2. 强化协同保障，不断提高教育教学质量

形成由本科生院、党委学生工作部、研究生院、校团委、艺术中心、党委宣传部、党委教师工作部及各学院组成的校院两级协同联动工作机制，细化责任分工，确保各项工作统一有序、扎实有效地开展，不断加强体美劳教育长效机制建设。完善师资队伍建设，按照同济大学学科、专业、课程责任岗位实施意见，明确和压实体美劳教育课程岗位职责，保障体美劳教育课程顺利实施，不断提高课程教育教学质量。将体美劳教育工作及成效纳入人才培养质量保证体系。研究与制定详细科学的教学成效评价指标，最终形成系统完善的体美劳教育质量保障体系。将体美劳教育经费纳入学校年度预算，保障体美劳教育教学改革、教学实施、场所建设、教师培训等工作所需要的经费投入。

同济大学坚持立德树人的根本任务，以社会主义核心价值观为引领，以学生成长为中心，以服务学生全面发展、增强综合素质为目标，以体育心、以美育人、以劳树德，传承同济精神，彰显同济特色，积极构建德智体美劳全面协同的高质量人才培养体系，培养引领未来的社会栋梁和专业精英。

第八节 完善双创教育体系，夯实以"城校共生"为特色的双创育人生态

同济大学始终把培养拔尖创新人才作为崇高使命和责任，20世纪90年代以来，学校以实践创新教育为特色，旨在培养学生"通识基础、专业素质、创新思维、实践能力、全球视野、社会责任"的综合特质，成为引领未来的社会栋梁与专业精英。特别是近十年来，针对教育链和创新链、产业链脱节的难题，学校以双创教育为抓手，主动对接国家创新驱动发展战略和上海全球科创中心发展需求，主动融入国家创新体系和上海科创中心建设，构建并实践了以"城校共生"为特色的大学创新创业教育体系。"城校共生"体现为以同济大学为主体，以辐射周边城区的环同济知识经济圈为载体，以校区—园区—城区三区融合、科教产教融合为手段，保障学校拔尖创新人才高质量培养，驱动城区经济社会高质量发展，实现创新引领创业、创业拉动创新。

"城校共生"的双创育人生态通过打通教育链、创新链和产业链的堵点，为全国高校持续深化创新创业教育改革提供了特色鲜明的"城校共生"双创育人范例，并在教育部的指导下组织制定了高校双创教育标准和评价指标，示范引领全国高校创新创业教育高质量发展。

一、"城校共生"的双创育人生态建设措施和路径

"城校共生"的双创育人生态通过实施"一个机制、十大工程"，实现了学校拔尖创新人才培养质量的持续提升。"一个机制"是指重视顶层设计和管理机制创新，打造深度协同的工作机制。十大工程分别是：①研制创新创业教育标准，打造新的人才培养质量工程；②加强课程体系建设，实施创新创业教育"金课"工程；③开展创新创业教育供给侧改革，实施教学能力提升工程；④建设国际校区和平台，加强双创人才培养国际化工程；

同济学子获第七届中国国际"互联网+"大学生创新创业大赛3金1银3铜

⑤重视全场景全时空育人，开展双创教育数字化工程；⑥促进科教产教融合协同育人，强化实践创新工程；⑦面向高科技创新和新兴产业需求，重视科研成果转移转化工程；⑧重视双创人才培养内涵与规律，支持双创教育研究工程；⑨重视双创教育政策，落实双创教育资金支持和政策保障工程；⑩重视大学生就业工作，强调创业引领就业服务工程。"一个机制，十大工程"的深入实施保障了"城校共生"的双创育人生态的高质量运行。

二、"城校共生"的双创育人生态要素

1. 创新人才培养模式，构建双创育人体系

按照"全面覆盖、深度融合、强化实践、全程贯穿"的原则，聚焦师资、教学、实践、项目、竞赛、评价为主要内容的教育教学改革，释放人才培养的内生力量，引领学生面向国际学术前沿和国家战略性新兴产业，为其成长为拔尖创新人才乃至战略科学家奠定基础。

空间维度教学全要素纵向融合。与大学人才培养体系的课程教学、实践创新、国际交流三个主要教学链融合，创新思维、创业意识、双创能力培养融入人才培养全部教学环节，夯实双创教育基础。创建"创新创业+"实验区和微辅专业，建设30多门双创通识课和300多门专创融合课，强化双创教育主体；通过华为等企业命题，"互联网+"等赛事活动，

中国商飞等校企联培,"深空深海"等科创项目,助推双创教育腾飞;通过佛罗伦萨双创营、中芬移动创新课堂等国际交流,提升全球胜任力,拓宽双创教育视野。

时间维度成长全过程横向贯通。基于学生成长周期需求,构建覆盖基础教育、高等教育和终身教育的全过程双创教育。开展中学生"苗圃计划",创新教育贯通中学和大学教育。本科阶段,着力培养创新精神、创业意识和双创能力;硕士阶段,重点培养创造性解决专业问题的能力;博士阶段,突出培养面向国际学术前沿和战略性新兴产业的科技创新能力及技术创新能力;建设"同学堂"终身学习平台,支持校友未来成长及知识产权转化和创业孵化。

2. 以环同济知识经济圈为载体,营造"城校共生"的双创育人生态

创新驱动、知识外溢。依托同济大学,承接大学优势学科知识外溢和师生创业,在校区周边形成环同济知识经济圈,实现"创意—创造—创新—创业"的贯通,形成知识、人才、产业与城市空间互动发展的经济高地,为区域经济增长和社会发展带来强大动能,助推"传统工业杨浦"转型"知识创新杨浦"。

创业拉动、产业反哺。依托环同济知识经济圈,建成了资源集聚的高水平双创人才培养基地,将产业最新发展动态、企业实际需求、学术研发前沿进行无缝连接,产业优势转化为教育资源,共同推动学科专业建设、师资及课程建设,带动全校专业重构、内容重塑、水平提升,实现从学科导向转向以学术前沿及战略性新兴产业需求为导向,从专业分割转向跨界交叉融合,从适应服务转向支撑引领,显著提升了学校创新人才培养能力。

3. 多元主体全面协同,完善双创教育管理机制和评价体系

创新多元协同机制。聚焦产业发展方向,协同园区和城区,建设校地企合作的"科技成果转化概念验证平台"和"无人系统多体协同重大科技基础设施"等科技成果转化和资源共享平台。发挥学校人才培养、科学研究、社会服务的功能,利用学校创新策源、学科支撑和知识外溢的优势,促进园区科技创新、成果转化和产业升级,赋能智慧城市建设和城区创新发展。利用城区与园区政策和资源优势,反哺学校人才培养,共建多元协同的育人机制。

创建双创育人指标。作为教育部双创教指委主任单位,组织制定双创教育标准,形成8个一级指标、64个二级指标、128个三级指标构成的双创建议评价体系,推动高校实施指标导向的多维度双创教育及评价。形成以创新精神、创业意识和双创能力为核心的大学创新人才培养质量文化,推动全国双创教育质量提升。

三、"城校共生"的双创育人生态的特色

"城校共生"的双创育人生态通过把双创教育融入大学人才培养的课程教学、实践创新、国际交流三个教学链并创建"创新创业+"实验区和微辅专业,实现空间维度纵向融合;基于学生成长周期覆盖基础教育、高等教育和终身教育,实现时间维度横向贯通,打造了全要素、全过程深度融通的双创育人模式。通过拆除校区与园区、城区之间有形与无形围墙,大学优势学科外溢和师生共创互促,城区园区科创资源共创共享,实现了城校高质量发展,形成了"城校共生"的双创育人生态。通过三区融合、科教产教融合创建了多元主体协同的管理机制,制定了双创教育标准和评价指标。

1. "多维融合、城校共生、全员协同"的双创育人体系,营造了生机勃勃的双创生态

面向国家创新驱动发展战略,承接大学优势学科知识外溢和师生共创共促,通过多维融合、城校共生、多元协同,建成环同济知识经济圈高水平双创人才培养基地,形成了以"城校共生"为特色的双创育人生态,形成知识、人才、产业与城市空间互动发展的经济高地,支撑了区域经济社会高质量发展,保障了大学创新人才高质量培养。

2. 全要素、全过程深度融通的双创育人模式,优化了双创教育体系

实施基础教育、高等教育和终身教育互相衔接的空间维度学生成长全过程贯通,以"夯实共性基础,强化个性发展"为特色的"全覆盖、个性化、进阶式"本研贯通培养体系时间维度教学全要素融合。本科阶段,以"意识—知识—能力—实践"为核心,大一、大二聚焦双创意识培养和理论知识掌握,提升学生对创新创业的认知和自信;大三、大四聚焦双创能力发展和创新实践,依托"城校共生"的双创资源、要素和场景,提供双创实习实践机会;研究生阶段,着重提升前沿基础理论研究和学术探索能力、硬科技创新能力、技术创新商业化能力,实现创新引领创业、创业拉动创新。

3. 多元主体协同的管理机制,制定了双创教育标准和评价指标

对接国家重大战略、区域发展需求,加强与行业领军企业、高水平研究机构协同,汇聚政府、产业等多元主体的双创资源,建立了校区—园区—城区三区融合、科教融合、产教融合机制体制,打通了教育链、创新链与产业链,为高水平双创人才培养提供机制保障。面向国家双创人才培养需求,组织制定了双创教育评价标准和指标体系,推动高校主动提升学科专业内涵,实现了目标导向的多维度双创教育评价。

四、"城校共生"的双创育人生态建设成效

"城校共生"的双创育人生态建设成效显著,建成了科学先进、广泛认同的"多维融合、城校共生、全员协同"的双创教育体系,100%学生接受双创教育,95%学生创新精神、创业意识和双创能力得到显著提升,90%以上的本研毕业生在战略性新兴产业高质量就业,60%以上的本科毕业生赴全球一流高校深造,8%以上的本研毕业生五年内创建了科技型企业。"城校共生"的双创育人生态建设2022年获得了教育部首批"国家级创新创业学院"、2021年上海市高等学校教学成果特等奖、2021年获批国家级"大众创业万众创新示范基地"、2019年"全国创新创业典型经验高校"、2018年教育部首批"中美青年创客交流中心"、2017年"全国首批深化创新创业教育改革示范校"等国家级创新创业人才培养荣誉称号28个,获省部级教学成果奖23项,"双创"大赛成绩居全国高校前列。出版"双创"相关主题图书60余本,发表相关论文和媒体文章1000余篇,"城校共生"的双创育人实践经验被写入《关于进一步支持大学生创新创业的指导意见》。

1. 助力创新人才高水平培养

学生创新精神、创业意识和双创能力得到显著提升。2021年本科毕业生调查结果显示,95%在"开拓创新能力"上有显著提升。培养的高水平创新人才在前沿新兴科技创新上不断取得突破,在国家重大战略、行业重大需求中不断涌现"同济方案"和"同济智慧"。"航天测绘遥感与深空探测研究团队"师生奋战在相关科技创新的前沿,为月球"嫦娥"、火星"天问"等国家月球与深空探测重大战略的成功输送了一批具有创新策源能力的高水平人才;土木工程学院2018届博士毕业生张天昊毕业当年即获得东京大学终身教职;2021年有502名毕业生赴牛津大学、剑桥大学、麻省理工学院等世界名校深造,师生发表高水平论文超过3000篇,连续三年在《自然》(Nature)、《科学》(Science)等国际期刊中有重要原创论文发表,获发明专利超1000项。

同济大学 2021 届本科生开拓创新能力提升自评

选项	提升非常多		提升很多		有所提升		没有提升	
	频数	百分比	频数	百分比	频数	百分比	频数	百分比
分析能力和批判性思维	553	34.77%	549	34.52%	438	27.54%	42	2.64%
开拓创新能力	517	32.49%	508	31.92%	479	30.10%	78	4.90%
明晰且有效地写作的能力	527	33.14%	529	33.27%	457	28.74%	65	4.08%

（续表）

选项	提升非常多		提升很多		有所提升		没有提升	
	频数	百分比	频数	百分比	频数	百分比	频数	百分比
阅读和理解学术资料的能力	600	37.71%	553	34.75%	401	25.20%	30	1.88%
量化（数学和统计）能力	505	31.76%	526	33.08%	453	28.49%	93	5.84%
交流与沟通能力	540	33.96%	559	35.15%	430	27.04%	48	3.01%
文献检索和在线信息研究技能（例如找书、找文章、评估信息来源）	616	38.74%	563	35.40%	387	24.33%	21	1.32%
国际视野	457	28.74%	513	32.26%	513	32.26%	101	6.35%
外语水平	415	26.10%	475	29.87%	529	33.27%	130	8.17%
准备和进行演讲的能力	466	29.30%	514	32.32%	473	29.74%	121	7.61%
自主学习能力	592	37.20%	541	34%	409	25.70%	38	2.38%

创业人才在重大双创赛事中斩获大奖。"互联网+"大赛成绩突出，奖牌数位居全国高校前列。大赛获奖者舒强、王群龙、袁霄受到时任李克强总理和孙春兰副总理接见。2021年在首次设立的本科生赛道上获金奖2项；黄炳川龙获2021年"创新创业英才奖"（全国仅10人）；2020年金奖获得者舒强同时荣获全国唯一的"最具商业价值奖"，创业企业估值超过20亿元。

2. 助力环同济知识经济圈高质量发展

"城校共生"的育人生态支撑环同济知识经济圈成为世界级创意创新产业核心区和上海建设全球有影响力的科创中心的核心区域。环同济知识经济圈2021年实现总产值564亿元，年均增速近12%。环同济周边集聚了3352家科学研究与技术服务类企业，其中依托同济大学科技成果转移转化创办企业超过1000家；造就了一支对同济具有很强情感认同和信任关系的"同家军"和"济家军"。"城校共生"的育人生态建设获得全社会认可，推动全国其他高校发挥人力、智力和科技资源聚集地的作用，建立环高校知识经济圈，营造高校人才培养和区域产业创新发展的新生态。

3. 助力全国高校双创教育体系高标准建设

以"城校共生"为特色的双创教育体系建设经验被写入《关于进一步支持大学生创新创业的指导意见》，获得《人民日报》在内的数十家主流媒体报道，吸引了全国300多所高校主要领导和创新创业教育负责人前来交流学习。组织专家编制高校双创教育标准和指标体系，出版《敢创会创 筑梦未来：新时代中国高校创新创业教育发展报告》和《创新创业教学案例集》，指导全国高校双创教育体系高标准建设。

出版双创主题相关图书 60 余本，搭建"链科创"双创人才数据库，承办英文双创期刊《亚太创新创业学刊》（*Asia Pacific Journal of Innovation and Entrepreneurship*），发表相关论文和媒体文章 1000 余篇，获得了各类国家级荣誉 27 个，获省部级教学成果奖 22 项，其中特等奖 1 项、一等奖 8 项、二等奖 13 项。围绕双创教育改革，举办相关教研会议、师资培训等 100 余场，培训全国双创师资超过 10000 人，传播"城校共生"的双创育人经验，引领国内高校双创教育转型升级和深化改革。

"城校共生"的双创育人生态按照《国务院办公厅关于深化高等学校创新创业教育改革的实施意见》等文件要求，在推进创新创业教育管理体制机制改革，完善顶层设计，落实主体责任，加强组织领导，加快培养创新创业人才，服务创新驱动发展国家战略和学校高质量教育体系建设方面取得了诸多成绩。目前，同济大学"城校共生"的双创育人生态建设正致力于建成国际一流、国内领先的双创育人体系，以面向国际学术前沿和国家重大需求，培养引领社会、创造未来的社会栋梁和专业精英，促进学校"双一流"建设和创新创业创造协同发展而奋进。

第九节　强化"就业育人"，推进高质量充分就业

2018—2023年，同济大学始终以习近平新时代中国特色社会主义思想为指导，深入学习贯彻党的十九大及十九届历次全会和党的二十大精神，按照党中央、国务院"稳就业""保就业"决策部署和教育部、上海市教委关于高校毕业生就业工作的相关要求，始终把毕业生就业工作摆在突出位置，坚持以服务国家重大战略和经济社会发展为导向，以强化"就业育人"实效为抓手，不断健全就业工作机制，推进就业引导工程，提升生涯教育质量，努力促进毕业生高质量充分就业。

一、加强统筹领导、完善制度设计，下好就业工作"一盘棋"

1. 贯彻落实就业工作"一把手"工程

经学校第十一届委员会第62次常委会审议同意，2020年12月21日，学校成立由学校党委书记、校长担任组长的"同济大学学生就业工作领导小组"，以充分发挥领导小组的统筹协调作用。建立年初召开年度学生就业创业工作总结会、年中召开就业推进专题会议、年末在党委常委会汇报就业专项议题的工作机制。通过工作会议、专题研究、指示批示等方式，在校级层面加强顶层设计和整体统筹，形成具有同济特色的就业创业工作体系。

2. 完善"招生—培养—深造—就业—校友"全链条育人机制

加强就业统计核查，定期通报就业进展，根据毕业生毕业去向落实情况重点分析毕业生深造、赴重点领域就业、赴基层就业、赴科研院所就业、毕业去向落实率等关键指标，连续五年编制《毕业生就业质量报告》《毕业生就业状况报告》《人才满意度评价与市场需求报告》《学生生涯发展与教育报告》。建立"学院—学科—专业"三维监测、反馈和预警机制，在学科评估的基础上，将毕业生就业情况作为学院、学科、专业动态调整的数据支撑和重要参考。建立毕业生就业工作职能部门协同推进机制，学生就业指导中心、本

科生院、研究生院、教学质量管理办公室、发展规划办公室、校友会等相关部门紧密配合，定期研讨，数据共享，全链条推进毕业生高质量充分就业。

3. 突出学院主体作用，建立全方位、多层次的学院就业工作格局

形成学院书记和院长为就业工作第一责任人，分管副书记为直接责任人，就业工作专职辅导员负责具体落实与服务，班主任、研究生导师、专业教师全员参与的就业工作格局，将就业工作纳入学院年度考核、评奖评优指标体系。纵向加强"学校学生就业指导中心—学院就业工作分管副书记—学院就业工作专职辅导员—毕业班班主任（辅导员、导师）—学生骨干（毕业班级联络人）"五级主体联动，畅通"党政部门/用人单位—学校—学院—学生"信息传播渠道，实现育人信息全覆盖。建立学生就业指导中心专员与各学院就业工作辅导员"点对点"工作联络制度，定期指导跟进学院的生涯教育、就业服务、市场建设、毕业去向落实率等情况，及时解决工作中的困难与问题。

4. 健全就业育人工作保障和支持体系

自2018年以来，学校先后发布《同济大学关于进一步加强学生就业创业工作的若干意见》《同济大学"扬帆奖"评选办法》《同济大学毕业生高质量就业促进计划》等指导性文件，修订学生就业引导"青松计划"实施意见稿，进一步织密就业政策保障网。落实就业机构、人员、场地、经费"四到位"就业工作要求。坚持校内师资与社会专业力量相结合，定期组织就业工作人员参加专项师资培训营、专题研讨会，全力打造工作态度好、专业水平高、咨询能力强、市场人脉广的就业工作师资队伍。

二、聚焦市场建设、服务国家战略，绘好就业引导"一张图"

1. 充分发挥校园招聘主渠道作用

主动对接"国家鼓励、学校引导、学生期望"的重点用人单位进校开展招聘活动，每年举办大型校园综合招聘会至少2场、春季校园招聘月活动至少4场、实习招聘会至少1场，协助各地党政机关、国有企业、知名企业等用人单位来校开展宣讲活动逾400场，鼓励支持学院开展小而精、专而优的小型专场招聘活动，每年服务用人单位数量超过2000家。多次组织带领学生参加浙江、福建、江苏、四川、山东、陕西等地举办的高层次人才引进活动，并克服新冠疫情带来的不利影响，将工作重心转向重点行业、重点单位专门面向学校毕业生的人才组织和推荐工作。2020年新冠疫情发生以来，着手打造"线上与线下相结

合，专场宣讲与组团招聘相补充"的校园招聘模式，进一步促进用人单位与毕业生的精准匹配和高效对接。

2018—2022 届毕业生重点领域就业相关数据表

类别	2018 届	2019 届	2020 届	2021 届	2022 届
选调生人数（人）	126	152	200	254	261
基层就业人数（人）	1420	1397	1506	1532	1600
重点领域就业	60.82%	69.26%	69.11%	69.82%	70.18%

2. 持续推进学生高质量就业引导工程

2017 年，推出旨在鼓励引导毕业生赴重点地区、重点岗位和重点单位等重点领域就业的"青松计划"，设立"扬帆奖"。每年来校招聘的用人单位近70%在"青松计划"就业引导范围之内，并且所占比例呈现出动态上升的趋势；年均超过200名毕业生获评"扬帆奖"，校领导每年在毕业典礼上表彰"扬帆奖"获奖毕业生并为相关代表授旗。2020年起，每年举办"同济大学基层就业毕业生论坛周"，打造基层就业校友交流工作经验、社会阅历和成长感悟的大舞台，帮助有志于从事党政基层工作的在校学生坚定理想信念、拓宽择业格局，营造"在基层厚植家国情怀，在西部展现青春底色"的校园新风尚；每年发放"同济大学选调生校友跟踪调查问卷"，动态掌握基层就业校友的思想、工作、生活情况，并寄送学校定制的基层就业慰问品，表达母校的关心和支持。自2018年以来，毕业生赴重

2022年11月20日，同济大学举办2023届毕业生校园综合招聘会嘉定校区专场

点领域就业比例稳步提升，2022届毕业生赴重点领域就业比例超过70%、赴基层就业毕业生共1600人；《同济大学着力"精准"输送毕业生服务国家需要》案例入选教育部"全国普通高校毕业生就业创业工作典型案例"；毕业生被中央国家机关及各省（自治区、直辖市）录用为选调生的数量持续提升，2022届选调生较2018届的增幅达107.14%。

3. 不断深化校地、校企人才合作

积极对接中央及各地组织人社部门开展选调生招录工作。2017年至今，除港澳台地区以外的所有省（自治区、直辖市）都将同济大学作为选调生招录高校。学校为招录工作的组织推荐、资格审核、笔试面试组织、政审考察、体检签约等流程提供全方位协助。校领导定期实地四川、福建、山西、广西、湖南、安徽等省份的组织人社部门，洽谈校地人才输送合作，并看望慰问基层就业校友。积极引进校外资源，对接上海市住建委、云南省委组织部、四川省人社厅、长沙市高新区人才中心等地方部门，以及中国兵器工业集团、中国船舶集团、上海建工集团、上汽集团、中国建筑集团、中国商飞等大型国企央企，开展线上线下组团式专场招聘活动。2022年、2023年，根据访企拓岗促就业专项行动工作要求，深入实施"书记校长访企拓岗"专项行动，学校先后与中国船舶集团、中国商飞、中铁上海工程局、宝武钢铁集团等88家重点用人单位开展校企合作交流会，相关单位录取2022届毕业生703人，开辟学生实习实践和求职就业合作共赢的新渠道。

4. 稳步推进在校学生赴国际组织实习任职

依托"同济大学学生就业信息网""同济就业"微信公众号、"国际组织实习交流"微信群等网络与新媒体平台，做好学生国际组织实习任职的宣传引导，每年推送国际组织相关岗位信息超100篇，国际组织实习意向群覆盖学生达600人，2020年组织策划并独家发布《一条视频带你"走近"国际组织》科普视频，2022年出版《一键GET高校毕业生到国际组织实习任职超全攻略》一书。2021年，学校入选教育部"国际组织青年人才培训项目"，每年面向本校和上海其他高校学生举办"国际组织储备人才训练营"，推进储备具有国际化工作能力和全球领导力的青年人才。学校学生赴国际组织实习任职的人数在2018年首次实现零的突破，到2023年，共有83人次同济学子成功申请并赴国际组织实习任职。

三、坚持学生为本、把握成长规律，织密生涯教育"一张网"

1. 构建完善生涯规划教育特色课程体系

基于就业分析系统生涯调研数据，把握学生成长规律和变化趋势，整合校内外师资力量，健全通识课程教育体系，主动谋划特色课程。相继开设"大学生职业生涯规划""大学生生涯启航""大学生创业基础""创业案例分析与研究""职业指导"等生涯规划教育和创新创业类通识课程，充分发挥课程思政育人能效。不断探索生涯教育微课，2019年，面向本科新生推出《新生生涯规划导航》视频，开启特色课程模块化、视频化进程；2020年，结合新冠疫情防控形势，将各类视频课程集约化管理，依托智慧树等课程平台，推出生涯教育大讲堂，实现学生云上一键式学习；2021年，同济就业微信视频号线上推出"同济就业小课堂"，突出"管理、教育、服务"三大功能的育人功能，加速特色课程系统化建设；2022年，依托上海高校毕业生就业创业工作孵化基地，联合就业辅导员、学院教师、企业专家等师资，围绕就业形势、生涯发展、求职困惑等主题，录制"生涯解惑站"特色微课程10期，不断完善特色课程体系。

2. 拓展丰富生涯教育季品牌活动体系

打造"行·择·济"生涯教育季，逐步建立起职业素养提升训练营、求职技能提升训练营、"青松计划"体验营、"扬帆成长营"、大学生职业生涯规划大赛和模拟求职大赛等生涯教育品牌活动，构筑立体式生涯教育体系，实现学生求职理论提升、能力训练、实践评价的一体化建设。每年开展各类生涯教育活动超12场，参与学生数千人次。2019年，与上海铁路局、中交公规院等企业开展"青松计划"体验营，为学生提供职业实践锻炼平台，引导大学生赴"四重领域"干事创业；开设"扬帆成长营"职业素养提升活动，帮助有志于从事选调生、公务员、部队文职等基层工作的学生坚定理想信念，促使其奔赴"把论文写在祖国大地上"的基层岗位。2020年以来，开设名企高管话生涯专题讲座，邀请重点企业负责人直接对话学生，讲述企业发展、特色文化、选人用人规律，每年举办超6场，参与学生近千人。2021年，针对毕业生新时期求职实务能力提升需求，开设"群面模拟训练营"和"单面模拟训练营"，每年覆盖学生超500人次。2022年，针对博士生就业特点，邀请央企国企、科研院所等博士生校友，推出博士就业大讲堂系列活动，帮助博士生明确定位，尽早启动职业生涯规划，参与博士近500人次。

3. 提升就业指导精准化服务水平

构建多层面生涯规划教育和个性化职业规划辅导工作体系。针对新生，以漫画的形式设计并发布长图文《生涯规划服务指南》、视频《新鲜 TJers 的生涯规划导航》以及《同济大学新生生涯规划服务手册》，并精心研究、原创设计"职涯规划体验日"活动，通过互动游戏，启发新生生涯规划意识。针对毕业生的个性化职业发展需求，邀请资深生涯规划师、人社部门专家、企业人力负责人担任职业咨询师，每年保持 40 名咨询师在岗咨询。2019 年推出同济大学职业生涯线上咨询预约平台，实现"咨询师在库—在校生预约—一对一咨询—建档与复盘"闭环管理，不断提升个性化指导育人成效。针对学生需求，依托各类宣讲会、招聘会开设"简历门诊"专栏，助力学生求职能力提升，每年服务学生超 1000 人次。针对"未就业毕业生"和"重点就业学生群体"，建立动态就业信息库，充分发挥辅导员—班主任—导师的联动帮扶作用，学生包干到人，充分调动校院多层级支持系统跟进帮扶，做到"一人一策""一院一账""一类一案"。每年举行"手牵手"职业助力计划（2020 年推出抗击疫情专项就业援助计划），全力做到点对点联系、动态掌握求职状态，精准帮扶，重点学生毕业去向落实率逐年提升。

五年来，学校毕业生就业工作成效显著、硕果累累。近五届毕业生毕业去向落实率平均保持在 97% 以上，一直处于同类高校前列。赴重点领域就业比例、基层就业和选调生人数显著上升。学校就业工作经验和典型案例多次被教育部、上海市教委等官网宣传，也被《新闻晨报》《劳动观察》《新民晚报》《中国青年报》《科技日报》等报纸杂志，人民网、新华网、东方网、文汇 App、上观新闻等新闻网站，上海广播电视台等电视媒体多次专题报道。在 QS 世界大学就业竞争力排名、泰晤士全球大学就业力排名等主流机构排名中，学校一直处于中国高校前 10 位（不含港澳台统计数据）。

在下一阶段，学校将紧紧围绕立德树人根本任务，紧密结合国家及区域中长期规划和经济、教育、科技、社会发展的重大需求，输送毕业生服务国家发展战略，加强就业引导活动品牌影响力、加大分层次就业与生涯规划服务成效，提升毕业生重点领域就业比例与毕业生就业竞争力。不断强化就业育人实效，实现毕业生更高质量充分就业。

第十节 土木工程学院：创新知识、引领发展，培养面向未来的土木工程世界一流人才

同济大学第十一次党代会召开以来的五年来，土木工程学院（以下简称学院）坚持以习近平新时代中国特色社会主义思想为指导，全面贯彻党的教育方针，紧紧围绕立德树人根本任务，立足学科优势，秉持"传承·创新·引领"宗旨，开展了土木工程世界一流人才培养的系统实践，培养出一批具有扎实基础、创新思维、全球视野、家国情怀等综合素质的专业精英和社会栋梁，引领了土木工程专业的发展，并为传统工科专业在规模发展下的个性化人才培养提供了成功典范。

一、土木工程世界一流人才培养体系顶层设计

1998年，同济大学土木工程专业在全国率先实施宽口径人才培养，其后始终与时俱进，注重人才培养理念、培养模式和育人文化的变革并有效付诸教育实践。为国家培养了大批拔尖创新人才。然而随着新型城镇化、数字中国等国家重大战略的实施，建筑产业向韧性、智能、绿色发展的变异，以及土木工程学科从跟跑到并跑、领跑的转变，传统工科专业的内外部环境急剧变革，人才培养理念、培养模式、培养路径和教育教学机制急需突破创新，以培养前瞻未来、应对挑战的世界一流土木工程人才，实现从支撑行业发展到引领产业发展的培养目标转变。

结合学科优势和产业特点，学院积极开展教育教学研究，成立土木工程学科战略发展研究院，依托47项国家与省部级教改项目，汲取国内外成功办学经验，深入研究国家战略、科技革命、产业变革、学科发展等深度变革对本科教育教学的影响和挑战，全面审视过去的人才培养体系，与目前面临的变革与挑战。

凝练出世界一流人才的特质将体现在：洞察未来、引领未来，应对挑战、解决问题，

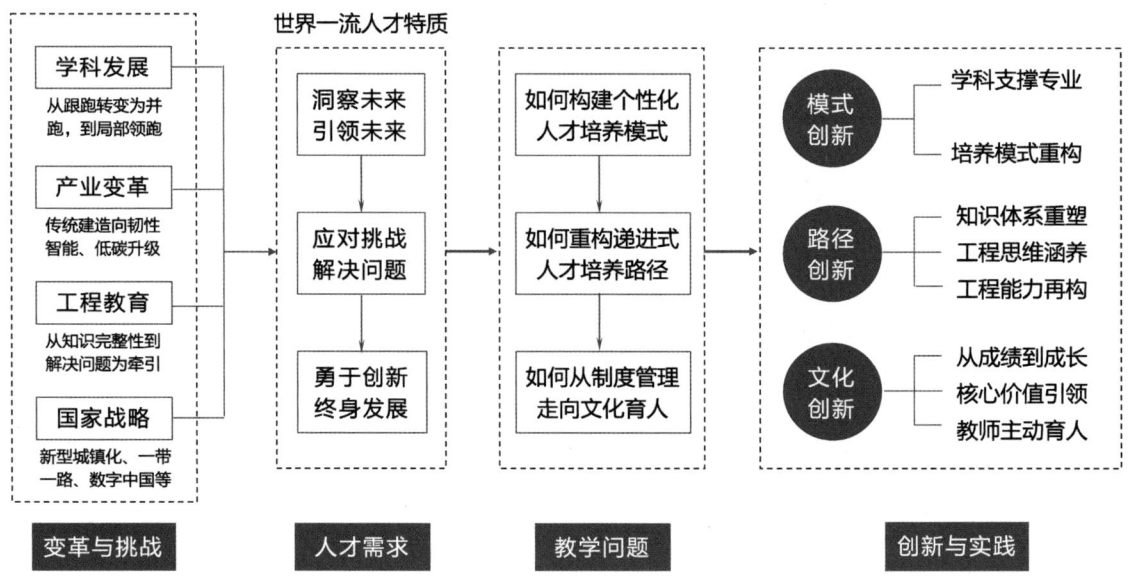

土木工程世界一流人才培养体系顶层设计

勇于创新、终身发展。而培养世界一流人才，关键在于创新人才培养模式、人才培养路径和教育教学机制，具体体现在：一是构建个性化人才培养模式，以提升学生洞察未来、引领未来的能力和素质，开阔眼界、筑牢其未来发展空间；二是重构递进式人才培养路径，以提升学生应对挑战、综合创新的能力和素质，掌握方法论、有效应对未来变化；三是从制度管理走向文化育人，以提升学生勇于创新、终身发展的意识和追求，坚定信念、责任和使命驱动发展。

基于上述认识，学院精准识变、科学应变、主动谋变，从培养学生开阔战略视角、掌握应对方法、坚定人生信念三个维度，层层递进，提出了"通专融合、思维涵养、个性发展"的人才培养理念，不断发展"共性基础＋个人发展"的人才培养模式，培养具有基础扎实、创新思维、全球视野、家国情怀、应对复杂问题挑战的引领未来的专业精英和社会栋梁，形成了造就世界一流土木工程人才顶层设计。

二、强化交叉融合，构建个性化人才培养模式

1. 将优势学科势能转化为人才培养动能

学科为专业建设提供知识体系支撑，专业则处在学科体系与社会需求的交叉点上。洞

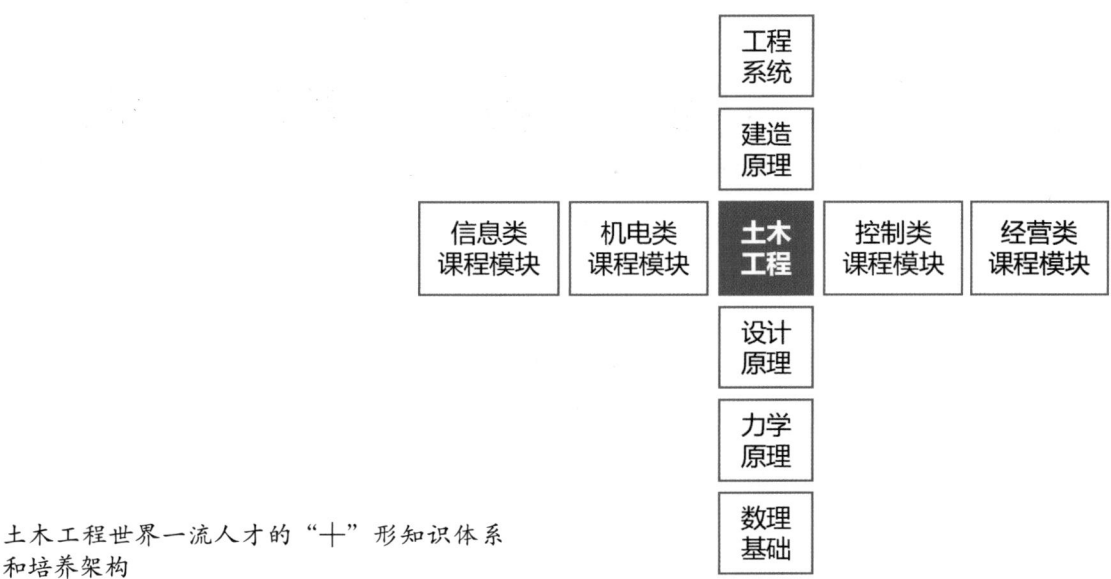

土木工程世界一流人才的"十"形知识体系和培养架构

察未来、引领未来的高质量人才培养取决于前沿性学科知识体系在专业建设中的前瞻布局和提前引入。学院依托 US News 和软科两大世界学科排名第一的学科优势,结合新型城镇化、"一带一路"、数字中国国家战略,将土木工程学科的韧性、智能、绿色研究内容引入本科专业的改造升级,领先于行业发展;将具有前沿交叉和大工程观属性的科研项目纳入导师制,培养学生工程系统思维和前瞻未来战略视角。

2. 从"丨"形专业人才培养走向"十"形交叉人才培养。

以往的学科专业划分过细,而未来的建筑市场最需要的是系统和流程工程师。为此,学院积极推动从"丨"形专业人才培养走向"十"形交叉人才培养模式转变。以土木工程学科知识为核心(一竖),以跨学院、跨学科的信息类、机电类、控制类、经济与管理类课程模块为拓展(一横),创建了土木工程人才培养"十"形知识体系和培养架构,突破学科壁垒,以全面性、基础性夯实学生未来发展的知识基础。

3. 构建"共性基础 + 个性发展"人才培养模式

持续提升课堂教学链、创新实践链、交流合作链的育人内涵和彼此融合,夯实每位学生发展的共性基础。制定菜单式个性化人才培养方案,全面形成"土木工程 +"的个性化人才培养模式:与设计创意学院开设"设计创意"课程模块,与创新创业学院联合开设"创新创业"课程模块;与数学科学学院联合开设"数理强化班",与航空航天与力学学院联合开设"力学实验班",前两年在相关院系学习后转回土木工程学院学习;与法学院联

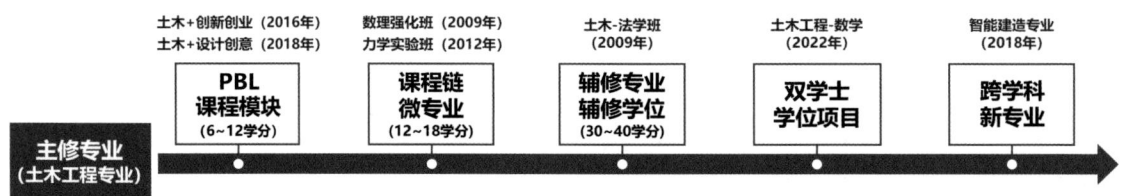

土木工程学院个性化、进阶式人才培养路径

开设"土木–法学"复合人才实验班,实行"主修专业+辅修专业/学位";与数学科学学院联合开设"土木工程+数学"双学士学位项目;与电子与信息工程学院、机械与能源工程学院、管理科学与工程学院等创办全国首个智能建造专业。进阶式人才培养模式已为跨学院、跨学科的个性化人才培养提供了可复制可推广的示范。

三、变革教学重点,重构递进式人才培养路径

将"知识体系重塑、工程思维涵养、工程能力再构"作为教学重点并贯穿课堂教学、创新实践、交流合作等育人全过程,强化解决复杂工程问题能力的培养,强化自主学习和综合创新能力的培养。

1. 跨学科、贯通式、全综合的知识体系重塑

开展跨学科、贯通式、全综合的知识体系重塑。从知识点、知识体系到知识图谱,深入挖掘课程内涵,与外国语学院联合改革英语课程,第一学期强化完成大学英语四、六级考试,巩固基础;第二学期讲述中国文化和欧美文化,嵌入人文熏陶;第三学期一对一进行写作训练、演讲训练,强化听说读写能力;第四学期起,结合专业教师进行学术英语训练,为专业发展铺路。目前这一英语教学模式已推广至其他学院。与航空航天与力学学院一起,将原多有重复的43门本硕博力学类课程压缩至21门,深度加强、广度加大,并增加部分个性化课程。改革计算机类课程,强化计算思维、强化人人编程,学时未增、内容强化;"C++语言"课程由土木工程专业教师授课,强调教学内容与专业学习结合;在计算机扩展知识学习中,改革学时分配模式、开设六类计算机应用课程,强调自主选课、分类指导、个性作品,学生的计算机能力大幅提升。

在"十"形知识体系架构下,提升土木工程专业核心课程内涵,86%的专业基础课程为国家级和省部级课程;创建多学院、多学科共建的"工程机电""机械设计基础""电液控制基础""土木工程信息化""智能信息处理技术""传感器与信息融合""智能感

知网""智能建造技术与装备""工程经济"等9门课程,专业基础打"牢"、交叉基础建"全"。

2. 注重原理讲授、方法传授和工程思维涵养

课程改革过程中,学院在注重原理讲授、方法传授的基础上,突出思维方式的培养。通过多种方式,将思维涵养贯穿育人全过程,培养学生的创造性思维、系统性思维、批判与元认知思维、分析性思维、计算性思维、实验性思维及人本主义思维等,为能力提升提供肥沃的土壤。

在工程系统思维方面,抓好大学四年一头(导论课)一尾(全过程设计课)两门课程,①将"土木工程概论"从一学期延拓至"土木工程与土木工程师"本科四年,从新生研讨课、土木工程各方向内涵、土木工程史与学术思想、伟大工程巡礼及研讨到学术方法与思维、重大工程案例分析、工程综合分析及其社会影响,层层推进,把握专业全貌,并以设计型大作业取代传统的期末考试或"小论文",激发学生主动思考、综合创新。②将分散的多门设计课程整合为7学分的全过程工程设计课程,涵盖场址选取、建筑设计、结构方案优选、结构分析与设计、施工组织设计、造价分析与比较、图纸绘制等内容,从"工程验算"转变为"工程设计",从零散知识灌输到工程系统培养。

在交叉思维与综合创新思维培养方面,学院制定了《同济大学土木工程学院本科生导师制实施办法》等系列管理制度、开发了专门的导师制信息管理平台,建立了"进团队、进项目、进实验室"的院内导师制,"学科交叉、工程依托"的交叉学科导师和企业专家导师制,"国际化毕业设计和短期交流"的国际导师制三种模式,强调汲取"师徒传承"和"工匠精神"精髓,以挑战性工程或科研项目为抓手,师生共同工作27小时,辅以朋辈导师,培养学生的批判思维、创新思维、系统思维,以及学术志趣、家国情怀。

3. "五结合、一贯通"的全方位、递进式实践创新教学体系

以国家级教学平台和基地为依托,构建了理论与实践、科研与教学、虚拟与现实、线上与线下、学校和企业"五结合"的教学实验、实习实践、课程设计、创新创业实践教育体系。

科教融合,将学科前沿成果引入教学实验,持续研发和完善虚实结合类、综合创新类教学实验项目,提升其高阶性、创新性和挑战度;产教协同,以重大工程合作为抓手升级传统的实习基地,开拓兼具原理性、前沿性、智能性的实习实践基地,打好校企合作的感情牌、利益牌、制度牌"三张牌";面向行业领军企业征集题目,全面开展联合毕业设计,校企双方导师全程共同参与课题选择、过程指导、答辩考核、成果凝练,培养学生综合地、

创造性地利用所学知识和技能解决复杂工程问题的能力；设置创新创业学分、认定国内外竞赛类学分、分学期设置课程大作业，将科研资源转化为研究性学习与实践项目，形成了从大一"新生结构设计赛"、大二"结构力学竞赛"、大三"大学生结构设计赛"、大四"全过程课程设计"的螺旋式发展，实现在培养动手实践、工程综合能力的同时，强化问题建模、算法求解、系统创新地解决复杂工程问题能力的培养。

四、改革评价体系，从制度管理走向文化育人

1. 提出课程思政"三十条"，激发学生内生动力

提出土木工程专业课程思政"三十条"，从天下意识与全球视野、家国情怀与责任担当、工匠精神与职业素养、文化传承与价值引领、工程思维与创新能力、学院归属与专业自豪等六个维度，梳理了三十条课程思政元素，并将其细化至课堂教学、实践创新、交流合作等教学过程之中。从课堂教学到课外活动，多维度评价与改进，真正做到"入脑入耳入心"。强调教师的言传身教，以专业素养培育人、以人格魅力感召人、以精神力量塑造人，使核心价值、理想信念成为学生终身发展的永恒动力。

2. 建立全过程、多维度、动态性学生评价机制

丰富"1学分=1个课内学时+2个课外学时"的学分内涵，课外学时由指导性学时和自主性学时两部分组成，并在教学大纲教学安排中明确给出；指导性课外学习包括现场考察、教学实验、上机实习、专题讨论等，自主性课外学习包括课后作业、项目探究、线上自学等，激发学生学习兴趣和内生动力，培养学生的自主学习能力。

创建了涵盖发展性评价、形成性评价和增值性评价的学生发展性评价指标体系。依托自主研发的工程教育质量分析诊断系统，开展学生个体发展微观评价、课程教学成效中观评价、毕业要求达成宏观评价及分析反馈、诊断溯源与持续改进，促进学生自我认知、自我调控、自我成就，激发学生学习兴趣和内生动力，提升学生自主学习能力，最终实现学生在夯实共性基础上的个性发展。

3. 建立约束、激励、情怀并重的教师评价机制

实行以本科课程定编和定岗，并据此进行教师的分类评价与分类考核。教师评聘与考核过程中，以教师育人质量而非授课数量进行评价，建立了学生评教（对每名授课教师按质量排序）、督导评教（至少4名督导多次听课取均值）、自我评教（学期课程的教学内

容更新、教学方式创新情况）的可量化的教学质量评价办法。与技术前沿的企业专家探讨最新技术对人才培养的要求，与国外一流大学教师探讨未来土木工程人才发展趋势，转变教师在知识获取、思维方式、授课方式等方面的传统认识，以适应世界一流人才培养的要求。提升教师的育人获得感，在学院形成主动育人的文化氛围，资深教授上课亦必须试讲，首届国家教材奖的三部教材均为院士亲编教材，人人争做教书育人"大先生"在学院内已蔚然成风并延伸至跨学院、跨学科的课程团队之中。

五、人才培养成效及推广示范效果

上述措施实施效果显著，育人成效进一步提升。强化"前瞻未来、应对挑战"的培养理念进一步激发了学生的才智和潜能，学生评教中写道："教师剖析原理……重视思维训练，令人有醍醐灌顶之感。"2012年参加美国土木工程师学会ASCE（中太平洋赛区）竞赛以来，与加州伯克利大学等世界名校同台竞技，6次获总分第一和17个单项第一，美国某电视台的专访对"走向国际舞台的中央"的同济学子予以高度评价。

学院的育人实践成果在校内形成了很好的推广和示范：课程档案、主辅修培养路径、"共性基础+个性发展"培养模式已推广到全校，带动本校其他学科专业的改革和建设。多项先行先试的育人实践，被纳入学校主持编制的国家专业规范、教学质量国家标准、课程思政教学指南之中，被全国500余所土木类高校借鉴或采用。主持土木工程专业国家级虚拟教研室、在全国性会议中做特邀报告、赴全国30个省（自治区、直辖市）100余所高校宣讲示范，以及一流专业、一流平台、一流课程、一流教材、一流师资的优质资源全国推广，引领了土木工程专业发展。2017年创办首个智能建造专业，入选本专业唯一一个国家级一流本科专业建设点。

2021年参加工程教育认证，成为加入华盛顿协议以来唯一六年无条件通过的土木工程专业（也是2021年唯一的一个工科专业），研发的工程教育质量分析诊断系统已推广至十多个专业使用，为传统工科专业在保持学生规模条件下的拔尖创新人才培养提供了成功范例。加州理工大学伯克利分校、慕尼黑工业大学等高校调研同济大学智能建造专业建设经验，美国ASCE大学生竞赛同济代表队接受美国电视台专访，中欧土木工程联合调优项目的欧盟教育委员会专家高度评价同济土木人才培养模式、人才培养质量、学生增值发展体系。

站在新的起点，土木工程学院将深入学习宣传贯彻党的二十大精神，坚持以习近平新时代中国特色社会主义思想为指导，深刻理解以习近平同志为核心的党中央对办好中国特色高等教育的重要指示和战略谋划，主动迎接土木工程行业转型发展对人才培养的挑战，落实立德树人根本任务，坚持铸魂强基、交叉融合、踔厉创新，实现赓续引领，将土木工程世界一流人才培养的实践推向深入，走出一条具有鲜明同济特色的土木工程世界一流人才培养道路，为以中国式现代化全面推进中华民族伟大复兴作出新的更大贡献。

奋楫争先

第四章

加快推进学科高质量发展

第一节　系统推进，
　　　　持续深化"双一流"建设

"双一流"建设是党和国家作出的重要战略决策，将为提高我国高等教育发展水平和增强国家核心竞争力奠定长远发展基础。按照党的二十大报告中关于"加快建设中国特色、世界一流的大学和优势学科"的精神，同济大学扎根中国大地，坚持社会主义办学方向，落实立德树人根本任务，遵循高等教育发展规律，系统推进并持续深化"双一流"建设。学校计划实施大学发展、学科建设、人才培养、科技创新、队伍建设"五位一体"的建设规划，加强体制机制创新，激发各要素活力，扎实推进一流大学、一流学科建设，同时带动高水平师资队伍建设、拔尖创新人才培养和高质量科技创新；牢牢抓住人才培养这个关键，坚持为党育人、为国育才，坚持服务国家战略需求，瞄准科技前沿和关键领域，优化学科专业和人才培养布局，打造高水平师资队伍，深化科教融合育人，为加快建设世界重要人才中心和创新高地提供有力支撑。

一、坚持社会主义办学方向，以一流党建引领一流大学建设

马克思主义是我们立党立国的根本指导思想，也是我国大学最鲜亮的底色。运用马克思主义立场观点观察世界、分析世界，坚持社会主义办学方向，把中国特色社会主义道路自信、理论自信、制度自信、文化自信转化为办好中国特色世界一流大学的自信。习近平总书记指出，办好我国高等教育，必须坚持党的领导，牢牢掌握党对大学工作的领导权，使大学成为坚持党的领导的坚强阵地。因此，坚持社会主义办学方向，深化一流党建是一流大学建设的根本保障。

同济大学以习近平新时代中国特色社会主义思想为指导，紧紧围绕立德树人根本任务，完善"大思政"工作体系，深入推进习近平新时代中国特色社会主义思想和党的二十大精神入脑入心，切实推进党建示范创建和质量创优工作，以一流党建不断开启中国特色世界

一流大学建设的新篇章。一是持续加强政治建设，牢牢把握社会主义办学方向，在思想上政治上行动上同党中央保持高度一致；二是充分发挥学校党委"总揽全局、协调各方"的领导核心作用，夯实全员育人责任，构建大思政格局，建立以第一课堂课程教学为核心、第二课堂思辨和实践平台为外延拓展、学科文化为环境浸润的三圈层"大思政"育人模式。三是持续加强思想建设，加强师德师风建设，构筑"三全育人"十大育人体系，引导广大师生在"双一流"建设中凝聚思想共识；四是持续加强组织建设，进一步完善"校—院—党支部"三级基层党建责任体系，为"双一流"建设做好组织保障；五是探索建设思政课程、课程思政、日常思想政治教育三位一体的保障机制，以思政课程为核心、课程思政为关键，将思想政治工作深度融合、全面贯穿教育教学全过程，形成同向同行、相互支撑的全方位育人合力；六是持续加强作风建设，制定《同济大学中层干部落实履职尽责若干意见》，为"双一流"建设涵养风清气正的政治生态；七是持续加强纪律建设，加强对重点领域、关键环节的廉政风险防控，在全面从严治党中推进"双一流"建设。

学校党的建设取得了显著的成效，形成了一流党建引领一流大学建设的良好态势。入选建设首批全国党建工作示范高校并以优秀成绩获得验收通过，优秀基层组织和先进党员持续涌现；入选首批全国"三全育人"综合改革试点高校并深入开展综合改革；加强马克思主义的指导地位，入选建设第三批全国重点马克思主义学院；师生主动践行社会主义核心价值观，学校获评全国"文明校园"。

二、坚持世界一流建设目标，探索一流大学建设与发展规律

一流大学是一个复杂动态系统，其基本模型是在强约束条件下的输入、输出的反馈系统。学校发展通过树立系统观念，系统思考各类变量耦合作用与成果输出，持续正向改进与提升。一方面在从政府和社会获得高水平的输入后，经过慢变量（如人才培养、基础研究、队伍建设、文化塑造等）、中变量（如课程建设、教材建设、实验室建设等）和快变量（如社会服务、工程应用、校园景观建设等）之间的耦合作用，多年来实现了各类优秀毕业生、科研等高水平成果输出；另一方面通过一流大学文化的营造、传承和浸润，构建凝聚人心、追求卓越的学术共同体，激发师生的内在活力，推动这个复杂动态系统的健康持续发展，整体提升了学校的最终品质和水平。

习近平总书记指出，一个国家的高等教育体系需要有一流大学群体的有力支撑，一流

大学群体的水平和质量决定了高等教育体系的水平和质量。"双一流"建设的主要目标之一就是要形成我国的世界一流大学群体,所以一流大学建设应立足新发展阶段、贯彻新发展理念、构建新发展格局,把发展科技第一生产力、培养人才第一资源、增强创新第一动力更好结合起来,更好为改革开放和社会主义现代化建设服务。世界一流大学应该是世界优秀学生的向往地、拔尖创新人才的培养摇篮、全球顶尖人才的聚集地,也是前沿科学探索、重大科技发现和技术发明的原创地,能够为人类文明进步贡献先进理念和文化,形成全球公认的学术流派、学术观点。同济大学的"双一流"建设坚持世界一流的建设目标,结合中国实际,扎根中国大地,不断探索一流大学的建设与发展规律。近年来,学校按照"优势工科引领带动、厚重理科融合推动、特色医科协同驱动、精品文科共享联动、前沿交叉创新互动"的思路,深入推进一流学科和学科交叉领域内涵建设。

学校立足中国特色,瞄准世界一流,以学科建设为龙头,以队伍建设为基础,以创新发展为驱动,以综合改革为抓手,通过"双一流"建设,学校的综合实力以及学科水平、人才培养、队伍建设、科学研究、文化传承创新、国际交流合作等方面工作进步显著,全面提升了学科的国际竞争力和国际影响力,有力地推动了同济大学"双一流"建设各方面工作迈向高质量发展阶段。2022年同济大学入选第二轮"双一流"建设高校,同济大学的生物学、建筑学、土木工程、测绘科学与技术、环境科学与工程、城乡规划学、风景园林学、设计学8个学科入选第二轮"双一流"建设学科。其中,生物学为第二轮"双一流"建设新增学科。在第五轮学科评估中,学校A类学科在上一轮基础上增加了50%,学科整体水平有了较大提升。

三、坚持交叉融合建设路径,服务国家与区域重大战略需求

习近平总书记要求,一流大学要把发展科技第一生产力、培养人才第一资源、增强创新第一动力更好结合起来,更好为改革开放和社会主义现代化建设服务。近年来,学校按照"聚集大团队、构建大平台、承担大任务、催生大成果"的工作思路,新建了上海自主智能无人系统科学中心、城市交通研究院、长三角可持续发展研究院、上海新城建设研究中心、中国(上海)数字城市研究院等若干新型交叉融合平台,并在建设过程中不断探索交叉平台建设、交叉团队人员聘任、学科交叉成果认定和共享、交叉人才培养等有关办法,推动体制机制创新,进一步落实"人员流动不调动,成果归属原单位,成果评价后奖励"的原

则,营造良好创新生态,激发平台创新活力。通过首轮"双一流"建设,学校在机制体制、人才培养、师资队伍、科学研究、服务国家与区域重大战略需求方面也取得了显著的成效。

在机制体制方面,学校职能部门近年来积极推进与新发展格局相适应的学科交叉机制建设,不断推进交叉融合平台的实体化建设和运行。建立的制度包含《同济大学学科建设管理办法(试行)》《同济大学学科群建设管理办法(试行)》等。交叉科研平台近年来也在积极尝试建立新的有活力的体制机制。各平台陆续建成相对独立的办公和实验场地、设施,统筹原有、新增配置开展科研教学所需的仪器设备,并配备专门的教辅及行政管理人员辅助日常行政及教务工作。同时,平台拥有一定招生自主权,开展交叉博士生集中培养。各平台也在推进考核评价有关办法的制定,比如通过教学、科研、学生创新创业指导、公共服务等维度的计分,对导师进行贡献计分,考虑将评价结果与导师招生名额数量等方面挂钩。

在人才培养方面,一是推动本硕博交叉人才培养新体系的建设,实施国际化创新型人才培养战略,发挥同济大学一流学科、高峰学科和交叉学科优势,推进教育链、人才链和产业链、创新链有机衔接。二是针对生源背景多元的问题,营造学生深度参与交叉融合的外部环境。三是实行双导师制,通过提高生师比配置实现交叉平台学生的短期高频研究思维的碰撞,培育交叉科研思维。2021年,学校获批建设智能科学与技术交叉学科博士点,并成立智能科学与技术学科委员会;2022年,开始正式招收交叉博士生。

在团队建设方面,一是构建高层次人才库并建立人才追踪体系,遴选、培养优秀人才并积极组织申报不同层次的人才计划,加强队伍的梯队建设,全面共建国内顶尖专家团队;二是持续推进校内教师双聘制度,探索研究学科交叉专业技术职务试点评审办法,鼓励并支持各交叉平台根据需要设立跨学科岗位。

在科学研究方面,一是在"中央高校基本科研业务费专项资金"的资助下,持续多年有组织地面向全校开展学科交叉类项目的资助申报工作,跨院系、跨专业成为常态。二是联合有关创新平台发布学科交叉项目指南,启动"学科交叉联合攻关首批示范项目申报",为同济的学科发展寻找新的增长点,促进校内多学科的交叉和发展。

在实现基础研究重大突破方面,针对南海海洋领域的研究,在海盆形成的"板缘裂谷"、气候演变的"低纬驱动"和边缘海"洋陆相互作用"方面取得重大突破;在国际上首次提出"原子光刻+软X射线干涉光刻"新方法,研制了可溯源至自然常数的间距为106.4纳米硅光栅;以干细胞与转化医学为突破点,实现全球首例人类自体肺干细胞移植再生,推动人体自身内脏器官的再生逐步从实验室走向临床应用。

在服务国家重大战略需求方面,服务国家深空探测战略,突破了遥感空间信息可信度理论和精准激光测量技术,为首次月球背面软着陆悬停避障提供了技术支撑;服务国家海洋战略,聚集"三深"(深钻、深网、深潜)科技研究,建设了国家重大科技基础设施"海底科学观测网";服务国家交通强国战略,开发了我国首个智能交通管理系统,参与研制了具有自主知识产权的时速600千米高速磁浮系统。

在支撑国家重大工程建设方面,充分发挥土建类学科优势,在国家重大工程中不断贡献"同济智慧"。针对港珠澳大桥人工岛设计与施工关键技术等多项世界级难题,组织近10支技术团队支撑了港珠澳大桥建设;积极服务北京城市副中心和雄安新区规划建设等多项重大工程;在北京大兴机场的建设与运营筹备总进度综合管控、机场智能型综合交通枢纽建设关键技术等方面发挥关键性支撑作用。

在促进上海经济社会发展方面,融入上海全球有影响力科创中心与全球卓越城市建设。牵头建设上海自主智能无人系统科学中心,努力支撑人工智能发展的"上海高地"建设;

服务上海城市发展,融入全球卓越城市建设

牵头打造中国（上海）数字城市研究院，为上海数字化转型和数字城市建设提供理论、技术和人才支撑；促进大学知识溢出与成果转化，与地方政府联合推动建设环同济知识经济圈，近五年年产值增幅超过50%。

在新一轮"双一流"建设中，同济大学将进一步深入贯彻习近平新时代中国特色社会主义思想，深化科教融合、产教融合，按照"优势工科引领带动、厚重理科融合推动、特色医科协同驱动、精品文科共享联动、前沿交叉创新互动"建设思路，加强体制机制创新，着力构建高质量的可持续发展学科体系。加强基础学科建设，深化一流学科建设，以一流学科为引领（含2个自主建设基础支撑学科），实施"2+8"一流学科交叉领域建设布局，实现学科交叉融合与协同发展。同时，学校正在上述基础上积极布局并建设学科交叉中心，探索学科交叉与融合发展的同济模式。

一流大学和一流学科建设任务路途艰远，绝非朝夕之功，学校将继续拓展全盘视野和长远愿景，立足新发展阶段，贯彻新发展理念，构建新发展格局，遵循大学发展规律，围绕学校党代会确立的"与祖国同行，以科教济世，建设成为中国特色世界一流大学"奋斗目标和发展蓝图，胸怀"国之大者"，以立德树人为根本，践行"四个服务"，通过创新推进高质量发展，系统推进，持续深化世界一流大学和一流学科建设，为构建人类命运共同体不断贡献同济智慧和同济力量。

第二节　促进交叉融合，构建高质量学科体系

新一轮科技革命和产业变革突飞猛进，学科交叉融合已成为学科发展的必然趋势，党的二十大报告明确指出，"要加强基础学科、新兴学科、交叉学科建设，加快建设中国特色、世界一流的大学和优势学科"。学校在新一轮"双一流"建设中，围绕"突出优势、强化特色、协调发展"的学科建设总原则，将学科交叉融合作为构建高质量学科体系的重要战略支点，持续推进优势工科、厚重理科、特色医科、精品文科、前沿交叉建设。一方面落实"人员流动不调动，成果归属原单位，附加绩效再奖励"，促进学科交叉机制和组织模式创新，推进学科布局优化调整，构筑面向高质量发展的多元化学科交叉架构；另一方面面向国家重大战略需求，充分发挥多学科共生优势，按照"聚集大团队、构建大平台、承担大任务、催生大成果"的思路，重点集聚一批富有创新精神和国际影响力的学科交叉科研队伍，建设高水平学科交叉平台和交叉学科，遴选资助一批面向国家重大战略需求的学科交叉联合攻关项目，推动形成有代表性的原创交叉成果。通过学科交叉提升学校科技创新策源能力，构建实效可行的交叉管理制度，探索同济特色的学科交叉机制，构建高质量学科发展体系。

一、组织建设学科群、培育学科交叉领域

为立足新发展阶段、贯彻新发展理念、构建新发展格局，实现高质量发展，全面落实《同济大学"十四五"发展规划和2035年远景目标纲要》《同济大学学科建设"十四五"规划》和《同济大学"双一流"建设高校整体建设方案（2021—2025）》，按照"优势工科引领带动、厚重理科融合推动、特色医科协同驱动、精品文科共享联动、前沿交叉创新互动"的建设思路，学校在新一轮"双一流"建设中以一流学科为引领，实施"8+2"十大一流学科交叉领域（学科群）建设布局，以打破学科壁垒，推动学科优势互补和深度交叉融合，提升学校学科整体发展水平。

学校实施"8+2"的学科群建设布局中,共有45个学科积极参与建设,通过学科交叉融合与协同发展,带动学校整体学科发展。该十个学科群如下:由马克思主义理论研究学科牵头的"领域一:新时代中国特色社会主义理论与实践"学科群、由智能科学与技术学科牵头的"领域二:智能科学与技术"学科群、由生物学学科牵头的"领域三:生命科学与转化医学"学科群、由建筑学学科牵头的"领域四:建筑科学与建成环境"学科群、由土木工程学科牵头的"领域五:新一代智能建造与交通"学科群、由测绘科学与技术学科牵头的"领域六:空间信息智能感知与三深探测"学科群、由环境科学与工程学科牵头的"领域七:低碳发展、环境治理与健康"学科群、由城乡规划学牵头的"领域八:国土空间可持续发展与智能规划"学科群、由风景园林学牵头的"领域九:智慧景观与生态绿色发展"学科群以及由设计学牵头的"领域十:创新设计与智能制造"。组织一系列交叉主题的学术活动,吸引国内外专家交流研讨,开展"交叉融合、创新发展"为主题的学科群论坛活动。

学校为学科群的建设提供持续的资金、物理空间以及相关政策的支持。为有效推进学科群的落地,学校制定《同济大学学科群建设管理办法(试行)》,对学科群组织管理、建设方案编制、团队建设、资源保障以及绩效管理等方面作了详细规定。

在落实"人员流动不调动"方面,学科群可以按照自身特色、发展要求,构建灵活的团队建设机制,按建设任务确定团队成员入选标准,明确团队成员的岗位责任,建立体现目标、任务、成果、激励贯通匹配的人员聘用办法。管理办法建议学科群可采用团队负责人(PI)的方式,以承担跨学科人才培养、重大科研任务或解决重大科学问题为牵引,在学科群内、群之间自由组建跨院系、跨学科的学术创新团队。

学科群根据"成果归属原单位"原则,鼓励成果共享,基于各学科在成果建设过程中的参与度、贡献度,制定学科群建设成果分配原则,解决群建设过程中产出的成果署名与学科归属问题,并与团队奖励机制挂钩,与后续的资源分配相统筹。

根据"附加绩效再奖励"原则,学科群团队实施任务目标管理,团队成员实施岗位责任管理,团队和个人的激励方法与目标完成情况直接挂钩,对考评优秀的团队和贡献突出的个人给予奖励。学科群团队根据考核评估结果确定是否续聘相关人员和团队。

二、瞄准国家重大需求与前沿科学问题,开展交叉学科建设

学校在交叉学科体制机制方面不断创新,新工科、新医科、新文科建设取得突破性进展,

形成智能科学与技术、干细胞与转化、知识产权等若干世界水平的交叉学科。目前在目录内的交叉一级学科有智能科学与技术、设计学，目录外一级学科有知识产权，同时正在积极筹备区域与国别研究、遥感科学与技术等交叉学科落地。

以智能科学与技术交叉学科为例，在专业学位设置方面，2017年同济大学是获批"智能建造"专业的唯一高校，在当年就增设了"智能建造""智能制造""数据科学与大数据技术"等与人工智能相关的本科专业。2018年年底，依托同济大学建设的上海自主智能无人系统科学中心成立，在全国率先开启建设"智能科学与技术"高峰学科，以"人工智能+"赋予传统学科新的发展动能，培养具有人工智能基础研究和交叉应用能力的优秀卓越人才。2019年起，学校设立全国首批智能科学与技术博士培养班，开创人工智能交叉人才培养新体系，每年招收近百名人工智能领域的博士研究生。2021年10月，经国务院学位委员会批准，同济大学获批建设"智能科学与技术"交叉学科博士点。2022年5月，学校获批建设"自主智能无人系统"全国重点实验室，这是国家重点实验室体系重组后，作为首批建设的人工智能领域的全国重点实验室，同时以人工智能赋能，实现多学科交叉融合，智能规划、智能交通、智能建造、智慧城市、智慧医疗等创新成果接连诞生。相关成果已在世界第一埋深公路隧道—峨汉高速大峡谷隧道、港珠澳大桥建设等重大工程中发挥重要作用。

在队伍建设方面，学校从2021年开始试点交叉学科正高级专业技术职务评聘，组建由战略科学家组成的交叉学科专业技术职务评审小组，由校学术委员会主任担任召集人，积极鼓励跨大类的学科交叉人才申报。鼓励并支持学院根据学科交叉需要设立跨学科岗位，对优秀人才进行双聘，并对双聘教师在研究生招生指标、办公条件等方面给予一定倾斜政策，支持教师开展高水平、跨学科、跨领域的教学科研工作。

在人才培养方面，"智能科学与技术"交叉学科博士点立足国际化创新型人才培养战略，探索交叉学科人才培养模式，建立融合多学科交叉优势，科教结合和产教结合新型人工智能人才培养体系。博士生导师组一般由多学科交叉的2~3人组成，共同对学生培养履行主要责任，全程参与并负责博士生的全过程培养工作，落实"成果归属原单位"的目标。自2019年以来，交叉学科博士研究生质量迅速提高，在国际人工智能顶级刊物和会议上发表论文数量居全国前列，培养博士生直接承担与人工智能头部企业合作课题，提升了企业相关能力和水平，首批智能科学与技术博士生即将毕业，将大大缓解我国人工智能高端人才严重缺乏的局面。

学校积极推进交叉课程建设，牵头建设"前沿课程""基础理论""关键技术"和"AI+X"等模块化课程包。多次组织各相关学院、学科围绕交叉人才培养目标，开展教学研讨。在课程设置上，既注重宽基础，力求补齐不同学科背景的差距；又进一步强化加深模块和拓宽模块。例如"人工智能前沿进展与应用"课程围绕人工智能理论发展与应用前沿，邀请相关领域杰出专家代表为博士生作技术体系讲解与实际案例分析，以提高学生们对人工智能及其前沿发展的认知水平，进一步培养学科交叉的科研兴趣与创新能力。

面向未来发展需求，学校计划在现有基础上建设"学科交叉中心"，旨在面向国际科技前沿和国家、地区重大需求，结合学校整体学科布局与优势，在智能科学与技术、知识产权、设计学、遥感科学与技术、区域国别学、干细胞与转化、碳达峰碳中和（双碳）等领域，开展战略性、引领性、综合性的学科交叉关键核心技术攻关和人才培养，加强相关领域的交叉学科培育，通过对交叉学科发展规律、发展趋势的集中探索，加快形成同济大学交叉学科的理论体系、知识结构、学科方向和特色。

不断深化体制机制创新，稳步推进交叉学科科研成果评价和人才培养改革。支持不以"署名文章"和"到院项目"进行绩效考核，吸引一批交叉学科师资人才在学科交叉中心进行科学研究。为适应交叉学科快速发展的需求，理顺交叉学科在人才培养过程、学位与毕业要求等各个环节，成立交叉学科的学位分会，理顺交叉学科学位授予的体制机制；实行交叉学科招生计划单列，保证交叉学科人才培养规模，逐步开展交叉学科本硕博人才培养；制定创新的人才培养方案，为交叉学科学生提供整合性跨学科的专项培养。持续加强与基础学科的联动，通过启动涵盖重点领域的交叉中心建设，加快交叉学科"科技—教育—人才"的体系构建。

三、设立学科交叉联合攻关项目，培养学科交叉良好生态

学校为鼓励和推动科研人员开展跨学科交叉研究，加强基础研究和技术攻关，对接国家重大战略需求，形成有代表性的重大科技成果，2022年启动"基础领域交叉学科能力提升计划"，面向所有学科设立学科交叉联合攻关项目，发布自主智能无人系统、海洋科学综合交叉、土木工程综合交叉、环境科学与工程综合交叉、交通运输工程综合交叉五个专题。学校要求承担项目团队必须跨学院、跨一级学科，鼓励理工医文结合，强化目标导向、聚焦协作攻关、注重科研实效，对接国家重大战略需求，以形成有代表性的重大科技成果。

项目指南发布后受到校内教师广泛关注，共有 265 个项目申报，创历史新高。

近年来，随着学校人工智能交叉研究的推进，一系列与人工智能相关的学科交叉研究平台接连落户同济大学。自主智能无人系统实验室获批建设为首批人工智能领域全国重点实验室，充分发挥基地平台载体作用，探索建立学科交叉机制。在平台建设方面，学校获批建设国家智能社会治理实验综合基地，面向城区开展智能社会治理的综合性实验，打造智能社会治理的示范和样板。依托学校建设的中国（上海）数字城市研究院致力于打造数字城市研究的高端智库，培养数字转型和数字治理人才。获批建设上海市人工智能社会治理协同创新中心，学校成立国内首个探索 AI 艺术领域的实验室——艺术与人工智能实验室。与中国航发商用航空发动机有限责任公司签约共建"商用航空发动机人工智能及大数据应用技术联合创新中心"。与中国建筑集团共建"智能建造工程技术研究中心"。这一系列的平台聚焦国家高质量发展新赛道上的各领域，助力学校的人才培养以及学科建设跑出加速度。

四、发挥同城跨校协同优势，推进上海市 IV 类高峰学科建设

自 2015 年上海市教委公布首批高峰学科入选名单以来，学校目前共入选 10 个高峰学科，其中 3 个 I 类高峰、2 个 II 类高峰、5 个 IV 类高峰。在七年建设期间，学校秉持"校院两级、部门协同、学科融合、同城协作"的建设管理思路，不断探索更高效的管理体制与运行机制，根据 I 类、II 类和 IV 类建设目标与要求的不同，摸索并逐渐形成一套和而不同，实践中更符合各类高峰学科建设特点的管理模式。

围绕"人员流动不调动、成果归属原单位、附加绩效再奖励"，持续推进高峰学科交叉机制体制建设。在学科交叉队伍建设方面，人才队伍是上海市高峰学科建设和资源投入的重中之重，尤其是上海市 IV 类高峰学科更为注重学科交叉融合创新，要求开展同城的学科交叉与合作。学校各高峰学科高度重视培育、引进创新研究团队和高层次人才，特别是高水平青年人才。采用竞争聘任的方式，按照"按需设岗、以岗聘人、定期聘任、聘期考核"的原则，根据已获批的高峰学科建设方案，努力建立目标任务明确、准入退出机制完善、激励与薪酬相匹配的人才队伍建设与管理机制。在学科交叉成果共享方面，高峰学科鼓励在协同体内的知识产权分享，成果联合署名。由各建设高校联合完成的教学科研合作项目所产生的知识产权的具体归属和分享，由参与方共同协商决定。

同济大学在新一轮"双一流"建设中,用好并持续完善上海市Ⅳ类高峰学科的同城协同机制,与兄弟高校强化协同,进一步深化高峰学科高水平建设,在学科交叉研究、协同人才培养、创新策源地以及知识产权和成果转化中继续发挥重要作用,更好服务上海建设具有全球影响力的科技创新中心。

五、结语

"双一流"建设是新时代建设高等教育强国的重要战略举措,学科交叉融合创新是推动新一轮"双一流"建设高质量发展的核心组成部分。学科交叉点往往是科学新的生长点、新的科学前沿,最有可能产生重大的科学突破,使科学发生革命性的变化。学校继续发挥高水平研究型大学学科齐全、融合交叉、科教协同、产教融合的整体优势,健全"基础研究—前沿交叉研究—服务国家战略"三维互融的科研组织模式。进一步贯彻党的二十大报告中关于"坚持科技是第一生产力、人才是第一资源、创新是第一动力,深入实施科教兴国战略、人才强国战略、创新驱动发展战略"的统筹部署,落实学校"十四五"规划,持续推进优势工科、厚重理科、特色医科、精品文科、前沿交叉建设,创新学科交叉融合的组织模式,推进学科布局优化调整,构筑面向高质量发展的多元化学科交叉架构。秉承以"同济天下、崇尚科学、创新引领、追求卓越"的新时代同济文化,深入推进中国特色世界一流大学建设,瞄准世界科技前沿,提高原始创新能力,为加快实现高水平科技自立自强,为中国式现代化建设、全面推进中华民族伟大复兴贡献力量与智慧。

第三节　建设精品文科，繁荣发展同济特色哲学社会科学体系

学校坚持以习近平新时代中国特色社会主义思想为指导，全面贯彻党的十九大和十九届历次全会精神、党的二十大精神，深入落实习近平总书记关于教育的重要论述、关于哲学社会科学工作的重要论述精神，认真落实《国家"十四五"时期哲学社会科学发展规划》《中宣部 教育部面向2035高校哲学社会科学高质量发展行动计划》《教育部哲学社会科学知识体系建构和高校咨政服务能力提升工程实施方案》等文件精神，围绕建设中国特色世界一流大学的目标，坚持正确的政治方向、价值取向和学术导向，坚持"稳规模、调结构、促交叉、提质量"的精品文科发展方略，实施以育人育才为中心的哲学社会科学整体发展战略，强化政策设计和制度安排，优化学科专业布局，创新学科组织模式，促进学科交叉融合，加强有组织科研，建强哲学社会科学人才队伍，构筑学生、学术、学科一体的综合发展体系，充分发挥哲学社会科学育人功能，服务学校人才培养目标，为培养社会栋梁和专业精英提供价值引导、知识构造和精神涵养，全面提升哲学社会科学的学术创新能力、社会服务能力和文化引领能力，为加快构建中国特色哲学社会科学学科体系、学术体系、话语体系，建构中国自主的知识体系贡献"同济力量"。

一、优化学科专业布局，学科发展质量全面提升

坚持精品文科的发展方略，按照突出优势、拓展领域、补齐短板、完善体系的要求，加强对哲学社会科学学科发展的顶层谋划与系统布局，加强对哲学社会学科的分类指导和支持，构建具有同济特色的哲学社会科学学科体系，学校学科布局更加完整，学术生态日趋优化，向好发展态势持续保持。一是大力发展马克思主义理论学科。按照建设全国重点马克思主义学院的任务，制定《同济大学一流马克思主义学院（学科）建设方案》，采取

多项措施加强马克思主义学科建设，2018年增设马克思主义一级学科博士点，2019年获批第三批全国重点马克思主义学院，2022年马克思主义学科被评为A类学科。二是全面提升学科发展质量。学校积极响应上海高校高峰高原学科建设计划，聚焦自身优势，实现学科领域或方向重点突破，全面提升学校学科实力，管理科学与工程、设计学、马克思主义理论、国际知识产权等学科先后入选上海高峰高原学科建设。在第五轮学科评估中，学校哲学社会科学学科发展质量整体得到提升，A类学科数量由2个增加到5个，其中管理科学与工程保持A+、设计学由A提升到A+，工商管理和外国语言文学由B+提升到A，马克思主义理论由B+提升到A-，政治学由B-提到B，新闻传播学由C提升到B-，中国语言文学由C-提升到C+。三是大力扶植新兴学科的发展。瞄准国际学术前沿，围绕国家重大战略和重点领域，高起点布局和支持知识产权学科、区域国别学等具有同济特色和优势的新兴交叉学科，培植新的学科增长点。2022年，学校设立全国首个知识产权交叉学科博士学位授权点，深入探索我国知识产权学科建设与发展的最佳范式与路径。2023年，筹建"区域国别学"一级交叉学科，探索区域国别高层次人才培养的"同济方案"。

二、创新学科组织模式，推进学科交叉融合

学科交叉融合是中国高等教育创新发展的重要动力，也是新时代高校哲学社会科学变革的关键课题。在新一轮"双一流"建设中，学校创新学科组织模式，围绕重大研究问题组建学科群，培养跨领域、跨学科的教学科研团队，加强学科协同交叉融合，在新的历史起点上谋划推动哲学社会科学高质量发展。一是创新学科组织模式，着力打造一流学科群。以国家战略需求为导向，进一步打破学科壁垒，突破学科界限，促进文理医工学科之间的相互渗透、融合发展。学校哲学社会科学学科群建设以"新时代中国特色社会主义理论与实践"为主题，围绕"习近平新时代中国特色社会主义思想""中外文明互鉴与欧洲思想文化研究""依法治国与中国特色法治体系""城市（群）创新发展与区域治理""新时代话语体系建构与国际传播""人类命运共同体与大变局下的多层次治理"等重点建设方向，培养一批跨领域、跨学科的社科创新团队，形成以主干学科为引领、创新团队为支撑、多学科协同参与的联合攻关机制，进一步推动哲学社会科学的理论创新、方法创新，在激发传统优势学科的内生活力的同时，拓展新的学科增长点与生长方向，在更高的层面实现学术创新与学科发展路径创新的统一，打造哲学社会科学交叉融合新高地。二是深入推动

"新时代中国特色社会主义理论与实践"学科群

跨学科交叉研究。聚焦经济社会发展中的全局性、战略性和前瞻性的重大理论与实践问题，组建哲学社会科学牵引的学科交叉研究平台，培育交叉学术创新团队。在"人工智能伦理、法律与治理"等领域实施"学科交叉联合攻关计划"，促进哲学社会科学与自然科学的交叉渗透和融合创新，推动大数据、人工智能等在哲学社会科学领域的应用，创新研究方法和技术手段，开辟具有同济特色的交叉前沿研究新阵地。

三、加强有组织科研，增强哲学社会科学核心竞争力

深刻把握新时代哲学社会科学研究的使命要求，立足世界学术前沿、立足国家重大需求、立足中华文明传承、立足人类发展进步，完善哲学社会科学研究组织体系，加强对哲

学社会科学研究和学术发展的规划、组织和领导，增强哲学社会科学核心竞争力，为加快构建有效提升国家文化软实力的学术体系作出同济贡献。一是深化党的创新理论研究阐释，推出重大研究成果。深化对习近平新时代中国特色社会主义思想整体性、系统性、学理性研究阐释，2018年以来，先后获得研究阐释党的十九大精神，十九届四中、五中、六中全会，二十大精神国家社科基金重大重点项目13项，为研究阐释党的创新理论交出了一份"同济答卷"。发挥学校多学科协同优势，加强优势学科与马克思主义理论的交叉，实施"理论创新课题计划"，在人民城市理论、乡村振兴战略、生态文明建设、创新型国家建设、人工智能与社会治理、全球治理等方面前瞻谋划布局一批高水平课题，着力推出更多有思想深度、理论分量和咨政质量的研究成果。二是扎实推进基础研究，全面提升学术原创能力。持续优化项目资助方式，实施哲学社会科学"重大项目培育计划""高水平科研培育计划"等研究资助计划，着力提升教师的研究能力，产出高质量的研究成果。不断提升科研服务的精细化水平，加强对国家社科基金、教育部人文社科研究项目、上海市哲学社会科学规划课题等基金类项目申报的全链条谋划与组织动员，推进完善校院两级联动的申报组织和辅导体系，提高申报质量，增强哲学社会科学研究的核心竞争力。2018年以来，学校国家社科基金项目立项数保持稳步增长，不断突破历史新高，由2018年的22项增长到2022年的42项，立项数接近翻了一番。2018年以来共获得国家级项目210项（其中国家社会科学基金重大项目22项、教育部哲学社会科学研究重大课题攻关项目4项），省部级项目257项。三是服务国家战略和地方社会经济发展，应用研究能力显著提升。扎根中国特色社会主义建设实践，充分发挥管理科学与工程等优势学科的引领带动作用，整合相关学科力量，深化校地合作与校企合作，为雄安新区开发建设、港珠澳大桥建设、北京大兴机场建设等国家重大工程建设与重大战略规划，提供高水平决策咨询研究和服务咨询，为贯彻新发展理念，构建新发展格局，推动经济高质量发展，提供强有力的智力支撑。立足中国城市实践，聚焦新时代国家对城市发展的新要求、新任务，构建有同济特色的城市发展理论，发布《中国城市可持续发展绿皮书》《联合国全球城市监测框架——上海应用指数》等研究成果，为解决中国城市发展的重大现实问题提供理论支撑。继2018年学校人文社科类科研项目合同经费首次突破亿元大关之后，学校文科类项目研究经费持续增长，五年期间文科类科研项目合同经费总计达8亿元，到账经费总计5.6亿元。

四、加强哲学社会科学成果培育，推出高质量研究成果

弘扬潜心治学、扎实研究的优良学风，涵养学术基础，努力推出具有学术传承创新价值的精品力作。一是以申报高等学校科学研究优秀成果奖（人文社会科学）、上海市哲学社会科学优秀成果奖等高影响力人文社科研究成果奖为引领，调动学校人文社会科学领域教师著书立说的积极性和创造性，涌现出了一批高质量学术成果。2018年以来，学校共有46项成果获上海市第十四届、第十五届、第十六届哲学社会科学优秀成果奖。2020年，学校共有9项成果获得第八届高等学校科学研究优秀成果奖（人文社会科学），获奖总数和获奖层次均创新纪录；并首次实现一等奖零的突破，共获得4项一等奖，全国排名第11位。2021年，学校4项成果获得第六届全国教育科学研究优秀成果奖。二是加强校内培育，设立同济大学文科"精品力作培育项目"，加强对国家社科基金后期资助项目的组织申报，推出更多高质量学术成果。2018年以来，学校共获得33项国家社科基金后期资助项目，立项数位居全国高校前列。作为国家社科基金重大项目的成果，《海德格尔文集》30卷由商务印书馆出版，以约1100万字的鸿篇巨制，在中国文化界和学术界产生深远影响。"同济·欧洲文化丛书""未来哲学丛书""未来艺术丛书""中国战略传统丛书""大国战略丛书""中华国际传播系列丛书"等精品书系的推出，有效扩大了学校的学术影响力。三是加强高质量哲学社会科学研究成果的推广宣传，2020年开始在"同济文科"微信公众号推出"同济文科举要"专栏，迄今已经连续推出29期，受到校内外的广泛关注。

第八届高等学校科学研究优秀成果奖（人文社会科学）同济大学获奖名单

成果名称	成果类型	学科类别	所在学院	申报人	等级
多模态话语分析理论与外语教学	著作	语言学	外国语学院	张德禄	一等奖
人力资本积累与农户收入增长	论文	经济学	经济与管理学院	程名望	一等奖
我国企业债务的结构性问题	论文	经济学	经济与管理学院	钟宁桦	二等奖
关键基础设施系统保护建模与仿真	著作	管理学	经济与管理学院	韩传峰	二等奖
国际政治经济学——全球化视野下的市场与国家	著作	国际问题研究	政治与国际关系学院	李滨	二等奖
东亚秩序论——地区变动、力量博弈与中国战略	著作	国际问题研究	政治与国际关系学院	门洪华	三等奖
亟需重新认识和准确定义新时期我国社会的主要矛盾	咨询服务报告	中国特色社会主义理论体系	经济与管理学院	石建勋	一等奖
中国绿色发展创新体系研究	咨询服务报告	交叉学科	马克思主义学院	杜欢政	一等奖
我国专利数量激增背后有隐忧	咨询服务报告	法学	上海国际知识产权学院	朱雪忠	二等奖

五、加大人才引育力度，建强哲学社会科学人才队伍

结合文科人才队伍建设的特点和学校实际情况，分层分类设计和规划文科优秀人才支持体系，加大优秀人才的引进和培养力度，打出文科人才队伍建设组合拳，全方位激发人才队伍创新活力，建设一支政治素质过硬、专业能力精湛、育人水平高超、师风学风清正的哲学社会科学人才队伍，形成结构合理、梯队衔接、专业突出的人才队伍体系。一是全面提升师资队伍质量。以长聘教职评聘制度改革为契机，根据哲学社会科学的学科特点和发展规律，提高青年人才引进的学术水准，加大助理教授引进力度，哲学社会科学人才队伍的学历、职称和年龄结构逐步优化。二是大力引育高层次人才。坚持外部引进与内部培养相结合，涌现出一批学术领军人物和中青年学术带头人。2018年以来，学校共有5名教授入选"长江学者"特聘教授，3名教授入选中宣部文化名家暨"四个一批"人才与"万人计划"哲学社会科学领军人才。此外，还有一批优秀青年教师入选"青年长江""国家优青""青年千人""东方学者"等高层次人才计划。

六、深化哲学社会科学评价改革，营造良好学术生态

深入贯彻落实《深化新时代教育评价改革总体方案》等重要文件精神，破除"五唯"顽瘴痼疾，优化有利于潜心育人、潜心治学的评价制度。健全哲学社会科学学术规范，突出特色、质量和贡献导向，构建体现教学科研服务成效多维立体的评价标准体系。一是完善学校哲学社会科学成果认定和奖励体系。2020年制定《同济大学高水平科研能力提升综合奖励规定》，以高质量成果和贡献为导向，实现从关注数量到关注质量的转变，激励教师"汇聚大团队、承担大任务、催生大成果"，同时进一步完善了针对中央和地方主要媒体上发表的理论文章、决策咨询报告、学术著作等成果的评价机制与奖励机制。二是优化教师科研评价方式，完善评价标准。坚持高标准的职称评聘和聘用考核要求，进一步明确长聘体系和现有体系岗位科研具体要求，规范教师的科研评价、激活教师科研潜能，全面提升高水平科研能力。坚持分类评价，针对人文学科、社会科学、艺术学科等不同学科领域，在职称评聘、岗位考核等方面制定不同评价指标。推行代表性成果评价，坚持以研究成果为主要评价对象，在项目管理、平台建设、成果奖励、职称评审等过程中，重点考核论文、著作、决策咨询报告等代表性成果的政治立场、理论创新、学术贡献和社会影响。三是积

极探索高校哲学社会科学评价的"同济方案"。2019年10月举办"新时代高校哲学社会科学评价研讨会",国内20所高校的专家学者参会,围绕哲学社会科学评价问题展开了深入讨论,会议形成高校哲学社会科学评价的十条"同济共识"。2020年以来,学校积极贯彻教育部《关于破除高校哲学社会科学研究评价中"唯论文"不良导向的若干意见》等文件要求,制定《同济大学哲学社会科学高质量发展行动计划》,继续深化哲学社会科学评价的改革方案设计。

第四节 推进上海高峰学科建设，构建优势高原学科群

《上海市国民经济和社会发展第十四个五年规划和二〇三五年远景目标纲要》提出，未来上海发展将放在中央对上海发展的战略定位上来谋划和推动，放在经济全球化的大背景下来谋划和推动，放在全国发展的大格局中来谋划和推动，放在国家对长三角发展的总体部署中来谋划和推动。随着长三角一体化绿色发展、"碳达峰、碳中和"、人工智能等国家战略的实施为学科发展提供了新的机遇和挑战，在上海市教委的大力支持下，同济大学高峰学科通过前期阶段性建设，充分发挥上海高校的资源集聚优势，汇聚培养了一批国际一流的研究团队，并积极开展跨学校、跨学科的协同研究，有效打破校际壁垒，实现经费、资源、课程、仪器等方面共享，促进高校间开展实质性合作。

一、同济大学高峰学科整体情况

在上海市教育委员会支持下，目前，同济大学共建设10个上海市高峰学科，包括Ⅰ类高峰学科3个（土木工程、城乡规划学、管理科学与工程）、Ⅱ类高峰学科2个（海洋科学、交通运输工程）和Ⅳ类高峰学科5个（设计学、环境与生态、干细胞与转化、智能科学与技术、飞行器力学与控制）。学校面向"四个服务"，围绕构建高质量学科体系，科学合理地制定学校整体学科发展规划，旗帜鲜明地提出"注重内涵"的学科建设目标，结合高峰学科建设，同济大学形成了"优势工科引领带动、厚重理科融合推动、特色医科协同驱动、精品文科共享联动、前沿交叉创新互动"的联动发展模式。10个学科圆满完成上一轮2016—2020年的既定目标，学科竞争力显著增强，在高峰学科引领带动下，整体学科发展不断进步。

1. 提高学科发展水平

学校以国家科技发展战略和区域经济重点需求为指针，建立健全学科建设管理体制机

制，推进交叉协同融合。目前，学校共有18个学科进入ESI世界大学排名前1%，QS世界大学排名全球第216位，US News世界大学排名第196位，THE世界大学排名第185位，近20个学科在各类世界排名中进入前50位。

2. 提升人才培养质量

学校以人才培养为中心，以卓越人才培养为主线，着力推进人才培养模式改革，加强培养资源和保障条件建设，紧密结合学生思想政治教育和综合能力拓展，全面构建协同性、开放式、立体化的卓越人才培养体系。

3. 加强师资队伍建设

坚持人才强校的战略，以"人才、学术、质量"为核心，加强人事人才体制机制改革，努力创造教师成长成才的良好环境与氛围，在校内形成了较完整的人才引进机制和改革管理办法，促进高层次人才集聚。

4. 加快科研创新发展

学校科研规模和经费总额保持高校前列，国家重大项目、高水平成果、高水平人才队伍建设取得突破性进展，学校科研特色由"工程服务"迈向"工程原创"，进入新的转型发展期。

5. 加固服务社会特色

学校已形成基础学科与应用学科相结合、优势学科与特色学科相补充、传统学科与新兴学科相促进、多学科协调发展的格局依托学科和平台优势，学校主动对接国家与区域发展战略，形成全方位、深层次的社会服务特色。

6. 深化国际合作交流

学校建成了"有特色、全方位、主动型、高水平"的国际交流与地区合作体系框架，形成了具有同济特色的国际化发展模式。在新的国际形势下提升质量、扩大规模的留学生培养和管理机制及促进学生海外访学机制。

与此同时，同济大学全力保障高峰学科的投入和建设，在制度保障、空间资源和相关配套方面积极争取各方面资源，在规划体系、实施机制和过程评估监督上进一步完善：成立高峰学科建设协调工作小组负责推进高峰学科建设，并形成学校、部门、学院（学科）三级责任体系，扎实推进高峰学科建设；制定并完善《同济大学高峰学科建设人员管理办法（暂行）》，同时制定了高峰学科人员分类管理运行机制、高峰学科岗位薪酬指导原则；对高峰学科的配套经费予以充分保障，对高峰学科经费实施专款专用，单独立卡，专人专管；

各学科设立学术委员会，指导学科发展方向，确保高峰学科建设运行实效。为保证高峰高效完成建设目标，同济大学每年定期召开高峰学科建设工作交流会，统筹协调高峰学科在建设过程中的重大事宜。

二、各高峰学科建设情况

1. 土木工程

土木工程学科围绕高峰学科总体建设目标，深入对接国家重大战略，开展内涵式建设，持续提升学科国际话语权，稳固在国际主流排名中的领先地位。

新一轮建设期内，土木工程学科入选国家级思政示范课程1门，入选上海市一流课程4门、上海市重点课程4门，荣获全国首届教材建设先进集体奖、一等奖2部、二等奖1部，上海市高等教育精品教材5部，入选学校首批教材建设研究基地，50多部土木工程专业教材入选住建部"十四五"规划教材；牵头获得上海市教学成果特等奖、一等奖及二等奖各1项，牵头国家成果奖3项，参与6项；全职在编教师入选境外院士3人、中国科学院院士1人、中国工程院院士2人（其中外籍1人）；新增国家级人才计划21人（其中青年人才16人）；入选具有高影响力论文近百篇，中文顶级期刊论文发文数量大幅增加，发明专利授权200余项，科研经费总额达5.5亿元，同比增长10%。

土木工程学科取得结构可靠性理论突破，发现工程系统的随机性传播规律，构建了完整的概率密度演化理论，奠定了新一代全概率整体可靠性设计理论基础。

2. 城乡规划学

新一轮建设期内，城乡规划学学科（含建筑学、风景园林学）深入对接国家重大战略，持续推进学科建设，学科的综合实力与国际竞争力稳步提升，建筑与建成环境（含城乡规划学、建筑学、风景园林学）国际QS排名跃居全球第12名，软科排名稳居全国第一。

获批国家级一流课程8门（线上课程4门、线下课程2门、社会实践课程2门）；牵头获得上海市高等教育优秀教学成果奖特等奖1项、一等奖4项、一等奖2项，上海市基础教育优秀教学成果奖二等奖2项；参与获得高等教育（本科）国家级教学成果奖一等奖1项、二等奖1项；入选国家课程思政示范课程1门、上海高校党史学习教育与课程相融合示范课程1门、上海课程思政示范课程3门、上海课程思政教学名师3名、上海课程思政示范团队2个；获得全国优秀教材（高等教育类）二等奖1项、全国教材建设先进个人奖1项；入选上海市高等教育精品教材3种、全国优秀科普作品1部；获"全国创新争先奖"1项、教育部科研奖2项、上海市科研奖2项、华夏奖5项；新增国家自然科学基金项目65项（重点3项、面上39项、青年21项）、国家社科基金5项、国家重点研发计划14项（含课题）；3位学者入选2022年度2%顶尖科学家榜单；引进院士1人，国际知名大师4人；新增全国勘察设计大师1人、"长江学者"特聘教授2人、海外"优青"1人、自然资源部科技领军人才1位、上海市教育功臣1位。获批自然资源部国土空间智能规划技术重点实验室和国土空间文化遗产保护与再生工程技术创新中心。

3. 管理科学与工程

新一轮建设期内，管理科学与工程学科紧紧围绕既定建设目标，扎实推进各项建设任务，学科所属管理学硕士项目在英国金融时报排名位列全球第22、中国第2，经济与管理学院再获EQUIS、AACSB国际认证最高标准的五年期再认证。

管理科学与工程学科培育和打造"管科+"人才培养模式，获批上海市高校一流本科课程5门，荣获国家级教学成果奖3项，其中牵头获评高等教育（研究生）国家级教学成果奖二等奖1项，参与获评高等教育（本科）国家级教学成果奖一等奖和二等奖各1项；荣获上海市教学成果奖5项，其中特等奖1项、一等奖3项、二等奖1项；引进高端人才2人，引进海外青年人才8人，建成5个重点建设方向领域，23人高峰学科建设核心队伍；新增主持国家级自然科学、社会科学项目63项（含5项获批但未进学校系统的社科项目），省部级人文社科奖3项，其中1项在上海市和教育部均获得了奖励；新增43份决策咨询报告被省部级以上机构录用，其中4篇获党和国家领导人批示。获批国家网信办批准的国家智能社会治理实验基地。

4. 海洋科学

新一轮建设期内，海洋科学学科聚集了国内"三深"科技的优势力量，近年来在深海科学基础研究、海底观测的科技结合，以及海洋科学的国际合作等方面取得了显著成绩，实现了学科整体水平的跨越。党的十八大提出海洋强国战略，党的十九大再次提出"加快建设海洋强国"，建设面向深海、面向国际的深海研究基地，打造国家海洋战略科技力量，有利于保障我国社会经济的持续健康发展。

海洋科学建设了国家级一流课程3门，获得全国家优秀教材奖二等奖1项，入选教育部"双万计划"一流本科专业；新增国家级青年人才6人，组建了10支国家重大任务牵引的创新研究团队；新获得国家级科研项目63项，建成"海底科学观测网"国家大科学工程的监测与数据中心大楼的主体；组织和举办了的第六、七届"地球系统科学大会"，建设了深海科学研究中心的配套公用场馆，开展了国内外学术交流和科普文化宣传。

5. 交通运输工程

从国家和上海重大发展战略需求看，新一轮建设期将持续深化新型城镇化，落实"交通强国"、长三角一体化发展等国家战略。目前，城市群都市圈交通和交通新基建迎来新的发展机遇，行业的发展模式和人才需求将发生重大转变，为交通运输工程学科发展带来前所未有的机遇和挑战。因此，要通过上海市交通运输工程高峰学科的建设，进一步突出先行引领作用，助力上海五大新城的建设。

交通运输工程学科牵头获国家级教学成果二等奖1项，获批国家级一流课程4门，获各类国家竞赛奖励44项，省市级奖励37项；获国家级教学成果奖6项，上海市教学成果奖8项，牵头申报国家级一流课程6门，获批教育部课程思政示范课程2门，获各类国家竞赛奖励12项，省市级奖励8项，牵头申报国家级一流课程4门；建设团队获得第三届卓越大学联盟高校教师教学创新大赛奖，培育国家杰青2人和卓青1人，引育国家四青人才2人，省部级人才8人次；获批纳入新序列管理的国家工程研究中心1个，获批国家重点研发计划项目2项，国家自然科学基金杰出青年科学基金2项、重点项目2项、国家虚拟教研室2个；以第一作者或通讯作者发表SCI检索论文224篇；为北京冬奥会、雄安新区、天府机场、上港集卡自动驾驶等4个重大示范工程提供理论和技术支撑；举办iFARE国际主题会议2次，举办学科的国际青年学者论坛，举办第一届海峡两岸综合交通可持续发展学术研讨会；在TRB等重要国际会议录用论文数量、报告人数国内交通领域高校第一。

6. 设计学

新一轮建设期内，上海市设计学整体学科实力大幅提升，跻身国内前列。2023年，在QS世界大学"艺术与设计"排名中牵头高校同济大学居于全球第10位，连续六年位居亚洲第一；在全国第五轮学科评估中，同济大学设计学位列A+等级，协同高校获得1个A-、2个B-，形成了部属高校和市属高校共同进步的可喜局面。

围绕高峰重点方向协同育人，人才培养和科学研究紧密结合，Ⅳ类高峰学科参与各校共获得2022年国家级教学成果二等奖3项，上海市高等教育优秀教学成果特等奖1项、一等奖4项、二等奖1项，上海市基础教育优秀教学成果一等奖1项。聚焦国家和地方重大发展战略，全方位融入上海科创中心建设。搭建学术交流活动平台，协同院校争取国际话语权，在2022首届"世界设计之都大会"中，同济大学为作为主要承办单位之一和首席学术支持单位，东华大学、华东理工大学等高峰学科协同高校深度参与，全面推进了设计创新生态圈、设计驱动型城市和世界一流"设计之都"的建设。在高峰学科的支持下，中国大陆地区第一本全英文同行评审的设计学术期刊《设计、经济与创新学报》（*She Ji*）2021年被ESCI数据库收录，2022年入选教育部首批海外回归试点期刊，位列WOS多学科人文与交叉社会学Q1。

7. 环境与生态

新一轮建设期内，环境科学与工程学科通过建设已经构建了良好的七校协同机制，形成跨校合力，形成以支撑生态文明建设新进步为导向，以解决上海市及长三角重大环境问题为核心的国内领先环境学科群，能够更好地服务上海"五个中心"建设及长三角一体化绿色发展，显著提升学科国际影响力。

环境与生态学科开设"校—企—协"云端实习课程、"1+1+"云端讲堂，辐射全国100余所高校环境学科的人才培养，建立在线视频教学课程体系，将传统纸质教材与数字化教学资源融合，提升课程教学质量；引育并举，引进24名国内外优秀人才，其中包括"杰青"2人、海外高层次人才引进计划（青年项目）5人、"优青"1人；培养新增国家级人才计划10人；新增国家级平台1个、省部级平台7个，新增科研项目561项；获国家科学技术进步奖二等奖1项、省部级一等奖6项；申请专利615项，其中发明专利573项；发明专利授权411项；发明专利转化18项；受长三角生态绿色一体化发展示范区执委会委托，由同济大学牵头开展示范区碳达峰碳中和战略研究，成果支撑了《长三角生态绿色一体化发展示范区碳达峰碳中和工作指导意见》的发布。

8. 干细胞与转化

新一轮建设期内，干细胞高峰学科通过多校协同，汇聚了全球一流研究团队，目前在上海拥有多个科学实验室和研发中心。已在生物医药产业领域取得了一定的技术突破，并形成了产业先发优势。

干细胞与转化学科积极推进干细胞制剂规范化和产业化，开展了干细胞治疗产品的规范化生产及质量评价研究；开展了一批成体干细胞和多能干细胞来源功能细胞的临床研究，并建立了干细胞临床研究队列生物样本库；通过干细胞国际联合实验室的建设，引进干细胞领域的高端人才20人；开展了干细胞监管与标准化研究，全力打造干细胞与再生医学领域顶级人才汇聚高地、高端人才培养高地、原始创新成果涌现高地、高影响力国际学术交流高地，全面支撑上海的全球科创中心建设与国家干细胞转化研究重大发展战略。

9. 智能科学与技术

新一轮建设期内,智能科学与技术学科将重点突破自主智能无人系统领域"智能感知与场景理解""交互学习与自主决策""多体协同与稳健控制"等基础理论与核心技术,建设面向自主智能无人系统未来发展的智能科学与技术交叉学科,对于我国把握人工智能发展新阶段国际竞争的战略主动,打造国际竞争新优势、开拓发展新空间,有效保障国家安全并促进社会变革具有重要意义。

智能科学与技术新开设多学科交叉课程6门、多学科融合课程4门,出版教材8种,组建国际化教学团队,与德国方面合作培养人工智能领域14名硕士生,举办17次大师讲坛与12次高端博士生学术论坛;突破智能感知器件、人机共融驾驶等人工智能领域卡脖子关键技术,申请发明专利230余项,专利授权86项,获得科技/教学重大标志性科研奖励7项,获得人工智能领域国家级、省部级项目80余项;承办控制、机器人、人工智能领域重要国际会议论坛4次,国际性期刊《自主智能系统》(*Autonomous Intelligent Systems*)入选2021中国科技期刊卓越行动计划高起点新刊。

10. 飞行器力学与控制

飞行器力学与控制学科于2022年1月获批上海市Ⅳ类高峰学科,围绕四大研究领域九个研究方向,以上海市力学、控制科学与工程等优势学科和团队为基础,既聚焦解决当前飞行器研制过程中的核心基础理论与关键技术,又面向未来,发展航空航天新理论和新技术,占领国际制高点。

初步建立了高质量的协同攻关创新团队,现有成员85人,其中包括院士2人,"杰青"4人,"长江"1人,"四青"人才5人。2022年度,共引进该学科领域优秀青年人才17人。其中1人入选青年托举计划,1人入选上海市海外高层次人才,1人入选上海市扬帆计划,2人入选上海领军(海外)计划青年人才。2022年度在飞行器相关领域发表SCI论文240余篇,出版专著2种,申请授权发明专利70余项、软件著作16项;新增主持国家重点研发计划2项、国家科技重大专项1项、基金委重点项目2项;科研经费累计约1.3亿元;新增3个省部级科研平台;获5项科研奖励;"复合材料设计、制造和监测一体化"和"飞行器结构风洞"两个学科特色科研平台的建设稳步推进。

三、结语

通过上一轮高峰学科建设基础和新一轮上海市高峰高原学科建设持续推进，同济大学创新高峰学科建设的运作体制机制，在建设中研究真问题、研究重大问题，围绕国家经济社会发展的战略部署，围绕国家关心、社会关注、人民关切的热点难点问题开展深入研究，为国家经济社会发展的实际需求服务。

第五节　生命科学与技术学院：瞄准生命与医学前沿交叉领域，开辟建设一流生物学科新路径

人民健康是社会文明进步的基础，是民族昌盛和国家富强的重要标志，也是广大人民群众的共同追求。当今世界，新一轮科技革命和产业变革蓄势待发，学科交叉融合日益加速，生命科学和医学领域前沿热点不断兴起，解决长期困扰人类健康的重大疾病预防、诊断和治疗研究正处于取得突破性进展的前夜。生命科学和医学科技创新是新一轮科技革命的战略必争领域。

党和国家始终高度重视生命科学与医学领域的科技创新。党的十八大以来，以习近平同志为核心的党中央坚持以人民为中心的发展思想，把维护人民健康摆在更加突出的位置，健康中国建设驶上了"快车道"。党的十八届五中全会作出"推进健康中国建设"的决策部署。党中央、国务院召开新世纪第一次全国卫生与健康大会，发布实施《"健康中国2030"规划纲要》。党的十九大报告明确指出实施"健康中国"战略。党的二十大更是进一步提出推进健康中国建设，把保障人民健康放在优先发展的战略位置。

进入新时代，立足新起点，开启新征程。面向世界科技发展前沿，面向国家重大战略需求，对接国家《"健康中国2030"规划纲要》，依托同济大学优势工科、厚重理科和特色医科的协同驱动，生命科学与技术学院抓住"双一流"建设的历史性机遇，锐意进取，大胆创新，攻坚克难，胸怀"国之大者"，深入践行为党育人、为国育才的历史使命，以创新推进高质量发展，着力提升人才培养、科学研究、队伍建设、社会服务等方面质量与水平，积极探索具有同济特色的生物学学科发展模式，早日实现扎根中国大地建设世界一流学科的宏伟目标，为中华民族伟大复兴而努力奋斗。

一、"生物学"学科建设概况

生命科学与技术学院(以下简称学院)于2002年正式成立,并于同年获得教育部和国家计委批准,成为首批国家生命科学与技术人才培养基地。学院现有生物技术、生物信息2个本科专业、生物学一级学科博士、硕士点,是同济大学"基础学科拔尖创新人才培养基地"首批试点专业学院。学院还设有生物学和生物医学工程2个博士后流动站。

"十三五"期间,学院聚焦重大基础科学研究与转化,突出特色,凝练方向,着力发展干细胞与表观遗传学、生物信息学和以解决重大疾病发生发展为目标的细胞生物学和分子生物学相关研究。以创新实践为驱动,培养一流人才、产出一流成果、作出一流贡献,学科的综合实力和竞争力得到了显著增强。其中,干细胞与转化学科已被纳入上海市IV类高峰学科建设范围、生物信息学获批教育部第四批高等学校特色专业建设点。干细胞与表观遗传学和生物信息学已逐渐成为同济生命学科的优势与特色学科。学院先后成功获批教育部"细胞干性与命运编辑"前沿科学中心(全国首批七个前沿科学中心之一)、全国两个之一的国家干细胞转化资源库。

以教育部"细胞干性与命运编辑"前沿科学中心、国家干细胞转化资源库,以及上海市信号转导与疾病研究重点实验室为依托,以院士、"长江学者"、"杰青"、海外高层次引进人才等组成的具有竞争力的高水平师资队伍,以及基金委国家创新研究群体、教育部创新团队为组织保障,学科紧密围绕同济大学"双一流"建设的总体战略布局,加强创新引领,基础研究原始创新成果加速涌现,承担国家重大科研任务能力显著增强,实现了学科的高质量发展。

2022年生物学学科正式入选"一流学科",生物技术和生物信息学两个本科专业均入选国家一流本科专业。在第五轮学科评估中,生物学学科获评为"A"类学科。

二、把握学科发展战略定位,突出特色加强交叉

面向世界科技前沿,面向国家重大战略需求,学科从基础学科的战略定位出发,按照夯实基础、突破瓶颈、实现引领的思路,着力提升干细胞转化与应用、生物信息学等优势方向的原始创新能力,致力于实现从0到1的突破,取得了一系列创新性成果。

1. 夯实学科基础,突出学科特色

目前,干细胞与表观遗传学已成为生物学学科的一大优势方向。以提升干细胞转化与应用的核心竞争力为目标,学科聚焦干细胞重大基础科学问题和关键技术,在以裴钢院士、高绍荣教授、康九红教授、孙方霖教授等主要学术带头人的带领下,持续取得原创性突破,受到领域同行广泛关注,已成为国内干细胞领域的重要创新中心。学科连续获批"细胞干性与命运编辑前沿科学中心""国家干细胞转化资源库",两大国家级科研平台更为学科的有组织科研创新提供了有力支撑,为提升学科创新策源能力提供了重要保障,原创性科研成果不断涌现。由高绍荣教授主持完成的"早期胚胎发育与体细胞重编程的表观调控机制研究"先后获得教育部高等学校科学研究优秀成果奖自然科学奖一等奖、国家自然科学奖二等奖。该项目利用早期胚胎发育和细胞重编程体系,系统研究了表观遗传修饰在调控基因表达进而影响细胞命运转变的分子机制。发现核心组蛋白甲基化修饰,以及 DNA 甲基化与去甲基化在早期胚胎发育和细胞重编程中发挥重要作用,并揭示了相关分子调控机制,8 篇代表性论文发表在《自然》《细胞干细胞》(*Cell Stem Cell*)等国际权威学术期刊上,并被《自然》《细胞》(*Cell*)、《科学》等杂志他引 600 余次。

生物信息学是教育部第四批高等学校特色专业建设点,在 2021 年的软科中国大学专业排名中并列 A+。生物信息学已成为学科的另一优势方向,该方向聚焦生物大数据,利用高通量生物学技术带来的海量生物学数据高维度、高异质性、低信息量的特征,解决生物大数据产生、整合、挖掘、应用中的科学与临床诊疗问题,已形成由张勇教授、江赐忠教授、刘琦教授为主要学术带头人组成的团队,并且汇聚了一批国家级优秀青年拔尖人才。其中,张勇教授等开发了一系列高通量生物学数据分析方法,在生物信息学领域内学术贡献卓著,另有多位教师入选爱思唯尔(Elsevier)中国高被引学者榜单。

2018—2022 年生命科学与技术学院主持科技部重点研发计划项目情况

年度	重点研发计划项目名称	负责人	项目经费
2018	锌指蛋白在细胞全能性向多能性转变过程中的分子机制研究	杨鹏	597 万元
2020	小鼠早期胚胎细胞分化与谱系确立的表观调控机制	高亚威	594 万元
2020	干细胞治疗产品的规范化与规模化生产及质量评价研究	何志颖	2000 万元
2020	干细胞模拟胚胎发育和器官发生的机制研究机器转化应用	尹晓磊	2898 万元
2021	细胞全能性获得的表观调控机制及基于干细胞的类胚胎构建	刘文强	500 万元
2021	细胞周期和 DNA 甲基化在多能性建立、维持和退出过程中的功能和机制研究	康九红	2580 万元

（续表）

年度	重点研发计划项目名称	负责人	项目经费
2022	piRNA 生殖颗粒的形成机制及生物学功能	戴鹏	500 万元
2022	细胞谱系分化的分子机制与类胚胎构建	刘晓雨	500 万元
2022	哺乳动物着床前胚胎表观调控网络决定细胞命运与谱系分化的分子机制研究	高绍荣	1000 万元
2022	骨骼与血液干细胞休眠和激活调控	岳锐	2800 万元

目前，学院已形成以干细胞与表观遗传学、生物信息学为优势方向的学科布局，特色鲜明、优势突出，在国内相关领域已形成重要学术影响。自 2018 年以来，学科在《自然》《细胞》《科学》发表论文 3 篇，在其重要子刊发表论文逾 60 篇，其中多篇为杂志封面文章。

学科共主持科技部重点研发计划项目 10 项，承担国家自然科学基金项目共计 192 项，其中包括杰青项目 3 项、优青项目 8 项、重点项目 7 项、面上项目 103 项、青年项目 71 项。

2. 把握学科战略定位，加强学科交叉

以"双一流"建设为契机，为向科学技术广度和深度进军，更好地为"面向人民生命健康"提供强有力的科技支撑，自 2022 年以来，学院加强顶层设计和战略规划，在原有优势学科基础上，按照"强化基础研究+加强交叉转化"的布局，继续以生物学为引领，加强与学校特色医科和优势工科交叉联动，以"干细胞生物学基础与转化""重大疾病的发生机制""生物大数据与精准医学"三个重点领域方向为核心，突出基础研究优势、加强医工交叉融合、深化临床应用转化，建设新的学科高峰，孕育重大创新的突破点，成为"双一流"建设的加速器。

在学校的部署和支持下，学院以"生物学"为引领，建设了"生命科学与转化医学"学科群。面向国家战略，加强与临床医学、智能科学与技术、材料科学与技术等医科、工科的多学科交叉融合，围绕干细胞生物学、心脏及神经系统、肿瘤等重大疾病生物学基础中的重大科学问题和精准医学治疗中的卡脖子问题，依托教育部"细胞干性与命运编辑"前沿科学中心、国家干细胞转化资源库、教育部心律失常重点实验室、教育部脑与脊髓损伤重点实验室等高层次科研平台的优势，开展早期胚胎发育的分子调控机制、组织干细胞与干细胞衰老、干细胞定向分化及细胞转化、心脏等重大疾病的发生发展机制、多层次生物大数据整合与挖掘、复杂生物系统的定量化与模型化等方向的相关研究。突出基础研究、加强医工深度交叉融合，通过新一轮双一流建设，力争在干细胞生物学基础与转化、重大疾病发生发展的细胞与分子机制等基础理论上获得突破，在基于生物大数据的精准医学等核心技术上获得突破、在人才培养、科学研究及社会服务等方面取得标志性成果，从而全面提升同济大学生命科学与转化医学学科群的综合实力，成为国内一流的集基础生命科学和转化医学为一体的产学研基地和人才培养示范中心，服务国家战略发展。

三、坚持立德树人金标准，培养拔尖创新人才

学院不忘使命，心怀"国之大者"，坚持立德树人，突出人才培养中心地位，牢记为党育人、为国育才初心使命，以培养德智体美劳全面发展的生物学拔尖创新人才为目标，注重"三全育人"模式创新，不断提高培养质量，着力培养堪当民族复兴大任的时代新人。

1. 坚持党建引领，夯实拔尖人才培养基础

立德树人成效是育人的金标准。学院首先从生命学科的特色出发，将党的建设和学科建设融合共进。学院以党建为引领，培根铸魂，夯基强垒，引领青年学生知行合一。班子成员带头讲党课、主动研讨课程思政，深入教学一线，学生社区、宿舍，密切联系师生；建设"1（党委委员）+1（师生党支部）+X（教师代表、学生代表、党团组织、校外导师及专家学者等）"的组织模式，加强党组织的凝聚力和战斗力；线上线下开展形式多样、内容丰富、覆盖全面的学习教育活动，加强引领凝聚共识。在此基础上，学院组织开展党支部对标争先建设、定期举办党支部书记论坛，微党课竞赛等主题活动，树标杆、补短板，凝聚青年学生勇担使命、砥砺奋进。

学院逐步形成"思想上同信、组织上同在、实践中同行"的良好工作态势，涌现出了一批优秀的学生代表，并逐步形成示范效应。自2018年以来，学生提交入党申请书的比例始终居于全校前列，涌现出多名优秀学生党员；多名学生党员获得同济大学"先锋党员""百名学生党员标兵"称号；8.0%的毕业生选择赴中西部地区就业；学生党支部每年积极承担各级党建项目10余项，1个学生党支部获得同济大学"先锋党支部"称号。

2. 加强顶层设计，完善拔尖人才培养体系

学院加强顶层设计，贯通本研培养，将思想政治工作贯穿、融入、结合到教学、科研各个环节，系统建立育人与育德的树人路径。

早在2002年建院之初，学院就获批成为首批国家生命科学与技术人才培养基地。面向新时代国家战略需要，为培养可堪大用的拔尖创新人才，学院不断探索拔尖创新人才的

培养体系。2011年，学院按照教育部"基础学科拔尖学生培养试验计划（珠峰计划）"的要求，开始在全校各专业新生中选拔对生命科学具有浓厚兴趣、有志于成为生命科学基础研究和应用技术研究的学生，按照"1+3+X"的培养体系编入"生命科学拔尖班"。经过多年的建设积累，已取得可喜的育人成果。2020年学院入选教育部"强基计划"，并获批为基础学科拔尖学生培养计划2.0基地。

学院在原有"1+3+X"拔尖人才培养体系的基础上，完善与教育部"强基计划"以及国家基础学科拔尖学生培养计划2.0衔接的本研贯通的人才培养体系，统筹本科生、研究生阶段的学习、科研和实践活动，构建"强化基础、交叉培养、科教融合、注重实践"的培养方案。同时，通过提升本校本科生保研、考研比例，不断优化优秀大学生夏令营与研究生推免、博士生"申请—考核"的选拔机制，学科进一步提升优秀生源质量与直博比例。学科还积极争取校内外资源，完善现有奖助学金体系，制定以高水平科学研究为主要评价导向的研究生奖励办法，助力优秀学生潜心科研创新。学院持续开展课程教学改革，成立"课程思政教学改革领导小组"，修订本研课程教学大纲和培养方案，增设"立德树人"育人内涵模块，实现专业课程的课程思政建设全覆盖，形成课程门门有思政，教师人人讲育人的良好局面。

立足生命学科特点，学院还深挖育人内涵，着力完善思政育人队伍，凝聚专兼职辅导员、班主任、导师等育人力量，不断强化体制机制驱动。

2019年，学院入选同济大学"三全育人"综合改革试点项目。2021年学院获颁"三全育人"综合改革试点学院，继续在原有建设基础上有机融合育人元素与学科优势，纵深推进"三全育人"综合改革。

近年来，学院获批同济大学"立德树人"示范课程2门、获批同济大学课程思政研究课题1项、获批同济大学课程思政示范课程4门；获得上海市教学成果奖2项，其中2022年"面向健康中国战略的干细胞基础与转化研究未来领军人才培养体系探索与实践"获得上海市高等教育优秀教学成果特等奖；3名教师获得同济大学"我心目中的好导师"称号、2名教师获得上海市育才奖、1名教师获得上海市"为人为师为学"先进典型、1名教师获得宝钢优秀教师奖；2个导学团队分别获得同济大学"卓越"研究生导学团队及导学团队标兵称号。高绍荣教授领衔的干细胞生物学教师团队入选第二批全国高校黄大年式教师团队。

"全国高校黄大年式教师团队"
——高绍荣教授团队

3. 汇聚合力，打造拔尖人才培养生态

学科整合资源，汇聚合力，打造良性拔尖人才培养生态：通过引育并举汇聚国内一流师资队伍，形成学术育人生态；通过引导学生积极参与重大重点科研攻关，形成科研育人生态；通过国家级科研平台支撑的多学科交叉和医学转化，形成平台育人生态。将科学家转变为育人名师，将科研平台和课题转化为育人资源，形成创新引领、追求卓越的拔尖人才全过程培养生态。

一流的拔尖人才培养生态为青年人才脱颖而出提供了保障，学院部分优秀毕业生已快速成为青年学科带头人，在学科领域崭露头角。学院2017届博士毕业生王晨飞现已成为同济大学特聘研究员（"青年百人计划"A岗），并于2022年获得国家自然科学基金委员会优秀青年基金资助。王晨飞于2008级进入学院本科生物信息学专业就读，获保送于2012年继续在我院攻读博士学位。攻读博士期间王晨飞以共同第一作者身份在《自然》杂志上发表研究论文。该项工作一经发表即得到国内外同行的高度评价，被评为2016年中国生命科学领域十大进展，美国科学院院士伊戈尔·戴维（Igor B Dawid）教授在F1000上对其进行了推荐。2017年，王晨飞荣获吴瑞奖学金（大中华区生命科学在读博士最高奖项）。随后王晨飞进入学院生物学博士后流动站，并获得2017年国家博新人才计划资助。2019年，王晨飞以特聘研究员的身份正式入职同济大学，继续开展相关领域的研究工作。

自2018年以来，学科已有超过70%的专业教师直接指导学生参加各类学科竞赛和创新训练计划，本研学生参加国际国家和省部级的各类学科竞赛超过300人次，1项科技作品获得第十七届"挑战杯"全国大学生课外学术科技作品竞赛"揭榜挂帅"专项赛全国一等奖,学生科创团队连续在5届国际基因工程设计大赛(iGEM)中取得8个金奖2个铜奖的好成绩。本研学生发表高水平SCI(IF10分以上)论文超过60篇,其中包括《自然》《细胞》《科学》;1人获得大中华区生命科学在读博士最高奖项"吴瑞奖学金"、1人获得同济大学"追求卓越"学生奖、4人获得同济大学"学术先锋"、2人获得同济大学"学术之星"称号。

四、坚持引育并举,打造高水平师资队伍

人才是实现民族振兴、赢得国际竞争主动的战略资源,也是一流学科建设的关键。学科在同济大学相关人才政策的支持下,坚持人才这一核心关键,引进和培养了一批学术领军人才、高水平创新团队和一大批青年英才,有组织地建设战略人才队伍,高层次人才队伍呈现加速度聚集、高质量发展的良好态势,为学科高质量发展提供了有力支撑。

学科将"汇聚国际一流创新人才,培养具有国际视野接触创新能力的科学家,领军人才水平达到国际一流"作为人才引进的基本方针,始终坚持高标准、高质量引育。学院主动走出去、请进来,广纳海内外优秀青年人才。2018年以来学院先后赴美国、欧洲、日本等地进行人才引进宣讲会,连续举办五届国际青年学者论坛(线下及线上),从海外引进学术带头人20余人,其中6人入职后已成为国家"四青"人才。

以一流学科建设为契机,学院前瞻布局,引育并举,加大优秀人才引进培养力度。近五年学院新增国家"四青"人才逾20人次,高居全校各学科前列,师资队伍的质量得到显著提升。目前学院已建设了一支师德高尚、年龄、学历、职称结构合理,具有较高学术水平和较大学术影响的人才队伍。学院现有中国科学院院士2人、"长江学者"2人、"杰青"8人、"优青"12人、"青年千人"及"海外优青"17人、"青年拔尖"4人、"青年长江"3人、国家重点研发计划项目首席15人。学院拥有1个国家基金委创新研究群体和1个教育部创新团队。

学院还通过"博士后创新人才支持计划"、上海市超级博士后等项目招收高质量博士后,扩大优秀青年人才储备。学院还与多所海外知名院校建立了合作关系,加大高层次人才揽蓄力度,为学院面向未来的可持续发展提供人才支撑。

按照德才兼备、注重实际业绩和贡献的导向,学院不断优化多元分类评价,扭转唯论文、

唯帽子的评价导向，突出以贡献为导向的教师评价体系。学通过设置不同岗位类别，完善薪酬激励机制，坚持多劳多得、优绩优酬，提高教师的获得感和幸福感。积极营造良性的政策环境、文化环境、工作环境，吸引更多海内外高端人才。为进一步优化考核评价和激励机制，激发人才队伍活力，学科积极探索人才培养模式，与同济大学附属第一妇婴保健院、附属东方医院、附属同济医院合作，共同为优秀青年人才提供双聘岗位，在加强基础研究向临床转化的过程中，为高端青年人才提供更具吸引力的薪资待遇和科研条件，助力青年人才心无旁骛地开展科研创新。

在以裴钢院士、高绍荣教授、康九红教授、孙方霖教授为主要学术带头人的带领下，60余课题组在干细胞生物学、重大疾病的生物学基础、生物信息学相关研究领域已取得多项重要突破，获得同行高度认可，学科多名教师入选爱思唯尔中国高被引学者榜单，一批高层次人才担任重要学术期刊主编和编委。裴钢教授担任发展中国家科学院院士，作为《细胞研究》（Cell Research）主编（2021年2月起担任名誉主编），对中国期刊走向世界，并成为亚洲影响因子最高的学术期刊作出了卓越的贡献；薛雷教授担任《细胞与发育生物学前沿》（Frontiers in Cell and Developmental Biology）、《阿尔茨海默病研究进展》（Advance in Alzheimer's Disease）主编；高绍荣教授担任《畜牧与生物技术杂志》（Journal of Animal Science and Biotechnology）副主编以及《细胞干细胞》等5个国际学术期刊编委；朱瑞新担任《微生物学前沿》（Frontiers in Microbiology）和《药理学前沿》（Frontiers in Pharmacology）副主编，项耀祖担任《TRM现代中药》（TMR Modern Herbal Medicine）副主编；张勇、陆建峰、江赐忠、李维达等教授担任《基因组生物学》（Genome Biology）、《神经化学杂志》（Journal of Neurochemistry）、《细胞重编程》（Cellular Reprogramming）、《人类基因组学与胚胎学》（Human Genetics & Embryology）等重要学术期刊的编委。

五、坚持需求导向和问题导向，提升服务社会能力

学科强化使命担当，在聚焦基础学科的原创性研究的同时，坚持需求导向和问题导向，服务国家的重大需求和人民生命健康，部署开展多层次、全方位的社会服务，在科技成果转化、引领学术发展、承担社会公共服务等方面作出突出贡献，社会服务能力显著提高。

学科深化产研融合，将一流的科研成果与服务人民健康紧密结合，打通基础研究、医

学转化、成果转移与产业化链条，服务健康中国战略，同时以有组织科研推动重大科学创新、关键技术突破转变为先进生产力，增强创新资源对社会发展的驱动力。尹晓磊教授课题组聚焦再生医学疗法，目前已建立了利用小分子药物激活耳蜗前体细胞再生毛细胞的技术，并已在二期临床试验中展现出积极的治疗听力损伤的效果。在与相关公司的合作下，该课题组正在开发基于干细胞的听力损伤的新型疗法。费俭教授作为主要成员参与了上海南方模式生物科技发展有限公司的成立和发展。多年来，该公司自主建立了大鼠、小鼠、斑马鱼等模式生物基因组修饰的各项技术，填补了我国在规模化基因工程大、小鼠模型研发领域的空白，成为我国科研机构开展人类基因组功能研究和人类疾病机制研究的重要支撑平台。在新冠疫情暴发之初，该公司迅速研发了人源化ACE2小鼠模型，为研究和评价新冠病毒的疫苗及药物提供了关键的动物模型。目前该公司已在科创板上市，费俭教授兼职参与公司经营和部分研发工作的管理及组织，继续提供大量的模式生物技术服务和疾病动物模型，为生命科学和基础医学的学科发展作出了重要贡献。

学科发挥高层次人才战略优势，为国家发展积极建言献策。裴钢院士担任中国细胞生物学会名誉理事长、国务院学位委员会学科评议组组长、亚太细胞生物学组织主席、中药全球化联盟副主席、多种国际学术期刊编委。多年来，裴钢院士为推进我国干细胞研究作出重要贡献，助力我国科学家在相关研究领域迅速崛起。2020年8月，中国细胞生物学学会授予裴钢院士终身贡献奖。由裴钢院士任专家组组长的国家自然科学基金委重大研究计划项目"细胞编程与重编程的表观遗传学机制"以全票优秀的结果完美结题验收，充分展示了学科在国家重大项目实施中的统筹领导能力。裴钢院士也是"十三五"国家重点研发计划"干细胞及转化研究"的专家组召集人，为我国干细胞基础研究与临床转化作出了重要贡献。

服务国家粤港澳大湾区发展战略，学院与澳门大学合作建立了"澳门大学—同济大学联合肿瘤干细胞实验室"，积极发挥学科优势和创新辐射作用，助力湾区高质量建设。新冠疫情期间，学院迅速开展应急攻关，组织科研骨干多角度协同推进，在急需的新冠疫苗和诊疗方案攻关等方面取得突破。

第六节 上海国际知识产权学院：深化国际合作，实现知识产权学科跨越式发展

当前全球主要经济体均已进入到创新驱动经济社会发展的新阶段，科技创新成为国家竞争的核心，而知识产权则是创新的最大激励。为深入贯彻习近平总书记关于知识产权工作的系列指示和国家知识产权强国战略文件精神的关键决策，服务国家创新驱动发展战略和科技自立自强，打造中国特色世界一流的知识产权学院，培养高精尖知识产权人才，服务国家和上海重大战略，2016年11月，在联合国世界知识产权组织（WIPO）、国家知识产权局和上海市人民政府的支持下，上海国际知识产权学院（以下简称国知院）在同济大学正式挂牌成立。

国知院的成立是落实《上海市知识产权战略纲要（2011—2020年）》《关于加快建设具有全球影响力的科技创新中心的意见》和《关于加强知识产权运用和保护支撑科技创新中心建设的实施意见》的具体举措，以及落实《上海市人民政府与联合国世界知识产权组织谅解备忘录》和《上海市人民政府与国家知识产权局合作会商议定书》要求的重要内容，在筹建过程中得到了上海市政府和社会各方力量的大力支持。

2018至2023年，是国知院发展历程中不平凡的五年。在学校党委的领导下，国知院按照上报上海市教委、上海市知识产权局的《上海国际知识产权学院建设方案》，对标国际一流平台德国马克斯·普朗克创新与竞争研究所（以下简称马普所），通过采用国际领先的创新人才培养模式、组建交叉学科研究团队、按照国际化考评标准聚合优秀师资等方式，培养了数百名国际化的知识产权高端人才，产出了一批代表性科研成果，有力支撑了国家和上海重大战略需求。

2018年4月23日，陈群副市长到同济大学调研学院建设情况，国知院建设被列入市领导当年大调研重点问题督查事项。2019年2月，上海市教委正式下发通知（沪教委科〔2019〕9号）拨付国知院建设经费（2018—2020年）。2021年6月，国知院通过一期

专项验收,被评估为"优秀",并顺利获得教委二期专项资助。2022 年 9 月,上海国际知识产权学院理事会第一次全体会议在同济大学召开,国知院理事会正式成立,第一届理事长为陈群副市长。国知院在人才培养、科学研究、社会服务等方面的创新举措也获得了 WIPO、教育部、国家知识产权局等单位的充分肯定。

一、人才培养成效显著:国际高端知识产权人才培养模式基本建成

面对全球治理体系进入调整期、中美全面竞争加剧及"一带一路"倡议的深度推进,高端知识产权人才缺口严重。国知院积极响应,以国内唯一的 WIPO- 同济大学联合培养知识产权硕士项目(WIPO 硕士项目,招收国内外学生)和教育部、国家知识产权局联合委托同济大学承办的中国政府知识产权硕士奖学金项目("一带一路"硕士项目,招收国际学生)为基础,从课程体系、课程师资、实习环节等方面创新知识产权人才培养模式,打造国际化、高水平教学团队,牵头成立 WIPO 知识产权国际教育联盟(WINIPe),构建国际高端知识产权人才培养体系。项目连续三年通过了 WIPO 和国家知识产权局的年度评估。2021 年 WIPO 与同济大学顺利续签第二个五年合作谅解备忘录。

国知院在人才培养方面的成效和特色体现在以下四方面。

1. 创新知识产权人才国际培养模式

为培养扎根于中国大地、精通知识产权法律与管理、胜任国际知识产权事务的高端复合型人才,学院整合 WIPO、德国马普所等国际组织和全球知名高校院所师资力量,致力于打造不同于传统知识产权人才培养的全新模式。

国知院的人才培养模式创新主要体现在五个方面:一是与 WIPO、德国马普所等国际组织专家共同制定人才培养方案;二是与 WIPO 成立联合教学指导委员会,与国际专家共同实施人才培养计划;三是由国内外一流专家学者共同参与人才培养,实行"三三三制"(即国际师资 1/3,同济校外师资 1/3,同济校内师资 1/3),且国知院每学年均邀请 40 余名来自 WIPO 等国际组织、世界知名高校和科研院所以及国际高层次实务部门的国内外专家学者为学生授课;四是中外学生同班学习、管理和培养;五是国际组织实习常态化,五年间国知院已输送 5 名毕业生(含 3 名国际学生)赴 WIPO 工作,派出 9 名中国学生赴 WIPO 日内瓦总部进行为期 6 个月的实习,并组织短期 WIPO 实地交流学习。

2021年7月14日，WIPO与同济大学续签第二个五年合作谅解备忘录

2. 建成知识产权国际学生参与中国实践的路径

目前国知院已培养了来自54个国家的百余名知识产权国际人才，在理论课程之外尤其注重知识产权实务和实践课程的建设。国际学生培养特色如下：一是由上海市高级人民法院牵头组织的精英法官全英文教学团队开设的高级实务课程，使国际学生深入了解中国知识产权司法保护实践。二是在新冠疫情发生之前，国知院每年均组织国际项目学生实地参访国家知识产权局、WIPO中国办事处等单位，深入了解我国知识产权行政保护经验。三是国际学生培养与"四史"教育相结合，宣介中国文化、中国制度、中国道路，培养学生知华友华爱华情感，使学生切身感受知识产权中国主张、中国智慧、中国方案。

3. 牵头成立知识产权国际教育联盟

2019年7月，WIPO组织其在全球7个合作硕士项目负责人齐聚上海，实地参观考察WIPO-同济硕士项目实施情况，对项目人才培养成果给予了高度肯定。在WIPO和同济大学的共同倡议下，WIPO全球8个合作项目负责人一致同意成立WIPO知识产权国际教育联盟（WINIPe），WIPO在其官方网站上对此次访问及成果进行了详细报道。由此，国知院知识产权国际人才培养模式走向了世界。

4. 重点建设知识产权交叉学科博士点，培养知识产权博士人才

2018年，国知院依托工商管理一级博士点设立了知识产权交叉学科博士点（99J1）。

2022年7月,同济大学在全国率先自主审核增列知识产权一级学科博士学位授权点(9902),并成功获得国务院学位办批准。2023年9月,教育部下达学位点对应调整批文,我校"知识产权"学科名称改为"知识产权学",代码由"9002"改为"9001",新代码及名称自2024年招生开始使用。

国知院的高精尖知识产权人才培养特色体现在以下三个方面。

一是依托高层次国际科研合作平台,促进学生紧跟国际知识产权前沿问题动态。国知院已形成国际教研合作双网络,即亚欧教研合作网络和世界知识产权教研网络。前者以与德国马普所合作(始于2004年)为核心,涵盖德国慕尼黑大学、瑞士苏黎世大学、荷兰阿姆斯特丹大学、日本东京大学等世界一流大学;后者以WIPO合作为核心,以WIPO知识产权国际教育联盟(WINIPe)为载体。

二是依托高水平研究项目,服务国家和上海知识产权重大战略实施。近五年,所有导师均承担了国家社科重大项目、国家重点研发项目、国家社科/自科基金等高水平科研项目,面向国家重大战略研究建设、围绕上海科创中心建设和全球卓越城市建设组建了5个科研团队,横跨经济学、管理学、生命科学、计算机科学、法学等学科,广泛吸收相关学科学生参与,使前沿科学研究和高端人才培养得到有机融合。

三是充裕的科研基金为学生培养提供了有力支撑。国知院获得了上海市教委学院建设专项、国家留学基金委"中欧知识产权研究"专项等资助。近五年,本学科实际获得并计入本单位财务账目的科研经费2441.79万元,其中纵向科研经费1609.62万元;资助学生参加国内外学术会议超过100人次,在《计算机法律与安全评论》(Computer Law & Security Review)、《玛丽女王知识产权杂志》(Queen Mary Journal of Intellectual Property)、《中国软科学》等中英文核心期刊发表论文50余篇。

二、科研智库国内领先:聚焦国家战略、支撑政府决策

国知院面向全球创新范式重大调整和科技治理体系新格局,以知识产权一级交叉学科博士点建设为基础,整合法学、经济学、管理学、生命科学、计算机科学、设计学等跨学科研究力量,聚焦知识产权前沿理论问题和重大战略议题,为国家知识产权强国战略和上海科创中心建设提供理论支撑,已取得多项标志性成果。

1. 聚焦国家重大战略，前沿基础理论研究成果高端

国知院围绕关键产业安全、网络安全、知识产权风险监测预警、知识产权密集型产业发展、中医药传统知识保护、科技创新战略与制度优化、科技成果转化等国家亟待解决的核心问题，承担国家重点研发计划（1项）、国家社科基金重大项目（2项）、国家社科基金重点项目（1项）、国家社科基金一般/青年与国家自科基金13项，其余各类省部级科研项目30余项。国知院充分发挥交叉学科优势，在理论前沿和社会热点议题方面开展研究工作（年均发表学术论文60篇左右）。此外，国知院科研团队荣获了上海市哲学社会科学优秀成果奖二等奖（2018）、教育部人文社科优秀成果奖二等奖（2019）、上海市决策咨询研究成果奖二等奖（2021）。

2. 支撑政府决策部署，知识产权智库成果丰富

国知院参与了国家《知识产权强国建设纲要（2021—2035）》的前期理论研究和编制工作，参与了国家和上海"十四五"科技发展规划和中长期科技发展规划纲要（2021—2035）的编制工作，提交的"知识产权密集型产业发展""专利质量问题""赋权改革与成果转化""新冠疫情知识产权豁免""国际大科学计划与大科学工程建设""国家重点实验室重组"等专家意见支撑了国家和上海相关政府部门的决策部署。智库建设成果主要有三点：一是承担多项国家和上海重点决策咨询项目，包括国家知识产权局"强国战略纲要保障"项目、国家知识产权局"知识产权制度发展经验和国际趋势"项目、上海市"知识产权综合立法研究"等。二是在国知院面向政府机关提供的决策咨询报告70余篇中，获省部级及以上领导批示有14篇；2次获得中央主要领导人，5次获上海市领导的肯定性批示。三是多次参加知识产权重大涉外对话活动，为知识产权全球治理建言献策。国知院专家团队应科技部邀请，参加历次中国–欧盟部长级创新合作对话并作报告；参加了中德创新合作大会、中德创新政策国际研讨会等并作报告。

三、师资队伍稳定发展：形成国际化交叉学科教研团队

截至2023年6月底，国知院共有教授11人，副教授12人，助理教授（助理研究员）8人，在编专任师资规模扩大到31人，较2018年翻一番。年均校外课程师资40人（国际16人）。部分教师兼任中国知识产权法研究会副会长、中国知识产权研究会副理事长、中国科技法学会副会长，3人担任国家知识产权专家咨询委员会委员，6人入选"国家知识

产权战略专家",拥有"国家知识产权领军人才""国家知识产权局高层次人才"等称号。国知院在师资队伍方面已形成国际化知识产权交叉学科教学研究团队,具体体现为以下四个方面。

1. 高端师资趋于稳定

国知院通过采取机制化合作模式,在高端师资聘任方面加强与合作单位的联系与交流,通过签署协议、定期工作研讨、共同举办国际会议、中心组联组学习等形式与校外司法机构之间建立机制化合作模式,保障了实务部门高端师资的稳定化。

2. 国际顶尖师资加盟

2018年以来,按照国际化考评标准、通过全球招聘方式全职引进教授5名,副教授4名,助理教授4名。2020年11月聘任了WIPO原总干事高锐(Francis Gurry)先生为名誉院长;2019年10月聘请了德国马普所现任所长、德国国家科学院院士和德国国家科学与工程院院士迪特马尔·哈霍夫(Dietmar Harhoff)教授为名誉教授;2022年6月聘请了德国联邦最高法院第十庭(知识产权)庭长克劳斯·巴赫尔(Klaus Bacher)为兼职教授。

3. 同城协同优秀师资力量,打造一流全英语教研团队。

国知院建设过程中邀请了复旦大学、上海交通大学、华东政法大学等上海高校教授以及上海市高级人民法院、上海市人民检察院、上海知识产权法院、上海专利商标事务所、集佳律师事务所(上海)等实务部门专家授课。

4. 建立稳定的知识产权交叉学科研究团队

国知院成立知识产权理论、知识产权法律、知识产权管理、知识产权国际治理4个教研部,承担面向国家重大战略研究、支持围绕上海科创中心建设和全球卓越城市建设研究和知识产权全球治理研究等5个研究团队的具体实施工作。

四、同城协同初见成效:整合上海知识产权资源,服务科创中心建设

1. 服务上海科创中心建设等重大战略实施

国知院作为上海知识产权教学和研究排头兵,为上海市的知识产权局、科委、发改委、经信委、科创办、浦东区政府、徐汇区政府等相关政府部门提供了大量决策咨询报告和专家建议;参与了上海市"科改25条"、《上海市推进科技创新中心建设条例》、《上海

市知识产权保护条例》、"基础研究特区计划"等多部法律法规和行政规章的制修订工作。

2. 协同沪上高校共同支撑上海知识产权学科高地建设

邀请上海本地其他部属和市属高校教师参与国知院人才培养和科学研究，共同编撰知识产权核心课程讲义和教材，形成相对稳定的合作教学研究团队，共同建设和维护上海知识产权学术研究高地。

3. 广泛服务上海各级实务部门

国知院促成同济大学与上海市高级人民法院签署《关于加强知识产权法学教育和司法实践的合作框架协议》并积极落实；与上海市人民检察院第三分院签署《战略合作框架协议》；与浦东新区知识产权局签署合作备忘录，服务保障自贸试验区和科创中心核心承载区建设两大国家战略；与崇明区农业农村委员会签署合作协议，助力崇明农业知识产权事业的发展。

4. 承办面向全国和上海市知识产权人才培训

国知院受国家知识产权局、上海市高级人民法院、浦东知识产权局等单位委托，承办上海市高级人民法院知识产权保护培训班、全国高校专利运营高级研修班等培训班20余场次，年均培训人员约450余人次，推广上海知识产权保护模式。

面向新的征程，国知院将深入贯彻党的二十大报告关于"加强知识产权法治保障，形成支持全面创新的基础制度"的决策精神，落实《知识产权强国建设纲要（2021—2035）》、国家知识产权局与上海市政府《共建高水平改革开放知识产权强市合作会商议定书》的要求，加快探索创新，发挥国际办学和学科交叉优势，努力建设国际一流的知识产权人才培养和高端智库，充分配置和整合资源，奋力建设中国特色世界一流知识产权学科。

奋楫争先

第五章
全力打造国家战略科技力量

第一节　发挥科技攻关新型举国体制优势，强化有组织科研模式

世界百年未有之大变局加速演进，科技创新已成为国际战略博弈的主要战场，围绕科技制高点的竞争空前激烈，亟须高质量科技创新。服务国家战略需求是高校科研的最高追求，强化国家战略科技力量建设，集聚力量开展原创性引领性科技攻关，加快打赢关键核心技术攻坚战，需要充分发挥科技攻关新型举国体制优势，强化有组织科研。《关于健全社会主义市场经济条件下关键核心技术攻关新型举国体制的意见》强调，健全关键核心技术攻关新型举国体制，要把政府、市场、社会有机结合起来，科学统筹、集中力量、优化机制、协同攻关，强化国家战略科技力量，大幅提升科技攻关体系化能力，在若干重要领域形成竞争优势、赢得战略主动。《关于加强高校有组织科研 推动高水平自立自强的若干意见》强调，高校要强化责任落实，以国家战略需求为导向，以学校学科优势为基础，加强有组织科研，强化国家战略科技力量。2018—2023年，学校立足高校优势发挥技术攻关新型举国体制优势，强化有组织科研，构建了独具特色的"同济范式"。

一、立足学校优势，构建技术攻关的同济模式

高校充分体现关键核心技术攻关新型举国体制，在于充分发挥人才和学科优势，优化配置创新资源，建立以国家级重点科研基地为载体、以战略科学家和拔尖创新人才团队为核心、以国家重大需求和前沿科学问题为导向承担重大科研任务，并注重产学研合作，协同创新打造国家战略科技力量的科研体系。

1. 构建以国家重点科研基地为核心的攻关组织载体

重点科研基地能为自主创新提供不可或缺的软硬件环境，具有基础研究、技术研发、技术转移、人才培养、资源共享、国际交流等重要功能，是科技创新体系的重要支点，是开展有组织科研的重要支撑。同济大学科技创新平台面向国际科技发展前沿，对接国家重

国家重大科技基础设施海底科学观测网示意图

同济大学与中国中车联合研制国内最大功率氢燃料电池混合动力机车

大战略需求，聚集创新人才，已成为组织科技攻关、产生重大原创性成果的重要平台。

从布局的角度，培育建设多种类型的国家重点科研基地，尤其是全国重点实验室、前沿科学中心、重大科技基础设施。在新一轮全国重点实验室重组过程中，学校获批建设自主智能无人系统全国重点实验室；原有的土木工程防灾减灾全国重点实验室重组成功，新获批心脏病全国重点实验室和高速磁浮运载技术全国重点实验室；污染控制与资源化研究国家重点实验室和海洋地质国家重点实验室等待下一轮重组建设。全国高校现有25个教育部前沿科学中心，同济大学获批建设细胞干性与命运编辑前沿科学中心、自主智能无人系统前沿科学中心，两个中心已经成为各自领域团队建设和承担重大攻关任务的核心。在国家重大科技基础设施建设方面，海底科学观测网（同济大学牵头统筹协调建设的国家海底科学观测网是落实海洋强国战略建设的我国第一个基于海底的国家重大科技基础设施，目标是建成总体水平国际一流、综合指标国际先进的综合性海底科学观测网）和无人系统多体协同设施正常推进中。这些重点基地是同济大学推行关键核心技术新型举国体制的基础。

从运行的角度，进一步完善重点科研基地的运行管理机制，落实相对独立的运行，赋予科研基地一定的建设运行自主权，完善人财物等资源配置体系。从条件建设的角度，加强科研公共研究平台建设，提升大型仪器设备装备水平和使用效率；推进国家重大科技基础设施项目的策划、培育和建设。从队伍建设的角度，国家及省部级科研基地集中了全校大部分高端人才，也促进了青年科技人才的汇聚和成长，建设了一支服务意识强、技术水平高的科研实验技术队伍。

2. 设计科研平台、科研团队、科研项目一体化的机制

谋划"大平台、大团队、大项目、大成果"，实现整个科研流程的统一部署、"全链条"规划。加强针对国家战略、行业需求及学科前沿发展态势的战略研究，发挥重大项目的牵引作用，发挥优势学科团队的整合作用，发挥战略科学家、学术带头人的引领作用，组织多学科组成的任务团队。建立目标导向、需求导向、任务驱动的交叉研究机制，加大对交叉研究的培育力度，组织落实国家、地方及行业企业重大项目；注重行业企业的技术需求，引导企业的资源投入和成果转化应用。优化科技评价体系，建立目标导向、质量导向的分类评价机制。完善科研人员分类评价，建立以代表性成果为主要指标的评价体系，以重大科研成果和原创性学术成果的质量和水平为导向的评价激励机制。建立科研团队评价考核制度，鼓励和支持团队攻关。引导和鼓励科研人员开展持续研究和长期积累，探索建立基础研究人员的长周期考核机制。

3. 实施同济大学技术攻关能力提升计划

攻关计划以目标为导向，注重顶层设计与谋划，整合"双一流"建设及科研投入，各类资源统筹使用，充分发挥重点科研基地作为有组织科研载体的作用，支持具有战略性、前瞻性、急迫性的应用基础研究及工程研究，提升系统解决关键核心技术问题和重大战略任务的能力；加强国家重大科研攻关项目的组织、预研与培育，构建一系列关键核心技术体系，并在工程实践中取得重大成果。实施重点科研基地攻关能力提升专项，加强基地自身建设，围绕基地重点研究方向及本领域的关键技术发展趋势，提出跨学科的交叉研究重大科研攻关任务建议并组织实施。实施重大项目攻关专项，提供解决相关领域"卡脖子"问题的关键核心技术支撑，针对优势团队先期投入、引导，强化预研和培育，对接国家重大重点专项，承担重大科技攻关任务。实施重大科技攻关成果培育专项，鼓励各学术带头人围绕长期深耕的领域，归纳科研发展成就，整合相关资源，加强成果的总结、凝练、推广，产生有影响力的重大成果。

4. 加强国家重大科研项目组织申报

面向国家重大需求，开展关键核心技术攻关，坚持以高水平科研为导向，持续完善科技管理体制机制，充分激发教师的科研积极性，不断提高国家重大项目承担能力。注重顶层设计和提前谋划，建立全链条全过程管理服务机制，从项目前期谋划、组织申报、过程实施、成果凝练，开展主动对接和精准服务。校院联动、部门协同，保障项目顺利实施。

五年来，学校牵头承担国家重点研发计划项目近百项（含科技创新2030—"新一代人工智能"重大项目及国际合作类项目），涉及干细胞与转化医学、网络协同制造、村镇化研究、固废资源化等多个领域，获批项目数在高校中名列前茅。

二、强化有组织科研，构建独具特色的"同济范式"

有组织科研能够充分体现新型举国体制优势，有助于实现从"0到1"的源头创新，产出重大战略性技术。高校作为高水平科技自立自强的主力军，同济大学始终坚持立足"三新一高"，坚持"四个面向"，将科技创新作为实现高质量发展最核心的驱动力，以打造战略科技力量和科研高质量发展为目标，全面开展有组织的科研，加强战略谋划，聚集大团队、构建大平台、承担大任务、催生大成果，营造良好生态，构建与一流大学相适应的科研创新体系，助力新时代背景下学校高质量发展。

2018—2023年期间，牵头承担国家重点研发计划专项项目及课题、科技创新2030重大项目及课题数300余项，保持在高校前列；牵头承担国家自然科学基金3000余项，稳居高校前列；新增50余家国家级、省部级科研平台，目前共拥有20个国家级科研基地、94个省部级科研基地。实施转化科技成果250余件，转化合同总金额超亿元。

1. 加强顶层设计，激发创新活力

同济大学加强顶层设计和系统谋划，不断完善科技管理与服务体系。加强学校有组织科研，就是推动学校把服务国家战略需求作为最高追求、作为根本目标，在持续开展高水平自由探索的基础上，加快科研范式和组织模式变革，建设国家战略科技力量，解决国家安全和经济社会发展面临的现实问题和最紧迫需求，为实现高水平科技自立自强、加快建设世界重要人才中心和创新高地提供有力支撑。

《同济大学"十四五"及中长期科学研究和社会服务发展规划》《同济大学关于全面提升科技创新质量的若干意见》等文件陆续出台，对学校科研工作发展进行研究、谋划和设计，为后续工作提供了有力支撑。全面深化科研管理"放管服"，落实科研管理自主权，激发科研创新活力。出台《同济大学关于推进科技领域"放管服"改革的指导意见》《同济大学关于进一步贯彻落实科研管理自主权的若干措施》等文件，完善科研管理制度体系，提升科研专业化服务，确保"放管服"改革落实落细，增强科研人员获得感。

2. 聚集"大团队"：注重基础研究，提升核心技术攻关能力

强化基础研究目标导向，推动学科交叉原始创新。面向国际学术前沿，重点布局和支持若干基础研究领域，对基础学科和前沿交叉研究给予优先倾斜支持和稳定性投入，争取在若干领域实现重点突破，抢占原始创新制高点。

构建面向世界科学前沿和国家战略急需的世界一流创新大团队，科研团队建设卓有成效。深入实施《基础研究能力提升计划》《技术攻关能力提升计划》，先后启动自主原创和学科交叉联合攻关项目，持续推进基础前沿研究探索和关键"卡脖子"核心技术攻关，积极打造国家战略科技力量，原始创新能力和服务国家重大战略能力持续提升。

3. 构建"大平台"：优化科研平台建设，强力支撑科研创新

加强和完善科研基地平台的顶层设计和整体布局，构建从原始创新到产业化的全创新链布局体系；充分发挥重点基地平台有组织科研载体作用，构建科技自主创新支撑体系。

建设以科学中心、国家重点实验室、工程中心等为核心的世界领先科研大平台。获批

建设的"自主智能无人系统"是首批人工智能领域全国重点实验室；获批建设2个教育部前沿科学中心，以及2个国家自然科学基金委基础科学研究中心。牵头建设的海洋领域唯一国家重大科技基础设施国家海底科学观测网，以及上海自主智能无人系统科学中心、国家细胞转化资源库等重大科研基础设施和科研平台建设持续推进。充分发挥重点科研基地平台有组织科研的载体作用，目前学校已实现理工科省部级平台全覆盖，通过加强科研组织与服务，为学科建设、科技创新和高水平人才培养提供强有力的支撑。

4. 承担"大任务"：面向重大战略需求，推动国家及区域发展

聚焦国家中长期发展规划任务和关键核心技术领域，以需求、问题和目标为导向，凝练布局若干核心关键技术领域，进行有组织的科研和集中攻关。

筹划并承担国家战略科技前沿和急需的重大项目，涉及干细胞与转化医学、网络协同制造、村镇化研究、固废资源化等多个领域，其中干细胞及转化研究（干细胞研究与器官修复）领域持续保持领先地位。雄安新区、北京城市副中心、港珠澳大桥、川藏铁路等一大批国家重大建设工程，海洋强国、交通强国、航天强国，以及长三角一体化等国家战略和上海科创中心建设中，处处闪耀着"同济智慧"。

5. 催生"大成果"：强化全链条管理，不断提升转化质量

始终强化以重大成果为导向的全链条管理，持续产出不可或缺的关键核心技术突破和原创性的重大成果。在南海深海过程演变、概率密度演化理论、干细胞等领域的基础研究取得重大原创性成果，攻克了减震结构、地下穿越工程、城市高密集区等领域的重大关键核心技术。其中重大工程遥感空间信息可信度理论与关键技术支撑了嫦娥三、四、五号和火星天问一号安全软着陆；学校负责主体研制的46.5纳米极紫外太阳成像仪成为继美国之后、人类近半个世纪来首次在该波段拍摄到的太阳完整图像。在《自然》《科学》等顶级学术期刊及其子刊上发表高水平论文百余篇。获批首批国家知识产权示范高校、教育部第二批科技成果转化和技术转移基地、科技部高校专业化国家技术转移机构建设试点、上海高校技术转移中心。

6. 营造优良生态：营造良好科技创新环境，建设一流创新生态

营造鼓励先进、尊重差异、积极探索、崇尚创新、勇攀高峰的学术氛围和宽松的学术环境，形成有利于科研人员潜心研究、勇于创新的学术生态。

不断完善以学术委员会为核心的学术治理体系建设，厘清学术委员会历史脉络，认定本届学术委员会为同济大学第九届学术委员会；成立同济大学科技伦理委员会，制定《同

济大学科技伦理委员会章程》，出台三个专项伦理审查工作规程，不断健全科技伦理治理体系；完成同济大学学术道德委员会换届及章程修订，出台《同济大学科研诚信建设与管理办法》，加强科研诚信建设和管理，明确校内各级主体关于科研诚信建设与管理责任。学校将科研诚信教育贯穿科研活动全过程，加强"事前—事中—事后"全方位监督，加强科研诚信政策宣贯，健全教师和科研人员教育培训机制；获批同济大学李国豪科学家精神教育基地，加强对优秀科学家的宣传，积极引导广大教师和学生树立追求真理、勇于创新的科学精神，激发广大师生科研活力。

第二节　强化自由探索和问题导向相结合，发挥基础研究创新引领作用

基础研究是科技创新的源头。习近平总书记2018年在中国科学院第十九次院士大会、中国工程院第十四次院士大会上的讲话、2020年在科学家座谈会上的讲话、2022年在党的二十大报告等均多次强调加快解决制约科技创新发展的关键问题——"持之以恒加强基础研究"和"坚持需求导向和问题导向"。基础研究具有前瞻性、引领性、开创性、探索性，一方面要遵循科学发现自身规律，鼓励自由探索；另一方面要通过重大科技问题带动，在重大应用研究中抽象出理论问题，探索科学规律，使基础研究和应用研究相互促进。做好基础研究，既要靠学科向纵深发展，更要强调学科交叉融合；既要鼓励自由科学探索，更要强调问题导向；既要尊重科学发展规律，更要强调科学技术工程的共通融合。

近五年，学校统筹部署、协同推进，以只争朝夕的紧迫感和高度的责任感使命感，促进基础研究能力提升。面向世界科技前沿、面向经济主战场、面向国家重大需求、面向人民生命健康，在战略导向、目标引导、前瞻布局、经费保障等方面下功夫，基础研究取得显著进步，重大创新成果加速产出，标志性成果数量和质量显著提升。深入实施《基础研究能力提升计划》《技术攻关能力提升计划》，国家自然科学基金申报数和获批数呈阶梯式增长，2018—2022年牵头承担国家自然科学基金项目数稳居高校前列，2022年获批项目总数以及杰青、重点项目等类别项目数均创历史最高；牵头承担国家重点研发计划专项项数、国家重点研发计划重点专项数、科技创新2030重大项目数均保持高校前列。已有的成绩让人鼓舞，催人奋进，但也要正视我们在基础研究方面存在的问题和面临的挑战，充分认识与世界一流大学之间的距离，与建设世界科技强国对高校的要求之间的差距。

一、健全体制机制，优化和营造潜心基础研究勇攀高峰的科技创新生态

1. 优化顶层设计，健全基础研究全方位制度保障

科技创新推动基础研究高质量发展，营造良好创新生态，制度支撑是基础，要通过科学有效的政策制度设计，为科技工作者提供良好科研环境。2018年以来，多部门协同，对照国家和教育部等政策最新要求，对校内科研管理相关政策进行全面梳理，持续推进科研管理"放管服"。制定出台《同济大学关于全面提升科技创新质量的若干意见》《基础研究能力提升计划》《技术攻关能力提升计划》《同济大学关于推进科技领域"放管服"改革的指导意见》和《同济大学关于进一步贯彻落实科研管理自主权的若干措施》等文件，修订完善《同济大学科研项目管理办法》《同济大学纵向项目经费管理实施细则》《同济大学国家杰出青年科学基金项目经费"包干制"管理办法》和《同济大学科研助理类岗位管理办法》等一系列科研管理文件，基本形成"以信任为前提，以诚信为底线，尊重科学研究规律和人才成长规律"的科研管理制度体系。

学校按照"基础研究能力提升架构"构建科研平台支撑、人才和团队保障，促进基础研究能力提升和高水平成果产出。

2. 完善创新支撑体系，保障基础研究稳定投入

高校是国家战略科技力量的重要组成部分，是基础研究主力军和重大科技突破策源地。学校注重完善基础研究创新支撑体系，营造潜心基础研究的科研环境。学校充分发挥国家自然科学基金支持源头创新的重要作用，提倡教师将国家自然科学基金作为贯穿科研生涯的一条主线。

积极争取地方投入，学校全力推动上海市"基础研究特区计划"建设，获批上海市基础研究特区计划；围绕"智能+"和特色学科、基础学科相融合，引导和支持科研人员在重大工程项目中凝练科学问题；鼓励对接国家战略需求、区域重大需求，开展具有同济特色的前沿原创研究。聚焦上海市科委"科技创新行动计划"系列和上海市教委科研创新计划项目申报指南，以项目为抓手，发挥学校学科特色，争取基础研究项目支持。

根据《同济大学基础研究能力提升计划》，学校设立基础研究和学科交叉专项。既支持长期厚重的知识积累和沉淀，也鼓励科技人员瞬间的灵感爆发；既对基础研究进行长期稳定的支持，也聚焦优势领域，突出重点，以鼓励科研人员针对国家重大需求和科学前沿

潜心研究。随着国家和地方对基础研究投入的持续提高,学校也对基础研究投入倾斜,近五年学校基础研究经费投入获稳步提高。

3. 提升管理服务水平,激发基础研究创新活力。

全方位推进科研"放管服"改革,学校改革的总体原则是"放"到位、"管"到位、"服"到位,将"放管服"统筹考虑,系统推进,有效落实。"放管服"改革重点内容包括营造风清气正、积极向上学术环境;激励基础研究和关键核心技术攻关;清理职称评审中的简单量化指标;加快科研急需设备采购;赋予科研人员更大技术路线决策权和经费管理使用自主权;优化科研财务审计制度;完善科研项目过程管理等。自2018年以来,科研管理部门和财务、人事等部门联动积极推进信息化建设,以"流程优化再造,数据综合治理"为抓手,不断完善高质量科研管理与服务体系、提升管理服务水平,分阶段构建了"培育、管理、服务、统计"一体化、科研项目全生命周期管理、科研项目科研成果有机集成以及统计分析相融合的科研信息平台。2022年完成科研系统(3.2和3.3版本)上线,打通"科研—财务"的线上业务协同及数据融合,科研—财务在预算、经费、结账等环节充分衔接,实现科研项目从项目立项、过程管理到结题结账等全生命周期"一站式"线上服务和管理。多措并举,提升科研管理服务水平,切实保障一批有创新潜力和能力的科研教师潜心研究、厚积薄发。

二、鼓励自由探索,提升和培育基础研究从"0到1"的原始创新成果

1. 鼓励自由探索,强化基础研究战略地位

"基础研究是整个科学体系的源头,是所有技术问题的总机关"。学校切实落实国家对基础研究工作的战略部署,强化基础研究战略地位,遵循科学发展规律,明确高质量发展目标,本着"自由探索、对接需求、同济特色"原则,注重开展科学前沿和"从0到1"的原创性研究,营造自由探索的科研环境,提倡教师将基础研究作为贯穿科研生涯的一条主线,鼓励科研人员做到真"做问题",做"真问题""大问题",不断实现基础前沿探索和关键技术突破,打造中国特色学术风格,激发基础研究创新活力,多措并举实现高水平科技自立自强。2018年以来,学校科技创新能力取得重大突破,科研投入持续增加,平台建设获得突破,高层次人才培养卓有成效,重大成果质量显著提升,科研项目申报数和

获批数呈阶梯式增长，稳居全国高校前列。

2. 探索科研新范式，着力提升基础研究水平

为大力实施创新驱动发展战略，加快建设中国特色世界一流大学和优势学科，学校鼓励和支持原始创新和自由探索研究，强化基础研究原创导向，培育科技创新人才，促进各学科均衡、协调、可持续发展。以科研项目的组织申报和全过程管理为抓手，发挥同济大学学科特色，展现同济大学科研人员开展原创性基础研究的实力。同时，将国家自然科学基金和"科技创新行动计划"系列项目等作为支持基础研究、鼓励自由探索的主渠道之一，以青年科学基金项目、面上项目等类型作为主要抓手，全面提升教师科研水平与创新能力，不断催生更多标志性创新研究成果。

此外，学校全力推动上海市"基础研究特区计划"建设，重点支持前瞻性、颠覆性、引领性的基础研究，以及国家重大战略需求和重大工程中的基础科学理论和科学问题。围绕前沿基础研究突破、关键核心技术攻关，结合同济自身学科特色，以优势学科为引领，以基础学科为支撑，引导和支持科研人员在重大工程项目中凝练科学问题，鼓励对接国家战略需求、区域重大需求，开展具有同济特色的前沿原创研究。依托国家重点实验室和国家重大科技基础设施等重要基地平台组建学科交叉团队，进一步推动和加强理工医文交叉融合的科学研究，形成"智能+"与基础学科、特色学科相结合，培育科研创新团队，推动基地平台建设，建立完善有利于长期稳定开展前沿基础研究的评价考核机制。争取相关领域和方向上实现重点突破，抢占原始创新制高点。

3. 强化原始创新，标志性成果不断涌现

学校在深海研究、防灾减灾、精密制造、生命科学、环境保护、信息技术等领域取得了若干具有重大影响力的标志性研究成果。针对南海海洋领域的研究，在海盆形成的"板缘裂谷"、气候演变的"低纬驱动"和边缘海"洋陆相互作用"方面取得重大突破，挑战国际传统理论，标志着我国海洋科学在国际竞争中的重要进步。在结构可靠性理论方面，构建了国际上称为"Li-Chen"方程的概率密度演化理论，为中国第一、世界第三高的上海中心大厦重大工程可靠性设计提供重要支持。在国际上首次提出"原子光刻+软X射线干涉光刻"新方法，研制了可溯源至自然常数的间距为106.4纳米硅光栅，填补了我国300纳米尺度以下有证光栅标准物质的空白。以干细胞与转化医学为突破点，实现全球首例人类自体肺干细胞移植再生，标志着人体自身内脏器官的再生正逐步从实验室理论走向临床现实。系统研究了表观遗传修饰在调控基因表达进而影响细胞命运转变的分子机制，研究

成果入选中国生命科学领域年度十大进展，为我国科学家体细胞克隆猴的成功提供重要理论基础。

2018年以来，一系列创新性科技成果发表于CNSP及其子刊，在国内外取得重要影响。特别是2022年，涌现出一批原创性高质量论文成果，一系列高水平论文成果发表于CNSP及其子刊，其中以同济大学为第一/通信作者单位在《自然》期刊发表2篇、《科学》期刊发表1篇、《美国科学院院报》（*PNAS*）发表5篇，创历史最好成绩。

三、坚持问题导向，凝练科学问题，突破关键核心技术

1. 加强基础研究布局，夯实前沿交叉研究实现原始突破

问题导向和需求导向的科技研究成为解决当前制约我国经济社会发展、民生改善和国防建设面临的重大科技问题的重要路径，是实现"四个面向"、增强自主创新能力、破解"卡脖子"难题的必然要求。面向"十四五"，国家重点研发计划、科技创新2030重大项目、教育部"中国高校产学研创新基金"等进一步强化需求导向、问题导向和目标导向，持续提升科技创新的供给能力和效率。国家自然科学基金重大项目针对面向科学前沿和国家经济、社会、科技发展及国家安全的重大需求中的重大科学问题，超前部署，开展多学科交叉研究和综合性研究，充分发挥支撑与引领作用，提升我国基础研究源头创新能力。

学校结合国家2021—2035中长期科技发展规划和"十四五"科技创新规划战略研究工作，面向国家重大战略需求，凝练布局若干基础研究领域，使需求导向的研究项目源于需求又不囿于需求，挖掘背后需要解决的科学理论和技术发明。此外，对接国家重大需求和重点发展领域，为聚焦关键领域重大科技需求，提供解决相关领域"卡脖子"问题的关键核心技术支撑，根据学校的重点布局，实施了技术攻关能力提升计划先导专项，组织力量先期培育，重点支持基础研究领域的研究。与此同时，夯实前沿交叉研究实现原始突破，学校鼓励与推进各学科与学校优势学科进行交叉融合，构建了交叉研究机构评价体系。为营造学科交叉氛围，催生前沿创新成果，校内设立了学科交叉预研类项目专题，取得了不错的成果。为进一步强化问题和需求导向，学校启动了学科交叉联合攻关示范项目，面向国家重大战略需求和新兴科学前沿交叉领域，通过多学科交叉融合，鼓励开展探索原始创新与前沿基础类研究。

2. 注重重大工程问题凝练，科研竞争能力显著增强

学校注重发挥学校学科特色，不仅强调面向国际科学前沿，更加注重从重大工程应用中凝练科学问题开展基础研究，关注基础研究对技术和工程的实质性支撑。

在学校的系列部署下，基础研究水平和原始创新能力显著提升，保持在高校前列。其中，"十三五"期间国家部署了65个重点专项，学校在28个重点专项中牵头承担项目；"十四五"开局前两年国家部署了74个重点专项，学校在其中的19个重点专项中牵头承担项目；承担国家自然科学基金重点项目、重点国际（地区）合作研究项目、国家重大科研仪器研制项目、基础科学中心项目、重大横向项目超百余项。

3. 面向国家重大需求，提升核心技术攻关能力

学校面向国家重大战略需求，开展重大科研攻关，组织科研大团队，整合、协同多方力量承担了多项国家重点研发计划、科技创新2030——"新一代人工智能"、国家自然科学基金重点重大类项目、重大横向项目任务，关键核心技术攻关和供给能力显著提升。项目主要涉及航天遥感、土木工程、智能交通、人工智能、水体污染等方面，成果成功应用于多个行业领域。围绕航天测绘遥感，服务我国月球和火星探测等重大任务，激光三维遥感测量质量提升等相关研究成果和实验场为我国嫦娥四、五号和火星天问一号着陆悬停避障和着陆缓冲提供了科技支撑；研制了46.5纳米极紫外太阳成像仪，助力中国首次实现太阳过渡区探测。围绕土木工程，取得了重大工程整体可靠性系列基础理论创新与核心技术突破，成果应用于我国71%的400米跨度以上大跨度桥梁建设、85%的400米高以上超高层建筑建设和50%的超长隧道建设；围绕智能交通，建成了国际领先的智能网联汽车试验基地和新型交通工具测试平台；开发了我国第一个智能交通管理系统，形成了大规模复杂路网"人—车—路"协同优化基础理论；为时速600千米高速磁浮列车提供重要科技支撑；建设了上海自主智能无人系统科学中心，在智能单体发育方面突破了复杂运动规划与控制的瓶颈；聚焦长江水环境及太湖、巢湖水污染控制，开展重大科技攻关并有效运用；服务港珠澳大桥、北京大兴机场等一批重大工程建设，参与雄安新区的规划与建设，完成北京城市副中心规划等。

未来，学校将全面贯彻党的二十大精神，坚持"四个面向"，着力突出原始创新，不断鼓励自由探索，科学研究坚持问题导向、需求导向，集聚力量开展原创性、引领性科技攻关，进一步完善学科交叉融合机制，推进科研范式变革，主动瞄准基础前沿领域与关键核心技术中的重大科学问题持续攻坚，真"做问题"，做"真问题""大问题"，争取获得更多原始创新性成果。"聚集大团队、构建大平台、承担大任务、催生大成果",构建与一流大学相适应的基础研究支撑体系,深入落实"放管服"改革要求,激发创新活力,服务国家需求、落实国家任务,着眼于切实解决"卡脖子"问题,突破关键核心技术,切实提高原始创新和自主创新能力,助力国家高水平科技自立自强。

第三节　建设高水平科研平台及科技基础设施，打造国家战略科技力量

科技创新平台及重大科技基础设施是我国创新体系建设的核心，是满足国家重大创新需求的有力保证，是高校"双一流"建设的重要支撑。党的二十大报告提出，健全新型举国体制，强化国家战略科技力量，优化配置创新资源，优化国家科研机构、高水平研究型大学、科技领军企业定位和布局，形成国家实验室体系，统筹推进国际科技创新中心、区域科技创新中心建设，加强科技基础能力建设。要实现科技自立自强，必须走自主创新之路。科技创新平台作为科技创新的有效载体，能为自主创新提供不可或缺的软硬件环境，具有基础研究、技术研发、技术转移、人才培养、资源共享、国际交流等重要功能，是科技创新体系的重要支点，是开展有组织科研的重要支撑，同时也有利于助推高校双一流建设，充分发挥科技创新在科教融合育人中的支撑和引领作用。

2017年8月，科技部、财政部、国家发改委联合发布了《国家科技创新基地优化整合方案》，根据国家战略需求和不同类型科研基地功能定位，对现有国家级基地平台进行分类梳理，整合为科学与工程研究（国家实验室、国家重点实验室）、技术创新与成果转化（国家工程研究中心、国家技术创新中心和国家临床医学研究中心）和基础支撑与条件保障（国家科技资源共享服务平台、国家野外科学观测研究站）三类进行布局建设，依据创新链条和支撑条件作出了清晰的定位；2014年11月，国家发改委、财政部、科技部、国家自然科学基金委联合发布《国家重大科技基础设施管理办法》，加强和完善国家重大科技基础设施管理；教育部也发布了相关的高校重点科研基地管理办法。依据国家各主管部门的方案与管理办法，同济大学一直致力于从基础研究、技术创新、成果转化、条件支撑等方面构建从原始创新到产业化的全创新链布局体系，充分发挥重点科研平台有组织科研的载体作用，重大科技设施的基础性作用，为学科建设、科技创新和科研育人提供强有力的支撑。

一、加强和完善科技创新平台的顶层设计和整体布局，构建高校科技创新能力体系

2018—2023 年，同济大学共新增 5 个国家级科研平台和 47 个省部级科研平台，包括 3 个全国重点实验室、2 个教育部前沿科学中心、4 个教育部重点实验室、1 个教育部工程研究中心等。目前同济大学共拥有 20 个国家级科研基地，包括牵头建设海洋领域唯一的国家重大科技基础设施——海底科学观测网、6 个全国/国家重点实验室、2 个国家工程研究中心、4 个国家工程技术研究中心，1 个国家科技资源共享服务平台、1 个国家大型科学仪器中心、4 个科技部国际合作基地和 1 个"2011"协同创新中心；此外，还有包括教育部首批建设的细胞干性与命运编辑前沿科学中心、助力上海科创中心建设的上海自主智能无人系统科学中心等 89 个省部级基地。

1. 聚焦基础研究，加强建设重点实验室和前沿科学中心

积极参与人工智能、集成电路、生物医药等多个国家实验室的建设，并与校内重点科研基地的建设结合起来，推动基础研究与交叉研究。积极推进国家重点实验室重组工作：自主智能无人系统全国重点实验室被科技部列为全国 20 家"重组"标杆序列；土木工程防灾国家重点实验室已顺利通过重组，更名为土木工程防灾减灾全国重点实验室；新建的心脏病和高速磁浮运载技术全国重点实验室顺利获批建设。在完善已有全国重点实验室体制机制建设的同时，积极推进海洋地质国家重点实验室和污染控制与资源化研究国家重点实验室重组进程，同时在材料领域、综合交叉等领域积极培育全国重点实验室；加强"细胞干性与命运编辑"和"自主智能无人系统"前沿科学中心的建设运行，加快建设上海市前沿科学研究基地；加强智能计算与应用教育部重点实验室等理科类交叉平台建设，推进基础学科发展。

2. 面向国家重大战略任务和重点工程建设需求，推进建设技术创新与成果转化类工程研究中心

面向国家重大战略需求，面向经济社会发展和产业转型升级对共性关键技术的需求，整合校内学科优势，谋划建设国家工程研究中心、国家技术创新中心、国家医学临床研究中心。加强城市污染控制国家工程研究中心、新能源汽车及动力系统国家工程研究中心、国家土建结构预制装配化工程技术研究中心、国家磁浮交通工程技术研究中心、国家设施

农业工程技术研究中心等各类工程中心的建设与运行，推进上海市协同创新中心建设，在应用特色突出的领域和部分交叉领域培育建设省部级工程。

3. **构建基础支撑体系，大力完善基础支撑和条件保障平台建设**

加快"海底科学观测网"国家重大科技基础设施的建设，监测与数据中心土建工程完成竣工验收；推进培育人工智能等领域国家重大科技基础设。优化国家干细胞转化资源库建设运行，积极组建培育多个科学数据中心、资源库等各类科技资源共享服务平台。以海洋、测绘、环境、土木、交通等学科为基础，谋划培育国家和省部级的野外科学观测研究站。围绕生物、化学、数学、物理、力学、材料、工程等领域进一步加强和完善校内公共研究平台的建设，提升大型仪器设备装备水平。

4. **深度融入上海科创中心，积极搭建交叉研究平台**

主动服务国家战略，积极融入上海科创中心建设，聚焦重点平台研究方向、重大项目和体制机制建设，建设一批交叉研究平台：面向国家长三角一体化和"双碳"战略目标，建设长三角可持续发展研究院；面向城市数字化转型，建设中国（上海）数字城市研究院；面向国家海洋战略，建设上海深海科学中心；面向上海五大新城战略，加速发展上海新城建设研究中心；面向人工智能战略，聚焦人工智能领域前沿基础研究突破、关键核心共性技术的攻关，建设上海自主智能无人系统科学中心；面向国家空天发展战略，聚焦航空器结构智能辅助适航技术，建设民航重点实验室，支撑上海市民用航空发展。

5. **主动融入国内国际双循环，建立对德对欧人文交流平台**

主动融入国内国际双循环，搭建以德国为重点、辐射欧洲的科技和人文交流平台，围绕"城市""德国（欧洲）"主题积极发挥平台的科研合作、咨政育人等作用。发挥对德对欧合作传统优势，围绕"车路一体智能交通、智能制造与智能装备、可持续环境与生态技术、智能科学与技术、绿色创新发展体系与政策"建设"中德联合研究中心（同济大学）"；聚焦中德、中欧政治与经济关系研究，人文交流研究，"一带一路"合作研究，欧洲国家科技创新研究和欧洲区域与城市治理研究等五大领域，搭建中德、中欧智库论坛、中欧关系数据库等平台，夯实中德、中欧战略伙伴关系的人文与社会基础，为构建新型国际关系和人类命运共同体贡献同济智慧。

二、充分发挥科研创新平台有组织科研载体的功能,自觉履行同济大学在高水平科技自立自强的使命担当

近年来,同济大学科技创新平台面向国际科技发展前沿,对接国家重大战略需求,聚集创新人才,已逐渐成为产生重大原创性成果的重要支撑平台,重点科研基地基本涵盖各个学科,基本形成了一个较为完整的体系,在有组织科研方面发挥了重要作用,已经初步形成了打造国家战略科技力量的态势。为更好地发挥科研创新平台有组织科研载体的功能,提升科研基地运行效率,自觉履行同济大学在高水平科技自立自强的使命担当,将从以下三个方面进一步优化。

一是加强顶层设计。按照"聚集大团队、构建大平台、承担大任务、催生大成果"的思路,组织起有一定规模的、稳定的高水平团队潜心研究,人才、基地、项目、成果一体化部署;建立完善的支撑体系、优化资源配置方式,以重点科研基地为载体,支持具有战略性、前瞻性、急迫性的基础研究及工程研究,取得重大原创性成果和关键核心技术突破,并在此过程中培养大批创新人才。

二是强调突出重点。按照不同类型的平台进行分类管理。对科学与工程研究类基地、技术创新与成果转化类基地、基础支撑与条件保障类基地,按照不同定位提出不同的建设要求,并注重重大科技基础设施的培育和公共平台的培育建设。以基地为抓手重点实施《同济大学基础研究能力提升计划》《同济大学技术攻关能力提升计划》,把基地建设任务落到实处。

三是完善体制机制。优化重点科技创新平台的建设与运行管理,落实科研基地一定的建设运行自主权,充分发挥科研组织作用;建设一支服务意识强、技术水平高的科研实验技术队伍;建立目标导向、质量导向的分类评价机制,对不同学科实行分类管理和分类评价;抓好《同济大学促进科技成果转化实施办法》等文件的实施,建立完善全链条、全过程、全要素的科技成果转移转化体系;完善人财物配置体系,加强部门协调,建立各类资源的稳定支持机制。

第四节　构建三链融合的产教融合新机制，推进高质量成果转化

学校坚持"与祖国同行，以科教济世，建设成为中国特色世界一流大学"的发展目标，深入实施创新驱动发展战略，创新促进科技成果转化机制，进一步完善高校科技成果转化体系，强化高校科技成果转移转化专业化服务及管理能力，促进科技成果高水平创造和高效率转化，服务高质量人才培养，助推"双一流"建设，为我国经济高质量发展提供有效的技术要素供给和创新能力支撑。

2018—2023 年，同济大学科技成果转化实施情况有了显著提高，实施完成了多个高价值科技成果转化项目：生命科学院裴钢院士团队两项"神经退行性疾病治疗药物"方面的专利成果数千万元级现金转让；汽车学院余卓平教授团队 EHB 相关专利作价千万级投资同驭汽车。

同济大学深度融入区域发展战略，在有组织社会服务、科技成果转化和创新创业教育等方面成效显著。充分发挥土木、建筑、规划、交通、汽车、电子信息等传统优势学科带动作用，围绕同济大学校区分布，在杨浦、嘉定等区域已形成数百亿产出规模的环同济知识经济圈。2022 年在此基础之上，再次整合学校优势学科和未来产业发展方向，成功申报国家首批未来产业科技园建设试点。探索"三融合、三贯穿"的产学研深度合作模式来赋能科研团队，激活科技成果，培育出产业级转化，孵化一批创新企业。

一、贯彻国家"提高专利成果质量 促进专利转化运用"的政策精神，修订科技成果管理转化政策，突出转化引导

根据国家要求建立起完善的科技成果转化管理制度体系，成果转化政策完备规范，转化流程清晰。2019 年在《同济大学关于进一步贯彻落实科研管理自主权的若干措施》中进一步简化转化流程，明确以"实施许可"形式开展转化可以不进行成果价值评估，进一步

明晰转化净收益的 70%～85% 用于奖励完成团队。2021 年，在经过学习国家各部委关于"提高专利成果质量 促进成果转化运用"的政策精神、调研学校实际科研情况专利申请转化运用情况、听取各方意见建议后，完成了对《同济大学专利管理办法》《同济大学科技成果转化管理办法》的修订。

以学校近几年发明专利的基本情况为基础，结合专家意见，逐步完善细化《同济大学专利管理办法》文件内容。在新管理办法中，引入专利申请预审工作机制、鼓励专利成果完成团队承担专利申请、维护、转化运营服务费用。《同济大学科技成果管理办法》加强了对专利成果促进转化运用的政策引导：一是建立同济大学科技成果转化工作小组及科技成果转化联席会议制度，全面保障后期转化工作开展；二是细化明晰学校科技成果转化实施流程及审议范围，将委托挂牌交易列为转化路径，进一步简化科技成果转化处置实施流程，提高转化积极性；三是增加由第三方专业转化机构促成的转化，收益分配采用可由学校、学院、完成团队、机构共同协商的分配原则。

二、强调协同融合，多个部门单位联合建设全生命周期全要素科技成果转化工作体系

持续推进科技成果转化的全链条体系建设，逐步建立起包括科研管理部、同济大学技术转移中心、同济创新创业控股有限公司、知识产权信息服务中心、上海同济技术转移服务有限公司等部门单位在内的覆盖知识产权成果披露、申请保护、运用推介、转化实施全周期及包含谋划组织、知识产权情报服务、评价运营、培育孵化、资本支持的全要素工作体系。建立了由各部门共同参与的科技成果转化工作小组，确保各部门工作各有侧重，分工协同，权责明确，共同推进科技成果高效率转移转化。

在学校领导班子的统一领导下，相关单位部门间形成了有效协同工作的机制以及有效沟通机制，在扩展转化渠道、提供专业化知识产权服务等方面都推出了多项举措。打通校内校外、成果创新生产端到产业资源端；贯通学校管理职能部门和市场化运作主体，通过技术转移中心建设将转化工作重点从组织实施科技成果转化主动转变为挖掘促进科技成果转化。以专利技术为重要工作抓手，在技术供需双侧发力，专业从事技术转移服务。主动深入院系、科研团队和基地平台，提供精准专业的成果运营服务，发挥学校产业资源优势，打造体系健全、机制创新、市场导向、服务专业、运行高效的示范性科技成果体系。

三、不断总结科技成果转化工作推进实施情况，归纳总结"同济理念　同济方法"，积极申报国家和上海市各个转化基地平台，争取更多政府资源

学校持续大力推进科技成果转化工作，前期工作举措、政策机构体系建设都取得一定成效，获得上级领导部门的一致肯定。

2020年同济大学获批全国首批知识产权示范高校、教育部第二批科技成果转化和技术转移基地。2021年成为科技部首批高校专业化国家技术转移机构建设试点单位、获得上海市教委上海高校技术转移中心专项建设资助。2022年成功获批成为上海市知识产权局上海市高校知识产权运营中心项目承担单位。

截至2022年，同济大学已经实现国家、市级成果转化基地平台的大满贯。在稳步推进各项建设任务的过程中，不断凝练总结，完善各项工作举措，通过科技成果转化这一抓手支持学校"双一流"建设，反哺学科建设形成良好的科研生态。

四、从管理到服务转变职能，聚焦专业、精准，不断推出成果转化运营服务举措，大幅提高成果转化效能

以"提高知识产权质量、促进转化实施"为目标，建设覆盖从知识产权创造保护到成果运营推介，再到转化实施全过程的成果运营体系。整合政府、企业资源，结合产业趋势及社会需求，进行战略布局，构建大平台、聚集大团队、承担大项目、催生大成果。在项目选题前端，规划专利战略布局，为提高专利质量、提升转化率打下坚实的基础。

开展知识产权情报服务及专利导航服务。2018—2019年间委托国家专利导航项目（高校）研究和推广中心开展完成"激光薄膜""医用介入"两个专业领域专利导航服务。检索分析在上述技术领域内的有效专利，明晰学校科研情况及一定创新方向预测。由同济大学知识产权信息服务中心结合优势学科开展知识产权情报服务。完成"城市基础设施智能感控与服务系统"专利挖掘；完成《污水处理领域专利分析报告》《同济大学污水处理领域专利布局分析》等专业分析报告。重视将国家经济产业发展急需的关键核心技术需求、市场经济转型技术需求、新的产业发展方向和重点领域、科技与经济深度融合技术需求引入科研团队，辅助提供研发方向和思路。2022年面向校内承担重大科研项目团队发布专利

导航服务通知，启动"结核病新型重组 BCG 疫苗专利导航"项目，已完成导航节点规划、研究框架搭建、专利数据检索与初步标引工作。和多家专业转化机构合作推出"项目专利顾问""专利申请前预检索""专利申请提案转化价值评估""授权专利竞争力分析"等多个专利增值服务产品，实现覆盖知识产权全生命周期。通过学校承担部分费用、服务费用折扣及宣讲活动等多种形式推广，目前已为团队提供专利增值服务 200 余人次。

针对高校失效专利较多，选取授权维护 3 年为切入点开展"维护满 3 年专利成果"运营工作。统一对已授权满 3 年未转化实施的专利进行转化价值评估。鼓励团队对评估价值较高的专利成果连同相关专利组成"技术成果包"开展转化规划，向学校申请运营服务，学校再委托开展深入转化评估及运营推介。已有 300 余件专利经由团队组合后向学校提出转化运营申请。

2019 年与国家技术转移东部中心协议共建"科技成果披露及托管运营平台"，打破单个项目委托、购买服务的传统合作模式，建立长期、批量的科技成果信息主动披露制度，探索共同开展成果评价、运营推介工作，共享收益的合作模式。延续前期与国家技术转移东部中心、上海技术交易所前期良好的合作基础，2022 年对合作共建的"科技成果披露及托管运营平台"进一步效能升级，推出"科技成果意向挂牌"。上海技术交易所对学校有明确转化意向的科技创新成果进行登记、筛选、评估、分析、披露，与企业技术创新需求进行匹配撮合，探索创新研发能力支撑产业高质量发展的有效路径，激发科技成果的市场价值。做好校内宣传、成果信息征集、转化意向确认工作，梳理成果信息征集、整理、确认、披露的流程的基础上，2022 年已经完成第一批成果信息披露工作。

为了进一步加速推进科技成果转移转化、促进创新创业人才培养，自 2020 年起持续举办同济大学年度"十大最具转化潜力的科技成果"征集与评选活动。面向各学院、附属医院及学校控股所属公司的科研团队或人员，邀请来自政府、行业、投资、专业技术等领域专家和学者对科技成果进行评选，经现场专家评审会，最终评选诞生"十大最具转化潜力科技成果"。对部分入选科技成果给予一定规模研发资金支持，为成果完成团队提供知识产权保护、布局服务，成果评价、包装、推介等专业服务，并积极帮助团队对接社会资本资源，尽早实现科技成果产业化。

2022 年，接科技部、上海市科委关于组织开展"十三五"科技计划成果项目路演活动工作通知，在连续两届十大转化潜力成果评选活动征集成果的工作基础上，协同大学科技园园内企业，共在校内征集到 22 项科技成果愿意参加路演活动，逐一与成果完成沟通确认，明确成果信息、转化方式等，整理汇总后上报科技部。最终科技部入选20项成果参加路演。路演反响热烈，超过半数的教师在现场获得了多位投资人的关注，并进行了深入沟通与项目跟进。

组织参加由上海市知识产权局、上海市科学技术委员会共同主办的2022上海市首届高价值专利运营大赛，共计23项项目成果参赛，13项参赛成果入围百强，其中2项成果入围高校院所组10强。李风亭教授的"从废弃物到电池材料磷酸铁和水处理剂"项目在决赛中荣获专利运营成长价值奖；同济大学科研管理部获专利运营机构贡献奖。

五、贯彻"三融合、三贯穿"的产学研深度合作机制创新，试点建设同济大学自主智能未来产业科技园，实现科技成果转化的产业升级

2022年，同济大学积极响应科技部关于布局未来产业发展方向，推动科技成果实现高质量产业化服务地方经济发展，组建未来产业科技园的工作要求，组织开展申报建设试点单位工作。梳理学校科技成果转化工作、优势学科情况，寻求和地方政府、行业领军企业深入合作，盘活创新成果，打通成果产业化阻碍，孵化创新企业，促使高校的创新能力发挥最大效能。协同大学科技园以及相关单位部门，编制申报书、建设方案，同济大学自主智能未来产业科技园成功获批全国首批未来产业科技园建设试点（仅10家）。

坚持国家级科技创新基地、国家前瞻布局未来产业的重要基地定位，校、地、企三方统筹未来产业科技园建设，形成促进"学科+产业"深度融合的创新平台和人才培育基地。以人工智能交叉学科赋能土木、建筑、交通、汽车、电子信息等传统优势学科为牵引，以富有特色的创新创业人才培养和成果转化为基础，探索"三融合、三贯穿"的产学研深度合作的"下一代"大学科技园体制机制。依托同济大学国家大学科技园，构建基于"自主智能"技术底座的"智能建造"和"智能交通"两大未来城市建设和运行基础产业应用场景。协同政府和领军企业优势，加快创新要素集聚，打造未来产业创新和孵化高地，抢占未来发展制高点，推动杨浦和嘉定两个千亿元级环同济知识经济圈的形成，并反哺同济大学双一流高校建设。

坚持校地企紧密协同，贯彻"三融合、三贯穿"的产学研深度合作机制创新。"三贯穿"为创新链、教育链、产业链各自自身的穿透：创新链贯穿（发明—转化）的重点机制是职

务科技成果单列、十大转化潜力评选；教育链贯穿（竞赛—创业）的重点机制是创新创业赛事、众创空间孵化；产业链贯穿（中试—成长）的重点机制是POC平台、产业投资基金。

"三融合"是创新链、教育链、产业链的三链共融，主要机制创新包括项目创新资金融合、创新知识融合、创新人才融合机制。创新资金融合的重点机制是企业需求驱动的"揭榜挂帅"项目、企业开放数据的算法开放竞赛等；创新知识融合的重点机制是校企共建的实验平台、共享开放的网络图书资源等；创新人才融合的重点机制是研发实习生制度、产教融合研究生专项等。

学校将深入推进同济大学自主智能未来产业科技园建设着力构建一套下一代大学科技园体制机制，努力落地一批示范项目、开发一批新产品、形成一批新标准、成立一批新企业、建立未来产业集聚生态，实现自主智能、智能建造和智能交通领域战略性科技力量强化、颠覆性技术突破及未来产业持续领先，助力巩固提升一流学科群全球地位，使领军人才集聚和创新创业人才培养效应更加显著，有组织创新生态活力显著增强。

第五节　人工智能赋能传统学科交叉协同，打造国家战略科技力量

新一代人工智能是改变全球大国格局的战略科技，正在对社会、经济等各领域和行业形成颠覆性变革。无人系统作为人工智能的核心科技和必争之地，是世界科技前沿和未来国民经济增长的强劲动力，更是维护国家安全的保障。为积极落实习近平总书记和党中央交给上海发展人工智能重要战略任务，2018年12月，同济大学成立上海自主智能无人系统科学中心（以下简称科学中心），学校以打造人工智能国家战略科技力量为主要任务，聚焦自主智能无人系统重大基础前沿科学难题，强化学科交叉融合，围绕"自主与感知""智能与涌现""协同与群智"三大关键科学问题，展开科技创新协同攻关及人才培养，抢占智能科学与技术前沿基础理论制高点，打造世界一流人工智能研发机构。

一、立足当前响应国家战略，夯基垒台创建基地平台

学校积极面向人工智能国家重大战略需求和国际科学技术前沿，充分发挥多学科交叉优势，逐步将科学中心打造成为国际领先的人工智能国家战略攻关平台、战略科技力量与创新中心。2020年，科学中心先后获批国家自然科学基金委人工智能领域唯一的基础科学中心项目和上海市重点实验室；2021年，获批教育部自主智能无人系统前沿科学中心；2022年，获批自主智能无人系统全国重点实验室，并列入重组后首批标杆实验室；成为全国首家在同一领域中获科技部、教育部、基金委及地方重大战略平台大满贯的单位。

同济大学牵头筹建人工智能领域"国之重器"——无人系统多体协同重大科技基础设施（以下简称设施）。设施建成后将为人工智能和无人系统基础前沿研究提供极端环境、极大化数据和算法实验，为我国研究人工智能的科学前沿提供重要支撑条件，其工程技术能力上将促进和带动下一代高速网络通信、原创人工智能算法、新型芯片与器件、数字城

市与数字空间等技术的发展和应用。设施通过了国家发展和改革委员会组织的多轮评审，被列为国家重大科技基础设施建设"十四五"储备项目，是国务院颁布的"上海市人工智能行动方案"重要组成部分，也是上海市落实人工智能国家战略的重要抓手和重要组成部分。2022年10月8日，同济大学组织召开"无人系统多体协同重大科技基础设施推进会"，启动一期项目，标志着设施建设迈出重要一步。

二、多措并施服务人才战略，引育并举构筑人才高地

习近平总书记在党的二十大报告中指出，"教育、科技、人才是全面建设社会主义现代化国家的基础性、战略性支撑"。人才的质量和数量决定了科技发展的潜能和爆发力。近年来，学校以科学中心为人才工作试点，在人工智能领域广泛吸纳人才、充分用好人才、悉心培育人才。

坚持引育并举，持续推进人才高地建设。一批顶尖专家来到同济，扎根科学中心，引领学术及学科发展。学校充分发挥在自主智能无人系统领域优势，通过协同创新与资源整合，开展了深层次、高水平、国际化、可持续的人才队伍建设，通过引育结合，已凝聚了一支以顶尖科学家为核心，战略科技人才、领军人才和创新人才为主力，富有创新精神和国际影响力的科研队伍。

作为学校的重点引人育人平台，科学中心培养国家级"杰青""长江学者"等高水平人才10人、青年人才41人；引进国际顶尖人才7人、青年人才14人。目前科学中心共有中外院士15人，国家级和省部级人才近百人。为加快上海科创中心与高水平人才高地建设贡献了重要力量。

以优质平台"引人"。学校坚持"四个面向"，以打造国家战略科技力量为重任，把自主智能无人系统全国重点实验室、教育部前沿科学中心、基金委基础科学中心等高水平平台建设成吸引人工智能领域国际国内高水平人才的创新高地，力求形成高质量科研平台与高水平科技人才的相互赋能与提升。

以关键领域"聚人"。学校围绕人工智能国家战略领域，聚焦智能体自主感知、单体发育与学习、多智能体高效协同与自主控制等国际前沿方向和领域进行重点部署，形成科技创新重点领域汇聚人才的"强磁场"。在重点领域和方向引进培育顶尖人才，力争取得关键核心技术的突破。

以联动模式"寻人"。学校正探索构建"校人才人事部门＋中心班子＋领衔科学家＋学科专业教授"多层次联动的引才模式，促成全方位协同的"引才团"。抓紧人才回流和长三角一体化发展机遇，深入挖掘并快速锁定"业内已顶尖、发展所亟须、未来有潜力"的各层次科技人才。

以政策制度"护人"。根据学校总体政策，探索重点人才晋升方式，对于取得重大理论创新成果、前沿技术突破、解决重大工程技术难题等作出重大贡献的突出人才，在评聘时同等条件下优先晋升。探索以成果和贡献为导向的薪酬制度，在办公实验场地、启动经费、科研平台建设等方面给予政策倾斜，切实提高广大科研工作者的获得感。

以家国情怀"树人"。学校正在逐步形成战略科学家与青年才俊携手共进、勇攀高峰的良好氛围，鼓励青年人履行高水平科技自立自强的使命担当，形成"拼搏 协同 创新"的科研氛围和工作作风。在科技攻关的征程中始终弘扬科学家精神，积极投身科学普及，培育胸怀"国之大者"的"大先生"，培养服务国家战略、承担强国使命的同济人。

三、学科引领深化交叉融合，本研贯通培育拔尖人才

学校正在科学中心试点交叉学科及人才培养工作。2018年，学校在全国率先开启建设"智能科学与技术"高峰学科，培养具有人工智能基础研究和交叉应用能力的复合型优秀人才，开创人工智能交叉人才培养新体系。同时，赋能培育"飞行器力学与控制"学科进入上海市Ⅳ类高峰学科建设。

在学校新一轮"双一流"建设中，重点布局建设了体现人工智能赋能的多学科交叉的智能科学与技术学科群，发布设立"学科交叉联合攻关示范项目"，牢牢抓住"协同交叉"发展关键，积极探索学科交叉崭新范式，主动谋划落实协同攻关战略任务，在推进智能科学与技术学科发展的同时不断为其他学科发展赋能增效。学科群同时支撑了中国数字城市研究院、国家智能社会治理试验基地、上海市人工智能社会治理协同创新中心等重要平台的建设。

2019年起，设立全国首批智能科学与技术博士培养班；2021年10月，经国务院学位委员会批准，获批建设"智能科学与技术"一级交叉学科博士点；2022年9月，"智能科学与技术"一级交叉学科博士点迎来了首批百名博士生。学科立足国际化创新型人才培养战略，紧紧围绕立德树人根本任务，坚持为党育人、为国育才，以系统观形成全员、全过程、

全方位育人格局，通过不同学科之间学术思想的交融与思维方式的碰撞，全面推动人才培养创新，探索交叉学科人才培养新范式，建立融合多学科优势、科教融合、产教融合一体的人工智能人才培养体系。

针对生源来自多学科背景的特点，为真正落实交叉人才培养的目标，学科采用导师组制培养模式，从全校20多个专业学院遴选从事人工智能交叉研究的双聘导师，既强调智能科学与技术学科本体，又突出各学科交叉特色。2023年，学校布局智能科学与技术博士点衔接本科教育，与国豪书院共同打造优秀学子本博贯通培养途径，把本科到博士阶段作为一个整体，设计"一生一策"培养计划。本科阶段注重大类通识教育和智能科学专业基础教育，博士阶段实施大师引领的个性化培养。

学校致力提升研究生培养质量，在科学中心探索交叉博士生集中培养机制，形成交叉学术环境，为研究生在学术上产生思想碰撞和相互学习提供创新文化氛围和条件，并与张江人工智能周边头部企业（IBM、微软、阿里等）建立合作关系，形成多学科交叉和产研学交叉的新模式，以激发学生们的创新能力。在课程设置方面，打破院系之间的壁垒，根据教育部教研司《关于印发人工智能领域研究生指导性培养方案（试行）的通知》，结合学校学科发展与优势，融合数学、电信、生科、物理、化学、土木、汽车、城规、交通、设计、机械、文科办等17个学科领域的优势师资，积极打造具有同济特色的"智能科学与技术"一级交叉学科博士研究生培养课程体系。

为探索学科建设与社会服务协同发展的创新路径，促进高校优秀学生之间的学术交流，普及人工智能观念，提升社会整体知识结构更新，学校于2021年7月举办了为期一周的人工智能暑期学校，为有志于从事人工智能交叉研究的优秀学生搭建学术交流平台，这是创新人工智能交叉人才培养体系的有益尝试。2022年在教育部指导下成功举办"中国高校人工智能人才国际培养计划""2022高校学生人工智能训练营（同济大学）"，与上海市人工智能协会合作，引入阿里巴巴达摩院、百度、科大讯飞、商汤科技、西门子、药明康德等人工智能头部企业的专家组成联合导师团，更好地促进了科教融合、产教融合一体的创新人才培养。所有学员进入上海人工智能青年人才储备库，为打造人工智能国家科技战略人才队伍提供有力支撑。

同济大学上海自主智能无人系统科学中心与香港中文大学团队联合研发的创新成果水空跨域巡航器原型机——"TJ-FlyingFish"（同济飞鱼）

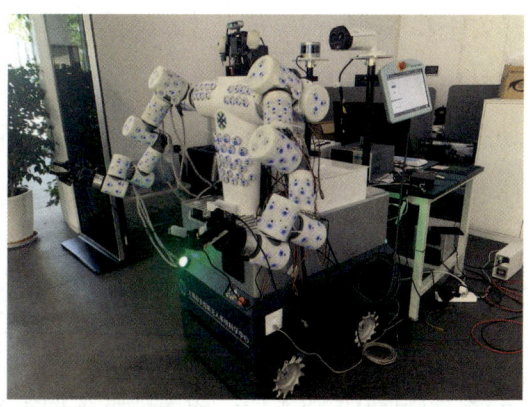

同济大学上海自主智能无人系统科学中心研究的柔性交互机器人，以新型仿生感知系统突破柔性人机交互难题

四、攻坚拔寨承担重大任务，多点开花推动产业变革

根据同济大学在人工智能学科领域的战略部署与总体规划，科学中心针对未来无人系统和人工智能发展的重大科学需求、未来人工智能军民融合的重大战略需求和未来人类无人系统智能城市的重大社会需求，围绕"自主与感知""智能与涌现""协同与群智"等关键科学问题开展科研攻关，突破智能传感、智能控制、无人终端、网络协控与系统等核心技术，力争在自主智能无人系统领域取得一批原始创新性研究成果，着力推动智慧城市、智能建造、智能制造、智能医疗、智能交通等领域的产业变革。自成立以来，科学中心立足于学校有组织科研模式，承担上海市人工智能领域市级科技重大专项和多项国家人工智能2030重大项目，牵头人工智能领域重点研发及重大项目数位居全国前列，在人工智能关键理论与技术取得一批世界级研究成果，赋能人工智能相关产业。在基础理论方面，首次发现了生物控制运动节律与速度的神经传导与发育机制，取得了无人系统仿生学习机理的重要理论突破，支撑复杂环境下无人系统机动能力进化与控制理解，被诺奖获得者埃里克·坎德尔教授称之为"改写教科书的发现"；提出了数据驱动的复杂系统自主推理新框架，实现了结构信息不完整和强噪声场景下的鲁棒推理，为自动化、智能化发现真实复杂系统的底层原理提供了重要基础和算法支撑；相关成果发表在《自然》《科学》等顶尖期刊，被认为是无人系统前沿理论方面的重大突破。在关键核心技术方面，研发了水陆两栖多模态"飞鱼"、水下"海鳗"、"大力水手"软体机器人等系列智能装备，支撑国家海

洋安全和资源勘探等重大战略及需求；研发了多类型高性能有机神经形态晶体管以及基于超材料微纳结构及场调控机制、多半导体复合薄膜结构等新型感知器件，实现了仿生突触、动态学习和遗忘过程以及图像处理功能；研发了一类具有集群行为、模仿趋磁菌内部磁小体有序结构的微型机器人及基于卷绕人工肌肉的磁控微型致动器，大幅提升了磁控机器人在真实体内场景的可用性，有望助推超微创精准手术治疗，为未来医疗的智能化、远程化、高效化带来变革性手段。在技术的应用和对产业的支撑方面，系统性突破了视觉场景识别模型的主动学习、非结构化环境的鲁棒建图与定位、智能车辆协同控制等关键技术，支撑上海洋山港无人码头、广州南沙港三期等智能港口广泛应用；研发了无人机系统识别与损伤检测技术，在水电站地磁场屏蔽、无 GPS 导航信号、无光环境以及 700 米高度落差的密闭空间实现了无人机全自主飞行，实现了国际上自主检测的多个首次，填补了我国水电输水隧道智能巡检的空白，在三峡电站等大型基础设施进行应用示范，支撑我国能源发电快速检修和调电紧急需求；制定了《上海市新城数字化转型规划建设导引》，提出数据驱动的数字城市基本架构和新城数字化转型"规建管运服"指导要求，支撑跨行业、跨区域的城市复杂巨系统，推动数字城市、智能交通、智能建造等产业的重大变革。

五、创新机制应对国际竞争，拼搏奋进引领学术变革

在下一个五年中，科学中心将继续发扬拼搏、协同、创新，秉承"与祖国同行、以科教济世"的责任担当，主动面向国家战略需求和上海科创中心建设，立足人工智能重大前沿科学难题，汇聚上海市和全球优势力量，强化学科交叉融合，潜心开展科研攻关，建设国家重大科技基础研究设施和若干个研发平台，为上海市建设成为人工智能高地不断贡献"同济方案"和"同济智慧"。

创新机制，打造世界一流研发机构。科学中心将继续发挥高校多学科交叉优势，面向科学前沿和国家战略，建设好高水平研发平台：人工智能领域全国重点实验室——"自主智能无人系统"实验室、教育部自主智能无人系统前沿科学中心、自主智能无人系统基金委基础科学中心。

创新机制，综合大团队协同攻关与 PI 独立创新优势，形成一系列交叉平台创新管理运行探索办法，将张江总部园区科研基地打造成为全球有影响力的人工智能创新中心。

应对竞争，建设领先水平的重大科技基础设施。建设好人工智能领域国之重器——"无

人系统多体协同"重大科技基础设施，为我国甚至世界人工智能和无人系统基础前沿研究、关键核心技术突破，基础元器件研制和核心软件研发提供极端环境、极大化数据、算法实验和验证，以催生无人系统的中国原创科学思想、探索科技无人区。

与上海浦东新区张江机器人谷企业形成良性互动，打造成引领国际人工智能发展的国之重器，力图在原创理论、关键技术、标准规范等方面形成领先优势。

引育并举，打造全球一流人才高地。以基地平台为依托，凝聚一支以顶尖科学家为核心，凝聚战略科技人才、领军人才和创新人才为主力，富有创新精神和国际影响力的科研队伍，大力引进和培养人才。科学中心紧紧围绕立德树人根本任务，坚持为党育人、为国育才，以系统观形成全员、全过程、全方位育人格局，全面推动国际化创新型交叉人才培养战略。建设国家人工智能产教融合平台，培养大批为国贡献的高水平博士人才，采用多学科交叉导师组制，促进源自各学科的博士生在学术上产生思想碰撞和相互学习，与头部企业产生融合，形成多学科交叉和产研学的新模式。

努力拼搏，争取世界一流原创成果。科学中心将一如既往面向国家重大战略开展有组织科研，继续承担上海市人工智能领域市级科技重大专项和国家人工智能2030重大项目，力图围绕重点研究方向取得基础理论和关键技术突破，并推动相关产业颠覆性变革。力图引领国际自主智能无人系统前沿理论的科学发现、关键技术突破、战略人才培养、标准规范建立并推动行业创新变革。

第六节　海洋与地球科学学院：面向深海科技前沿，践行海洋强国战略

近半个多世纪以来，深海研究一直是国际地球科学的突破口，也是探索新资源的前沿。发展深海科技，不但是深海资源和环境保障、海上权益维护的迫切需要，而且已经成为国际海上竞争的重要途径。深海的开发全得依靠高新技术，因此现代海上的国际之争，实际很大程度上就是科技之争：一些属于海洋权益和军事的举措，往往也是在科学研究的旗帜下进行；可以说，谁拥有深海高科技，谁就拥有海洋。

我国是个海洋大国，但还不是一个海洋强国，长期以来与深海研究无缘。党的十八大明确提出我国要"提高海洋资源开发能力，发展海洋经济，保护海洋生态环境，坚决维护国家海洋权益，建设海洋强国"。党的十九大和二十大进一步强调了这一国家战略。"建设海洋强国"已成为我国当前乃至今后相当长时间的伟大使命，走向深海大洋是建设海洋强国的必然选择。为此，我国迫切需要建设面向深海、面对国际的科学研究基地。

同济大学海洋学科是国家重点学科，也是上海市高峰学科，近年来一直面向世界深海科学前沿，服务国家海洋战略，努力践行海洋强国战略，取得诸多成果。同济大学聚焦以深钻、深网、深潜为代表的"三深"科学与技术，牵头建设"海底科学观测网"国家大科学工程，领衔中国大洋钻探 IODP 国际大科学计划和国家自然科学基金委"南海深海过程演变"重大研究计划，在深海基础研究、"三深"科学与技术以及深海科学国际合作等方面取得了显著成绩。2018 年至今，同济大学海洋学科新承担科研项目 400 余项，包括 4 个国家重点研发计划项目和 30 多个国家自然科学基金重大 / 重点类项目，发表五百余篇第一作者 SCI 论文，含以第一作者和通讯作者在《自然》《科学》上发表的 3 篇论文、《自然》和《科学》子刊论文 8 篇、《美国科学院院报》论文 2 篇等，率先提出气候演变"低纬驱动"假说和边缘海"板缘张裂"新机制，挑战了国际流行的传统观点，在国内外产生重要影响。目前，同济大学已形成面向深海、面向国际、科学与技术结合的特色，成为国内整合多方

力量探索深海的组织者、南海深海研究的国际领导者、国际深海研究的主力军之一，也是亚太区域海洋科学研究与人才培养的重要基地。

一、在"三深"科学与技术方面取得突出进展，引领国内深海科学研究，提升我国深海研究的国际地位

当今探索深海的尖端科技主要是"三深"，学校聚集了"三深"科学与技术的优势力量，在国内一直走在前列。学校牵头建设的"海底科学观测网"国家重大科技基础设施（总投资超过 22 亿元人民币），2018 年 12 月获得国家和改委会批复通过可研论证，2019 年 6 月实现开工建设，2020 年 12 月国家发改委会批复初步设计概算，成为我国海洋领域唯一在建的国家大科学工程。在国家发改委会和上海市政府的支持下，2021 年，学校在临港海洋基地建成"监测与数据中心"大楼，后续将在东海建立基于光电复合缆连接的浅海和深海海底长期观测网，同时辅以建设一定规模的移动观测平台，实现从海底到海面全天候、综合性、实时的高分辨率立体观测。2025 年"海底科学观测网"建成后，其规模和水平在国际上位列前三，将为我国海洋科学研究服务，满足海洋环境、灾害和资源的国家重大需求。

在大洋钻探方面，同济大学负责国际大洋发现计划（IODP）的中国办公室，也是我国地球科学领域参与的最大国际合作计划的研究基地。继 2017 年主持 IODP 第 367-368 南海深海钻探航次后，2018 年又执行完成 IODP 第 368X 南海航次，促使我国成为除美、欧之外最活跃，也是贡献最大的 IODP 成员国，大幅提升了我国深海研究的国际影响力。通过执行由我国科学家在自主设计和领导实施的南海 4+1 次大洋钻探航次，提出了大陆破裂形成海洋、低纬气候驱动等地学基础问题的新模式，同时回答南海深水油气勘探的关键问题，确立了我国在国际南海深海研究中的科学主导权。2017—2018 年实施的 IODP 第 367-368 航次后研究提出南海成因不同于北大西洋传统认识的新观点，认为南海和大西洋海盆产生于两类不同的大陆岩石圈，率先在《自然》子刊上发表论文，在《国家科学评论》（*National Science Review*）上发表系列研究成果，有望改写板块构造学说的教科书。此外，李江涛教授参与 IODP 第 360 航次后研究，相关成果于 2020 年发表在《自然》期刊，揭示了海洋下洋壳岩石中的深部生物圈及其生存策略。

当前，世界大洋钻探格局正在发生深刻变化，为我国大洋钻探的发展提供了难得的历

2018年5月,中国科学院院士、同济大学海洋与地球科学学院汪品先教授以82岁的高龄,乘坐我国自主研发的"深海勇士"号载人深潜器,9天内3次下潜至南海1400多米深的海底

海洋与地球科学学院翦知湣教授团队

史机遇。通过多年参与，我国在该领域的实力大幅提升，已具备联合牵头发起新一轮国际大洋钻探计划的能力。学校一方面于2021年和2022年分别提出菲律宾海花东海盆（IODP第969号）和南海南部巽他陆架（IODP第1007号）的大洋钻探建议书；另一方面积极推动中国成为IODP的第四个平台提供者，有望占据这一地球科学领域最大国际合作计划的领导地位。

在深潜探索上，担任"奋斗者"号和"深海勇士"号载人深潜器的用户科学委员会主任单位，于2018—2020年连续三年执行南海"深海勇士"号载人深潜航次和1个中国－加拿大的深海遥控机器人ROPOS的南海深潜航次，并于2022年参加南海"奋斗者"号载人深潜航次，推进了我国深潜技术与科学的结合。其中，首次在南海海底发现"南溟"古热液区，发现南海铁锰结核大片富集区，尤其是2018年82岁汪品先院士率队下潜，在南海深海海底发现深水珊瑚林，开辟了一个崭新的领域，引领我国深潜科学研究。

二、执行完成国家基金委"南海深海过程演变"重大研究计划，提出挑战国际流行观点的假说，确立我国在南海深海研究中的国际主导

南海是西太平洋最大的边缘海，也是我国最重要的深海区，在我国"一带一路"倡议中具有重要地位。面向国际深海研究前沿，同济大学主持国家基金委海洋领域第一个重大研究计划"南海深海过程演变"（2011—2020，经费1.9亿元），开展有组织的科研，成为国内整合多方力量探索南海深海的组织者。该重大研究计划以"构建边缘海的生命史"为主题，从现代过程和地质记录入手，解剖一个边缘海的发育史，从深海盆演化、深海沉积、生物地球化学过程三方面开展研究。同济大学联合全国32个科研单位、700余位专家学者，运用"三深"技术，首次对深水边缘海盆的水、碳循环中大洋和大陆因素的相互作用开展系统研究，在国际上率先提出气候演变"低纬驱动"新假说和边缘海"板缘张裂"新机制，在地球科学重大科学问题上取得突破性科学认识，挑战了以大西洋为中心的国际传统认识，在国内外学术界产生重大影响，有望建立"中国学派"。

最值得注意的是对气候演变低纬驱动的突破性新认识。气候演变的驱动机制是地球历史研究的基本问题之一。南海深海沉积的浮游有孔虫氧同位素和碳同位素偏心率长周期，揭示出气候演变的"低纬过程"驱动机制，认为太阳辐射通过驱动以季风降水为代表的低

纬过程带动水循环，又通过风化作用和营养输入导致海洋有机碳变化，从而驱动大洋碳储库的长周期。2022年翦知湣教授等在《自然》发文，从暖池区上层海洋热含量（而非表层海水温度）的角度探索水汽潜热传输，通过海陆之间水同位素梯度来衡量全球季风水循环强度，第一次从能量学角度阐释了气候演变的低纬驱动。此外，在该重大研究计划支持下，刘志飞教授等在南海北部布设深海锚系观测网络，是目前国际上唯一的深水沉积动力过程观测系统，并于2019年在《科学》发文揭示黏土矿物对海洋环境中有机质长期保存的控制机制，展示了南海作为海洋前沿科学问题天然实验室的研究空间。

以上工作促使南海进入了基础研究程度最高的边缘海行列，也使得我国取得了南海研究的科学主导权。2020年12月，国家自然科学基金委组织29位院士对"南海深海过程演变"重大研究计划进行结束评估，评估结果为"优秀"。目前，在国家"一带一路"倡议下，学校正在积极争取国家自然科学基金委的新一轮大规模投入，计划将南海深部过程研究拓展到南海南部，牢固确立我国在南海深海研究的国际主导地位，为我国海上维权和南海开发从基础研究角度提供支撑，通过科学途径为"一带一路"倡议作出贡献。

三、建设深海研究的国内外合作窗口和交流平台，成为地球系统科学研究据点和国际化人才培养基地

同济大学海洋学科以推进和引领国内海洋科学发展、参与国际学术竞争为己任，国际合作已成为学科发展的重要特色，也是人才队伍建设取得成功的关键。海洋科研，尤其是深海研究，在技术和资金投入方面要求很高，只有协同联合才能取得成功。作为中国IODP的办公室所在地和研究基地，学校肩负起对内成为深海研究的基地、对外成为与IODP等计划衔接的窗口的重任。近年来，主持了2017—2018年IODP南海第367-368-368X航次，并正在推进我国成为IODP的平台提供者，联合欧洲发起新一轮国际大洋钻探计划，制定国际大洋钻探新规则，大幅提升了中国IODP的国际贡献和地位。

2018年获批至今，在国家外专局创新引智基地计划2.0项目的支持下，学校与美国伍兹霍尔海洋研究所（Woods Hole Oceanographic Institution，WHOI）、德国不来梅大学海洋环境科学中心（Zentrum für Marine Umweltwissenschaften，MARUM）签订共建深海科学国际合作联合实验室，成为国际深海研究的三角联盟；主持政府间海洋委员会西太分会（IOC/WESTPAC）"南海河流沉积物"国际工作组（2008年至今）和"南海深海过程演变"重

大研究计划的国际工作组，成为引领南海深海研究的重要国际平台；执行了多个国际合作航次，除 IODP 南海第 367-368-368X 航次以外，还有 2018 年 4—5 月中国—加拿大南海遥控深潜科考航次、2018 年 6—7 月中法合作南海 HydroSed 航次等；多次举办国际大型学术会议，如 2018 年的第九届亚洲海洋地质大会，说明本学科在该领域具有重要的国际影响力，已成为我国深海科学领域活跃且富有吸引力的国际学术交流平台。

与此同时，领衔中国科学院、基金委的地球系统科学战略研究，组织地球系统科学大会，成为国内整合多方力量探索南海深海的组织者和我国地球系统科学研究的据点。汪品先院士领衔出版专著《地球系统与演变》，2022 年获得首届"全国优秀教材奖"二等奖；为促进海陆结合和跨学科交流，发起和主办了"地球系统科学大会"，自 2010 年起每两年一届在上海召开，作为以中文为交流语言的国际学术会议，与会者已发展到 2023 年第七届的 2700 余人，成为我国地球科学跨学科交叉的重要学术交流平台。2021 年 4 月，与广州海洋地质调查局和中国科学院深海科学与工程研究所签订长期合作协议，打造我国深海研究的三角联盟。依托海底观测国家大科学工程和大洋钻探国际大科学计划，在上海市政府的支持下，负责建设"上海深海科学研究中心"。

在国家外专局与教育部的创新引智基地计划 2.0 项目的支持下，同济大学海洋学科努力提升人才培养的国际化程度，已与美国、德国、法国、意大利、日本等国的 9 个高水平大学及研究机构签订长期合作协议，为人才培养国际化提供了有力的可持续性保障。近五年，同济大学海洋学科多人任职国际学术组织和期刊编委，如翦知湣教授 2020 年底当选为国际过去全球变化计划（PAGES）科学委员会共同主席，这是 PAGES 成立 30 年来第一次由欧美以外的科学家担任这一职务；招收来自 20 多个国家的留学研究生（占研究生总人数比例约 10%），派出国外交流的研究生共计 200 多人次，在培养国际化的新型海洋科技人才方面，取得了重要成效；新增国家杰出青年科学基金获得者 3 人、"四青"国家级青年人才 10 人，促使同济大学成为我国海洋科技国际前沿的人才培养基地。

奋楫争先

第六章
培养造就一流师资人才队伍

第一节　坚持党管人才，构筑人才战略优势

同济大学始终坚持党管人才，坚持人才强校战略，坚持"识才、爱才、敬才、用才、容才、聚才"，深入贯彻落实中央人才工作会议精神，把人才视为第一资源，以平台吸引人、事业发展人、待遇留住人、感情感化人，引高端、汇人才、稳队伍、强学术、重贡献、突特色，建立了从青年科技人才到科技领军人才再到战略科学家的全方位培养与激励体系，高层次人才持续扩容，师资队伍整体实力不断提升，各类高水平高层次人才在学校人才培养、科学研究、社会服务等前沿阵地大展身手，为推动新时代学校事业高质量发展注入了强劲活力。2018—2023年，学校高层次人才总量增加了近三倍，高层次人才占专任教师比例提升至17%。

一、坚持党管人才，深入落实中央人才工作会议精神

同济大学坚决贯彻习近平总书记关于新时代人才工作的新理念新战略新举措，持续深化"八个坚持"的人才事业发展规律性认识。2021年中央人才工作会议召开后，学校立即召开了党委常委（扩大）会专题学习会议精神，研究贯彻落实举措。先后召开战略科技人才座谈会、新当选院士师生座谈会、全校人才工作会议等9场人才工作相关会议，深入学习领会中央人才工作会议精神。通过学习，深刻认识到人才是实现民族振兴、赢得国际竞争主动的战略资源；深刻认识到在中华民族伟大复兴历史进程中，我们比历史上任何时期都更加渴求人才；深刻认识到综合国力竞争说到底是人才竞争，人才是衡量一个国家综合国力的重要指标；深刻认识到我们完全能够源源不断培养造就大批优秀人才，完全能够培养出大师；深刻认识到"八个坚持"是我国人才事业发展的规律，必须长期坚持。对照国家人才发展目标，全校上下也深刻认识到同济作为国家重要战略科技力量，任重而道远。学校将2022年作为"同济大学队伍建设年"，努力打造与中国特色世界一流大学建设相适应、

素质优良、结构优化、作用突出的人才队伍。学校党委研究工作思路，细化工作举措，切实把会议精神转化为做好学校人才工作的强大动力，完善了党委统一领导，组织人事人才部门牵头抓总，相关职能部门和学院各司其职、密切配合的人才工作格局。

二、履行主体责任，深化人才发展体制机制改革

1. 坚持人才强校原则，建立人才工作综合协调机制

坚持人才强校原则，进一步规范和完善人才工作领导小组的议事决策程序，确保科学决策、高效推进，制定《同济大学人才工作领导小组议事规则》。人才工作领导小组实行党委书记和校长双组长制，定期召开会议研究落实学校关于人才工作的部署要求、政策机制、人才培养和引进方案等。同时，为深入贯彻落实《关于进一步加强党管人才工作的意见》，加强领导、形成合力，加大对学校人才工作的推进力度，学校结合人才工作决策贯彻执行中所遇到的实际问题，建立人才工作综合协调机制。根据实际工作需要，由人才工作分管校领导不定期组织相关职能部门召开人才工作专题例会，负责协调在落实学校人才工作决议中遇到的问题，尤其是需要跨部门协同解决的问题，从而健全完善校内人才工作协调机制，提高人才管理服务工作效率。

2. 完善人才引育机制，全面修订校内人才计划实施办法

为进一步落实落细《关于全面深化新时代教师队伍建设改革的意见》《深化新时代教

2021年11月22日，同济大学举行2021年当选院士师生座谈会

育评价改革总体方案》《关于加强新时代高校教师队伍建设改革的指导意见》等文件精神，先后多次修订《同济大学"青年百人计划"实施办法》《同济大学"同济特聘（讲座）教授"计划实施办法》等文件，完善立德树人体制机制，树立正确用人导向，建立以品德和能力为导向、以岗位需求为目标的人才使用机制，努力形成不拘一格降人才的良好局面。同时，为适应新形势下人才引进把关和安全保护工作，发挥人才工作主体作用，制定《同济大学引进人才政治把关工作办法》，持续扎实做好人才风险检视和海外人才到岗核查工作。

3. 落实用人主体责任，深化校院两级人才服务管理体制

为进一步优化和创新学校人才工作体制机制，下放人事人才工作自主权，明确各学院在人才规划布局以及引才育才方面的主体责任，实现学院人才工作的责、权、利相统一，2021年制定《同济大学校院两级人才工作管理办法（试行）》《同济大学人才计划（项目）申报实施办法（试行）》《同济大学高层次人才考核评价管理细则（试行）》等文件，强化学院人才工作的核心作用，赋予学院人才工作更大自主权，推进人才工作重心下移，充分调动和激发学院在人才引进和培养方面的积极性和主动性。

三、坚持引育并举，全校各项人才指标迈上新台阶

2018—2023年，学校高层次人才总量增加了近三倍，高层次人才占专业教师队伍比例从8%提升到17%；截至2023年10月，学校有8名教授分别当选中国科学院和中国工程院院士（其中2019年3人当选，2021年5人当选）。五年来，学校申报入选国家级领军人才109人，其中"杰青"31人（占历史入选总量的53%）、"长江学者"（特聘、特岗）19人（占历史入选总量的44%）、"万人计划"28人（占历史入选总量的76%）、海外高层次引进人才31人（占历史入选总量的45%）；申报入选国家级青年人才229人，其中"优青"54人（占历史入选总量的68%）、"青年长江"17人（占历史入选总量的61%）、"万人青拔"34人（占历史入选总量的92%）、海外高层次引进青年人才124人（占历史入选总量的70%）。近五年各项人才指标均站上新台阶。

1. 聚焦高精尖缺，大力造就战略人才力量

学校高度重视战略科学家实现高水平科技自立自强的关键作用，聚焦高精尖缺，大力引育和使用战略科学家，统筹规划拓展院士培育深度，提前一至两轮进行院士增选的后备人才梳理和跟踪培养工作。2015年至今，四轮次院士增选未有断档，新增院士12人，

2021年5位新当选院士中，3位国内院士皆为学校自主培养，2位外籍院士长期在校任教，5位教授当选院士创历史之最、居全国高校前列。

2. 发挥国际化优势，坚定不移加大海外引才力度

学校厚植国际合作沃土，深耕高水平国际人才合作交流，紧抓海外人才回流的历史机遇，建立海外引才服务工作站，连续举办八届国际青年学者论坛，广发"英雄帖"，吸引各学科领域青年才俊纷至沓来。学校充分发挥对德、对欧的合作交流和引才优势，2022年新推出"对德合作2.0战略"，建立了中德博士生院和中德联合研究中心，打造了同济大学对德合作新生态系统。学校通过上海"国际人才蓄水池"工程（上海领军人才海外项目），2021年、2022年从海外引进293人，是此前历年入选总数的三倍，引才窗口期的政策效应迅速凸显。2022年度"优青"海外入选30人，创历史新高，在上海总量降低的情况下实现逆势上涨。

3. 优化校院协同，加强有组织人才申报工作

学校主要领导牵头抓总，营造良好的人才工作生态，在人才计划申报当中，校领导牵头开展多轮次精细化辅导，通过函评、会评、模拟答辩、校领导修改申请书等多种方式，提高申报质量。校院协同建立申请人导师制，学校为每一名申请人明确指定学科申报导师，一对一全程辅导并跟踪申报进度，提高了申请人对学校、学科的了解和认同，增强了人才黏性。

2022年的优青海外申报工作受新冠疫情影响面对较大压力，学校前期面向全部申请人进行了微信问卷调查，了解申请人的诉求、问题与学院的对接情况等，掌握一手数据反馈给学院和学校；中后期，学院和学校先后组织了6轮申报辅导会，校内高层次人才和校领导为申请人累计提供超过700人次的申请书修改意见，展现了学校求贤若渴的诚意。2022年有3名教授获"光华工程科技奖"，获奖人数位列全国第一；"杰青"获批8人，取得新突破，上会入选率高达89%。

4. 坚持引育并举，稳步推进长聘教职体系建设

学校不断完善同济特色长聘教职体系，坚持用不同的尺"量"不同类型的人才，建立多元化人才发展通道，以国际一流学术标准甄选人才，实施长聘体系与原有体系专业技术职务双通道评聘联动推进，不断提升人才队伍厚度。完善分类评价体系，在专业技术职务评聘、任期考核续聘中克服"五唯"倾向，不简单粗放依据成果数量、经费规模、人才称号进行水平区分与条件设置，增强对教学科研水平与成果质量贡献的综合分析、成效分析与长周期评价，健全以创新价值、能力、贡献为导向的人才评价体系，促进科技人才潜心研究和创新。2021年学校开展国际同行专家评审，同时试点交叉学科评审，首批覆盖六个学院并逐步扩大试点范围，培育新兴交叉领域的重大原创突破。三年来，学校长聘教职体系年均申报人数近 500 人，总体质量逐年提升。

5. 严守安全底线，严格落实引进人才审核把关程序

学校按照程序完备、重点突出、覆盖全面、执行严格的要求，建立"院系党组织初审—职能部门复审—组织部门复核—学校党委审定"四级联动把关机制，对重点人才和敏感人才做到点对点联系，同时对专家在海外遇到的相关突发情况第一时间上报，多角度、全方位保障高级人才安心从教、安心研究，不断推进和深化人才安全制度化建设。学校加强问题预判与应急预案，继续完善在组织部门统筹下，多部门通力合作的工作协调处理机制，制定了同济大学人才安全事件应急预案，组建了人才安全事件应急预案工作专班，积极落实执行上级主管部门的各项工作要求，压实校院两级用人单位主体责任，做好人才风险的排查和化解工作。

四、坚持以情感人，营造良好的人才服务生态

1. 深化一门式人才服务，全力做好各类人才的服务保障

学校主要领导牵头抓总，营造良好的人才服务生态，坚持用平台吸引人、用事业发展人、用待遇留住人、用感情感化人。不断深化"一门式"人才服务模式，简化服务环节，提高响应速度，改善服务质量，打通人才引进、培育、服务、评价全流程，学校近十名人才专员与全校各学院进行点对点衔接，人才专员队伍与院系人才工作队伍共同组成了人才与校、区、市沟通的桥梁与纽带。推进中小学、幼儿园建设，解决青年科技人才后顾之忧。关心关爱高层次人才生命健康，和附属医院协同，为高层次人才开设优质体检通道。在2022 上半年新冠疫情防控期间，实行"再往前迈一步"的服务理念，想教师之所想，急教师之所急，做教师的贴心人，为 80 多名高层次人才解决工作和生活实际问题，为院士组织多轮次上门送菜和上门核酸检测服务，为人才公寓教师及家属多轮次送蔬菜、水果等物品，开设就医看病绿色通道等。2022 下半年，向学校 400 余名高层次人才发放抗疫礼包、发放连花清瘟胶囊及阿兹夫定片等防疫药物；为部分专家人才协调提供购买急需的抗病毒药物的渠道，协调发放血氧仪等医疗器械。逢重要节假日，向全校高层次人才发送节日祝福，利用元旦、新年等重要节日，向院士发放学校定制贺卡、精品水果礼盒、鸡鸭肉等礼品。

2. 完善人才住房保障，努力解决人才的后顾之忧

学校高度重视人才特别是海外归国人才的住房问题，除了整合现有人才公寓资源外，还大力开发拓展校外资源。随着学校引才力度加大，对于人才公寓的需求也日益增长，学校与区人才公租机构合作，与杨浦区签订整租合同，并为人才开通区人才公寓申请的绿色通道，与市级人才安居平台合作，为人才提供市级人才公寓申请便利，在一定程度上缓解了住房压力。学校不断完善人才公寓管理办法，同时拓宽人才公寓房源以适应不断增长的引进人才规模。

3. 加强人才政治引领，推荐人才参加各类研修班

不断加强对高层次人才的政治引领与政治吸纳，创新思想理论教育形式，将党管人才的原则作为党的人才工作的根本遵循，将党对人才政治引领与党的建设有机结合，把更多的优秀人才集聚到党的各级组织中来，不断加强党对人才的团结凝聚。积极开展包括高层次人才在内的全校教师党建和师德师风建设工作，加强政治吸纳，培养和发展党的优秀干部，鼓励高层次人才在科研和教学领域发挥模范带头作用。积极推荐各类人才参加国家、上海市各类研修班和培训班，近五年累计推荐200余人次。举办各类院士论坛、青年人才座谈会、人才申报辅导会，定期举办人才安全培训，加强人才安全教育。

4. 持续提供资金保障，赋能人才在校良好发展

学校注重营造良好的人才环境，提供具有竞争力的薪酬待遇及经费支持，为高层次人才队伍建设提供坚实保障。高层次人才队伍建设经费包含高层次人才薪酬、住房补贴，以及校内配套科研启动费。近五年，人才队伍建设资金逐年上涨，为不断壮大的校内人才队伍提供稳定资金保障，赋能人才在校教学科研工作。

2018—2022年高层次人才队伍建设支出情况统计表（单位：万元）

年度	2018年	2019年	2020年	2021年	2022年
人才薪酬、房贴	13000	14000	15000	18000	23000
人才科研启动费	6500	6000	6000	6000	7000
人才队伍建设总支出	19500	20000	21000	24000	30000

同时，及时做好国家、市、区拨付的人才计划配套资助款项申领及发放工作，依托国家、地方各类人才政策支持，近五年来高层次人才队伍日益壮大，高层次人才队伍建设经费投入逐年稳步增长。自2021年以来，随着市级人才计划入选率大幅提升，2021年度、2022年度高层次人才队伍建设经费以及国家、市、区三级配套资助金额均相应大幅增加。

2018—2022 年国家、市、区三级配套资助拨付情况统计表（单位：万元）

年度	2018 年	2019 年	2020 年	2021 年	2022 年
国家、市、区配套资助	1100	700	1650	4050	4990

五、坚持分类评价，不断完善人才考核评价和培育机制

学校围绕"双一流"建设需求和高层次人才岗位职责，2021 年印发了《同济大学高层次人才考核评价管理办法（试行）》，对高层次人才的思想政治素质、师德师风、在岗情况、教学工作、科研工作、社会服务等情况进行评价，注重综合考核、多维考核、阶段考核与长期考核相结合，实现动态调整。坚持破"五唯"、立新标，不断深化代表性成果评价制度，完善海内外同行评议机制，突出成果质量、贡献和影响的评价，初步形成了同济特色的高层次人才评价体系，近五年年均完成高层次人才聘期考核 30 余人次。

1. 克服"五唯"倾向，促进科技人才潜心研究和创新

加强高层次人才聘期考核制度建设，进一步健全以创新价值、能力、贡献为导向，以代表性成果、标志性贡献为重要参考的人才评价体系。构建完善校院协同、函评与会评结合的分类考核模式，综合、多维评价人才水平，不以协议指标为唯一评价依据，充分发挥高层次人才在服务国家科技战略、推动学校学科建设和培养青年拔尖人才中的引领作用。

2. 深挖评价机制痛点，结合学科发展规律，探索人才特区建设

试点设立数学学科人才特区，将高层次人才的培养、引进和使用权下放到数学科学学院，实现学院人才工作的责、权、利相统一，加强基础学科人才队伍建设，为学科发展赋能。根据数学学科特点，统筹优化人才薪酬、启动经费投入方式，对数学学科高层次人才实行长周期评估，不断完善同行专家评议，逐步试点国际同行评议，激发数学学科高层次人才的活力和主动性。

3. 完善流通通道，形成程序规范、合理有序、能上能下、能进能出的高层次人才发展与流动机制

完善青年百人计划 A 岗与长聘体系、专技教师序列之间的交叉流通通道，"青百"A 岗人才聘任满 3 年可申请转聘进入长聘体系，聘任期满后依据聘期情况和考核结果转入长聘体系或专技教师序列管理。严格考核结果运用，对聘期考核未通过人员不再续聘高层次人才岗位，落实考核评价机制对高层次人才聘期工作的引导功能。

第二节 扎实开展"四个工程"建设，培育优良师德风尚

同济大学一贯重视师德师风建设，自第十一次党代会以来，学校始终坚持以习近平新时代中国特色社会主义思想为指导，扎实推进全国高校思想政治工作会议和全国教育大会精神落实，牢牢把握社会主义办学方向，以"四有"好老师、"四个引路人""四个相统一"为标准，落实立德树人根本任务，将一流师资队伍建设作为一流大学建设的引擎器，以"同心筑梦""同行致远""育才济人""奉献济世"四个工程为抓手，持续强化教师思想政治引领和师德师风建设，引导教师坚定理想信念、锤炼高尚品格、练就过硬本领，推动学校"双一流"建设。

一、扎实开展"同心筑梦"工程，加强教师思想引领

"合抱之木，生于毫末；九层之台，起于累土。"教育是国之大计、党之大计，建设教育强国是实现中华民族伟大复兴中国梦的基础工程。同济大学坚持思想铸魂，持续开展政治理论学习，增强广大教师对中国特色社会主义的政治认同、思想认同、理论认同和情感认同，弘扬社会主义核心价值观，为实现世界一流大学建设凝心聚力。

健全协同机制，推进教师思政工作深入开展。学校党委将教师思想政治工作摆在突出位置，建立和完善党委统一领导、党政齐抓共管、院系具体落实、教师自我约束的工作机制，制定《同济大学关于加强和改进新时代教师思想引领工作实施意见》，将教师思想引领融入教师日常教学、科研、服务等各项工作中，构建教师大思政格局。2022年3月，成立同济大学党委教师工作委员会，进一步加强部门协同，强化联动机制建设。通过项目资助形式支持各单位结合自身特色，积极探索教师思政工作的新途径、新方法，2021年资助教师思想政治建设项目30项，2022年资助22项。编印《同济大学教师思想政治工作案例汇编》，宣传推广加强和改进教师思政工作的好思路、好做法、好经验，增强教师思想政治工作的

时代性、科学性和实效性。

坚持理论学习常态化，加强教师思想理论武装。学校党委制定《中共同济大学委员会关于加强和改进教职工政治理论学习的意见》，每年认真制定和实施各级党委中心组和教职工理论学习计划，持续推进完善每周二下午教职工学习制度，将参加政治理论学习情况纳入教职工考核体系；每月下发《教职工政治理论学习指导意见》，推动二级单位联合学习机制，定期开展学习情况督查；建立理论学习专家库组织理论宣讲团、青年讲师团，举办"中国精神""中国文化"系列讲座，推出移动直播栏目《听 Ta 说》，组织开展"同侪视野"系列讲座，引导广大教师学懂弄通，入脑入心，提高学习实效；深化"党史""四史"学习教育，深入学习党的二十大精神，把学习成果转化成立德树人的强大动力；开展教师思想和工作状况调研，了解教师思想动态和诉求，加强针对性研判，切实把准教师思想脉搏。

广泛开展社会实践活动，深化教师对国情的真切认识。每年组织高层次人才、海归教师、青年骨干教师、党外知识分子等教师约 150 人，分赴宜宾、延安、遵义、井冈山等革命老区、红色教育基地参加暑期社会实践，以实地考察、听取报告、座谈研讨等方式，重温革命历史，强化使命担当，激发青年教师爱国报国热情；强化特色教育资源利用，先后在四川宜宾、浙江黄岩等地建立"同济大学思政教育基地"；拓展社会实践覆盖面，组织"师生同行"社会实践，资助鼓励教师结合自身专业特色和学科定位，积极带领学生参加暑期实践，将教师实践和学生培育有机结合，2021 年 33 个团队获得资助，2023 年 10 个团队获得资助，近 530 名师生参加实践活动。

二、扎实开展"同行致远"工程，培育教师师德风范

"民国未筹，同济先创。悬壶于黄浦，泛舟在海上。"同济是一艘巨轮，同心同德同舟楫，同济大学注重强化广大教师身份认同，注重提升教师的文化素养，引导教师爱国荣校，严谨治学、潜心问道，以教书育人为己任，落实立德树人根本任务。

持续开展师德师风教育培训。2018 年开展"立德树人、教书育人"师德师风全员培训，近 6000 名教职工先后分五批次完成 30 学时网络课程；2020 年以"厚植育人情怀，涵养高尚师德"为主题开展人均 50 学时的全员网络培训，培训完成率达 99.47%；2021 年开展师德专题教育，汇编《习近平总书记关于教师和师德师风的重要论述》，印制《师德师风应知应会手册》发放给全体教师；2023 年开展师德集中学习教育，实施"思想铸魂""固本

强基""清朗净化""教育提升""警钟长鸣"和"典型赋能"六大行动，5678名教师通过国家智慧教育公共服务平台完成4学时专题课程学习，发放《师德集中学习教育应知应会手册》，制定《同济大学关于学习贯彻习近平总书记教师节重要指示精神的实施方案》，引导广大教师深入学习贯彻习近平总书记关于教育的重要论述，大力弘扬教育家精神，为强国建设、民族复兴伟业作出新的更大贡献；定期更新《同济大学教师手册》，发放给全体新进教师，电子版同步至校园网，便于广大教师随时查阅；举办师德师风专题报告，覆盖全校各二级学院，开展"榜样在身边"优秀事迹巡讲，邀请郑时龄、汪品先院士等校内外专家学者、名师楷模、一线抗疫医务人员等与广大教师分享教书育人理念和人生感悟，讲好师德故事。

加强师德监督约束，强化考核评价。将师德监督与评估作为教学质量督导的一项重要内容，畅通电话、邮件、网站等举报渠道；制定《同济大学师德师风失范行为处理实施细则（试行）》，对于收到的问题线索，严格按照规定程序开展调查，一经查实，依规依纪从严查处。实行"实时舆情警示"与"定期案例教育"结合机制，自《新时代高校教师职业行为十项准则》实施以来，学校定期汇编校内外师德失范问题处理案例，面向全体教职工开展7轮警示教育，以身边事教育身边人，引导教师以案为鉴，自觉遵规守纪。修订《同济大学教职工招聘思想政治考核实施办法》《同济大学教职工师德师风考核实施办法》，在进人环节严把政治关、师德关，通过个人陈述、查阅履历档案、专人谈话等，对应聘人员学习工作情况、海外经历、网上言论、政治参与等方面进行综合评估；成立校院两级考核组织，坚持在教师评聘晋升、考核、评奖评优、项目申报等管理全过程中严格师德师风考核，健全完善考核评价机制；建立师德电子档案，注重结果运用，严格落实"一票否决制"。

丰富校园文化活动，发挥文化涵养功能。加强教师休息室文化环境营造，邀请学校书法家协会题写"四有"好老师、"四个引路人"、"四个相统一"等相关书法作品，布置教师休息室；有效利用"三八"、"五四"、"七一"、"十一"、教师节、校庆等重要节点，开展教师座谈会、歌咏比赛、摄影、观影、书画展等形式多样的主题教育活动；培育具有本校特征的艺术文化成果，挖掘革命文化和校园文化内涵，组织教师编写、排演、观看《同舟共济》《江姐》《国之英豪》《志丹，志丹》等校园舞台剧、歌剧，以文化人，以德润心。

抓实人文关怀，保障教师合法权益。推进薪酬体系改革，确定贡献为导向的校内分配体系，发挥正向激励作用；建设了首个上海市高校教职工心理咨询服务平台，持续开展高层次人才、50岁以上教师三甲医院全面体检，实施困难教师补助计划，组织教师暑期疗休养等，落细落实疫情防控各项举措，守护教工身心健康；以党史学习教育为契机，全力完成"2021年度十大实事"项目，深化同济基础教育办学内涵，着力解决教职工子女入学问题，推进市场化租赁，新增一批教师公寓；充分保障教师参与学校决策的民主权利，推进青年教师联谊会建设，丰富拓展教师社团活动，提高教师幸福指数，保障教师安心、热心、舒心、静心从教。

三、扎实开展"育才济人"工程，提升教师专业素质

育人者必先育己，立己者方能立人。教师是教育发展的第一资源，是人才培养的关键力量。同济大学注重全面提升教师专业素质和能力，增强教育智慧，提高育人本领，学高为师、身正为范，引导教师成为塑造学生品格、品行、品位的"大先生"。

提升新进教师职业认同，增强育人主动性。按照《同济大学新入职教职工岗前培训实施办法（试行）》要求，实施"1+1+N"分层分类岗前培训机制，集中培训与分类培训相结合，

2023年9月8日，同济大学2023年教师节庆祝大会上，党委书记方守恩、校长郑庆华为从教30年教师、荣休教师颁发了证书

必修课程与选修课程相结合，课堂授课与社会实践相结合，每年组织近 300 名新进教师开展岗前集中培训，以课程学习、讲座报告、分组讨论、午间沙龙、实地参观等多种形式，引导新进教师树立正确的教育思想和教学理念，全面了解国情、社情、校情，加强政治素质、教育理念及国际化视野的培育，帮助新教师了解学校发展规划和建设战略，熟悉学校基本管理体系和制度尽快适应岗位工作，守好讲台主阵地，形成良好的职业道德和敬业精神；协同开展新晋研究生导师系统培训，加强师德师风和学风教育培训，提升导师育人能力，落实育人职责。

开展多元培训活动，提升育人综合能力。汇聚学校优势资源，以提升教师能力、素质为核心，组织"教学科研能力提升""政治文化素养提高""学科交叉专业交流""人文关怀心理辅导""国际合作视野拓展"等各项教师培训项目；2018 年以来举办教师沙龙活动 68 余期，参加人数逾 4500 人次，为教师搭建和谐、温馨的学习交流平台；开展"课程思政""金课示范""教学能力提升工作坊"等系列培训活动，提升教师教学能力，铸造教师发展活动品牌。

拓展专项培训，助力青年教师成长成才。2019 年，邀请校内外知名心理专家举办心理健康专题讲座，面向青年教师开展为期一个月的系统性、专业性心理知识专项培训，提升教师心理辅导能力；2021 年遴选教师参加卓越大学联盟高校教师教学创新大赛，1 人获一等奖、1 人获二等奖、4 人获三等奖，展现了学校教师教学创新理念及创新模式；2022 年开展 20 学时的专任教师教育教学专项培训，促进青年教师学习掌握现代教育教学理念；

2019 年，郑时龄院士获评全国"最美教师"

积极组织教师参加教育部暑期（寒假）教师研修活动，累计9268名教师完成规定培训课时，培训完成率优异，2023年9月学校作为高校代表在全国总结会上作经验交流。

四、扎实开展"奉献济世"工程，强化教师家国情怀

"与祖国同行，以科教济世"一直是同济大学百余年发展的优秀传统，也是一代一代同济人家国情怀的宏大概括。学校在广大教师中发掘优秀典型、宣扬优秀事迹，展示教师爱岗敬业新形象，引导广大教师以高度的使命感和责任感，紧扣国家发展战略，瞄准社会发展需求，将知识传播在田野中，把论文写在大地上。

选树先进典型，突出仪式感教育。制定《同济大学教职工荣誉奖励管理办法（试行）》，构建荣誉体系，定期开展同济大学"追求卓越教师奖""师德师风优秀教师""育才奖""我心目中的好导师""青年五四奖章"等校级奖项评选。积极推选优秀教师参与国家级、省部级奖项评选，2018年以来，郑时龄院士获评全国"最美教师"，李睿老师获评全国"最美高校辅导员"，常青院士获评全国优秀教师，航天测绘遥感与深空探测研究团队获评全国教育系统先进集体，汪品先院士获评全国道德模范，姚启明获评全国劳动模范，李国强、高绍荣教授团队分别入选首批、第二批"全国高校黄大年式教师团队"，吕西林院士、翦知湣教授获评上海市"四有"好教师，汪品先院士、吴於人教授获评感动中国年度人物（银发知播群体），翦知湣教授获"上海市五一劳动奖章"，常青院士获评"上海市教育功臣"。每年隆重召开教师节庆祝大会，举办颁奖仪式，集中表彰获得国家级、市级、校级重要荣誉称号的优秀教师代表；2020年起，举办荣休仪式，校领导为每位退休教师颁发荣休证书和定制纪念品，激励教师立足本职工作，潜心教书育人。

拓展新媒体宣传渠道，发挥榜样引领作用。综合运用报纸、网站、微信、画册、视频等多种载体，广泛宣传优秀教师先进事迹，举办"教书育人 师泽流辉""厚植情怀 涵养师德""迎接党的二十大 培根铸魂育新人""躬耕教坛，强国有我"等为主题的优秀教师先进事迹展览，每年汇编《教师荣誉册》，编印《身边的"大先生"——同济大学师德故事》《同济的故事》，拍摄《师说济语》《礼敬吾师》《城市筑梦人》《同路人》《创新·在路上》等专题片，展现学校教师无私奉献、勇担使命的新时代精神风貌，引导广大教师见贤思齐，以德立身、以德立学、以德施教、以德育德，在各自岗位上再创佳绩。

激励教师身体力行，厚植家国情怀。广大教师主动对接国家战略和地方建设需求，

发挥优势学科和科学研究的溢出效应，不断拓展社会服务的形式和领域，积极为国家和地方社会建设发展作出贡献，在工程防灾减灾、人工智能、深空探测、深海研究、生命科学等诸多领域取得了具有国际影响力的原创性成果；积极参与长三角一体化、上海科创中心、北京城市副中心、雄安新区、港珠澳大桥、大兴机场等重大工程建设，服务国家重大战略需求；选拔青年教师、骨干教师到边远地区、革命老区、城市乡镇挂职锻炼，全面助力云南云龙打赢脱贫攻坚战，多个优势学科交叉聚合服务乡村振兴战略；新冠疫情期间，医学院、附属医院组织医务人员紧急驰援武汉开展医疗救治，印制心理援助读本 10 万册赠送市民，学校充分整合多学科力量并联合校外科研力量，自筹经费启动应急科研攻关项目，广大教师积极参加核酸检测、配送物资等社区抗疫志愿活动，践行同济人的使命和担当。

"才者，德之资也；德者，才之帅也"。同济大学将以习近平新时代中国特色社会主义思想和党的二十大精神为指导，深入贯彻落实习近平总书记关于教育的重要论述精神，紧紧围绕为党育人、为国育才的初心使命，持续强化师德师风建设，引导广大教师坚定理想信念、厚植爱国情怀、涵养高尚师德，争做"大先生"，研究真问题，与祖国同行，以科教济世，着力培养德智体美劳全面发展的社会主义建设者和接班人，办好人民满意的教育。

第三节 坚持人才强校战略，深化人事人才体制机制改革探索

自第十一次党代会以来，同济大学坚持以习近平新时代中国特色社会主义思想为指导，全面贯彻党的教育方针，认真学习贯彻习近平总书记关于教育、人才工作的重要论述，深入落实中共中央、国务院关于全面深化新时代教师队伍建设改革的决策部署，坚持把教师队伍建设作为基础性工作来抓，从教师思想政治素质和师德师风、专业素质能力、评价考核机制等方面，出台系列改革举措，着力打造一支政治素质过硬、业务能力精湛、育人水平高超的高素质、专业化、创新型教师队伍。持续实施人才强校战略，以"引高端、汇人才、稳队伍、强学术、重贡献、突特色"为主线，分类管理、分类建设、分类评价，突破队伍建设瓶颈，以具有国际竞争力的一流人才队伍支撑一流大学建设。

五年来，全校上下勠力同心谋发展，踔厉奋发谱新篇，围绕学校"双一流"建设目标，坚持立德树人成效为根本标准，深入实施人才优先发展和人才强校战略，稳步推进长聘教职体系建设，持续探索管理队伍职员制改革，师资队伍能级稳步提升，高层次人才持续扩容，各项工作均取得了较好成效。一组组实实在在的数字，一串串激情澎湃的热词，一幅幅温馨感人的画面，犹如五彩斑斓的火光，映射出五年来学校人事人才工作的突破与发展，勾勒出同济人脚踏实地、勇于担当、锐意改革、攻坚克难的奋进足迹。

一、完善高层次人才引进和培育机制，营造"近悦远来"改革新局面

栽下梧桐树，引得凤凰来。同济大学始终坚持党管人才，坚持"识才、爱才、敬才、用才、容才、聚才"，深入贯彻落实中央人才工作会议精神，把人才视为第一资源，以平台吸引人、事业发展人、待遇留住人、感情感化人，依托国家、地方各类人才政策，以求贤若渴的态度面向世界延揽精英。加强顶层规划和高层次人才工作制度建设，压实校院两级人才工作

责任；加大海内外招聘宣传，精细化开展各类人才计划申报服务，促进国家级人才计划入选人数持续增长；强化高层次人才岗位考核评价，发挥高层次人才及团队的引领示范作用；培养引进优秀青年教师，搭建平台组建团队，与现有师资队伍良性互动；实施分层次的校内特聘教授及青年百人两类岗位人才跟踪培养计划，建立了从青年科技人才到科技领军人才再到战略科学家的全方位培养与激励体系。

五年来，师资队伍整体实力不断提升，人才队伍活力有效激发，专任教师队伍的结构与质量进一步优化。学校在职专任教师2815人，约占在职专技类人员（含专技类教师、思政、教辅）数量的72.1%。其中，具有博士学位比例为86.89%，海外博士比例为20.57%，高级职务人员所占比例为75.67%，正高级职务人员比例为38.43%，中级职务人员比例为23.69%，初级及以下职务人员比例为0.64%。其中，56岁以上专任教师所占比例为21.39%，46~55岁比例为39.5%，36~45岁比例为31.44%，35岁及以下专任教师所占比例为7.67%。同时，各类高水平高层次人才在学校人才培养、科学研究、社会服务等前沿阵地大展身手，为推动新时代学校事业高质量发展注入了强劲活力。

二、注重改革创新，以优化评价体系提升师资队伍建设质量

1. 潜心立德树人，突出育人导向

学校坚持立德树人根本任务，将师德师风作为教师评价的首要标准，将教书育人成效贯穿教师评价的各个环节。完善专业技术职务评聘制度，注重教育教学能力和实绩，明确并细化教师承担教学、课程思政建设的基本要求，将担任班主任、辅导员和参与社会实践等经历作为青年教师晋升要求，不断完善政策指导与激励机制。

2. 构建大思政育人格局，打造高素质思政教师队伍

制定一揽子支持计划，配齐建强一支专职为主、专兼结合、数量充足、素质优良的思想政治理论课教师队伍。针对思政课教师队伍，设置原有体系和长聘教职体系人才引进双通道，建立思政课教师类别（马克思主义理论学科）特殊学科评聘通道，对于高层次人才、紧缺型人才，可通过特殊学科评聘通道快速启动评审和引进程序。在专业技术职务评聘中，完善马克思主义学科成果认定与评聘标准，思政课教师系列的评聘额度单列，在统筹考虑学校整体师资结构的基础上给予倾斜支持。在校级评聘组织中，配备同比例的马克思主义理论学科专家。同时，选聘校内外优秀人才专兼职参与思想政治理论课教学，首批20名

思政理论课兼职教师已经评审、培训后顺利上岗。

3. 深化教师评价改革，推进队伍高质量发展

坚持把教师评价改革作为教师队伍可持续发展的核心驱动力。2019年，学校全面启动长聘制改革，按需择优、引育并举，鼓励各学院（学科）结合自身特点制定相应评聘标准，着力打造一流师资队伍。截至2023年9月，学校已经聘任的长聘体系人员为771人，占专任教师比例为27.4%，充分凸显了人才集聚与示范效应，形成了良好的政策导向和有效的激励机制。持续推进长聘体系和原有评聘体系联动，建立多元化教师发展通道，构建双轨并行、同步激励的择优引育新模式。引导广大教师自主选择符合自身特点，最能发挥自身特长、最能激发自身积极性和创造力的岗位，并在所选岗位上实现自我价值，服务学校双一流建设与社会发展。推动形成人人皆可成才、人人尽展其才的良好局面。

认真落实"破五唯"要求，不断完善和强化代表性成果评价制度，注重能力和实绩考察，突出成果质量、贡献和影响的评价。打破年龄、学历、任职年限等条件限制，为拔尖人才和青年人才职业上升开辟特殊渠道。鼓励学科交叉，学校在2021年专业技术职务评聘中试点设立了交叉学科评审通道，激励从事学科交叉研究并取得显著成果的教师脱颖而出。探索国际评审和引入第三方评审服务，逐步扩大海外评审学科范围。2022年度职称评聘时，教育部学科评估A+学科及双一流学科的长聘教授申报材料送2~3名海外专家进行鉴定。重视和提升同行评价的专家选择与结果分析，实现正高级和预聘副教授职务代表性成果评价100%由高水平专家完成。

4. 强化聘期考核，落实岗位责任

学校严格落实聘期目标与岗位责任，强化教师的教书育人实绩，形成程序规范、合理有序、能上能下、能进能出的教师发展与流动制度。统筹考虑专技教师高级职务新增岗位与延聘、退休情况，2022年启动正高级专业技术职务教师延期退休管理办法的修订工作，申请延期退休的教师应在人才培养、科学研究、学科建设或社会服务等方面作出重要贡献或发挥重要作用，人事处协同各相关职能部门从严把关，从学校事业发展和"双一流"建设角度充分论证延聘的必要性，加强对延期退休教师的考核与管理。充分发挥延聘教师的作用，加强团队绩效考核，鼓励延聘教师参与青年教师的引育工作，助力师资队伍的能级提升，深入推进学校"双一流"建设。

三、加强校院两级联动，多措并举推进博士后队伍上规模上质量

1. 全面提升培养质效，跑出博士后工作高质量发展"加速度"

学校坚持"四个面向"，全面贯彻"三新一高"要求，以政策为指导，以创新为引擎，将博士后建设纳入学校"十四五"发展规划及中长期发展规划、一流大学建设方案及师资队伍建设规划和发展的整体布局中，统筹谋划、整体推进。通过优化资源配置、改革管理制度、提高薪酬待遇、完善服务保障等方面持续改革创新。同时，进一步压实校院两级责任，发挥校院（流动站）和导师三级联动效应，立足自身特色优势，持续加大博士后招揽力度，力推一系列务实举措，在高起点谋划、全过程服务、多元化成长等方面寻求突破点，努力建设一支学术水平高、创新能力强的青年科技人才队伍。

积极拓展招聘宣传渠道，依托国际会议平台宣讲、网站招聘、媒体广告等方式，持续加大博士后海内外招揽力度，截至2023年9月，学校在站博士后数达1027人，全校上下共同努力推动博士后队伍建设实现跨越式发展，在站博士后规模实现五年翻番，奏出了学校"近悦远来"人才生态建设的一记强音，推动博士后制度成为吸引和培养海内外高层次青年人才的重要渠道。

2. 优化博士后管理体制，完善人才服务保障机制

加大经费投入、助力拔尖人才成长，持续提高博士后待遇，2018年学校将博士后待遇从7万~10万元/年，提高到18万~33万元/年。2022年开始，博士后年薪进一步提高到30万~42万元。2023年，为进一步鼓励博士后开展国际合作交流，通过派出、引进专项，

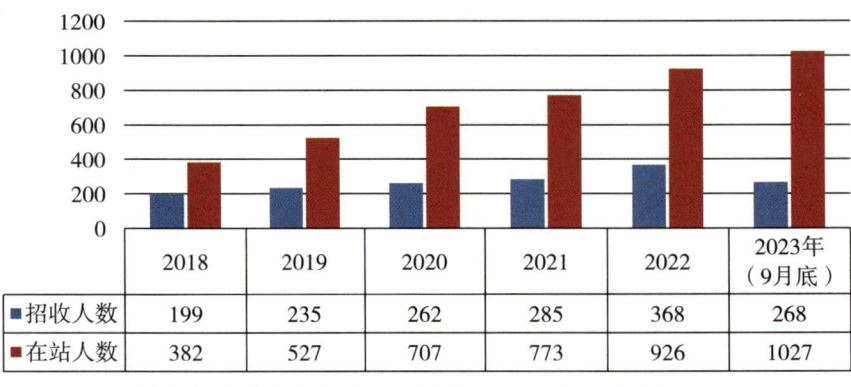

2018—2023年博士后进站及在站人数（截至2023年9月底）

将博士后年薪进一步提升至 30 万 ~45 万元。强化博士后考核激励，出台《同济大学博士后研究人员管理细则》，进一步完善博士后管理和考核制度，构建博士后培养经费多渠道投入机制，吸引优秀人才加盟，激励博士后在站期间产出高水平创新成果。

营造拴心留人良好环境，深化博士后全过程服务管理，在博士后子女入学、落户、住房保障等方面给予充分支持，解决博士后后顾之忧，增强其归属感，全力做好各类计划/项目推荐和辅导，提升申请书的质量和获批率。

3. 铺就发展新通道，涵养人才蓄水池

根据师资队伍发展总目标，制定人才分类招聘政策，将博士后队伍作为一流师资队伍的重要补充来源，支持优秀出站博士后申报预聘助理教授、预聘副教授等长聘体系岗位以及专职科研队伍的助理研究员、副研究员等岗位，构建博士后职业发展通道，充分调动博士后创新创造积极性，打造科研队伍生力军和一流师资队伍后备库。

四、提升管理队伍服务能效，筑牢一流管理队伍蓄水池

1. 树立选人用人正确导向，健全干部选育管用机制

学校第十一次党代会以来，学校进一步加大对管理队伍建设重视程度，探索建设一支与学校"双一流"建设相匹配的一流管理队伍，从选人、晋升、考核、服务四方面精准发力，持续推进管理岗位选人机制改革，以更科学、完善的制度为学校选拔优秀人才，为管理队伍职业生涯发展注入源源动力，为构建学校人事人才工作大格局添砖加瓦。

坚持干部标准，树立选人用人正确导向，健全科级干部及青年管理骨干选育管用机制。进一步强化党管干部原则，顺应新形势下干部选拔任用要求，不断规范完善管理干部队伍选拔任用制度，做好科级干部选拔任用全过程管理。修订《同济大学党政管理科级干部聘任工作实施办法》，不断完善党政管理科级干部的聘任机制、管理体制、培养模式等内容；印发《同济大学科级以下管理岗校内招聘方案》，加强科级干部流动，完善职业和职级发展通道。印发《同济大学科级以下管理人员培训计划》，常态化开展午间沙龙、主题报告、教学工作坊、专题讲座、考察学习、国情社情教育及素质拓展等多种形式培训，始终以提升管理人员综合素质为导向，压实岗位责任，建立跟踪反馈机制，不断整合资源，完善课程设置，提升培训实效，五年来累计培训 6698 人次。建立青年后备干部跟踪培养制度并积极落实，促进科级干部多岗位流动锻炼，不断探索完善梯队建设，努力打造一支研究型、

服务型、执行力强、精干高效的管理队伍。

2. 持续推进改革创新，激发管理队伍前进动力

2022年，学校按照国家教育综合改革总体要求，以全面深化综合改革为契机，以推进治理体系与治理能力现代化为抓手，制定管理队伍"三定"工作方案，不断规范学校机构管理机制、优化机关与学院党政机构的职能与设置，科学合理配置编制资源，不断加强各教学科研单位管理人员队伍建设，提高管理服务水平和效能，构建与一流大学相匹配的人事保障体系。学校选取本科生院等7个教学科研核心部门全面推进管理部门"三定"试点工作。通过深入开展调查研究，对各试点单位机构与岗位工作职责进行全面调研和梳理，多渠道广泛开展国内调研，从学校全局角度、人才培养核心任务出发，反复分析论证形成试点单位机构职能和设置、人员岗位和编制及工作运行优化方案。强化全局性谋划，进一步整合编制资源，做到统筹兼顾、突出重点，构建动态编制管理模式。"三定"试点工作聚焦中国特色世界一流大学发展，以改革完善内部治理结构和管理机制为切入点，力争实现学校行政资源的最优化配置，对加强党政机构职能体系建设，深化机构改革，优化行政资源配置，推动学校内涵式发展与治理能力现代化起到积极助推作用。2023年，全面实施"三定"工作，从梳理机构职能入手，分板块系统优化机构职能，形成机构职能的系统性、整体性重构，促进板块协同、提升服务效能，实现资源优化配置。全面制定完善各二级单位的"三定"方案，实现了部门职责清晰、内设机构合理、人员编制明确的目标。

推进学校职员制改革，探索职务、职级、岗位等级并行制度，打破职务"天花板"，构建"能上能下"的用人机制，拓展管理职员职业生涯发展空间，鼓励管理干部在本职工作中潜心钻研。拟定《同济大学职员制改革方案研究报告》《同济大学职员制实施办法》，进一步推进学校治理体系及治理能力现代化建设，建设精干高效的专业化管理队伍，提升队伍整体活力，充分发挥干部蓄水池的作用。利用信息化手段，建立人员结构预测模型，为职员制体系下的管理队伍整体规划提供决策支撑，使队伍整体结构处于良性可持续发展状态，避免结构性矛盾的出现。

五、实行分类管理，持续规范教辅队伍选拔培养流程和机制

围绕学校"双一流"发展目标，统筹谋划和推进学校教辅队伍建设，充分发挥辅助支撑机构对教学科研工作的保障作用，按照分类指导原则，实行教辅队伍精细化管理。制定

《同济大学教辅岗统一公开招聘实施方案》，对教辅岗位进行分类，进一步完善公开招聘各项环节，开展教辅岗统一公开招聘工作。坚持按需设岗、竞聘上岗、按岗聘用、合同管理，严把专业、政审等基本要求，加强思想政治、基本岗位知识、专业应用能力、基本素养等招聘考察，强化试用期考核、年度考核和聘期考核，进一步优化队伍结构、完善"能上能下、能进能出"用人机制。

打造分层分类的培训体系，提高教辅人员专业技术水平及履行相应职责的能力。根据同济大学"十四五"建设目标，结合学校实际，制定《同济大学教辅岗人员培训计划方案》，构建"人事处—业务归口职能部门—二级单位"的分级培训平台体系，坚持以人为本、按需施教，联系实际，学以致用的原则，进一步完善培训机制、健全培训体系、突出培训效果，协同打造分层分类的培训体系，提高教辅人员专业技术水平及履行相应职责的能力。

六、完善高峰队伍建设机制，充分激发人员活力

持续加强和规范学校高峰学科用人管理，激发高峰学科建设人员活力，促进学科高质量发展，实现重点领域或方向的一流和突破，借鉴上海市高峰学科团队的建设经验，修订《同济大学高峰学科建设人员管理办法》。按照国际一流、国内顶尖、国家和区域急需的标准，凝练学科建设重点发展方向，重点引进和培育高层次创新人才及优秀青年后备人才，从整体上提升师资水平，为建设特色鲜明、贡献显著、水平突出的高峰学科奠定基础；分级管理，放管结合，充分发挥高峰学科所在学院的自主权。学校按照国家和本市新一轮"双一流"建设部署，加强学科队伍建设的顶层设计，各类高峰学科按照已获批的建设方案，建立目标任务明确、准入退出机制完善、薪酬激励与岗位考核并举的人才队伍建设与管理机制；根据学科用人需求，优化用人模式，专兼结合，充分利用高等研究院管理模式、柔性引进等灵活方式，建立快速便捷的用人通道，满足不同类型的用人需求；深化交流，加强产学研及学科交叉融合，支持学科以重大任务为牵引，在高校之间、高校与科研院所之间、高校与企业之间、高校内部跨院系和跨学科开展联合聘任，着力解决重大理论实践问题，带动学科整体水平提升。

七、深化分配制度改革，建立长效激励机制

建立和完善科学合理的人才激励机制，激发广大教职工的积极性和创造性，营造充分发挥人才作用的良好环境。2019年，制定《同济大学绩效工资管理办法（试行）》，充分考量教职工的实绩与贡献，发挥绩效工资的激励导向作用，实行优绩优酬，建立了与岗位职责目标相统一的收入激励分配制度，全面促进学校各项事业科学发展。同时，贯彻落实上级要求，实行学校绩效工资总量管理，规范津补贴发放，加强薪酬发放监管，杜绝违规违纪行为。

2020年，根据教育部对实施绩效工资体系的总体要求，对标"双一流"建设目标，经过广泛征求意见，学校实施了2020—2023年新一轮校内岗位聘任及绩效工资改革实施方案。新实施方案进一步强调绩效工资总量管理、校院两级管理及岗位责任目标管理，推进预聘－长聘体系改革，优化师资队伍结构，提升师资队伍实力，着力服务学校双一流建设。方案严格要求根据教职工所承担的岗位职责和实际完成工作情况确定绩效工资标准，加强岗位年度考核及聘期考核，构建以贡献为导向的薪酬体系。保障重点骨干队伍绩效工资水平，同时提高全校教职工薪酬待遇，发挥薪酬体系正向激励作用。统筹规划薪酬福利体系，提升教职工获得感、满足感。

学校通过加强校院二级管理，规范学校支撑保障，明确以学院为主体，以发展目标为导向的绩效工资二次分配机制。调整后的薪酬整体结构兼顾了教职工的历史贡献、近年度贡献和当年度贡献，形成以贡献为导向的薪酬体系。

持续优化年终奖励性绩效分配方案，目标导向，奖优罚劣，充分体现教职工的实际贡献，重点围绕学校学科建设、人才培养、科学研究、社会服务、国际交流等核心目标作出的突出贡献及取得的高水平成果予以奖励。

八、探索多元用工人事管理制度，有力保障学校各项事业发展

深化人事制度改革，服务学校事业发展，丰富学校用工形式，有序推进双轨制员工、派遣员工、专职科研人员、劳动合同制人员、各类挂靠人员及产业人员等教职工的分类管理；在现有人事服务机制基础上，学校积极探索劳动合同制等用工形式改革，逐步形成了以聘用合同制度为主体，劳动合同制度、派遣制度、劳务协议制度等多种用工形式共同发展的

人事服务模式。

劳动合同用工制度的建立是学校作为事业单位进行人事制度改革的重要突破。2020年，经向上海市人力资源和社会保障局申请，学校取得了企业性质社保账户。基于该账户，学校按照企业性质招录并签订劳动合同的非事业编制人员，可按照企业性质办理社保参保等手续，为劳动合同用工制度的建立开设了基本通道。2022年初，学校制定了《同济大学劳动合同制用工管理办法（试行）》，强化制度建设，提高用工规范，为劳动合同用工制度的落地提供制度保障。劳动合同用工制度逐步在人员分类管理中推行，成为学校人事管理制度的有力补充，已成为专职科研队伍、科研助理等人才队伍建设的重要制度支持。

自2020年以来，深入贯彻习近平总书记关于高校毕业生就业工作的重要指示批示精神，落实党中央、国务院有关任务部署和《国务院办公厅关于进一步做好高校毕业生等青年就业创业工作的通知》等要求，学校积极落实"稳就业""保就业"，充分挖掘岗位资源，有力推进科研助理岗位开发、吸纳高校毕业生就业等工作。做实做细服务，人事处协同校内各职能部门，加大保障力度，按规定落实科研助理的岗位薪酬、社保、档案等工作。全面落实学校立德树人根本任务，科学有效设计人事服务方案，持续开发科研助理岗位，助力学校科学研究，做好毕业生就业服务。

九、深耕内涵发展，打造有温度的人事人才服务体系

认真贯彻落实新时代党的建设总要求，强化宗旨意识，严格实行首问责任制、服务承诺制和限时办结制，坚持精细化管理与人性化服务相结合，多措并举将服务育人、管理育人理念落到实处，擦亮"有温度的人事人才服务"名片。

秉承"全心全意为教职工服务"的初心，全面聚焦流程规范化、业务精细化、服务高效化，精心打造人事人才窗口"一站式"服务，发布《综合服务大厅人事人才窗口工作指南》，形成"互联网+人事服务"新格局，切实解决教职工在入校等事务办理过程中面临的"跨校区、校园大、部门多、手续繁、耗时长"等实际问题，充分满足教职工多元需求，提升在各环节的幸福感和满意度。设立人事人才服务热线、建议监督热线、师德师风监督热线等，更好地服务师生、服务教学科研、服务学校发展。

加强人事聘用合同风险防控机制，积极完善聘用合同管理规章制度。持续强化干部人事档案管理，严把人事档案收集、审核、管理三个"关口"，按中组部要求按时完成干部

人事档案审核，稳步推进干部人事档案管理工作迈上新台阶，为党的组织建设、干部人事管理、人才服务等工作开展打下重要基础，并持续在选人引才、选拔任用、管理监督干部、评鉴人才中发挥出积极作用。运用信息化手段赋能人事人才工作，升级改造人事信息系统，全面助力职称评审、岗位聘任、年度考核、薪酬改革等各项改革工作顺利完成。落细落实疫情防控各项举措，关护教工身心健康，筑牢校园安全防线，守护师生"家园"。

"想教职工所想，急教职工所急"。以教职工满意度为标尺，着力提升服务能效，加强校院两级联动，主动下沉基层，解决急难愁盼、倾听意见建议。及时有效地开展人事政策宣讲、座谈交流、培训教育，持续提供人事精细化管理服务，推动各项人事政策落地见效。

"问渠那得清如许，为有源头活水来"，百年大计，教育为本；教育大计，教师为本。立足新时代，面向学校"双一流"建设和改革创新发展的新局面、新要求，同济大学将以习近平新时代中国特色社会主义思想和党的二十大精神为指导，深入贯彻落实习近平总书记关于教育的重要论述精神，胸怀"两个大局"，牢记"国之大者"，紧紧围绕为党育人、为国育才的初心使命，以时不我待、只争朝夕的紧迫感和责任感，以更加坚定的信心、更加振奋的精神和更加扎实的作风，加快实施新一轮人事人才发展体制机制改革，坚持以改革创新的思维和办法破解发展难题挑战，聚焦完善青年人才培养机制、健全人尽其才、才尽其用支持体系，努力汇聚更多爱国奉献的优秀人才，积极践行新时代强校兴国的使命担当，谱写学校"双一流"建设发展的人事人才新篇章，共同擘画中华民族伟大复兴的奋进蓝图，相信人才强国的梦想定会在乘风破浪、同舟共济中无限接近理想的彼岸！

第四节　以长聘制为抓手，深化教师评价改革

深入落实《关于全面深化新时代教师队伍建设改革的意见》《深化新时代教育评价改革总体方案》《关于深化高等学校教师职称制度改革的指导意见》等文件要求，聚焦新时代高校教师队伍建设新要求，学校持续推进职称制度改革和教师评价制度改革，进一步有效发挥职称评聘的指挥棒和风向标作用。2019年，根据学校自身情况与发展需要，推出具有同济特色的长聘制改革，旨在激活教师队伍可持续发展的新动能，建设一流的师资队伍，通过一流师资培养一流人才，建设一流学科，加快推进学校各项事业高质量跨越发展。

一、长聘体系与原有体系联动推进、引育并举，形成良好的人才集聚效应与典型示范作用

2019年，学校启动长聘教职体系建设，制定了《同济大学长聘教职体系实施办法（试行）》，以长聘制改革为抓手，深化教师评价改革，以"引高端、汇人才、稳队伍、强学术、重贡献、突特色"为主线，以国际一流学术标准甄选人才，按需择优、引育并举，形成良好的人才集聚效应与典型示范作用，落实立德树人根本任务，主动服务国家重大发展战略。加大青年人才引育力度，全过程、全方位培养与评价，完善晋升与流动机制，为队伍建设储备源源不断的青年后备力量，形成健康合理的梯队结构，提供具有竞争力的薪酬和充足保障，建立与世界一流大学相匹配的一流教师队伍。

为保障长聘教职体系建设稳步推进和学校教师队伍引育工作有序开展，学校实施长聘体系与原有体系联动推进，同步开启择优引育新格局。对于新进人员，全面实行预聘－长聘制；对于原有体系人员，实行长聘体系与原有体系专业技术职务评聘双通道。结合差异化发展需要，进一步科学合理地设置职称岗位类型，目前设置有教学科研型、教学型、科学研究型、马克思主义类别、实验系列、思政系列、管理系列、工程设计、产业开发系列、

卫生系列等 10 余种专业技术职务评聘类别。坚持自主评审、按需设岗、人尽其才，为教师提供多元化晋升和发展通道。根据学科特点、人才培养、事业发展需要与师资队伍现状进一步深化分类分层评价改革。构建教师多元化发展通道。通过分类设计、稳步推进，增强教师评价改革的系统性、整体性、协同性。

利用各方资源为教师群体搭建合作交流与能力培训平台，聚焦教学科研能力提升、政治文化素养提高、学科交叉交流、人文关怀与心理辅导、国际合作视野拓展五个维度，为教师提供全方位立体化职业发展支持体系，着力提高教师的综合素质和能力。鼓励学科交叉，试点交叉学科评审工作，激励从事学科交叉研究并取得显著成果的教师脱颖而出。学校在 2021 年专业技术职务评聘中试点设立了交叉学科评审通道，首批吸引了来自 6 个学院的 7 名教师申请，起到了鼓励学科交叉的导向作用。

近五年来，通过进一步扩大长聘教职岗位规模与质量提升，形成了人才集聚效应与示范作用；有序开放长聘副教授岗位，与原有体系教授统一评审。做好聘任标准与程序设计，增强与预聘助理教授、预聘副教授岗位、长聘教授岗位间联动；发挥预聘副教授、预聘助理教授非升即走的积极作用，凸显教师评价改革成效。严格控制原有体系教授额度，鼓励校内原有体系副高级专业技术职务人员申报长聘副教授岗位，并严格执行岗位聘任要求。

2019 年以来，学校长聘教职体系年均申报人数近 500 人，总体质量逐年提高，青年教师的数量和质量大幅提升，引才工作取得了明显成效，初步彰显了学校长聘教职制度的生命力和吸引力。截至 2023 年 9 月底，学校已经聘任的长聘体系人员为 771 人，其中长聘教授 300 人，长聘副教授 46 人，预聘副教授 100 人，预聘助理教授 325 人，长聘体系人员

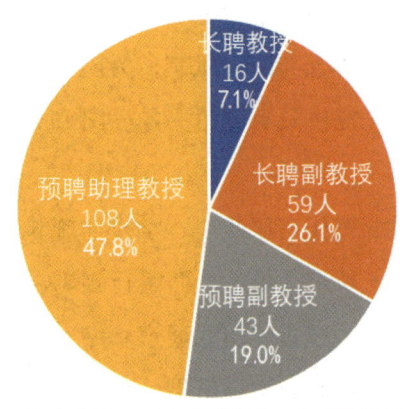

2022 年长聘教职体系高评委审定通过的各类别人数及占比

占专任教师比例为 27.4%，长聘教职体系形成了良好的政策指导与有效的激励机制。长聘体系与原有体系教师队伍形成良性互动，促进了师资队伍结构的优化及师资队伍能级的提升，持续推动教师队伍向世界一流师资队伍建设目标迈进。

二、破立并举，构建以教书育人成效、学术质量贡献为核心的教师评价体系

进一步完善教师评价机制，激励广大高校教师教书育人，落实立德树人根本任务，牢记为党育人、为国育才使命，推进高等教育内涵式发展。坚持破"五唯"，以中国特色、世界一流大学（学科）学术水平为标杆，校院联动开展教师评价标准的修订完善工作。

将思想政治与师德师风考核作为教师评价的"第一道门槛"。将政治关、师德关作为教师评价的首要条件，构建科学合理的思想政治与师德师风考核评价体系，校院两级联动，注重依托和发挥基层党组织的作用，客观细致准确地评价教师师德师风表现。坚持定期开展师德师风全员培训，持续将教师思政和师德师风教育课程融入新进教师岗前培训，引导教师知准则、守底线。完善教师队伍思想政治和师德考察反馈监督机制，引导广大教师育人先育己、立教先立德。

将教书育人、思政育人成效作为教师评价体系改革的根本出发点。加强评价指标的导向性设计，突出教育教学能力和业绩，强化教师思政教育要求。在评聘前的任职条件、聘任后的岗位职责与年度、聘期考核等不同阶段要求中均明确教师承担课程、课程思政建设的基本要求。落实教授上课制度，将青年教师担任班主任、辅导员，支教、扶贫，参加孔子学院及国际组织援外交流等相关经历作为晋升要求。同时要注重教学与思政工作质量、育人成效考察与评价，引导广大教师坚持"四个相统一"，争做"四有"好老师，当好"四个引路人"，切实践行立德树人初心。

重点支持思想政治理论课教师队伍建设。在教师职称评审中搭建单独评审通道，制定符合思想政治理论课教师岗位要求和特点的评聘标准，推动思想政治理论课教师队伍发展，配齐建强一支专职为主、专兼结合、数量充足、素质优良的思想政治理论课教师队伍，落实立德树人根本任务。

进一步摒弃教师评价唯数量、轻质量的情况，持续打破评聘"围墙"。在教师评价中淡化学历履历、出国经历等条件设置，不简单粗放依据成果数量、经费规模、人才称号进

行设置与水平区分,强化对教师教学科研水平与成果贡献的综合分析,把参与教研活动、编写教材、案例,指导学生毕业设计、就业、创新创业、社会实践、社团活动、竞赛展演等计入工作量。同时,考察成果的外溢输出效果,如教学科研成果带动的教书育人成效、成果推动的学科发展作用、成果转化的社会效益等,突出评价成果质量、原创价值和对社会发展的实际贡献以及支撑人才培养情况。此外,为各类特殊性人才、紧缺型人才合理设置破格通道,建立有利于教师潜心教学、研究和创新的评价制度。

大力实施代表性成果评价制度,优化评审机制,创新评审方式、提升评审质量。进一步拓宽可认定代表性成果形式,引导教师产出多元化的高水平成果,如项目报告、技术报告、学术会议报告、教学成果、著作、论文、标准规范、创作作品等。但同时也要对照岗位要求、对照目标任务,规范选择代表性成果类型,如严禁单纯依靠科研成果申报教学岗位等。进一步创新评审形式,重视同行评价的专家选择与结果分析,建立专业齐全、结构合理、权威公认的高水平外审专家库。同时注重引入国际评审和第三方评审服务,并探索扩大海外评审学科范围。2022年度职称评聘时,教育部学科评估A+学科(土木工程、环境科学与工程、城乡规划学、管理科学与工程)及双一流学科(生物学、建筑学、土木工程、测绘科学与技术、环境科学与工程、城乡规划学、风景园林学、设计学)的长聘教授申报材料100%送2~3名海外专家进行鉴定。

由专业技术职务评审各分委员会指导各学科结合学科特点和实际情况,制定长聘体系和原有体系岗位聘任工作业绩具体要求,由各二级聘任单位与受聘人员约定岗位责任和考核要求,鼓励各学科、各单位制定个性化的评价标准,充分体现了分类评价、分类管理的思想和原则。修订了《同济大学专业技术职务评聘实施办法》及各学科专业技术职务岗位聘任要求,进一步完善了教师分类分层评价制度,形成良好的政策指导与有效的激励机制,建立了科学合理的教师评价体系。

三、畅通发展通道、激发人才活力,为特殊人才、拔尖人才和具有突出贡献人才开辟绿色评聘和破格晋升通道

为进一步激发人才活力,学校深化改革,为特殊人才、拔尖人才和具有突出贡献人才开辟绿色评聘和破格晋升通道。学校面向大科学工程、知识产权、马克思主义理论、人工智能等特殊学科、紧缺性学科,设置绿色评聘通道,严格程序、严格标准、及时选聘优秀

人才。

对引进的海外高层次人才和急需紧缺人才，放宽资历、任职年限等条件限制。35 岁以下特别优秀的人员可不受任职资历的限制，直接申报正高级专业技术职务。2022 年年底，高评委会建议 40 岁以下申报长聘教授、35 岁以下申报长聘副教授名额单列，鼓励青年人才迅速成长。

对于师德师风好、教学水平高、学术贡献大的教师，可不局限于任职必备条件进行鼓励和支持。对取得重大理论创新成果、前沿技术突破、解决重大工程技术难题、在经济社会事业发展中作出重大贡献的突出人才优先推荐。2018 年以来，每年均有 10% 以上的申报人员按破格送审。

为加强思想政治理论课教师队伍建设，学校设立马克思主义理论类别。支持马克思主义学科制定符合思想政治理论课教师职业特点和岗位要求的评聘和考核续聘标准，将立德树人成效作为评价的重要内容，注重考察教学工作业绩和育人实效，将在中央和地方主要媒体上发表的理论文章等纳入思想政治理论课教师职称成果评价范围。对于思想政治理论课教师的专业技术职务评聘实行单列计划、单设标准、单独评审，高级岗位比例不低于学校平均水平。在统筹考虑学校整体师资结构的基础上给予倾斜支持。针对马克思主义学科教师队伍，设置了长聘教职体系和原有体系人才引进的双通道，允许校外优秀人才根据个人特点自主选择应聘长聘教职体系或原有体系中的教师岗位。同时，将责任教授、青年骨干教师、特聘教授等不同层次教师纳入特殊岗位进行支持。

为更进一步支持附属医院的教学及科研工作，对于附属医院兼评教学科研型专业技术职务人员，从 2021 年开始，学校不再设置兼评额度限制，符合要求的直接聘任，但是进一步加强聘期考核，对于聘期考核不合格人员不予续聘。

四、健全聘期考核机制，落实聘期目标责任制，形成程序规范、合理有序、能上能下、能进能出的教师发展与流动制度

学校设置师德师风考核、年度考核、聘期考核等多种考核方式，引导教师规范自身行为举动、履行岗位职责义务、创造教学科研高水平成果。健全专业技术职务聘期考核机制，聘期考核的基本原则：坚守教育初心，落实立德树人根本任务，教授回归本科讲台；杜绝因人设课，提高人才培养质量；实施分类考核，持续建立长效机制。长聘教授聘期内担任

青年教师导师；落实教授为本科学生上课的制度，对于聘期内未达要求的人员，采取缓聘或不聘处理；教学科研型高级专业技术职务人员，聘期内未承担课堂教学的，按科学研究型标准进行考核并续聘，并且要求所涉学院进行整改，及时安排课程教学，提高教学工作量。学校结合不同学科实际，重新修订科学、合理的教学工作量考核指标，进一步细化短聘、缓聘、转岗等实施方案，促进续聘工作规范化，促使教师认真对待聘期工作。

对不同岗位设置不同的评价周期，在长聘岗位实行长周期评价。深入推进校院二级管理，将聘期目标责任制做实做细。聘任单位和人事处对新晋人员和续聘人员的聘任协议内容和目标进行严格把关；加强与学院、本科生院、研究生院、科管部和文科办等各部门工作联动，加强宣传引导，强化考核要求和责任落实。近五年，学校每年对30~50名教师实行低聘、短聘、不同意续聘及缓聘等。2022年度，学校要求对于学科聘期考核通过的后10%~15%的正高级职务人员在高评委会上汇报，高评委委员根据汇报情况给出聘任建议。通过完善综合考核、多维考核、阶段考核与长期考核等全方位、全过程、多维度的考核评价机制，严格落实聘期目标责任制，全面、客观、准确地评价教师履行岗位职责情况，搭建和完善不同系列和岗位之间交叉流通通道，形成程序规范、合理有序、能上能下、能进能出的教师发展与流动制度，进一步激励广大教师从事教书育人和科学研究的积极性，增强队伍活力。

聘任单位对受聘教师进行跟踪评价并给出职业发展建议，团队负责人对教师的科研工作做指导和规划，加强对青年教师的跟踪评价和全过程、全方位培养。强化岗位考核，考核续聘与评聘有机联动。激励教师保持学术活跃度，引导教师自主选择符合自身特点、最能激发自身积极性和创造力的岗位，服务学校双一流建设与国家经济社会发展。同时，健全以成果和贡献为导向的薪酬制度，如长聘体系人员岗位设置浮动薪酬，浮动薪酬将根据考核结果予以发放。2021年修订《同济大学专业技术职务岗位聘期考核及续聘办法》及各学科专业技术职务岗位聘期考核要求。

2019年开始实施长聘制以来，学校不断汲取经验，总结不足，并适时调整相关政策，深化教师评价改革。下一步将继续加强长聘教职体系与原有体系的有机联动，强化专业技术职务的评聘与聘期考核及岗位考核的联动，激发教师活力，加强对青年教师的跟踪评价和全过程、全方位培养，引育并举，全面提升师资队伍质量，为学校建设中国特色、世界一流大学提供坚实的人力资源保障。

第五节　测绘与地理信息学院：
科教融汇、产教融合，
引育人才促一流学科高质量发展

同济大学测绘科学与技术学科始建于1932年，是我国民用测绘高等教育事业的发祥地，是国家985、211工程重点建设学科，2017年入选首批国家一流建设学科，2019年测绘工程专业入选国家级一流本科专业建设点。2012年成立测绘与地理信息学院（以下简称学院）以来，学科不断加强党建引领，坚持社会主义办学方向，以立德树人为根本任务，围绕国家"双一流"建设的重大战略决策部署，不断加强人才培养水平，通过引育高端人才，优化师资队伍结构，强化重大科研引领，建立了面向国家战略科教融合的一流测绘人才培养体系。

学院以"精而强"为学科定位，以高层次领军人才领衔重大科研成果，以师资队伍建设引领一流学科建设成效，促进科教融汇、产教融合，在三个二级学科建设基础上凝练特色研究方向，在"航天测绘遥感与深空探测""卫星导航定位与位置服务""全球变化与重大灾害监测"等特色方向聚焦发力，形成了具有重要影响力的成果，取得了具有国内领先、国际一流的学科特色与优势，培养了一大批测绘精英人才，为测绘教育事业的发展、测绘科技进步和国家经济建设作出了重要贡献。

一、构建一流师资队伍建设理念，为学科发展谋篇布局

近五年来，学院积极学习贯彻习近平总书记新时代人才工作的新理念新战略新举措，统筹谋划实施"大人才"战略，高度重视人事人才工作，坚持党管人才，以师德师风建设和人事人才工作体制机制改革为抓手，加快集聚世界一流人才，建设和打造了一支高素质教师队伍，在人才工作和学科建设方面取得了显著的成效。

学科逐步构建和探索形成了一流师资队伍建设理念：以测绘一流学科规划为基础，做

好学科师资队伍建设布局规划，聚焦建设国际化的教学科研人才队伍，引进和培养学科带头人与青年科技骨干，优化师资队伍结构，提升高层次人才占比和学科的整体研究水平，建立特色方向创新团队，吸引国际一流学者。

学院以服务"双一流"建设为导向，以"长聘体系改革"为抓手，实施教师聘任制度改革，推进人才分类评价，优化人才培养方案，创新人才培养机制，形成良好的政策导向与有效的激励机制，营造良好育人环境，不断加强内涵建设。通过建立规模适度、结构合理、具有创新精神和"四有"特质的高水平师资队伍，为测绘一流学科的发展持续发力奠定了坚实的基础。以立德树人为根本任务，以国家战略和重大工程需求为导向，紧密结合学科国际前沿，优化建设并形成了科教融汇的创新型拔尖测绘人才培养模式。

入选国家一流学科后，学院以"精而强"为学科重新定位，逐步确立了学科总体建设目标：面向航空航天、深空探测、北斗导航、国家综合PNT、全球变化、新型智慧城市等国家战略发展的精准测绘遥感等重大需求和科学问题，面向测绘与地理信息国家战略和经济社会发展重大需求，紧密结合学科国际前沿，以及同济大学在城市建设领域的传统优势和人工智能等领域的特色优势，加强学科交叉，建设具有同济特色国际一流的测绘科学与技术学科。学科建设有四个重要支撑：国际一流的测绘科学与技术人才培养体系、国际化的教学科研人才队伍、国际领先的测绘遥感先进技术平台、国际先进的测绘科学与技术交流平台。

二、多措并举推动师资队伍建设，完善人才引进和培育机制

近五年来，学院积极汇聚九州贤士，广纳四海英才。对内优化调整队伍结构，提升师资队伍能级；对外大力引进和汇聚高端人才进入长聘体系。采取了各项有效举措，持续提升高层次人才占比，优化师资队伍结构，完善人才引进和培育机制，推动一流学科高质量发展。

1. 顶层设计，优化师资队伍结构设置规划

学院党委立足学科发展的短期和中长期规划，积极做好师资队伍顶层设计，优化岗位设置。以党建引领，通过调研、座谈会、研讨会等统一思想，使教师们深刻意识到引才对学科、学校发展的重要性，让学院成为全体教师的事业共同体、情感共同体和价值共同体。根据学科发展需要并结合学校人事制度改革，学院设置了三个二级学科方向的长聘教授、

长聘副教授、预聘副教授和预聘助理教授岗位的数量，并明确了岗位职责；优化师资年龄结构，根据学科年龄结构目标指导人才引工作，加大后备青年人才储备力度。

在师资队伍方面综合考虑"十四五"建设任务和中长期发展需求，对学科团队情况进行了进一步梳理，落实团队机制，建立团队责任教授负责制，发挥"传帮带"的积极作用，分层次培养合理的师资梯队。围绕若干优势团队和特色方向进行重点布局，为学科中长期发展奠定了基础。

2. 引育并举，加强高层次人才队伍建设

学院根据顶层规划设计，持续加强"高层次人才"占比的师资队伍建设，合理优化了人才队伍，构建了高精尖的一流师资团队，推动了学科、专业建设的快速发展。通过国际青年论坛、国际会议、网络宣传等多种举措广纳优秀人才。采取人才指标考核、绩效薪酬奖励、荣誉激励等方式，促使全体教师充分发挥主观能动性去积极引智聚才，推动"全民引才"的落地，塑造良好的引才生态沃土，全方位引进、培育和支持战略科学家、领军人才、青年人才。

同时，在双一流建设经费支持下，加大了原有师资队伍的潜在高水平人才培育力度。积极创造条件，鼓励教师在教研、管理等方面发挥作用，相关政策向中青年教师倾斜，建立了比较合理的教师培养机制和奖惩机制；注意营造良好的人才工作环境，配套相应的科研经费，常态化地开展各类人才计划培养对象的遴选和培育，帮助青年教师尽快成长为优秀的学术骨干教师；建立了青年教师教学导师制度，进一步加强青年教师的后续培养，帮助他们尽快熟悉和适应教学科研工作，明确专业研究领域或前沿学科探索方向，让个人专长与学科发展规划、师资梯队结构相融合。

3. 合理布局，打造高水平特色师资团队

学科规划了"航天测绘遥感与深空探测""卫星导航定位与位置服务""全球变化与重大灾害监测"三个集学术、科研和人才培养于一体的高水平特色师资团队。加强师德师风教育，为人师表，将思政元素和同济测绘文化融入课程教学等各个环节；形成将重大科研成果和工程实践案例引入教学的科教融汇教学机制，不断提升教师的创新能力和教学水平；形成以学科责任教授、专业责任教授和课程责任教授为体系的教学团队。双一流学科建设经费按团队进行分配，形成责权利相统一的分配机制，鼓励团队争取大项目、产出大成果。

4. 分类管理，完善多元化教师评价机制

学科以成果质量为导向，突出代表性成果和原创性成果的评价办法；重视教学本位，加大了教学效果和成果的考核；完善了教学、科研、社会服务等综合要求加权评价体系；鼓励团队从事重大科研攻关，建立个人与团队考核相结合的成果评价体系。

学院增强了人事制度的精细化管理设计，不设置统一标准。针对不同类型的教师设置了个性化的考核标准和评价指标体系，提升教师绩效考核的合理性和科学性。评价机制充分考虑了科教工作中所面临的挑战性和创造性特点，尽可能规避考核评价的短期化和功利化行为。引导教师高度重视教学和德育工作，鼓励贯彻"三全育人"，在考核体系中提高人才培养质量指标的权重。通过学术荣誉、精神和物质奖励等激励教师在教学和科研领域取得学术成就和创造性成果。

学院积极推进薪酬体制改革创新，完善人才培育的激励机制，建立了动态分配机制，有效地激发了人才队伍的高水平学术创新力和整体战斗力，提升了产学研结合的活力。对专技教师岗位实行分类管理，对于不同岗位，将岗位职责、业绩成效和薪酬水平相挂钩。以岗位设置和聘任工作为基础，以绩效考核为依据，坚持按劳分配、优绩优酬，进行奖励性绩效的二次分配，以激励教师队伍的科学研究效率，强化人才培养质量，有效调动了教职工工作积极性，激发科研人才创新活力，推动学院各方面工作高质量发展。

三、发挥人才工作成效，促进一流学科高质量发展

五年来，以测绘科学与技术一流学科建设为契机，学院大力引育高层次人才，培养造就了由战略科学家、科技领军人才、优秀青年骨干、专职科研队伍组成的一流师资团队，产出巨大学术能效和科教成果，在开展高水平科学研究、服务国家与地区重大需求等方面取得重大突破，学科的声誉与影响力有显著提升，有效地推进了测绘学科建设的高质量发展。

1. 学科建设成就显著

2019 年，测绘工程专业入选首批国家级一流本科专业建设点（双万计划）。在软科、中国校友会等多个著名机构的测绘学科排名中，测绘学科长期稳居全国第 2 位。2022 年，同济测绘学科再度入选国家一流学科建设榜单，第五轮学科评估结果为 A，比上一轮直接提升了两个级别，建设成效显著。

2. 人才引育成效突出

2018—2023年，学科新增省部级及以上人才45人次。其中，欧亚科学院院士1人（李荣兴，2019），国家自然科学创新研究群体项目1人（童小华，2022），国家自然科学杰出青年基金项目获得者2人（李博峰，2022；谢欢，2023），科技部创新人才推进计划（万人）1人（刘春，2020），国家"百千万人才工程"1人（刘春，2019），国家海外高层次人才计划青年项目2人（陈秋杰、黄炜，2020），国家"优青"（含海外）4人（谢欢，2018；徐聿升，2021；王群明，2022；安璐，2022），教育部长江奖励计划青年项目（张磊，2020），国家高层次人才特殊支持计划青年拔尖人才3人（冯永玖，2021；刘世杰，2022；吴杭彬，2023），上海市海外高层次人才计划3人（安璐，2019；叶真，2020；易永红，2020），自然资源部高层次科技创新人才工程科技领军人才2人（刘春、冯永玖，2021），IEEE Fellow 1人（杜谦，2018）；柔性引进"长江学者"1人（葛茂荣，2018）。进一步优化了人才梯队结构，提升了高层次人才比例（达到43%）。

持续推动"三全育人"综合改革建设，传承和发扬同济作为测绘学科高等教育发祥地的历史积淀和光荣传统，涌现了一批模范先进教师，包括党的十九大代表、全国优秀科技工作者、全国青年岗位能手等。近五年，获得省部级以上荣誉16人次，校级荣誉12人次。其中，童小华获得第十四届光华工程科技奖（2022）、全国十大测绘科技创新人物（2019），李博峰获得霍英东青年科学奖和夏坚白测绘事业创业与科技创新奖（2022），谢欢获得上海市育才奖（2021）、上海市三八红旗手（2020）和上海市青年五四奖章（2018），柳思聪获得上海市教卫工作党委系统优秀共产党员（2021），万一豪获上海市优秀共青团干部（2019）等。童小华被评为"上海市先进工作者"荣誉称号（2020），童小华教授团队被授予"上海市教育系统童小华劳模创新工作室"（2021）。

三个高水平特色师资团队（"航天测绘遥感与深空探测""卫星导航定位与位置服务""全球变化与重大灾害监测"）人才配比和年龄分布合理，成果突出。团队负责人和骨干成员获得多项国家重点研发计划项目，国家自然科学创新研究群体、重点、杰青、重大、优青等项目支持，在全国相关学科名列前茅。团队骨干教师还承担本科生、研究生课程教学和课程建设，为学术、科研和人才培养一体化建设创造了积极条件。2019年，同济大学航天测绘遥感与深空探测研究团队获"全国教育系统先进集体"和"上海市教育先锋号"荣誉称号。

2018—2023年，学科教师担任国际高水平期刊主编/专辑主编2人（李荣兴、冯永玖）、副主编7人次（童小华、王群明、黄炜等）、编委6人次（王群明、沈云中、刘春、谢欢、

曾荣获"全国教育系统先进集体"等荣誉称号的同济大学航天测绘遥感与深空探测研究团队，为"嫦娥"落月避障提供技术支持

杨哲等），主办国际高水平期刊 1 本《海洋大地测量学》（*Marine Geodesy*）；学科教师担任国务院学位委员会测绘学科评议组成员（童小华），国际大地测量理论委员会联合工作组组长（李博峰），国际摄影测量与遥感协会 ISPRS WGIII/9 冰冻圈和水圈工作组负责人（李荣兴），全国虚拟仿真实验教学创新联盟测绘类专业工作委员会副主任委员（冯永玖），国际摄影测量与遥感协会 ISPRS IV/6 人类行为与空间交互工作组负责人（黄炜），国际摄影测量与遥感协会 ISPRS WGII/4 工作组副负责人（童小华），国际数字地球学会中国国家委员会激光雷达专委会副主席（刘春），中国测绘学会教育工作委员会委员（冯永玖）。

3. 科研创新能力显著提升

2018—2023 年，学科主持国家重大科技创新项目显著增加，新增重点研发计划项目 2 项、课题 6 项，国家重点研发计划青年科学家项目 1 项，国家自然科学基金重点基金项目 3 项、创新研究群体基金项目 1 项、杰出青年科学基金项目 2 项、优秀青年科学基金项目 2 项、基金重大项目课题 1 项。重大项目的数量和质量名列全国高校测绘学科前列。

近五年，学科教师获得国家级和省部级科技奖励达 27 项。其中国家科学技术进步奖二等奖 1 项，教育部科技进步奖二等奖 2 项，上海市科技进步奖一等奖 2 项，测绘科技进步特等奖 1 项、一等奖 9 项。

2018—2023 年，在学生创新创业工作中，学院广泛动员、定向挖掘、以学促赛、以赛促能，全程跟踪，斩获全国大学生测绘学科竞赛特等奖 15 项，全国挑战杯金奖 1 项，"挑战杯"

全国大学生课外学术科技作品竞赛"揭榜挂帅"专项赛特等奖 1 项，上海大学生创新创业训练计划成果展"最佳项目报告奖"1 项，第十三届"挑战杯"上海市大学生创业计划竞赛金奖 1 项，第十七届、第十八届"挑战杯"上海市大学生创业计划竞赛一等奖各 1 项。

4. 服务国家战略能力进一步增强

学科发挥一流人才和交叉学科优势，面向航天测绘遥感与深空探测、卫星导航定位与位置服务、全球变化与重大灾害监测、新型城镇化与智慧城市等国家战略与重大任务，开展了国家急需的测绘地理信息核心难题与关键技术攻关。学科积极参与人工智能、区块链、时空大数据等科技创新活动，结合新型基础设施建设、交通强国等国家重大发展战略和测绘地理信息行业需求，以及上海市及长三角重大工程建设中的测绘关键问题，在全球变化、智慧城市、月球和深空探测工程、高分重大专项、北斗工程等方面积极开展科学研究，提升了自主创新能力和社会服务能力。

航天测绘遥感与深空探测研究领域攻克了探月着陆避障激光三维成像系统关键技术，为月球正面和背面软着陆安全避障提供了解决方案，并成功应用于我国嫦娥三号、四号、五号等月球表面着陆精避障探测。在卫星导航与位置服务、全球变化与重大灾害监测等领域也取得了标志性科研成果。

5. 平台建设取得新突破

学科平台和人才培养基地建设迈上了新台阶。2018—2023 年先后成立了教育部深空探测联合研究中心同济大学深空探测测绘遥感与导航定位分中心、上海市航天测绘遥感与空间探测重点实验室、国家北斗分析中心同济大学分中心、国际 GNSS 监测评估系统（iGMAS）分析中心和国际 GNSS 监测评估系统（iGMAS）创新研究与应用中心等重要的科研平台和先进的人才培养基地，拥有国际一流的先进测绘设备和科研创新环境。此外，原现代工程测量国家测绘地理信息局重点实验室于 2019 年通过评估，升格为自然资源部现代工程测量重点实验室。

面向新征程，测绘学科将以习近平新时代中国特色社会主义思想和党的二十大精神为指导，立足立德树人根本任务，紧密围绕国家发展战略和区域经济发展，扎根祖国大地，坚持"精而强"的学科发展定位，聚焦建设国际一流的测绘科学与技术人才培养体系及测绘遥感地理信息领域的科学研究高地和卓越人才培养中心，努力打造国家战略人才力量，以高水平人才队伍为引擎促进学科内涵式发展，奋力建设享誉国内外的顶尖测绘学科，践行立德树人的初心和世界一流大学建设的使命。

第七章

服务国家重大需求和地方经济社会发展

第一节 深化拓展国内合作，推动产学研用融合发展

五年来，学校坚持以习近平新时代中国特色社会主义思想为指导，全面贯彻党的教育方针，履行大学服务社会职能，落实国家创新发展战略，不断发挥学科、人才、资源综合优势，围绕学校中心工作，主动对接中央部委、地方政府、重点企业、合作高校需求，加强校内统筹协调，构建有效工作机制，探索高质量产学研协同创新的国内合作模式。

一、创新优化管理流程，构建国内合作工作体系

2021年起，校长办公室牵头以服务学校中心工作为目标，积极开展国内合作现状梳理，建立完善相关工作体系。制定管理制度，出台《同济大学国内合作管理规定（试行）》，强化工作规范。完善工作机制，成立国内合作工作小组，建立定期会商机制；按照"集中统一管理、分级分类实施"的原则，明确协议分级审核流程；设立工作台帐，加强过程跟踪和信息反馈。强化统筹协调，加强与合作方、校内各单位的沟通协调，协商合作内容和运行机制，提升合作的针对性和有效性。开展制度宣贯，2022年在20个学院开展3批次制度宣贯，规范协议内容、严格审批流程，提升二级单位对外合作的规范意识。推动合作开展，在校级层面重点推动与9个省、直辖市和上海9个区的校地合作，与20余家大型企业的校企合作，与7所对口支援与部省合建高校的校校合作，通过一系列措施，开展有组织的社会服务，探索政、校、企联动合作新模式，推动产学研用融合发展。

二、务实推动校地合作，助力经济社会创新发展

1. 发挥学科优势，主动服务国家重大战略实施

五年来，同济大学积极打造校地合作"升级版"，"朋友圈"持续扩容。推进与四川、

贵州、云南、福建、广西、海南、黑龙江等省份、自治区及其城市的战略合作，紧扣区域产业转型发展的迫切需求，不断探索校地合作新机制、新模式。面向国家重大需求和经济发展主战场，整合各方资源与相关单位在碳中和、应对气候变化、可持续发展、智能科学与技术创新等方面开展全面合作，在港珠澳大桥、北京城市副中心、雄安新区、北京大兴国际机场等重大建设工程中处处印刻着"同济烙印"。

2017年起，同济大学主持参与雄安新区20余项规划研究和编制，设计近40个建设项目，提供100余项高质量工程咨询服务，多学科专家学者开展了20余项城市研究，为生态防洪堤创意设计10个驿站；2020年5月，与四川省共同开展"城市更新与智慧建筑研发及孵化基地项目"，建设集技术研发、工程设计、产品示范、技术推广、检验检测、人才培养和产业孵化为一体的生产研发基地；2020年8月，同济建筑设计研究院在深圳设立大湾区办事处，服务前海、大湾区建设；2020年8月，在贵州省成立"三中心一基地"，并以此为窗口和纽带，构建省校合作组织架构和机制；2021年9月，发起成立长三角可持续发展研究院，为长三角生态绿色一体化发展示范区持续导入优质资源、编制完成《示范区碳达峰实施方案》、牵头开展《示范区水乡客厅近零碳专项规划》、建设碳中和技术示范基地；2021年12月，与福州市共建"两中心一基地"，实现职业教育发展与产业转型升级良性互动，

2021年9月24日，同济大学牵头建设的长三角可持续发展研究院揭牌成立

2020年12月1日，同济大学与四川省人民政府签署全面深化战略合作协议

助力福州教育强市建设；2022年1月，学校与上海市崇明区人民政府共同建设"同济—崇明碳中和研究院"，打造零碳技术与碳资源管理的国际化平台，助力崇明建设成为"世界级生态岛"和"碳中和示范区"。

2. 主动对接需求，全面助力上海区域经济发展

为深入贯彻落实上海"五个中心""四大品牌"建设的发展要求，助力上海具有全球影响力的科创中心的建设，五年来，学校与上海市杨浦、嘉定、虹口、普陀、浦东、松江、奉贤、崇明、宝山等9个区签署或续签战略合作协议；与上海市城市运行管理中心、上海人工智能实验室、上海国际问题研究院、上海市地震局、上海市委宣传部、上海市交通委员会等单位建立合作关系。

城市建设领域。为上海提供战略决策咨询、规划设计等智力支撑，其中承担浦东新区项目1552个、奉贤区项目287个、松江区项目273个；同济大学牵头成立的中国（上海）数字城市研究院承担完成《上海市新城数字化转型规划建设导引》，为五个新城数字化转型提供综合解决方案。

人工智能领域。同济大学牵头建设的上海自主智能无人系统科学中心成立三年多来，

已成为集科技部、教育部、基金委、上海市重大战略平台大满贯单位，在学科建设、队伍建设、人才培养、科技创新、平台建设等方面取得系列重要理论和技术成果。

全球"设计之都"建设领域。同济大学牵头建设上海国际设计百人智库，主办人民城市设计等主题论坛，举办"人民城市·同济设计展"。与杨浦区合作共建"赤峰路NICE2035未来生活原型街"项目，面向2035年打造一条集新生活场景概念店、科研转化实验室、校企合作基地、创新创业孵化器和加速器等功能为一体的国际化未来生活原型街，将成为上海"世界一流设计之都建设"的重要载体。

基础教育领域。五年来，学校加强基础教育合作办学规范管理，优化总体格局，提升品牌效应。分别与杨浦区、嘉定区、虹口区签订基础教育合作办学协议，成立基础教育集团。新开办基础教育合作学校6所，并与七宝中学、复兴高级中学合作开展人才培养项目，初步构建纵向贯通、横向联动的集团化办学体系及基础教育合作办学格局。

人才培训领域。在与各区开展人才挂职交流和教育培训之外，2019年起学校与上海市文化和旅游局、上海市文化旅游公共服务和人才服务中心共同承办"上海市公共文化和旅游从业人员万人培训项目"，累计开设16期短训班，90门课程，770多人次参训，助推上海公共文化和旅游事业提升示范性和影响力。

3. 设立研发机构，精心打造校地合作桥头堡

校地合作研究院是学校科技创新体系的有机组成部分，在服务地方经济社会发展、重大产业需求和引领学科科技创新方面发挥了积极作用。在相关单位的支持下，同济大学在苏州、太仓、嘉兴、东莞、青岛和南昌相继成立研究院。为加强研究院的发展指导与监管，学校完善研究院重大事项决策机制，明确功能定位和建设布局，规范设立、运行、考核评估等管理流程，促进其与各学科的紧密联动，积极推动校内科技成果的落地转化。

嘉兴同济环境研究院。五年来，进一步构建"1234"的发展模式，即打造1个新型产学研基地，构建"长江环境样品库""同济嘉兴环保医院"2大平台，形成"科学研究、科技服务、科普教育"3大方向，组建研发、服务、科普、管理4支团队。研究院荣获2020年度中国产学研合作创新与促进奖，在支撑嘉兴绿色高质量发展方面取得丰硕成果，也为学校环境学科的发展、实验室建设、人才培养工作提供有力支撑。

南昌智能新能源汽车研究院。聚焦汽车新能源化、智能化、轻量化等核心问题，通过设立前瞻课题研究专项资金，培育引进具有产业应用价值的新技术、新产品，建设面向产业应用的实验平台等一系列举措，与学校汽车学科紧密互动，助力学校师生的创新创业工作,被认定为南昌市级新型研发机构,获批江西省重大创新平台建设机构,将建成江西省第一家具备第三方检测资质的汽车检测机构。

三、分类推进校企合作,促进产学研用深度融合

学校紧紧围绕产业、企业转型发展的核心问题,以产业、企业创新发展需求为牵引,分类推进校企合作。通过战略合作、共建联合研发机构等形式,共同致力于基础研究和关键核心技术的联合攻关,推动产业高质量发展,加快高层次人才培养与市场需求的紧密结合。

1. 与大型央企、国企或具有行业影响力的企业建立深度战略合作伙伴关系

五年来,学校与中车集团、中国商飞、中建集团、国铁集团、中国银行、交通银行、农业银行、中远海运、国药集团、上港集团、振华重工等知名企业签署战略合作协议,校企双方在科学研究、成果转化、人才培养等方面强强联合、优势互补,携手发展。

2023年3月30日,同济大学与中国商飞联合主办"数字飞机·产业赋能"第六届COMAC国际科技创新周——"走进同济"活动

自 2021 年学校与中国商飞签署战略合作框架协议以来，双方交流互动密切，推进了在飞行器制造、飞机内饰设计、新材料应用等领域的科研合作，开启了商用大飞机校企联合人才培养创新模式实验班等。2022 年 9 月 29 日，C919 大型客机研制成功，获颁中国民航局型号合格证。中国商飞发来感谢信，衷心感谢同济大学在大飞机科技创新、校企人才培养、科研合作等方面给予大力支持和帮助，为推动 C919 大型客机研制、取得型号合格证作出重要贡献。2023 年 3 月，双方联合主办"数字飞机·产业赋能"第六届 COMAC 国际科技创新周——"走进同济"系列活动更是为产教融合、科教融汇提供了更多人才交流、科技交流、文化交流的沉浸式场域。

自 2022 年同济大学与国铁集团签署战略合作协议以来，学校受邀加入国家川藏铁路技术创新中心理事会，共同组建铁路科技创新联盟。学校参与铁科院牵头的重点研发计划项目，攻关解决千米级跨度高速铁路桥梁列车限速运行的"卡脖子"难题；由同济大学作为第一完成单位的"高速铁路软土路基小变形控制理论与技术"项目获中国铁道学会最高奖—科学技术特等奖，3 名教师荣获"全国铁路青年科技创新奖"；2023 年 4 月，同济大

2021 年 12 月，同济大学与中国建筑集团签署战略合作框架协议

学与国铁集团合作获批国家重点研发计划"CZ铁路"重点专项，就强震活动断裂带隧道韧性设计理论及关键技术开展战略合作研究，携手攻克制约CZ铁路智能建造的重大科学和关键共性技术难题。目前学校已多次组织隧道抗减震专家，前往CZ铁路工程一线开展现场调研与技术咨询，为CZ铁路深埋隧道抗震韧性设计作出重要贡献。

2. 与行业龙头企业、细分领域冠军企业联合攻关卡脖子技术与发展难题

近年来，学校与行业龙头企业、细分领域冠军企业共建一批联合研发机构，致力于加强关键核心技术联合攻关，促进专业领域人才培养。先后成立同济中车创新研究中心、同济大学中车捷运研究院、中国建筑—同济大学智能建造工程技术研究中心、中海油服—同济大学低渗压裂地质工程一体化技术联合实验室、同济—科思创创新研究院、同济大学—交通银行数字化联合研究中心、同济大学—农业银行智慧金融实验室、同济—闻泰空间信息联合实验室、同济大学交通运输工程学院—平安智慧城智慧出行AI联合实验室等，通过校企深度融合机制，与企业合作开展系列科研项目和活动，研究解决企业发展过程中的难题，确保合作的延续性与稳定性，同时紧密结合市场需求，加快促进了专业领域的高层次人才培养。

同济中车创新研究中心成立以来，在校企双方的紧密协作下，取得丰硕成果。2020年6月21日，学校参与的时速600千米高速磁浮试验样车在试验线上成功试跑，标志着我国高速磁浮研发取得新突破；2021年，中国中车与同济大学联合研制的国内最大功率氢燃料电池混合动力机车完成牵引等系列性能试验，其中氢燃料电池系统功率为400千瓦，目前在轨道交通领域功率最大；2021年11月，在第四届中国国际进口博览会上，同济—闻泰空间信息联合实验室发布室内北斗定位导航系统，并推出系列产品和相关标准，为进博会提供数字导览和室内精确北斗定位服务；2022年，中海油服—同济大学低渗压裂地质工程一体化技术联合实验室开展"储层改造全三维水力裂缝模拟方法研究"项目，合作开发非常规储层改造地质工程一体化平台软件，集成了可压性评价模块、裂缝扩展模块、产能评价模块，该软件成功应用于中海油多个油气田，如山西致密气区块、陆丰区块、文昌区块，效果显著，获得中海油的高度认可。

四、扎实开展校校合作，协同推动办学质量提升

1. 持续夯实对口支援工作

学校始终以高度的政治责任感和历史使命感，积极贯彻落实教育部对口支援工作要求，做好井冈山大学、新疆大学、大理大学、宜宾学院、九江学院5所高校的支援工作。通过探索有效路径、丰富形式内容、创建品牌项目等方式，持续提升受援高校的学科建设、师资队伍、人才培养、管理工作及社会服务水平，助推西部高校综合实力和办学能力稳步提高。

五年来，接收挂职进修人员134名，联合培养本科生、硕士生340余名，录取定向培养博士36名，联合申报获批国家级项目100余项；创设井冈山大学"同济学术周"、新疆大学"同济讲坛"、"同济学子走进宜宾学院"、共演音乐舞蹈史诗《井冈山》等对口支援品牌活动。通过指导受援高校建立跨学科研究中心、共建科研基地、联合申报科研项目、不定期开展学术交流等方式，有效帮助其搭建科研平台，提高科研能力与水平。

多年来，在同济大学帮助下，井冈山大学顺利实现学院更名为大学、省部共同重点支持签约和管理体制上划三大目标，实现以专科教育为主向以本科教育为主和以培养教师、医师为主的单科性院校向综合性大学的转变。2018年，学校在井冈山大学建立国际学生教学实践基地和汉语国际教育专业硕士人才孵化基地；2019年，联合举办"汉语国际教育与文化国际传播：井冈山高峰论坛"，推动井冈山大学与印度曼格拉姆大学孔子学院（汉语教学中心）合作在井冈山大学成立印度研究所、在江西省教育厅成立印度研究中心；2021年，推动附属第十人民医院帮扶井冈山大学附属医院，并启动井冈山大学附属医院框架搭建工作；2022年，井冈山大学新增硕士学位授权点通过国务院学位委员会核查，促使学校发展站在新的历史起点上。

2. 扎实推进部省合建工作

2018年，学校与广西大学、郑州大学两所部省合建高校结为对口合作关系。五年来，学校主动对接，有效沟通，与合作高校在人才培养、学科建设、科学研究、平台建设、学术交流、大学治理等方面开展系列合作。

录取两校博士研究生12名，开展硕士研究生合作指导。与广西大学合作发表论文41篇，其中SCI论文36篇、SSCI论文2篇；联合申报的科研项目获2018年国家科学技术进步二等奖1项、广西科技进步二等奖1项，2019年广西科技进步一等奖1项；2022年，与广西大学共同组建"高性能建筑结构安全与耐久性"创新团队，主持为期三年的广西科技重大

专项，该项目有望成为同济大学对口支持广西大学积极服务国家工程建设的典型案例。与郑州大学共同推进"科技部光响应功能材料国家级国际联合研究中心""功能分子非线性光学材料联合研究中心"建设，助力其学科建设能力和水平提升。

3. 广泛开展校际交流合作

同济大学与重庆交通大学、北京理工大学、昆明理工大学、昆明医科大学、海军军医大学、上海大学等兄弟高校签署校际合作协议，在人才联合培养、科研平台共建等方面开展合作，包括与北京理工大学共建自主智能无人系统全国重点实验室；每年接受海军军医大学60~70名新生在同济大学医学试验班进行为期一年的学习交流；合作推动上海大学医学院建设等。

第二节 建强同济风格新型智库，提升决策咨询服务能力

学校党委坚持以习近平新时代中国特色社会主义思想为指导，全面贯彻落实党的十九大和十九届历次全会精神、党的二十大精神，深入学习贯彻习近平总书记就建设中国特色新型智库作出的一系列重要论述和重要指示批示精神，落实中央《关于加强中国特色新型智库建设的意见》《中宣部教育部面向2035高校哲学社会科学高质量发展行动计划》《教育部哲学社会科学知识体系建构和高校咨政服务能力提升工程实施方案》等文件精神。同济大学党委从党和国家事业发展全局的战略高度，把学校新型智库建设作为一项重大而紧迫的任务来抓，已形成具有同济特色的智库群，重点智库建设获得跨越式发展，智库机制体制改革不断深化，随着有组织科研的开展，智库研究成果质量显著提升，不断涌现的标志性成果获得历史性突破，智库影响力不断扩大，为党和国家科学民主依法决策提供了重要智力支撑。

一、坚持"党管智库"原则，坚持正确政治方向，增强能力、履行使命

中国特色新型智库是国家治理体系和治理能力现代化的重要内容，是国家软实力的重要组成部分。打造新型高端智库是学校"双一流"建设的重要组成部分。学校新型智库建设紧密围绕习近平新时代中国特色社会主义思想，旗帜鲜明讲政治，坚持党对智库建设的领导，以服务党和政府决策为宗旨，以政策研究咨询为主攻方向，以完善组织形式和管理方式为重点，以改革创新为动力，努力建设面向现代化、面向世界、面向未来的中国特色新型智库。

2018年7月召开的中共同济大学第十一次党代会明确提出要加快推进具有中国特色、同济风格的哲学社会科学研究，加强新型智库建设。2018年以来，新型智库建设均列入了同济

大学年度重点工作。学校智库建设和研究坚持马克思主义同中国具体实际相结合、同中华优秀传统文化相结合，将马克思主义立场观点方法贯彻始终，将习近平新时代中国特色社会主义思想有机融入全面贯穿，旗帜鲜明地巩固其在新型智库建设和研究中的指导地位。学校党委主要领导联系相关智库，部署重大课题研究，提升了学校智库的研究水平，增强了斗争本领。

二、重点智库建设获得跨越式发展，形成了具有同济特色的智库群

同济大学新型智库建设以建设国家高端智库为目标，按照"国家亟须、特色鲜明、制度创新、引领发展"的总体要求，立足同济大学学科优势和咨政研究基础，坚持问题导向的多学科深度融合，围绕国家和上海的战略需求，聚焦"城市"与"德国（欧洲）"主题，重点打造若干基础扎实、实力雄厚、特色鲜明、开放合作的具有同济风格的新型智库，使之成为在国内外有重大影响的重要思想库和创新源，切实服务国家重大战略决策部署。

2018年以来，学校省部级智库实现了跨越式发展。城市发展与管理研究基地获批首批上海市重点智库；国家创新发展研究院、德国研究中心、超大城市精细化治理研究院、教育现代化研究中心获批上海高校智库，形成了学校"1+4"主要智库格局。同时，学校也不断推进其他校内新型智库培育建设，重点建设了可持续发展与新型城镇化智库、城市风险管理研究院、上海市产业创新生态系统研究中心、上海国际设计百人智库等智库机构；推动了一批科学研究平台积极发挥咨政建言功能，包括上海市习近平新时代中国特色社会主义思想研究中心同济基地、上海新城建设研究中心、上海市人工智能社会治理协同创新中心、国家智能社会治理实验综合基地等科研平台。学校积极谋划筹备成立了德国与欧洲研究院，力争建设成为具有综合承担区域国别学学科建设、人才培养、智库建设、对外交流、数据资源建设等职能的区域国别研究院。

三、智库机制体制改革不断深化，组织管理和条件保障水平不断提高

1. 新型智库建设顶层谋划不断深化

2021年，经中共同济大学第十一届委员会第62次常委会审议通过印发《同济大学新

型智库建设实施意见》，进一步明确了同济大学新型智库建设的重大意义、指导思想、建设目标、建设任务和建设保障等相关内容。新型智库建设被纳入了《同济大学"十四五"及中长期科技发展规划》，规划指出"十四五"时期国家高端智库建设力争实现突破，智库建设特色要更加突出，加快提升围绕"城市""德国（欧洲）"主题的智库建设能级，不断提升智库决策咨询服务能力。

2. 新型智库组织和管理保障不断加强

学校新型智库在学校党委统一领导下，由党委办公室和党委宣传部负责意识形态把关工作和智库研究成果的审核报送工作，文科办公室作为智库建设的统筹管理部门，负责制定学校新型智库建设的规划和规章制度，组织智库的遴选、考核、调整和撤销，并组织相关学院或单位做好智库的日常建设和管理工作。2020年，经中共同济大学第十一届委员会第58次常委会审议通过印发的《同济大学研究机构设置与管理办法（试行）》，进一步规范了包含有智库机构在内的科研机构的设立与调整、运行与管理、考核评估与撤销等相关工作。

3. 新型智库条件保障建设持续增强

学校探索建立多元化、多渠道、多层次的可持续经费投入体系，完善经费使用机制，规范经费管理，加强绩效评估，提高经费使用效益。2018年以来，学校投入智库建设经费2000余万元。进一步落实了重点建设智库的办公用房，落实各智库办公场地800余平方米。

4. 新型智库人员保障建设不断深化

鼓励跨学科、跨学院按照"人员归属不变，研究成果分享"的基本原则，以专职与兼职结合、主岗与辅岗双岗聘任、柔性双轨与派遣聘用等方式，拓展引才渠道，创新用人方式，有效形成了政府部门、智库和新闻媒体之间的智库人才流动，形成了一支专兼结合、内外互补、结构合理、有特色高水平的智库研究队伍。深化智库人才岗位聘用等人事管理制度改革，完善以品德、能力和贡献为导向的人才评价机制和激励政策，激发人才脱颖而出的动力与参与决策咨询的活力。学校于2018年和2020年先后出台《同济大学哲学社会科学研究成果认定及奖励办法（试行）》和《同济大学高水平科研能力提升综合奖励规定（试行）》，高质量智库研究成果均纳入奖励范围。

四、面向国家重大战略凝练研究方向，积极开展有组织研究

同济大学智库研究面向国家重大战略，倡导以问题研究为主的知识增长方式，充分利

用学校优势学科溢出效应，推动哲学社会科学与自然科学交叉融合，充分利用上海市与国内外各方面优势资源，以高水平的科学研究促进高质量的政策咨询，发挥在决策咨询、政策研究方面的作用，为党和政府科学决策提供高水平智力支持。

在城市研究方面，将新型城镇化、长三角区域一体化作为研究大背景，将创新驱动作为城市发展动力，将可持续作为城市发展理念，将安全风险管理作为城市发展保障，将智慧城市作为城市发展路径，将精细化管理作为城市治理方式，将城市研究落到实处，为上海城市发展与管理服务，引领全国城市发展与管理领域的研究，主要聚焦以下领域：城市可持续发展与新型城镇化、长三角区域一体化、城市产业创新生态系统、超大城市精细化管理、城市运行安全风险管理。

在德国和欧洲研究方面，以"一体两翼"为基本研究格局，具体是指以国家安全研究（中德及中欧关系、相关国际问题研究）为主体，以中外人文交流研究（中德、中欧人文交流）以及国外治国理政经验教训研究（欧洲国家区域与城市治理、科技创新）为两翼，主要聚焦以下领域：中德、中欧政治与经济关系研究，中欧"一带一路"合作研究，中德、中欧人文交流研究，欧洲区域与城市治理研究，欧洲国家科技创新研究。

根据凝练的研究方向，学校积极开展有组织决策咨询研究。自2018年以来，持续优化项目资助模式，建立长期跟踪研究、持续资助的长效机制，开展同济大学智库研究专项，共设立欧洲与德国研究、城市研究、疫情防控应急政策研究、马工程研究等智库研究培育项目160项，累计投入经费1049万元。每年举办智库建设推进会议、联席会议、研究选题会2~3次，通报智库建设情况、智库研究开展情况，集中讨论每年重点研究内容，谋划了一批适度超前的智库研究选题，布局开展了关键重点领域战略性、前瞻性、纵深性研究，加强了智库间的协同合作，推动了学校智库与决策部门的紧密对接，提升了咨政研究的预见性、精准性、有效性。持续举办同济大学决策咨询研究能力提升计划讲座，不断提升学校师生决策咨询研究能力和报告撰写水平，已累计举办19期。

五、智库研究成果质量显著提升，不断涌现的标志性成果获得历史性突破

1. 决策咨询报告质量不断提升

根据上级部门反馈，2018年至今，获党和国家主要领导人批示的决策咨询报告数量有

质的飞跃；获党和国家领导人批示的决策咨询报告数量增长约400%；获省部级及以上批示录用数量增长70%。学校智库研究团队积极参与上海市整体规划和行业政策的制定，为上海市城市总体规划（2017—2035年）、"十四五"总体规划、"十四五"专项规划、行业相关政策的制定等提出重要的决策咨询建议。在抗击新冠疫情的非常之际，学校智库聚焦疫情防控、咨政建言、传播正能量、坚持不懈地推进城市研究，以"同济文科"微信公众号为阵地，发布"打赢全民战'疫'，贡献同济智慧"系列共28期140篇文章。学校各类智库成果为党和国家科学民主依法决策提供了重要的智力支撑。

2. 标志性智库研究成果不断涌现

2018年以来，同济大学智库研究成果共获得省部级以上决策咨询类研究成果奖20项。2018年获上海市第十四届哲学社会科学优秀成果奖（决策咨询和社会服务类）一等奖3项、二等奖2项；2019年获第十二届上海市决策咨询研究成果奖一等奖1项、二等奖5项、三等奖1项；2020年获第八届高等学校科学研究优秀成果奖（人文社会科学）咨询服务类一等奖2项、二等奖1项；2021年获第十三届上海市决策咨询研究成果奖二等奖3项、三等奖2项；2021年学校三份高质量智库研究报告获首届"上海市优秀智库报告"；2022年一份高质量智库研究报告获批"上海市优秀智库报告"；2023年获第十四届上海市决策咨询研究成果奖二等奖1项、三等奖4项。其中上海市第十四届哲学社会科学优秀成果奖（决策咨询和社会服务类）一等奖数量位于上海高校第一，第八届高等学校科学研究优秀成果奖（人文社会科学）咨询服务类一等奖数量位于全国高校第一，获奖数量获得历史性突破。

3. 智库研究对接国家重大战略需求能力不断提高

2018年以来，学校智库研究获批国家社科基金重大项目6项，其中研究阐释党的十九大精神国家社科基金重大项目2项（"新时代深化科技体制改革研究""新时代我国社会主要矛盾发生变化的新特点研究"），研究阐释党的十九届五中全会精神国家社科基金重大项目2项（"新形势下进一步完善国家科技治理体系研究""基于源头管控和区域协同的陆海统筹生态环境治理制度研究"），区域与国别研究重大专项3项。

六、智库影响力不断扩大，智库品牌逐渐形成

随着学校新型智库建设和研究的不断推进，学校智库影响力不断扩大。2018年，学校举办"发挥学科优势，建设大学新型智库"同济智库论坛，来自中国教育科学研究院、上

2018年12月15日,"发挥学科优势,建设大学新型智库"同济智库论坛

海市教卫工作党委、上海市教育委员会、南京大学、清华大学、上海前滩新兴产业研究中心、复旦大学、同济大学等政府、高校和研究机构的专家学者应邀参加。2019年,学校举办"新时代高校哲学社会科学评价研讨会",来自北京航空航天大学、北京交通大学、重庆大学、大连理工大学、东北大学、哈尔滨工业大学、合肥工业大学、湖南大学、华南理工大学、华中科技大学、南京大学、清华大学、上海交通大学、天津大学、西安交通大学、西北工业大学、西南科技大学、中国海洋大学、中南大学、同济大学等20所高校的相关专家,围绕哲学社会科学评价问题展开了深入讨论,会议形成高校哲学社会科学评价的十条"同济共识",提出要构建健康的哲学社会科学评价生态,注意分类评价,积极认定新型智库成果。

学校智库研究成果通过学术和公众传播,逐渐形成了品牌效应。德国研究中心每年推出的德国蓝皮书,已成为德国研究领域的权威参考书。城市风险管理研究院举办的"城市风险管理高峰论坛",已成为城市风险研究领域的最重要会议之一,持续为上海城市安全运行把脉问诊,推动上海实现更高质量的安全发展。学校智库月刊《同济观点》自2016年创刊以来,汇集了同济大学决策咨询研究成果,供各有关部门参考,已成为学校智库研究的品牌产品。

第三节 多措并举持续发力，打造精准帮扶案例

2012年12月，根据中央和教育部统一部署，同济大学定点帮扶云南省大理白族自治州云龙县。学校坚决贯彻落实习近平总书记关于脱贫攻坚和乡村振兴工作重要指示精神，以高度的政治责任感和历史使命感，秉持"与祖国同行，以科教济世"的初心，依托自身学科和人才优势，着力在规划编制、教育扶智、医疗服务、干部培训、党建助力、产业支持等方面精准施策，推动当地经济社会跨越式发展，全力在脱贫攻坚、乡村振兴等方面践行和贡献同济方案。2019年底，在校地双方共同努力下，云龙县贫困发生率由2014年的28.1%降至1.35%。2020年5月16日，云龙县宣布退出贫困县序列。

2018年以来，同济大学举全校之力，集聚各方资源，高质量完成各项帮扶任务。五年间直接投入资金1852.46万元、引进资金2106.33万元、购买脱贫地区农产品1921.61万元、帮助销售农产品3100.24万元、培训乡村基层干部9262人次、培训技术人才6116人次。学校在中央单位定点帮扶成效考核中连续多年获得"好"的最高等次评价。

一、规划引领，形成高校精准帮扶的示范样本

学校坚持规划先行、统筹布局的工作思路，推动云龙逐步形成以总规为基础，以"多规合一"为统领，以专项规划为支撑，全域覆盖、体系完善、科学实用的空间规划体系，引领全县经济社会跨越发展。截至2023年，上海同济城市规划设计研究院组织400余人次的专家团队深入一线，为云龙县编制多规合一规划、国土空间总体规划、县城控制性详细规划、专项规划、村庄规划、全域旅游规划等各类规划18项，累计优惠减免设计费1100余万元。坚持"交通先行"的规划帮扶策略，经多方协调、积极推动，2022年底云龙高速公路通车，实现云龙交通"0到1"的突破，助力其成为滇西区域交通的重要枢纽。

2020年，在教育部的指导支持下，学校牵头成立高校"城乡规划帮扶联盟"，联合

2018年10月,党委书记方守恩为云南省云龙县团结中学的"同济梦想教室"落成揭牌

2023年9月,校长郑庆华率队赴云南省云龙县推进校地合作

11所高校积极探索地域群、组团式、联盟化的精准帮扶新模式和新机制。经过三年的努力,联盟已形成"三个面向"的工作思路,拥有一个由50名专家学者组成的专家委员会,19支具备在乡村开展专业实践经验的技术支撑团队和9个不同地域、特色各异的乡村振兴实训基地,为"规划引领"的乡村振兴之路提供样本和路径。

2018年,同济大学"规划引领,绘就美丽乡村新蓝图"项目入选教育部精准扶贫精准脱贫十大典型。2022年,长期服务云龙规划的同济启明青年规划师团队获上海市青年五四奖章。

二、深耕不辍,开展系列紧扣民心的创新实践

基础教育领域。学校坚持"扶贫先扶智""治贫先治愚"理念,发挥研究生支教团、附属学校、"彩云支南"社团等力量,深化教育扶贫,不断提升当地教育教学质量。2018年起,学校选派36名研究生先后参与云龙县团结、长新、民族3所中学的接力支教工作。支教团在完成常规教学任务的同时,积极开展教学成绩跟踪分析、心理辅导、校园文化建设等工作,促进长新中学、团结中学在2018年综合评估中分居全县第3位和第8位;历时2年为云龙县教育局义务教育均衡数据化、信息化建设提供框架设计和技术支持,推动云龙县义务教育发展基本均衡顺利通过国家检查验收。2019年,经支教成员周末培优辅导的县一中学子杨敬笔考入同济大学,圆了云龙人多年的同济梦。2020年,同济大学附属第二中学、附属实验中学分别与云龙县第一中学、长新初级中学签署合作协议,校地在课程改革与实施、德育管理、骨干教师培养、学习生活体验等领域开展合作交流。2022年,支

教团荣获云南省第二届新时代文明实践志愿服务项目大赛大理州金奖。

职业教育领域。2019年4月，学校与云南省教育厅签署《关于推进云南省"职教改革助力脱贫攻坚"合作备忘录》，与云南省共建云南中德学院，推动云南省职业教育改革发展，促进脱贫致富的能力。同年8月，依托云南交通职业技术学院实现试点招生3015人，其中建档立卡户家庭学生超过1000人；实施教师和管理人员培训533人，覆盖全省88个贫困县。学校同时推动云南交通职业技术学院与云龙县民族职业中学共建云南同济中德学院滇西师资培训基地，2019年接收云龙22名教师来校参加职教管理与教学创新团队培训。

人才培训领域。学校整合优势资源，帮扶云龙培养敢担当、善作为、懂经营、精管理的乡村产业和管理人才队伍。2015年起连续举办12期"同济·云龙大讲堂"，组织云龙各类人才赴上海、吉安、渭南、台州、广州等地考察学习，为云龙县经济社会发展提供人才和智力保障。2022年，克服新冠疫情的不利影响，组织云龙县78名学员赴高校"规划帮扶联盟"乡村振兴实训基地——华南理工实训基地考察学习。学员们通过专题辅导、现场教学、观摩学习、分组研讨等多种方式，深入了解"规划引领"的乡村振兴实践。

医疗服务领域。学校坚持"输血"与"造血"并举，着力为云龙打造一支"带不走"的医疗队伍，五年间共举办11次"同济医疗活动周"。由附属同济医院、附属东方医院、附属肺科医院、附属口腔医院参与选派12批次、93名专家，通过开展义诊、手术演示、教学查房、疑难病例讨论等多种形式，培训云龙医护人员1766人次。2019年6月，学校将医疗帮扶工作延伸至大理州，协调相关附属医院开启"同济附属医院帮扶州人民医院，州人民医院带动县人民医院"的帮扶模式，扩大服务辐射范围。2021年，同济大学附属同济医院、附属东方医院分别与云龙县人民医院再次签订为期五年的结对帮扶协议。

三、尽锐出战，打造具有"同济烙印"的帮扶项目

1. 创新永安示范，推动脱贫与振兴有效衔接

2019年，学校将"永安村乡村振兴示范建设"项目列入年度计划，制定"聚焦民生、统筹规划、绿色发展、有效衔接"的帮扶方案，从产业、人才、文化、组织、生态五个方面精准打好"组合拳"，为永安村振兴发展提供持续动力。4年间，学校先后选派3名干部接力挂职村第一书记，100余人次规划团队实地指导和技术援助，累计投入建设经费

1200余万元。打造了"永济新桥、永安之心、永安学堂、同安农场、厕所革命、道路硬化、点亮永安"等一批特色帮扶项目，为云龙县脱贫攻坚与乡村振兴的融合发展提供可借鉴和推广的示范样本。同时，实施"家园一方志"、梦想教室、梦想家园等文化重建项目，大力传承特色乡土文化。永安村从"五低"实现"五变"，提前十年完成基础设施建设目标，村容村貌焕然一新，村民生活蒸蒸日上。

2020年，由同济大学建筑设计研究院、上海同济城市规划设计研究院联合设计并捐资建造的永济新桥通车，解决了沘江两岸4个自然村近600名村民的全季安全出行问题。同年，由建筑与城市规划学院袁烽教授设计、学校出资筹建的上村村民议事中心——"永安之心"投入使用，作为乡村基层组织治理的议事空间，不仅丰富了村民的精神文化生活，更将成为乡村精神记忆的家园。2022年，"永安之心"荣获Dezeen Awards设计大奖城镇建筑（Civic Building）奖，成为此届建筑类别11个获奖项目中唯一的中国项目。Dezeen设计奖评审团对中国特色社会主义扶贫事业在贫困山区公共空间的创新营造实践给予了最高评价。

2022年，由学校筹款安装的近千盏太阳能路灯，结束了永安12个自然村、700余户2200余人大部分村组没有路灯的历史。经测算，永安路灯亮化工程每年可节约用电约34万度，实现二氧化碳减排约355.91吨。

2. 谋划适宜路径，赋能云龙产业转型发展

2018年起，学校支持云龙龙头企业以经营"五谷粗粮"产品为切入点，通过"合作种植+订单采购"，探索订单农业路径，让云龙"五谷粗粮"成为山区群众致富的"造血细胞"。2019年，学校为扶持深度贫困永安村特色产业发展，帮扶永安村成立永民种植专业合作社，并与云龙县人民政府联合在上海举办"产业扶贫+消费扶贫"绿色农产品发布推介会，进一步扩大消费扶贫的辐射带动作用。2020年，学校加入教育部高校"消费扶贫联盟"，并当选联盟副理事单位，与兄弟院校共同推进高校组团式消费扶贫工作。2021年，学校牵头开展"六校携手心连心，乡村振兴共奋进"首届在沪直属高校对口帮扶地区农特产品联展。来自复旦大学、上海交通大学、同济大学、华东师范大学、华东理工大学、东华大学对口帮扶地区的40余种农特产品在学校四平路校区和嘉定校区展卖。2021年，学校与云龙县签订《关于支持"大理云龙高原农产品展销中心项目"建设的帮扶协议》，通过继续减免门店租金、力邀同济大学特聘教授执掌门店设计等举措，推动云龙龙头企业在沪门店的转型发展。2022年，筹建成立永安村首个产业品牌——同安农场。作为村集体经济的新尝试，同安农场的首个林下土鸡养殖场（麦子登组）当年投入养殖无量山乌骨鸡2000羽，预期每年实现村集体收益 10 万~15 万元。

3. 重塑文化场域，擘画云龙乡村振兴新蓝图

乡土教育领域。同济大学由点到面，层层辐射，从"课内知识—综合素质—文化认同"三个层面开展专业、高效、创新、可持续的教育帮扶行动。2021 年，实施"同济大学水源计划"，挂牌建设 2 所同济大学乡土教育创新示范校，引导当地教师、青少年、返乡大学生成为乡土教育的推动者、实践者和主导者。2022 年，水源计划实现涟漪效应，支持 15 所乡村学校、近 100 名教师开展 14 门乡土文化课程，产出 366 件学生创意作品，项目成效得到《光明日报》《新民晚报》《东方教育时报》等多家媒体报道，相关报道阅读量近 8000 次。2023 年，美丽乡愁团队"深耕乡土教育，留住美丽乡愁"项目，获评第七届教育部直属高校创新试验典型项目。

文遗保护领域。2021 年，启动"盐马古道"遗产保护与利用项目，将宝丰古村列入同济大学定点帮扶村，深入挖掘以"盐马古道"为主线的"盐文化景观"的整体价值，并以宝丰为示范进行"区域—聚落—节点"的规划与设计，坚持以科学研究牵引文化振兴实践。2022 年，举办 3 场"盐马古道"遗产保护与利用座谈会，邀请大理州和云龙县相关单位代表参与研讨。2023 年，基于同济大学"盐马古道"课题研究基础，云龙成功获批 3000 万元云南省传统村落集中连片保护专项资金，大理州投入 1000 万元在云龙建设"盐马古道方志馆"。

四、实战演练，积极创建实践育人的重要阵地

"与祖国同行，以科教济世"是同济人始终秉持的优良传统，"同济天下"是同济人始终传承的家国情怀。定点帮扶过程中，学校充分发挥"扶贫主战场、思政大课堂"作用，吸引更多师生、校友关注扶贫事业、投身扶贫事业，深入基层一线，在祖国最需要的地方淬炼和成长。2021 年 5 月，学校入选农业农村部、教育部联合发布的全国乡村振兴人才培养优质校推介名单。2023 年，云龙县成为同济大学大思政教育基地之一。

1. 探索帮扶实践与专业实践的深度融合

通过共建云龙县生态法治廊道、举办"生态环境司法保护（天池）论坛"、开展青少年法治意识讲座等举措，拓展"法治定点帮扶"实践；总结永安示范村的帮扶实践，学校申报并获批教育部"美好人居与乡村振兴——基于精准扶贫示范村建设的乡村规划实践课

2021年7月,同济大学无止桥团队在沘江架起"同安心桥"

程案例"项目,以脱贫攻坚和乡村振兴实践反哺乡村规划实践课程建设;为鼓励师生同行的定点帮扶实践,学校以"探索乡村振兴育人模式"为题,推动5个学院30余名师生同赴云龙。其中,土木工程学院师生团队在永安村建造一座34米"同安心桥",帮助4个村组400余名村民有效缩短出行时间40分钟。该团队撰写完成《乡村人行桥建造手册》,为桥型的推广应用提供便利,项目荣获2021年上海市"知行杯"特等奖,真正做到把论文写在祖国大地上。

2. 注重帮扶实践与思政教育的紧密联动

2018年起,同济大学"筑梦空间工作室"为团结中学、长新中学、永安完小自主设计建造4间梦想教室,该项目获2018年上海市"知行杯"社会实践一等奖、入选教育部第一批高校思想政治工作精品项目。2020年,42名师生再赴云龙开展梦想教室"解忧角"建设。在"解忧角"启动之际,校团委组织云龙县100余名学生与同济2000名大学生共上一堂"同济青年助力脱贫攻坚一线"思政课,通过朋辈讲述参与帮扶实践的亲身经历,鼓励青年学生在实践中锤炼意志品质,增长智慧才干,担当时代责任。

3. 实现帮扶实践与宣传教育的生动结合

2020年,学校策划"云腾龙跃,山乡巨变——同济大学定点扶贫工作巡礼(2012—2020)"展览,多维、立体、全景式地回顾了学校助力云龙打赢脱贫攻坚战的八年奋斗历程,并同步推出国内首个全景反映高校脱贫攻坚历程的 VR 展。虚拟在线展览收入马克思主义学院课程思政素材库。2021 年，策划以"脱贫攻坚，同济人的使命与担当"为主题的思政大课。大课以同济师生为笔、同济精神为墨，融合视频展示、情景表演、亲历者陈述等多种形式，营造沉浸式体验场景，将同济人奋勇投身脱贫攻坚伟大事业的群体形象生动呈现于师生面前，让同济人的扶贫实践成为鲜活的思政课教材。

4. 构建帮扶实践与师生校友的广泛链接

2019 年 1 月，"同济大学云龙发展基金"成立。通过举办新年慈善音乐会这一创新形式，募集更多资金支持云龙县教育、医疗、产业发展和基础设施建设等各项事业发展。该基金成立以来共举办 4 场"同济新年慈善音乐会"，动员师生、校友募集资金 174.9 万元。2022 年，学校着力推动教育、科技、人才一体规划，进一步推动教育、科研和产业要素的优势互补、同向发力，在云龙发展基金中又专设"同行实践资助金"，以鼓励更多师生参与帮扶工作。

第四节　医科进入新发展阶段，加快构建并服务高质量医疗保障体系

同济大学以医起家，1907年，德国医生埃里希·宝隆（Erich Paulun）在上海创办"德文医学堂"，是同济大学的前身，也是同济医学专业的开端。20世纪50年代，在全国高等学校院系布局调整中，医学院整体迁出至武汉，但同济人医学情结至深，历经百年沧桑后，2000年4月，同济大学与原上海铁道大学合并，在原上海铁道大学医学院的基础上恢复设立了"同济大学医学院"（以下简称医学院）。"十三五"期间，医学院在建设发展中迎来了诸多新变化新机遇，"双一流"建设、上海市高水平地方高校试点建设开始推进，医学发展服务人类健康的重要性愈加突显。面对新时代新要求和内外大势，医学院在学校党委的领导下，秉持党办教育和医学的初心使命，办学治院乘势作为，治病战"疫"倾力奉献，在人才培养、科学研究、学科建设和附属医院建设上取得了系列成效，进入了全新的发展阶段。医学院入选教育部直属优质医学院校，医学学科整体水平已跻身全国医学院校前2%，临床医学学科进入ESI全球排名前1‰，8个医学相关学科进入ESI全球排名前1%。2022年，软科中国大学医科实力排名专业等级A+。

一、牢牢把握社会主义办学办医方向，加强基层党组织建设，发挥模范带头作用

落实党委主体责任，牢牢把握社会主义办学办医方向，引导广大教师和医务工作者将思想统一到建设一流大学、一流医学院、一流附属医院的目标上。持续加强作风建设，为"双一流"建设涵养风清气正的政治生态；持续加强组织建设，为"双一流"建设做好组织保障。围绕立德树人根本任务，医学院秉承"精诚济世，明道致远"的理念，通过政治引领、制度保障、选树宣传和同医精神传承等方式，弘扬师德风尚，师德师风建设成效显著。附

属同济医院急诊党支部荣获全国首批党建工作样板支部，教工第四党支部在党史学习教育中荣获"市教卫工作党委党支部建设示范点"称号；退休党支部荣获2020—2021年度"上海市教卫工作党委系统离退休干部示范党支部"称号；研究生第十一党支部荣获"上海高校百个样板党支部"称号。2021年至今，附属上海市肺科医院胸外四病区、附属同济医院骨科、附属同济医院医学影像科、附属东方医院（本部）心血管病重症监护室护理组等科室团队获得"全国青年文明号"。程英才获上海市五一劳动奖章；程黎明、王静等获上海市劳动模范（先进工作者）称号；张子强、王胜等获上海市及教卫系统"优秀共产党员"称号；沙巍、刘兵等获上海市及卫生健康系统"三八红旗手"称号；杨文卓等获"上海市育才奖"；赵旭东获上海市教卫系统"优秀共产党员-医德标兵"称号；刘瑾获上海市教卫工作党委系统"优秀党务工作者"称号；万小平、胡海获上海市首届"医德楷模"奖；戈宝学、左为等获"同济大学师德师风优秀教师"表彰。

二、附属医院进入快速发展通道，更好服务人民生命健康

学校确立了大专科、小综合的差异化发展策略，强化专科医院、特色专科的建设，力争建设在上海乃至全国具有较强影响力的特色临床专科。目前同济大学拥有12家附属医院，其中直属的两家医院中附属同济医院由同济大学及上海申康医院发展中心共同管理。针对各附属医院隶属关系不同，管理条线错综，如何指导附属医院建设，帮助附属医院快速发展，同济大学确立了四条发展策略，即做到医学生命紧密融合共同发展、转化医学支撑临床医学协同发展、探索医学人才培养新机制助力发展、推进"人工智能+未来医疗"长远发展。同时，大学完善医科架构，成立医学与生命科学部，领导和协调医学与生命科学及附属医院的协同发展。目前附属医院拥有9个国家临床重点专科，年服务患者1700余万人。2023年，2022年度中国医学院校/中国医院科技量值（STEM）暨五年总科技量值（ASTEM）发布，同济大学有4家附属医院进入STEM排行榜全国前100名：同济大学附属第十人民医院（58名）、同济大学附属东方医院（66名）、同济大学附属上海市肺科医院（69名）、同济大学附属同济医院（93名）。同济大学有4家附属医院进入ASTEM排行榜全国前100名：同济大学附属东方医院（57名）、同济大学附属第十人民医院（58名）、同济大学附属上海市肺科医院（62名）、同济大学附属同济医院（98名）。STEM及ASTEM排行榜共计9个专科进入全国前20名。

在新冠疫情暴发初期，各附属医院作为抗击疫情的主力军和排头兵，派出165名医务人员驰援武汉，包括附属东方医院国家紧急医学救援队暨中国国际应急医疗队，多个个人和集体获中共上海市市委、上海市人民政府表彰。在2022年大上海保卫战中，为了护佑人民生命健康，近7万人次白衣天使们昼夜奋战，奔赴抗疫一线开展救治工作。刘中民等开展干细胞临床治疗新冠成效明显；赵旭东等主编的《抗疫·安心——大疫心理自助救援全民读本》获得良好反响。2018年以来，周彩存等11人获得"国之名医·卓越建树"荣誉；梁爱斌等10人获得"国之名医·优秀风范"荣誉；张鹏获得"国之名医·青年新锐"荣誉；张雷获中华人民共和国成立70周年"结核病防治时代先锋"称号；姜格宁、施雁获"全国卫生计生系统先进工作者"称号；周健红获"全国援外医疗工作先进个人"称号。同济医学人传承的济世精神和责任担当，为一流学科建设提供强劲支撑。

三、医科拔尖人才培养助力附属医院建设和高质量医疗保障体系

医学院依据学校总体办学定位，提出"立足上海，服务全国，面向世界，以国际化为特色，建设集高水平人才培养、医疗服务、科研创新为一体的一流医学院"的办学定位。2017年临床医学专业通过教育部专业认证、护理学专业招生；2019年临床医学专业获批国家第一批一流本科专业建设名单，康复治疗学专业通过国际（WCPT）认证；2020年康复物理治疗学申请更名为康复物理治疗专业、成功申报临床医学（灾难医学方向）专业（第二学位）。2022年康复物理治疗专业获批国家一流本科专业建设名单，临床医学（5+3一体化）恢复专业招生、新增基础医学专业并采用本博贯通国豪书院制培养。

围绕健康中国战略，培养具备"专业精英、社会栋梁"及"领军人才"特质的"高层次、国际化的拔尖创新临床医学人才"。经过顶层设计和资源汇聚，目前，医学院三条轨道部署临床医学拔尖人才培养，完全实现本研贯通。一是临床医学（5+3一体化）本硕贯通人才培养轨道，培养具有扎实临床技能和一定临床研究能力的临床专业人才，并为了尝试突破"5+3"模式培养的医学人才在就业和深造过程中遇到的种种瓶颈，积极尝试"5+3+X"本硕博贯通培养改革；二是在医学大类招生框架下，遴选优秀学生进入临床医学"5+X"本博贯通培养轨道，培养具有卓越基础和临床研究能力的临床人才；三是基于二次选拔，依托附属东方医院设立中德医学院，通过本硕或本博贯通培养，结合国际交流强化，培养

具有国际视野和国际胜任力的卓越医学人才。

学院依托各附属医院大力推进临床技能中心建设，同济大学医学院临床技能实训中心是国家医师资格考试实践技能考试基地，并申报获批国家级临床教学培训示范中心。医学院充分利用同济大学综合性大学人文教育的优势，使显性课程和隐性活动相结合，将思想道德、医学人文教育贯穿人才培养全过程，培养兼具"道术、学术、技术、艺术和仁术"的拔尖卓越医学人才。

为贯彻党中央关于集中力量开展关键核心技术攻关，加快解决医疗器械与医用设备等领域"卡脖子"问题的重要讲话精神，落实中央人才工作会议精神和《加快推进急需高层次人才培养行动方案（2021—2025）》要求，医学院牵头，依托生物医学工程、药学等相关学科，成功申报"生物与医药"专业学位博士硕士授权点，同时瞄准国家"大健康"战略布局，本着"医科牵引，理工支撑，交叉创新，追求卓越"的人才培养理念，依托同济大学"医—工—文—理"等相关优势学科和国际先进的科研平台，申报生物医疗器械专项，组织优秀师资，与企业强强联合，形成合力，招收优秀的跨学科跨专业学生，通过"医—工—文—理—产—学—研"联动式科研攻关和协同育人模式培养跨学科拔尖人才。

四、引育并举，打造一流师资队伍

医学院不断完善医学教育管理层级和运行机制，努力健全院系设置和教师考核机制；促进医学院与临床医学院统筹协调发展，依托转化医学平台实施人才双聘制，提升资源利用率、人才培养质量和协同创新能力。2018年以来，培养了一批高层次科技创新人才，新增院士1名、"长江学者"（特聘教授，特岗学者，青年项目）7名、"杰青"7名、"优青"15名，实现了国家高层次人才团队的突破。

完善教学基层组织建设和管理。依托学院下属二级学院或学系承担专业建设和学科建设，兼顾教学与科研、行政与学术职能；完善教师绩效考核和评价体系，提高教学业绩占比。借助临床研究中心及心脏、癌症、干细胞、脑科学、催化医学、感染免疫六大基础与转化研究中心，利用海内外人才项目机制大力引进学科带头人及青年学者，吸引高层次人才从事医学教育和学科建设，打造高端人才队伍和师资队伍，参与本科人才培养，突破一线基础师资引进瓶颈，夯实基础师资力量。全方位打造一流研究生导师队伍，建立健全导师培养保障机制，以"四有"好老师、"四个引路人"和"四个相统一"为工作理念，通过系统性的举措全面推进研究生导师队伍建设，为提升研究生教育质量提供重要保障。通过创新思政教育，提高"德育"意识，提升导师思想政治素质；通过拓宽人才引进渠道，建立双聘机制，增强导师队伍综合实力；通过完善"全链条"管理和导师遴选考核机制，保证导师队伍总体质量；通过开展教育培训活动，激发导师育人内在动能，提升导师育人的专业性和学术性。

五、围绕国家重大需求，布局重大科学前沿

在校党委领导下，医学院紧紧围绕重大疾病以及卫生相关重大需求，结合各附属医院专科特色，确立了十四个发展方向，各附属医院围绕十四个发展方向对应成立十五个临床研究中心。与此同时，成立同济大学医学基础转化中心，并以此中心为基础，由各附属医院成立各转化平台（分中心），各附属医院转化平台通过共享大学学科平台，多学科技术优势、人才资源，以及理工学科优势，得到了快速发展。其中业已形成脑科学、心脏病学、干细胞医学、癌症、催化医学与生物材料及感染与免疫等六大基础与转化医学研究创新中心。该六大中心2018年以来斩获三项国家科学技术进步奖二等奖。转化中心的发展模式极大地提升了医院的科技水平和实力，使各附属医院的科技量值在全国各大医院中排行榜中占有一席之地。

各项科技指标与"十二五"相比实现成倍增长，高水平科技论文数量和质量大幅提高，高层次科技创新人才、科研经费显著增加，为学校双一流建设和学科发展提供了强有力的支撑和保障，促进了学院在国内医学院校中排名的跃升。2018年7月至今，科研项目立项总经费达15.108亿元。牵头承担国家重点研发计划首席项目17项（包括4个战略性国际合作项目），获批国家自然科学基金项目1348项，其中重点重大类项目42项，包括基础中心项目1项（是历史上首个获批的基础科学中心项目，实现零的突破）、创新群体2项。作为第一完成单位获国家科技进步二等奖3项、省部级科学技术一等奖8项。发表SCI索引论文6123篇；其中《自然》3篇，《新英格兰医学杂志》（*NEJM*）1篇，20分以上高影响力论文36篇。高被引（前1%）论文133篇。新增国家、省部级科研平台、基地19个，现有心脏病全国重点实验室、国家自然科学基金委重大心血管疾病的发生机制和干预基础科学中心、国家干细胞转化资源库（生科院共建）、心律失常教育部重点实验室、脊柱脊髓损伤再生修复教育部重点实验室、病原体与宿主相互作用教育部

重点实验室、教育部细胞干性与命运编辑前沿科学中心（生科院共建）、脑衰老相关疾病教育部医药基础研究创新中心、干细胞与重大疾病学科创新引智基地、上海市心律失常研究中心、上海市麻醉与脑功能调控重点实验室、上海市催化医学前沿科学研究基地、上海市母胎医学重点实验室等。承担对外成果转化与技术服务项目97余项，合同经费约0.85亿元。

六、把握机遇、积极谋划、医科发展进入新发展阶段

2020年，校党委在复兴同济医科的道路上作出重大布局，将占地400余亩的同济大学沪西校区划归医学发展专项使用，着力将沪西校区建设成为医学教育高地、医学科学创新高地、医工交叉创新高地、产学研转化高地、健康信息数智化应用高地。沪西医学园区将加快融入上海整体发展和普陀区布局，共同建设校区周边科技产业园区，建设以智慧医疗为特色的产业集聚区，逐步形成沪西环同济知识经济圈，打通科技成果产业转化"最后一公里"。在学校的支持下，沪西医学园区3000平方米宿舍改建、9446平方米的实验教学中心大楼、646平方米小礼堂的修缮改建、7188平方米医学图书馆、1.5万余平方米7幢科研楼宇及操场等公共设施的修缮改建已经全部完成。2023年，沪西校区已经正常投入运行，各项教学、科研活动有序开展，医学院秉承"精诚济世、明道致远"的发展理念，加速推进国际化一流医学院校建设，服务健康中国、健康上海，擘画同济大学特色医科发展规划蓝图，为实现同济医学复兴梦接续奋斗。

第五节　改革校办产业体制，服务经济社会发展

自 20 世纪 80 年代国家提出"经济建设必须依靠科学技术，科学技术工作必须面向经济建设"的科技发展方针以来，以科技产业为主的高校所属企业获得了蓬勃发展。"应科技成果转化而生"的同济大学校属企业也形成了一些快速发展的有益经验。2018 年，同济大学启动校属企业体制改革工作，学校积极把握改革契机，明确校属企业的发展定位和主要职能，面向国家与地方发展战略，聚焦科技创新，实现了学校与产业融合发展的良好局面，将体制改革成果转化为同济科技产业新一轮高质量发展的新动能，为服务国家战略和区域经济社会发展作出了积极贡献。

一、攻坚克难，按时完成校办产业体制改革工作，持续做好保留企业的动态管理

自 2018 年高校所属企业体制改革工作启动以来，学校深入贯彻落实习近平总书记关于校属企业体制改革重要指示批示精神，按照"整顿、清理、瘦身、正风"要求，严格落实执行高校所属企业改革方针政策以及教育部相关工作部署。第一时间成立了由校党委书记、校长担任组长的校属企业体制改革工作领导小组；以分管产业副校长为组长，学校相关部门共同组成的体制改革工作小组；在同济创新创业控股有限公司（以下简称同济控股）层面成立体制改革工作专班，组织专门力量，落实推进校属企业体制改革具体工作。

在对学校所属企业全面摸底的基础上，制定《同济大学所属企业体制改革方案》，综合运用清理关闭、脱钩剥离、保留管理三种方式，分类实施改革。在学校党委的坚强领导下，经过相关部门的共同努力，清理退出了一批与学校教学科研不相关或发展无望的企业，巩固发展了一批服务学校主责主业程度较高的企业。根据教育部批复的改革方案，截至 2023 年 9 月 30 日，已完成改革任务企业 300 家，体制改革完成率为 98%，教育部体制改革验

收中得分为 98.74。

2022 年，按照教育部校属企业改革落实情况"回头看"工作要求，进一步全面梳理、认真检视"回头看"自查要点及相关事项，对重点难点问题进行深入研究，提出整改措施。建立整改台账，形成改革进展缓慢企业、保留企业和新增企业三类企业问题清单，按月向教育部报送整改台账，持续深化体制改革工作。针对保留管理企业，按照"管资本"的逻辑建立"国资监管＋投资运营＋企业经营"三层治理架构，理顺了学校所属企业的治理体系。围绕"风险管理、经营管理和教学科研关联度"建立所属企业长效管理机制，实现了对所属企业的动态监督。

在合规规范管理基础上，积极贯彻落实创新驱动发展战略，坚持"四个面向"加快科技创新，持续强化所属企业的教育属性和科技属性，深入探索产业发展与教育科研深度融合的发展路径，在促进科技创新和服务学校"双一流"建设上体现学校所属企业显著而独特的价值。2018 年以来，所属企业已与学校 12 个学院和直属单位（覆盖 8 个一流学科）共建各类产学研用平台 130 多个；协助城市污染控制国家工程研究中心成功入选国家发改委办公厅第一批纳入新序列管理的国家工程研究中心；通过与学校学科共建产学研用平台，形成了产学研用创新联合体、校企合作共同体，获批省部级以上科研项目 150 余项，协同推进科技成果转移转化 300 余项。自 2021 年以来，连续两年组织学校所属企业参加教育部产学合作协同育人项目，获得批准立项项目数十项。主动融入学校育人体系，与学校累计联合培养研究生 500 余人（含在读），累计接纳实习学生 4000 余人次。2022 年，首次参加产教融合专业学位研究生试点培养，落实专业学位硕（博）研究生 9 名，产教融合兼职导师 7 名；首次有组织参与学校本科毕业设计指导工作，落实联合毕业设计课题 60 余项。2019—2023 年，通过上缴利润、捐赠等多种形式累计向学校贡献 14.56 亿元，上缴国有资本收益累计 2.49 亿元。

二、创新策源，探索搭建创新创业创造生态体系，推动环同济知识经济圈高质量发展

所属企业一端连接学校，一端连接地方政府和企业需求，加速汇聚了人才、技术、资金、数据等创业创新资源要素，通过产学研对接，更高效地推动了科技创新和前沿技术成果转移转化，更充分地发挥了服务创新策源的作用。

2020年以来,持续组织举办同济大学"十大最具转化潜力科技成果"评选活动,汇集学校优秀科研项目,为筛选出的优秀科技成果导入地方政府、企业和金融资源,提供项目孵化、投融资、知识产权等系列服务和资源支持,加快科技成果转化效率。拓宽科技成果转化服务链条,面向学校教授科研团队,开展科技成果孵化特训营活动。2022年成功推动智慧医疗公司落地普陀科技园。借助科技成果作价入股方式,着力培育新兴高科技企业。其中,作价入股企业烟台迈百瑞国际生物医药股份有限公司已实现7000万元投资收益,现该公司于2023年6月创业板审核上市。上海同驭汽车科技有限公司经过多年的发展已成为国家高新技术企业、专精特新企业,公司EHB出货量居自主品牌第一。2023年9月估值约为22亿元,同济控股已实现4000万元投资收益,剩余持股对应价值约为6000万元。

依托学校优势学科,以同济大学国家大学科技园为枢纽,搭建覆盖"创新启蒙—创业教育—创业资助—创业关怀—创业加速"的创新创业服务体系。截至2023年9月30日,

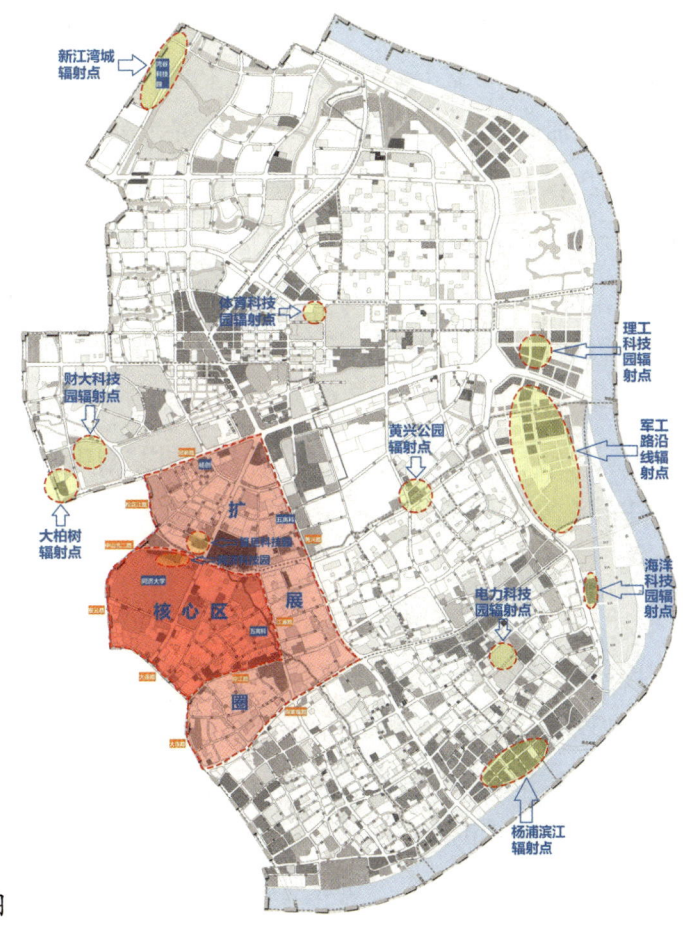

环同济知识经济圈示意图

同济创业基金总计立项39批,资助项目323个,立项资金7824.4万元。同济创业基金持续高质量运作,连续八年荣获"特优分会"称号。实施"启帆计划",赋能企业加速发展。2022年成功举办"启帆计划"第七期系列活动,为74家创业企业在战略、法务、财务、营销等方面提供深度服务,加速科技企业孵化。截至2023年9月30日,同济大学国家大学科技园科技型企业孵化数量达300余家,拥有国家专精特新"小巨人"企业7家,高新技术企业243家,国家"万人计划"3人、国家科技创新创业人才2人。2021年,同济大学国家大学科技园服务国家级专精特新"小巨人"企业上海同臣环保有限公司作为优秀案例在《人民日报》头版头条获得报道。同济大学国家大学科技园创新创业企业孵化案例获新华社专题报道。科技部、教育部2020年国家大学科技园绩效评价中,同济大学国家大学科技园获评"优秀"。

积极发挥学校优势学科、科教资源的知识溢出效应,与杨浦区"三区融合、联动发展"的城区发展理念相结合,共同孕育出"市场驱动、学科支撑、企业主体、政府引导"的产业发展新模式,形成了"环同济知识经济圈"品牌。杨浦环同济知识经济圈年产值从初期2005年的不足30亿元,发展到2023年的557亿元,已成为知识溢出效应和产业集聚效应的典范。面向未来产业布局,2022年同济大学国家大学科技园获批未来产业科技园建设试点(全国仅10家)。接下来,将以建设未来产业科技园为契机,完善科技成果转化和产教融合体制机制建设,培育引进高层次科技领军人才和创新团队,探索"学科+产业"的创新模式,构建未来产业应用场景,加快聚集人才、技术、资金、数据等创新要素,打造未来产业创新和孵化高地,聚焦核心科技创新,带动形成新型产业集群。

三、积极作为,主动服务国家和区域重大发展战略,持续输出同济智慧和方案

五年以来,学校所属企业以重大项目为载体,通过规划、设计、咨询等方式,主动参与承接国家和区域重大发展战略项目数千项,过程中充分发挥学校优势学科专长,引领相关产业发展,致力于为经济社会高质量发展输出"同济方案",贡献"同济智慧"。

1. 持续扎根雄安新区,服务新区各项规划建设工作

上海同济城市规划设计研究院有限公司、同济大学建筑设计研究院(集团)有限公司、上海同济工程咨询有限公司等所属企业作为第一批参与雄安新区规划建设单位,自2017

年起持续扎根服务雄安新区，承担前期规划研究、风貌设计、建筑设计、工程设计、全过程咨询等全链条服务，深度参与了雄安新区容东片区空间规划、雄安新区首个非首都功能疏解的央企总部项目、首批市场化项目——容东电建智汇城项目、容东体育中心及综合运动馆项目、国家电网能源互联网雄安创新中心项目、中国星网雄安新区总部大楼、首个区域性稳评项目——启动区及第五组团社会稳定风险评估项目、雄安新区规模最大的科创产业园区全过程咨询等多个重点项目。

2. 主动融入长三角一体化建设，全面服务上海新城战略

依靠学校在规划、设计、交通、土木、环境、管理等领域的产学研优势，学校所属企业主动融入长三角一体化建设，深度参与长三角示范区空间规划及城市设计、长三角生态绿色一体化发展示范区空间规划设计、长三角生态绿色一体化发展示范区水乡客厅数字化顶层规划、长三角一体化示范区方厅水院、上海市城市总体规划（2017—2035年）、中国（上海）自由贸易试验区临港新片区、上海城市历史文化保护与城乡特色风貌研究、朱家角和嘉定等历史保护规划等多项重要规划和咨询项目，为长三角一体化建设和上海新城发展持续贡献同济智慧和力量。

2021年成立同济大学上海新城建设研究中心，整合多学科力量，联合国际国内多方资源，主要围绕"新城发展理论、新城规划设计、大数据与智能新城"三个方向开展研究，着力破解上海新城建设中亟待解决的难点痛点堵点，全面服务上海新一轮新城战略。五年来，学校所属企业相继参与建成的标志性项目包括：上海中心大厦、中国商飞总部基地、上海自然博物馆、上海棋院、前滩企业天地、上海迪斯尼乐园、杭州亚运村片区市政基础设施工程、嘉兴火车站区域提升改造、上海金鼎"聪明城市"顶层设计及相关数字化应用、上海市公共卫生临床中心应急医学中心等。

2019年5月，由同济大学建筑设计研究院（集团）有限公司作为第二完成单位完成的"上海中心大厦工程关键技术"项目，荣获2018年度上海市科技进步奖特等奖。同年11月，由同济大学建筑设计研究院（集团）有限公司与土木工程学院共同完成的"上海中心大厦结构设计成套技术"，荣获2017—2018年度"中国建筑学会科技进步奖"唯一的特等奖。同济大学建筑设计研究院（集团）有限公司与建筑与城市规划学院章明教授合作完成杨浦滨江公共空间示范段、大湾区茅洲河碧道试点段、苏州河南岸黄浦区段滨河公共空间等多项城市生态修复标志性工程，打造了"人民城市"实践典范。2019年11月2日，习近平总书记来到杨浦滨江公共空间杨树浦水厂滨江段实地考察。2019年12月，杨浦滨江公共空间示范段获世界建筑节城市景观类别奖及年度景观大奖。

3. 全力支持黄河流域大保护、长江大保护、乡村振兴等国家重大发展战略

上海同济城市规划设计研究院有限公司积极参与黄河流域生态保护和高质量发展工作，连续8年在云南云龙开展帮扶实践，探索偏远山区城镇化道路和规划帮扶模式，顺利完成"2020年教育部脱贫攻坚主题案例"编写工作，成功申报"教育部乡村振兴创新试验培育项目"。其中"规划引领，绘就美丽乡村新蓝图"项目获评教育部精准扶贫精准脱贫十大典型项目。上海同济工程咨询有限公司深耕"乌梁素海流域山水林田湖草生态保护修复试点工程"，项目获得了2020年国家自然资源部十佳案例。2021年12月国家自然资源部发布了《社会资本参与国土空间生态修复案例（第一批）》名单，上海同济工程咨询有限公司承接的内蒙古巴彦淖尔市乌梁素海流域山水林田湖草生态保护修复项目入选，是全国唯一入选的山水林田湖草综合治理项目。

4. 构建多维度出版传播矩阵，深化"同济品牌"社会影响力与国际传播力

同济大学出版社有限公司立足"城市·建筑出版中心"建设成果和围绕学校一流学科组织策划特色出版项目，打造线上线下融合的媒体宣传矩阵，着力提升同济学术、同济文化品牌的社会影响力。五年以来，承担国家和省部级以上出版项目50余项，出版图书得到了新华社、《人民日报》、《光明日报》、中央电视台等国家级媒体的专题报道。同济大学出版社有限公司以学术出版"走出去"助力一流大学、一流学科建设，打造以"城市+"为品牌的国际出版合作平台。依托高校国际合作项目，以"国际组稿"展现同济国际合作特色；国际出版赋能优秀学术成果的孵化，体现"编、译、学"合一的中国学术外译精神，助力构建中国学者的学术话语体系。在教育部年度社会效益评价中，连续五年获得"优秀"。

5. 高质量输出"同济智慧"，积极传播"同济品牌"

学校所属企业通过持续高质量输出"同济智慧"，积极传播"同济品牌"，获得了社会广泛好评。五年来，学校所属企业还积极参与了北京城市副中心总体城市设计和空间规划、海南省国土空间规划等区域重大战略项目。深度参与粤港澳大湾区建设、山东半岛区域化发展等，承接完成了一批标志性建筑设计和管理咨询项目，包括深圳光明科学城、深圳市茅洲河碧道项目、南沙国际金融论坛（IFF）永久会址、乐高乐园深圳度假区、深圳歌剧院、深圳首个采用全过程工程咨询服务模式项目——深圳市医疗器械检测和生物医药安全评价中心项目、青岛国际资源配置中心（总投资额80亿元）等一大批重点项目。

五年以来，学校所属企业主持参与省部级以上项目近千项，荣获省部级及以上荣誉奖项数百项，包括鲁班奖、全国优秀工程咨询成果奖、优秀城乡规划设计奖、优秀勘察设计奖、优秀园林景观设计奖、华夏建设科学技术奖、全国BIM大赛一等奖等多项国家级或行业重点荣誉奖励。其中，同济大学建筑设计研究院（集团）有限公司2020年荣获上海市质量金奖，入选"科创中国"十大新锐企业榜单，并在2022年度ENR"全球工程设计公司150强"排名中，荣列第61位。上海同济城市规划设计研究院有限公司持续服务乡村振兴，荣获中共上海市委、上海市人民政府颁发的"2017—2020年度上海市助力脱贫攻坚先进集体"荣誉称号。上海同济工程咨询有限公司2022年荣获上海市质量管理奖（组织奖）、中国企业品牌创新成果入围企业等奖项。

第六节　汽车学院：学科交叉协同创新，支撑汽车自主创新

汽车产业是未来科技变革的前沿阵地，是建设制造强国和交通强国的重要支撑，是发展国民经济的重要支柱。近年来，汽车产业面临着电动化、智能化和网联化的深刻变革，新一代人工智能、新能源、机器人、虚拟现实等技术与汽车产业加快融合。作为第四次工业革命的深度参与者，汽车产业正经历颠覆式创新发展，智能型新能源汽车成为产业竞争的战略制高点，能源网络、交通系统、移动出行体系被全面重塑，汽车行业已进入创新驱动的新时代。自学校第十一次党代会以来，汽车学院（以下简称学院）在实干担当中准确把握"与祖国同行，以科教济世，建设成为中国特色世界一流大学"愿景的深刻内涵，始终面向世界科技前沿、面向经济主战场、面向国家重大需求，聚焦汽车转型变革的前沿方向，深化学科交叉和产学研协同机制，持续推进重大科研平台建设，以国家战略需求为导向，积聚力量进行原创性引领性科技攻关，取得众多具有重要影响力的科研成果，培养了一大批汽车创新人才，有力支撑了我国汽车行业的创新发展。

一、学科交叉深度融合，产学研一体化加速，协同创新成效显著

五年来，学院持续深化"校内多学科交叉，校外产学研协同"的运行机制，不断增强核心技术自主创新实力。在校内，学院以车辆工程、动力工程与工程热物理学科为核心，强化与交通、电信、计算机、材料等多学科的跨学院交叉融合。在校外，学院与上汽集团、潍柴动力、德国保时捷等企业，及上海市、南昌市、深圳市等推进产学研协同创新。

作为国家新能源汽车重大研发战略的主力军、上海科创中心重大建设工程的核心力量、国家重大科技战略的智囊力量，学院不断优化校内学科交叉和业内单位协同创新的运行模式，围绕新能源汽车动力系统、智能控制和整车设计三大技术方向持续加大科研力度。五

年来，学院共计承担国家级科技项目数135项，行业企业技术性收入近7.41亿元，获得有效发明专利486项，制定及参与制定国际、国内及行业标准17项；氢能燃料电池、智能感知与控制、空气动力学等核心技术突破、成果转化转移及应用成效显著，牵头获省部级及以上科技奖励16项，省部级一等奖10项。

二、立足国家产业发展需求，高质量推动科研创新平台建设

2018—2022年，学院聚焦智能型新能源汽车产业发展需求，依托"智能型新能源汽车创新引智基地""新能源汽车工程国际合作研究中心""中德汽车联合研发中心"三大国际化科创平台和"智能型新能源汽车协同创新中心""新能源汽车及动力系统国家工程实验室""国家大型科学仪器中心平台——汽车风洞""燃料电池汽车及动力系统工程技术中心""国家能源氢动力重点实验室"五大国家级科创平台，积极开展前沿科学研究、前瞻技术研发和重大产品开发，形成了世界一流的学术影响力和竞争力。

学院充分结合单位共建的实体单元，不断强化面向上海科创中心建设的上海智能型新能源汽车功能性平台的机制优势，深化学院的成果转化平台和公共试验服务平台，形成以用促研、研以致用的产学研用全链条贯穿体系，继续在新时代、新形势下为我国从汽车大国走向汽车强国提供强力支持。

学院充分发挥同济大学的学科优势和人才优势，依托江铃集团的产业优势，与南昌市政府共建南昌智能新能源汽车研究院，拟建设成为集一流的汽车技术与产品创新基地、汽车高新技术企业孵化基地、汽车产业高端人才汇聚和培养基地于一体的新型研发机构，有力支撑同济大学车辆工程等学科的基础研究及成果产业化，加速推动南昌汽车产业创新实力提升，为江西省经济高质量发展提供新的动力。

此外，作为国内最早开展智能汽车测试与评价研究的机构，学院针对智能汽车开展了成体系的封闭式、半封闭式和开放道路多种模式试验环境建设，建设了我国首个智能网联汽车示范区（上海智能网联汽车试点示范区）的封闭式智能网联汽车测试与评价基地。自2019年建成投入试运营以来，基地已服务上汽乘用车、上汽商用车、蔚来汽车、智己汽车等10余家企业，开展轿车和重型卡车试验累计超过2万小时，支撑了我国第一款商业化示范应用的自动驾驶重卡——洋山港区无人驾驶集装箱卡车的研发，为我国智能汽车的技术进步和产业化推进发挥了重要作用。

2021年，由同济大学牵头建设的"新能源汽车及动力系统国家工程研究中心"也被国家发展改革委纳入了第二批国家新序列管理的国家工程研究中心名单。工程研究中心以此次优化整合为契机，继续坚持面向经济主战场、坚持面向国家重大需求，进一步优化运行机制，持续提升创新能力，把工程研究中心建设成为我国智能新能源汽车领域关键技术创新和核心装备研发的重要基地和国家战略科技力量。

三、自主技术创新成果突出，国家重大需求服务能力持续加强

1. 新能源汽车动力系统技术创新成果成效

（1）燃料电池汽车关键技术研发及其产业化

面向燃料电池乘用车和商用车产业化目标，学院瞄准高功率密度、高耐久性、高环境适应性、高可靠性、高安全燃料电池电堆和发动机系统的前沿关键技术，实现自主核心技术突破。自主突破了高活性催化剂、光化学加工细密化强传质流道、垂直错流高效冷却流场、膜含水状态精准识别、低温冷启动闭环控制、供气压力精准平衡控制、自适应功率分配闭环控制等关键瓶颈技术，在国内率先实现电堆功率密度突破3.2千瓦/升，首次实现百千瓦级系统进轿车前舱，率先突破零下30℃低温冷启动，在国际首次实现海拔4300米高原实车稳定运行，电堆寿命长达7000小时。开发了高压电前舱、驾驶乘座中间舱与高压氢后舱的"三舱分离"高氢电安全布置结构和氢电互锁安全防控系统，完成了国内燃料电池汽车实车载氢"第一撞"，所制定的国家标准《燃料电池电动汽车安全要求》被欧盟列为与ISO标准对等的国际标准法规，实现了中国汽车标准走向世界的突破。建立了燃料电池系统的规模化生产和质量控制体系，系统零部件数量减少25%，开发周期缩短约50%，实车平均无故障间隔里程达到4.25万千米，在国内率先突破单车20万千米的实际运行里程。

在国内率先研制出超过100kW大功率金属板电堆及机车用400kW燃料电池系统、2MW商业化燃料电池热电联供系统，系统掌握了膜电极、双机极板、电堆设计与燃料电池系统控制等关键技术，形成完整的自主知识产权成果，相关成果获得中国汽车工业科技进步特等奖1项和一等奖1项、上海市科技进步一等奖1项。

（2）高压气态加氢站系统与成套设备关键技术

加氢站是燃料电池汽车产业的重要基础设施与商业化推广的核心环节。超高加氢站用氢气压缩/储存技术与装备、高压氢气快速加注技术与装备、安全风险量化评价与设计集

成技术是全球高压气态加氢站建设的难题。聚焦上述难题的"设计集成难""加工制造难"与"应用标准难"的技术痛点，自主攻克了高压气态加氢站系统设计与成套装备关键技术，创新性地研制出全球首台 45MPa 大容量（1380L）站用钢质瓶式储氢容器和 92MPa 大容量（583L）钢质内胆碳纤维全缠绕的瓶式储氢容器，研制出我国首台 70MPa 加氢机，最大加注速率突破 3.5kg/min，建立了我国移动加氢站、外供氢型加氢站系统技术方案标准，并研制出我国首座电解水站制氢型加氢站。

主持/参与制订国家标准 8/7 件，获授权发明专利 19 件、实用新型专利 40 件，发表 SCI/EI 论文 20 篇。成果在 6 家国内知名加氢站系统/关键部件厂商得到大规模推广应用，已实现直接新增销售额 6.42 亿元、利润 7143.38 万元，经济效益显著。直接应用技术成果在国内已建成 58 座加氢站，市场占有率近 50%。加氢站关键装备从全部依赖进口跨越到全部实现国产化，建站成本降低了 50% 以上，引领了我国加氢站的跨越式发展，极大推动了燃料电池汽车和氢能产业的发展。成果获中国汽车工业科学技术进步一等奖和可再生能源学会一等奖。

2. 汽车智能控制技术创新成果成效

（1）分布式驱动电动汽车整车一体化控制技术与应用

该技术集成了多项关键技术，在分布式驱动电动汽车整车操纵稳定性控制方面已经达到国际领先水平。成果在我国新能源乘用车、客车、特种车领域取得了一系列开创性应用，有力提升了我国高端电动汽车产品的核心竞争力，有力支撑了我国先进军用车辆的自主研发。成果应用于比亚迪分布式电驱动大客车 K9、SUV 唐 DM，其中 K9 出口 28 个国家，获我国电动客车出口美国的单一最大订单，实现我国高端电动客车对欧美日发达国家和地区出口的重大突破；应用于厦门金龙分布式驱动大客车 XMQ6115FGBEVL，实现了我国独立悬架分布式驱动电动客车的产业化突破，国内市场占有率第一；应用于嘉陵分布式电驱动特种车山猫 6×6，实现了我国新能源军用特种战车零的突破，我军第一款也是唯一一款列装的新能源特种战车，作为我军重要研发成果在国庆 70 周年大阅兵上接受党和国家领导人检阅。成果获得中国汽车工业技术发明一等奖。

（2）线控电子液压制动系统研发与产业化

发明了机械解耦冗余安全拓扑构型和多层嵌套高集成度设计的线控液压制动系统解决方案，提出了基于液压力动态估计的自适应摩擦补偿主缸液压力精确方法，实现了 1086 万元的成果转化，成果转化与产业化项目获 2019 年"创青春"中国青年创新创业大赛全国金奖、2020年中国国际"互联网+"大学生创新创业大赛全国金奖和最具商业价值奖。对于摩擦制动器，首次系统攻克了高集成度摩擦制动器的准静态踏板感觉、低频制动抖动、中频制动颤振和高频制动尖叫的全频段结构动态设计、试验评价和综合控制技术，引领了行业摩擦制动器的声振品质提升，显著提升了自主制动系统的核心竞争力。

基于技术成果研发了我国首款线控电子液压制动系统产品，打破德国博世等国际零部件巨头的垄断。产品已经成功应用于江淮、合众、吉利、金龙、东风日产、阿里巴巴、京东物流等60余家新能源和无人驾驶汽车企业，在国内无人车领域占70%以上的市场份额，是我国军车唯一的线控电子液压制动系统供应商，有力支撑了我国无人驾驶车辆的研发和应用，助力我国自主汽车品牌高质量发展。成果获得2019年上海市科技进步奖一等奖。

3. 汽车整车设计技术创新成果成效

工程研究中心攻克了3/4开口式风洞低频颤振、背景噪声、边界层厚度和压力梯度控制的核心设计技术，压力脉动系数小于0.5%，背景噪声61dB（A）@160km/h，均优于国际其他风洞，形成了高品质的试验段测试流场和声环境；发现了双稳态流动导致测量结果波动和不对称现象内因，提出了长周期测量方法，建立了高精度的风洞测试数据修订技术。创造性地提出汽车最小阻力体设计思想和全局优化设计方法，实现国际先进水平（0.193空气阻力系数）的整车气动设计，促进电动汽车风阻系数进入0.20时代。

技术成果应用于国内第一座汽车气动－声学整车风洞，并推广应用到国内多家风洞实验室的建设中；牵头建立了汽车空气动力学标准体系，是国际自动机工程师学会（SAE International）汽车空气动力学标准委员会唯一来自中国的成员，引领了我国汽车空气动力学技术进步，推动汽车产业发展。成果获得2020年上海市科技进步奖一等奖。

学院"十三五"期间各方面都取得了长足的发展，未来将继续坚持多学科交叉的有组织科研模式，进一步强化校内大交通领域协同，全力推进车路云一体化交通系统国家重点实验室申报工作，聚焦汽车电动化和智能化领域的卡脖子关键技术问题，力争在汽车高性能零碳动力系统、自学习网联智能控制系统和超低风阻整车设计技术方面取得创新突破，为我国汽车工业的自主创新作出更大贡献！

第八章

全面涵养和践行新时代同济文化

第一节　发展社会主义先进文化，践行社会主义核心价值观

2018—2023 年，同济大学校党委坚决贯彻习近平总书记"使核心价值观的影响像空气一样无所不在、无时不有"的要求，坚持社会主义核心价值观引领，用中华优秀传统文化、革命文化、社会主义先进文化培根铸魂，抓住青年价值观形成和确立的关键环节，用伟大精神和先进典型示范引领，用学校师生服务国家战略、投身基层实践的事例教育引导，积极推进社会主义核心价值观入脑入心，帮助青年学生扣好人生的第一粒扣子，使高尚的理想追求成为新时代同济人的自觉行动。扎实开展文明校园建设，树校园新时代文明新风，获评"全国文明校园"并持续巩固建设成果，推动中国特色世界一流大学建设迈出了坚实的步伐。

一、打造"全场域、全时段、全媒体、全覆盖"的宣传教育氛围，让社会主义核心价值观内化于心

学校党委通过全局策划、系统推进、拓宽渠道，通过加强政治理论学习、深化思想政治教育、强化宣传教育，使社会主义核心价值观在全体师生内心扎根。

1. 全面加强思想政治建设，深化社会主义核心价值观内涵理解

学校党委把深学细悟习近平新时代中国特色社会主义思想作为首要政治任务，深入学习贯彻党的十九大、十九届历次全会精神及党的二十大精神，进一步完善了全面系统学、及时跟进学、深入思考学、联系实际学的学习体系，构建了"党政领导—本科生导师—思政课教师—辅导员—班主任"五维育人共同体，校领导、学院党委书记、院长为学生开设分类分层专题报告，组建学校党的二十大精神宣讲团，推动形成领导干部带头讲、专家学者深入讲、党员师生广泛讲的"大宣讲"格局。以培育学生社会主义核心价值观为核心，精心设计"新生第一课""毕业大课"等，编写和印发习近平总书记重要讲话青年读本、

社会主义核心价值观解读等学习资料，加深学生对社会主义核心价值观内涵的理解。推进"形势与政策"课程改革，定期组织思政课教师集体备课，深入学生进行教学调研与课程督导。动员和鼓励专业教师担任班主任、学生实践、创新创业项目的指导老师，多渠道融入学生生活实际，形成价值观培育协同机制。

2. 全面推动思政课程和课程思政创新，实现全方位思政育人

学校注重思政课程和课程思政的同向同行，使思政教育和社会主义核心价值观教育贯通于学习的全过程。创新建设思政课课程群，建成"1+4+1+N"课程体系，实现思政课必修课全面精品化。以马克思主义学院为依托开展集体备课会，将党的最新理论成果融入思政课教学。校主要领导牵头开设"中国道路"课程，校领导和各学科专家联合开设"人民城市导论"课，重点建设"习近平新时代中国特色社会主义思想概论"思政课，做好习近平新时代中国特色社会主义思想体系"三进"工作，并贯穿立德树人的全过程，培养造就社会主义合格建设者和可靠接班人。全面推动思政课程与课程思政同向同行，全面提升教师课程思政教学的育德意识与育才能力，培育高水平课程思政示范课程、教学团队和名师。

2021年10月，在校党委副书记吴广明带领下，校党委办公室全体同志、马克思主义学院党委班子成员、"人民城市导论"课程主讲教师团队，以及"理论+"宣讲团的学生讲师，前往杨浦滨江开展"人民城市导论"课程的集体备课活动

获批 2 个教育部课程思政教学研究示范中心、4 门课程思政示范课程，涵盖本科生、研究生和继续教育各学段。

学校积极打造一批具有同济特色的课程思政标杆院系、标杆课程和标杆项目。交通运输工程学院牵头的高校交通运输类专业课程思政研究联盟，被教育部列入十大课程思政资源库建设单位；外国语学院开设"跟马克思学德语：《共产党宣言》"课程；建筑与城市规划学院在专业课程"城市历史遗产保护"中讲述中共一大会址纪念馆等上海红色建筑；艺术与传媒学院以百年峥嵘党史为时间轴、以马克思新闻思想的中国化为切入点，将党史学习教育融入课程思政建设，提高学习的针对性和亲和力；学校总结助力云南大理州云龙县脱贫攻坚事迹，邀请挂职干部、志愿师生为全校师生开讲"脱贫攻坚，同济人的使命与担当"同济大学定点扶贫主题思政大课，生动讲述 8 年定点扶贫实践，将社会主义核心价值观润物无声，入脑入心。

3. 拓宽传播媒介与渠道，营造社会主义核心价值观浸润环境

加强内容策划，注重立体传播，坚持"落细、落小、落实"，做深、做强、做精社会主义核心价值观网络传播，贴近现实、贴近学生、贴近心灵，通过以小见大的方式，将个体视角的"微叙事"与国家层面的宏大叙事相结合，精心策划了一批社会主义核心价值观、中国精神的网络传播内容，积累了一批制作精良、影响面广的公益广告、微视频、动画短片等精品作品，入选了上海市高校社会主义核心价值观进校园活动"示范项目"。开展的"手书中国"等新媒体主题活动连续多年荣获"全国高校网络教育优秀作品推选展示活动"一等奖。通过定向定点投放的形式，推送各类社会主义核心价值观网络育人作品 20 余次，覆盖群体 200 多万人次，形成了很好的展示效应。创新宣传方式和渠道，创设《听 Ta 说》直播品牌栏目，分设"红色能量""传统文化""科学素养""人文情怀"等板块，将文化活动迁移至网络空间，加深师生的文化认同和情感认同，获评"2020 教育政务新媒体年度案例"。

二、引导"人人、时时、处处"身体力行践履，让社会主义核心价值观外化于行

学校党委通过各类榜样选树、创新学习实践形式、营造优美校园环境，弘扬伟大建党精神和社会主义先进文化，增强师生信仰定力，服务学生身心健康成长。

1. 实施"社会主义核心价值观教育典型示范工程",以榜样力量引领前行

精心选树、广泛宣传同济"大先生"和"身边的榜样"。对标"最美教师""全国优秀教师"等遴选,通过"感动同济""追求卓越奖""师德师风优秀教师""匠心同济人""卓越女性奖"等各类先进选树、文明校园创建、先进表彰,广泛开展社会主义核心价值观宣传教育,以榜样示范激励师生校友砥砺前行,让奋斗成为人生最亮丽的底色。时时刻刻处处践行社会主义核心价值观已经成为师生的自觉行为和校园风尚。从耄耋院士到"90后"辅导员,从教学科研团队到学生个人,近年来,学校涌现一大批全国和上海市先进典型,校内外媒体平台协同生动、立体报道,形成"报、网、端、微、屏"媒体矩阵,产生具有全国影响力的文明示范效应,鼓励师生"把论文写在祖国大地上",将爱国热情化为报国之行。

2. 学习实践相结合弘扬伟大建党精神,增强信仰定力师生同行

在迎接庆祝中华人民共和国成立70周年、中国共产党成立100周年和党史学习教育等重要时间节点,构建师生沉浸式、立体式大思政课堂,弘扬伟大建党精神。立足学科优势,邀请吕西林、李杰等院士为广大师生作党史学习教育、同济精神和教风学风报告。联合中共一大会址纪念馆、中共二大会址纪念馆、中共四大纪念馆共同举办"启航——中国共产党早期在上海史迹展",与井冈山革命博物馆联合举办"跨越时空的井冈山精神主题展",与遵义会议纪念馆联合举办"伟大转折——遵义会议纪念馆主题展览",与延安革命纪念馆联合主办"延安精神永放光芒"主题展,与中国工程院等单位联合举办"夯实根基 引领发展——庆祝中国共产党建党100周年主题展""党领导下的百年科技成果展""中国梦,航空航天梦图片展""永远的长征——舒同舒安书画巡展"等系列展览,举办"同济大学服务新中国建设70年""同济世 奔小康——全面建成小康社会中的同济贡献"等系列主题展览。举办系列文艺活动"永远跟党走"师生大合唱、庆祝建党100周年主题音乐会"丰碑",参加微言教育"唱支山歌给党听"系列活动和超燃红歌快闪活动,举办"中国精神"大讲堂系列讲座,开展师生同行社会实践与时代声音青年讲师宣讲活动,弘扬红色传统、赓续红色基因,引领师生弘扬践行"同济天下"的家国情怀。

3. 打造"身边的思政课",开展社会主义先进文化体悟践行

引导广大学生自觉将社会主义核心价值观的大主题转化为身边的小故事,把大道理寓于校园日常生活的体验和感悟。利用微信、微博等新媒体平台,发起社会主义核心价值观海报设计、"向祖国表白"等系列活动,激发学生对于社会主义核心价值观的认同。开展"优秀大学生报告会""发现身边的美"等活动，以红色经典体验、历史文化体验、改革成就体验、实践调研体验等方式，探索社会主义核心价值观教育"入眼""悦耳""合意""走心"的创新路径。建立"校—院—社团"多级志愿服务组织体系，成立生态文明志愿服务队、网络文明志愿服务队、"阳光之家"助残活动团队、"寻迹"义务导游队等志愿服务队伍。开展学雷锋日系列活动，向学生们征集身边的正能量，传递身边的微感动。百余名学生志愿者走进图书管理员、食堂保洁员、宿舍管理员、校门安全员等学校后勤保障岗位，通过互换身份，实地体验，切身感受工作中的酸甜苦辣。"济夕行动"——科技助老玩转5G世界志愿服务项目入选共青团中央青年志愿者行动指导中心"金晖行动——智慧助老"志愿服务示范项目名单。五年来，同济大学志愿者团队出现在中国国际进口博览会、浦江创新论坛、第十届花博会等各项大型赛会现场，持续谱写同济志愿者的奉献之歌。

4. 积极营造优美安全的校园环境，促进学生健康成长

学校科学规划校区功能定位，调整优化校区布局。不断完善各类设施，开展校容校貌集中整治和环境治理、校园照明系统改造和亮化工程、嘉定校区人行道绿色安全改造示范。推进"一站式"学生社区综合育人试点和楼宇文化建设，嘉定校区图书馆建成"中国智慧"艺术长廊，实施"送艺术进楼宇"，使教学楼、学生社区更具中国传统文化色彩，提升了优美校园建设水平和文明文化品质。不断完善学校文体设施，开展阳光体育活动，通过丰富多彩的竞技与群众体育活动，形成"大体育"格局。持续提升学校平安创建工作水平和后勤服务质量，积极推进落实"光盘"行动、厉行节约制止浪费，精细化开展垃圾分类工作，获评上海市垃圾分类"百佳学校"，推动"无烟校园"建设，不断提高师生满意度。强化校园安全和保密工作，健全校内卫生机构和疫情防控体系，完成各类突发事件应急预案修订和演练，具有完备的突发公共事件应急处置工作机制，持续开展安全教育，确保了无重大安全生产责任事故。

三、面向"国家需求、地方要求、基层诉求"，让社会主义核心价值观固化于志

学校深入挖掘师生服务国家战略和上海城市发展、深入基层开展帮扶实践的丰富校本资源，积极开展爱国主义教育和理想信念教育，传承弘扬同济精神，引领师生立大志、做大事、成大器。

1. 聚焦时代发展和国家战略，引领师生协同贡献同济力量

学校深入挖掘和宣传同济师生坚持"四个面向"、服务国家战略的优秀成果，激励广大师生致力提升自主创新及科技成果转化水平，为经济社会高质量发展输出"同济方案"，贡献"同济智慧"。师生深度参与雄安新区、粤港澳大湾区、海南自贸区建设，全力支持黄河流域大保护、长江大保护等国家重大发展战略。巩固拓展云龙县脱贫攻坚成果，全面推进乡村振兴，打造乡村振兴教育的"同济模式"，学校作为唯一的非农高校获批农业农村部、教育部"乡村振兴人才培养优质校"。服务长三角一体化发展国家战略，牵头建设长三角可持续发展研究院，发起组建"长三角可持续发展大学联盟"。在2020年抗击新冠疫情中，附属医院165名医护人员英勇逆行支援武汉；科研团队争分夺秒开展致病机理、疫苗研制和干细胞治疗等研究；同济设计集团放弃除夕和春节休息，在60小时内完成了上海市公共卫生中心9800平方米应急救治用房的设计任务。身处家乡的同济学子主动投入当地疫情防控工作，其中博士生马明杰的事迹被央视《新闻联播》报道。在2022年上海新冠疫情防控期间，同济大学坚决拥护和遵守中央和上海市防疫政策，倾力守护校园平安，一个个师生党员挺身而出，主动请战、带病作战、冲锋在前，跑出校园抗疫和保障生产的"同济加速度"；各附属医院的白衣天使们纷纷出征支援全国多地，全力护佑人民生命健康；海内外校友与母校风雨同舟，踊跃捐赠大批防疫物资，为打赢大上海保卫战贡献同济力量。

2. 与上海城市发展同频共振，推动创新服务、产学联动成为校园风尚

学校引领师生树立舍我其谁、时不我待的担当意识，坚持知识溢出，推进产教融合、产学联动，服务上海城市发展。上海自主智能无人系统科学中心建设成效显著，并依托学校建设教育部自主智能无人系统前沿科学中心；成立上海新城建设研究中心；牵头建设中国（上海）数字城市研究院，制定上海五个新城数字化转型规划建设导引。服务社会治理，建设上海市人工智能社会治理协同创新中心，联合杨浦区获批建设国家智能社会治理实验综合基地，形成了智能社会治理研究新高地。在首届"上海市优秀智库报告"中，同济大学智库决策咨询报告获批数量名列上海市高校第一；决策咨询信息采用情况评分位列全国第四、上海市第一，决策咨询与社会服务能力有了新突破。深化"三区融合、联动发展"校地合作模式，同济大学国家大学科技园在科技部、教育部2020年度国家大学科技园评价中获评"优秀"。依托杨浦区建立杨浦环同济知识经济圈；依托嘉定区建立嘉定环同济创智城，打造具有世界影响力的氢能源和智能网联汽车产业发展高地；建立普陀桃浦智创城，打造沪西校区周边以智慧医疗生命为特色的产业集聚区。

3. 深入基层实践，激发学生在推进中国式现代化进程中实现人生梦想

学校积极创造条件，通过各种渠道引领青年学生不断增强对社会、对国家的责任意识，推动树立实现中华民族伟大复兴的远大理想。组织开展多种形式的社会实践与基层服务活动，打造多维度项目体系，形成社会实践活动多样化、品牌化、特色化特点。青年学生志愿服务与社会实践参与率超过40%。每年派出300余支队伍围绕"赓续红色基因""共筑人民城市""助力乡村振兴""勇担时代重任"四个板块开展社会实践，激励学生将人生梦想融入国家发展，在实践中了解国情、感知社情、体察民情。坚持组织大学生开展"西部支教团""志愿服务西部计划""爱洒定西""情系李庄"定点支教等，每年固定派出16名研究生赴云南、四川、甘肃等西部地区支教，持续选派优秀青年教师担任第一村支书，服务基层建设。同济师生每年参加各种志愿服务4万多人次。征兵工作每年都圆满完成，无偿献血人数连续四年保持上海高校第一。

未来，学校党委将立足学校实际继续广泛践行社会主义核心价值观，弘扬以伟大建党精神为源头的中国共产党人精神谱系，深入开展社会主义核心价值观宣传教育，发展和传播社会主义先进文化，深化爱国主义、集体主义、社会主义教育，弘扬劳动精神、奋斗精神、奉献精神、创造精神、勤俭节约精神，着力培养担当民族复兴大任的时代新人。

第二节 弘扬革命文化，赓续同济红色血脉

习近平总书记在党的二十大报告中提出，要"弘扬革命文化，传承中华优秀传统文化"，要求"全党要把青年工作作为战略性工作来抓，用党的科学理论武装青年，用党的初心使命感召青年"。革命文化根植于伟大建党精神，凝聚了中国共产党人的奋斗与拼搏、牺牲与奉献的血脉记忆，蕴含了强大丰富的教育能量和持久深厚的精神动力，是对青年大学生进行思想政治教育最生动的教材。同济大学第十一次党代会召开以来的五年中，学校党委立足同济特色，深入挖掘校史中的革命文化和红色资源，并以各种形式呈现给广大师生，使革命文化融入师生的精神世界，红色血脉在新一代同济青年学生中接续传承。

一、深入挖掘校史，凝练红色基因内涵

1. 深入挖掘同济的党团历史和师生革命活动

同济大学历来注重红色校史挖掘整理，出版了《同济英烈》《冲破黑暗迎曙光——纪念同济"一·二九"事件五十周年》《同济大学史》等一系列校史读物。近年来，学校持续发挥档案馆（校史馆）馆藏资源优势，立足档案编研和校史研究工作，积极挖掘红色档案史料，阐释凝练同济红色基因取得新进展。在"政协头条""上观新闻""上海教育新闻网"等媒体发表一系列文章，深入挖掘了中国共产党地下党组织和共青团组织在同济大学产生、发展和领导师生革命的历程。系统梳理了同济大学的光荣革命传统，展现了同济师生英勇斗争、无惧牺牲的爱国主义情怀和崇高革命精神；生动展现了20世纪20年代前后同济师生积极投身五四运动、五卅运动等反帝反封建爱国运动的进步历程；三四十年代"九一八"事变以后和学校辗转西迁途中，同济青年在中国共产党和共青团地下组织领导下抗日救亡、保家卫国的英勇事迹；40年代后期复原上海后，同济青年在共产党领导下奔走在推翻国民党反动统治"第二条战线上"，发起和领导救饥救寒、劝募寒衣、抗议九龙

暴行以及"一·二九"运动等一系列爱国民主运动的光辉篇章。

2. 深入发掘同济英烈事迹，弘扬英烈斗争精神

经过严格考证丰富同济英烈名单，通过人员访谈、档案发掘和实地调研等方式对同济英烈事迹进行了系统整理和挖掘，补充了大量新发现史料与珍贵照片。同时，做好红色档案资源的抢救与保护工作，征集并归档一批烈士工作证明、出版物、往来信函等珍贵实物档案。2021年，学校编著出版《同济英烈》（第二版），较第一版新增6位烈士，详细介绍了25位烈士的光辉思想和生平事迹，其中包括参与五卅运动的反帝先锋尹景伊、以笔为剑投身革命的红色诗人殷夫、扎根浙南大地抗日救亡的钱钟仪、深入虎穴传递百余件重要情报的郑文道，还有争民主反独裁的民主战士老校长周均时、誓死捍卫人民政权的阎镇家等在中国的民族独立、人民解放和社会主义建设事业中英勇献身或不幸逝世的英雄楷模和革命志士。英烈事迹谱写出同济人可歌可泣的壮烈革命画卷，成为师生树立崇高理想的精神坐标，在校内外师生中引起了强烈反响。书籍的出版既是学校开展"四史"学习教育和党史学习教育的生动教材，也是学校档案编研和校史研究的重要成果，更是同济人弘扬革命文化、传承英烈精神、赓续红色血脉的重要载体。

二、完善育人载体，筑牢红色育人阵地

1. 提升校内文化设施的红色育人功能，增强学校红色文化底蕴，加强师生爱国主义教育、校史校情教育

全国人大原委员长乔石同志曾评价，同济大学1948年"一·二九"反抗国民党暴政、争取民主的斗争是毛泽东同志所说全民族解放战争时期第二条战线中的一次重要斗争。同济大学为传承发扬红色传统，1987年在"一·二九"事件的发源地修建同济大学学生运动纪念园，其后学校每年都会在此举办英烈纪念活动和爱国爱校主题教育活动。为深入打造同济大学党史校史教育、爱国主义教育新地标，丰富红色文化内涵，在杨浦区退役军人事务局的支持下，同济大学于2021年启动了学生运动纪念园的修缮及新增浮雕项目，并于2022年9月完工。本次修缮工程优化了园内布局通道、绿化及灯光照明设施，翻新陈旧设施并新砌了同济英烈纪念墙和修缮志墙面，并对园内的无障碍设施进行了提升。在纪念园入口处新增了反映同济大学"一·二九"事件的纪念浮雕，展现了轰轰烈烈的"一·二九"爱国学生运动中的场景、同济英烈剪影以及学校六次迁校的历程，充分展现了同济大学的

光荣革命传统。靠近纪念园打造"一·二九"爱国主义教育室，集党史教育、校史教育、仪式教育于一体，融合多功能展厅、会议室等丰富的展览形式和沉浸式教育体验。成立"一·二九"宣讲团，每年面向全校新生团支部开展主题宣讲，传承同济红色基因。在同济大学文明网开设"同济记忆"专栏介绍纪念园情况和英烈相关事迹。

2. 举办伟大建党精神系列红色主题展览，在师生中传播和弘扬革命精神和红色文化

依托中华人民共和国成立 70 周年、中国共产党成立 100 周年、同济大学建校 115 周年等重大时间节点，同济大学档案馆（校史馆）、图书馆（博物馆）等在各校区举办"伟大开端——中国共产党创建历史图片展"、"启航——中国共产党早期在上海史迹展"（与中共一大会址纪念馆、中共二大会址纪念馆、中共四大纪念馆联合举办）、"跨越时空的井冈山精神"主题展览（与井冈山博物馆联合举办）、"夯实根基 引领发展——庆祝中国共产党建党 100 周年主题展"、"新中国从这里走来——庆祝建军 95 周年解放战争经典战役联展"、"延安精神 永放光芒"主题展（与延安革命纪念馆联合举办）以及"同济大学爱国学生运动与英烈图片展"等展览，激励师生弘扬革命文化，赓续红色血脉。

3. 充分依托融媒体等平台，以青年人喜闻乐见的形式，让红色文化与青年学生"同频共振"

为更广泛地向师生校友和社会大众讲好红色故事、弘扬英烈精神，自 2020 年 6 月起，同济大学启动"同济英烈"系列微信推送，把红色资源作为革命传统教育、爱国主义教育、思想道德教育的生动教材。同期推出广播栏目《英魂济忆》，在专业老师的指导下，全部由校广播台学生完成音频的编辑、播音和制作，音频版已在同济大学广播台、网易云音乐、喜马拉雅等平台向社会大众播出，提升了英烈事迹的可读性和传播性。2021 年"五四"青年节前后，学校官微推出"我和我的学校·红色记忆"专栏，以翔实图文和漫画视频相结合的主题推送，多形式展现革命历史，生动形象地讲述了建校百年来同济青年济世兴邦的感人故事，进一步拓展了宣传阵地，提升了学习教育的效果。至 2022 年底，完成尹景伊烈士、殷夫烈士等 16 部"同济英烈"系列微视频（动画）和井冈山精神、长征精神、延安精神等 16 部《中国精神》系列动画短片的制作发布。充分利用互联网平台，多维度并行提升线上线下校史教育、爱国主义教育功效及传播，相关活动受到师生校友普遍赞誉，为弘扬革命文化、赓续同济红色血脉增添亮色。

4. 与优质传媒平台合作制作发布同济发展纪录片，广泛传播同济红色文化，鼓励广大师生践行初心使命

在多年积累抗战西迁校史研究成果基础上，同济大学和上海广播电视台共同制作了纪录片《山河行过——抗战中的同济大学》并于 2019 年 9 月首播。该片再现了同济大学在民族危亡之际六次迁校、弦歌不辍、教育报国的伟大壮举，展示了以中国测绘事业奠基人夏坚白、中国桥梁界泰斗李国豪等为典型代表的同济大学师生与国家民族共命运、心怀爱国之情和报国之志、为祖国科教事业不懈奋斗的故事。著名医学专家吴孟超院士出席了首播仪式，鼓励师生自觉将自身前途与国家需要紧密结合在一起。以 115 周年校庆为契机，分别与中央电视台、上海电视台联合制作发布纪录片《抗战中的李庄——书声琅琅》同济专题、《百十五载 与国同行》，从校史中回溯强大精神力量，激励师生以实际行动践行"与祖国同行、以科教济世"的初心使命，自觉将小我融入大我，为中华民族的伟大复兴而奋斗。

三、促进育人实践，拓宽红色育人途径

1. 挖掘专业课程的红色基因，注重第二课堂与第一课堂相结合，将红色基因融入教育全过程

学校大力推进各类课程与思想政治理论课程同向同行，深入挖掘专业课程的德育内涵和学校红色基因。同时，学校充分发挥实践作为育人第二课堂的重要作用，依托"红色之旅""红色实践"等课外形式，广泛开展走访中共一大、二大会址等红色文化场馆，加强学思践悟，进行更深入的党史学习教育以及革命文化教育；开展特色品牌——"红色大课堂"等学生暑期实践活动，通过走访浙江嘉兴南湖、江西井冈山、山东临沂、陕西延安以及河北西柏坡等红色革命圣地，推动广大学生从党的百年奋斗重大成就中汲取智慧营养和奋进力量，在寻访红色足迹的暑期实践锻炼中加强爱国主义教育和革命文化教育，传承和弘扬以伟大建党精神为源头的中国共产党人的精神谱系。

2. 发挥专业优势，以多元形式丰富革命文化、红色基因传承发扬模式

外国语学院组建的"红色济译"团队采用线上线下混合、中外译者合作、师生共同参与的形式，就井冈山革命博物馆展陈词、红色文献、红色典籍、红色影视与歌曲等多模态文本完成 20 余万字的红色文献英译与修订任务，建设红色文化翻译的术语库、语料库、

案例库和教案库,为红色文化外译、红色翻译理论建构作出了积极贡献。2021 年 4 月井冈山革命博物馆与同济大学外国语学院签署红色革命文化国际传播合作协议,双方以"传承红色基因、赓续革命血脉"为使命,致力于建构中国特色对外话语体系和加强中国红色文化国际传播力建设。在 2021 年"挑战杯"上海市大学生课外学术科技作品竞赛上,外国语学院"红色济忆"团队完成的"中国共产党红色文化对外传播的现状、问题与建议——基于革命圣地英译的调查研究"项目荣获特等奖。团队实地走访井冈山、延安、遵义、瑞金、西柏坡等革命圣地的革命纪念馆、博物馆和旧址,收集近千份实地英译素材,聚焦红色术语的规范性和翻译传达的准确度,制作红色文化翻译指南,构建"中国红色文化翻译术语库",并创建红色文化外译新媒体平台。

3. 打造校园原创红色艺术精品力作,将革命精神教育融入教学、融入实践、融入创作

五年来,学校充分发挥学院学科专业优势和自身特色资源,开展反映同济红色历史和革命文化的艺术创作。学校推出校园版红色原创歌剧《江姐》、原创民族实验歌剧《志丹,志丹》,生动展现革命先辈的革命奋斗历程,编创排演包含校史剧《同舟共济》、大师剧《国之英豪》和英烈剧《铸诗成剑》的"同济三部曲",将校史文化资源的利用创造转变为生动的学思践悟场域,不断延展校史运用的广度、深度、高度,激励师生弘扬革命文化、赓续同济红色血脉。举办"我和我的祖国——庆祝新中国成立 70 周年主题音乐会""'理想之光·真理之路'同济大学迎接建党 100 周年系列主题活动'丰碑'国庆主题音乐会"等高质量文艺活动,编创红色舞蹈《终将见我微笑》在全国大学生艺术展演活动开幕式上首演并获得大奖,一系列文艺创作为弘扬革命文化提供了生动载体。

展望未来,同济大学将在学校党委的坚强领导下,紧紧围绕立德树人根本任务,继续立足档案编研和校史研究,挖掘红色校史,凝练传承红色基因;继续着力育人载体功能提升,打造线上线下红色育人文化空间,多形式开展师生革命精神和红色文化教育;继续探索育人实践方式拓展,充分发挥第二课堂作用,将革命精神和红色文化融入育人全过程。学校将始终坚持以文化人,以史育人,激励师生弘扬革命文化,赓续同济红色血脉,为奋力开拓中国特色世界一流大学建设新局面提供厚重的精神支撑。

第八章 / 全面涵养和践行新时代同济文化

校史剧《同舟共济》

大师剧《国之英豪》

英烈剧《铸诗成剑》

第三节 弘扬中华优秀传统文化，
推进文化自信自强

中华优秀传统文化积淀着中华民族最广博的思想智慧和最深沉的精神追求，更是大学人文精神的基础和不竭源泉。2018—2023年，同济大学党委坚持以习近平新时代中国特色社会主义思想为指导，全面贯彻党的教育方针，紧紧围绕立德树人根本任务，大力弘扬和传承中华优秀传统文化，将其作为大学文化建设"十三五""十四五"规划的重要工作，融入人才培养、科学研究、社会服务、文化传承创新和国际交流的各项工作之中，涵养大学精神，增进广大师生的文化自信自强。

一、加强文化育人的课程体系建设，将中华优秀传统文化写入师生的知识图谱

学校注重中华传统文化的课堂教育，构建完善相关通识教育课程体系，通过第一课堂，使师生了解、认知中华优秀传统文化，使之成为知识背景和文化修养的重要组成部分。

1. 不断完善中华优秀传统文化的课程体系

学校每年组织校内外师资开设80多门中华优秀传统文化类课程，其中包括"国学经典导读""中华礼仪文化""民族音乐欣赏""传统工笔绘画技法""篆刻艺术""京剧鉴赏""昆曲鉴赏""京昆实践""中国戏（剧）曲经典（京昆）""中华传统文化"等，为学生提供了学习中华优秀传统文化的丰富选择。此外还开设了"元明清戏曲专题""中外名剧研究"等专业选修课。课程采取主讲与邀讲、授课与讲座、课堂与观赏、讨论与研究、校内与校外相结合的形式。在职教师作为课程负责人，邀请了上海昆剧团、上海京剧团的著名演员和其他领域的专家参与课程教学，从理论与实践的不同角度来开展中华优秀传统文化的教学，展现中华优秀传统文化的精髓。除了选课学生之外，这些课程也吸引了一大批旁听师生。

2. 积极举办弘扬中华优秀传统文化的报告和论坛

学校每年举办近百场各种类型和层次的传统文化主题报告会、论坛，作为课堂教学内容的补充和拓展，使更多学生从中受益。校党委宣传部、研究生院与人文学院共同举办"中国文化"系列高端讲座，通过邀请国内有影响的专家、学者分别以"中国历史""中国哲学""中国艺术""中国文学""中国制度"等为专题讲授"中国文化"，意在"人文滋养，各美其美"，使青年学生深入了解我国的历史、文化、国情，增强青年学生的民族自尊心、自信心和自豪感，激发青年学生的爱国情怀，坚定青年学生的理想信念，促使青年学生与祖国同行、与时代同步，在守正创新上有新作为。学校还举办了"礼敬中华·名家论坛"、诸子百家大师讲坛，"走近历史，读懂中国"系列讲座等，让学生与传统文化亲近、与大师对话。

3. 加强价值引导，培养师生对中华优秀传统文化的敬意

学校注重中华优秀传统文化的精神价值引导，依托课程思政改革，强化示范引领和资源共享，善用"大思政课"，在哲学社会科学及相关学科课程中增加中华优秀传统文化的内容，建设精品传统文化课程，推动中华优秀传统文化融入新时代课程思政内涵式建设和高质量发展。组织实施"中华优秀传统文化传承发展工程""中华经典诵读工程"等，帮助学生学用结合，内化于心，外化于行，融入"同济天下、崇尚科学、创新引领、追求卓越"的新时代同济文化，不断丰富人才培养的文化特质。

二、拓展文化育人的平台建设，促进中华优秀传统文化融入师生的精神底色

学校高度重视大学文化建设的顶层设计，在"十三五""十四五"规划中，明确将"大学文化建设"作为一个单列专题进行编制，系统推进中华优秀传统文化教育平台建设。

1. 建设了弘扬中华优秀传统文化的基地"闻学堂""文榷堂""博物馆"

"闻学堂"以"文化·传统·经典"为定位，集传统文献借阅、展示、研讨三项功能于一体，以闻学讲堂、闻学展堂、闻学课堂、闻学知行堂、闻学雅集堂"五大堂"为体系，通过展览、互动、体验并结合传统的阅读、交流、讲座等形式，营造一个传统文化学习与美学熏陶的空间。每学期平均开设 6~8 门精选传统文化课程，同时引进传统文化系列精品通识课程。"闻学堂"定期开设传统文化相关的校内选修、专业课程，举办中华传统文化

主题展览、国学研讨讲座沙龙、戏曲传唱面对面、经典著作"芝麻开门"以及书法、绘画、篆刻等活动,增强师生对中华优秀传统文化的感知和践行。闻学堂传统文化体验课涵盖敦煌文化、茶文化、古代绘画、古代书法等主题,设置"千年变壁上观""敦煌千年服饰秀""从《清明上河图》看宋代生活百态""茶画大观""兰亭序"等主题课程,解读文化,传播经典,立体展现中华传统文化独特魅力。

"文榷堂"位于嘉定校区图书馆14楼,寓意"以文为榷,榷文济世",也意为商量、商榷,内蕴文化互动。定名为"文榷堂",词义雅正,与文化空间的定位相符,同四平路校区图书馆的闻学堂相呼应,体现同舟同济的精神和同济大学的文化内涵。文榷堂自2020年11月1日正式启用以来,集文榷讲堂、文榷学堂、文榷展堂、文榷会堂、文榷艺苑、文榷雅集等于一身,通过专题展览、讲座沙龙、文艺鉴赏、实践体验等多种形式,丰富同济师生的文化生活和文化实践,弘扬中华优秀传统文化,推广学科文化及海派文化,传承同济精神。"同济印迹——纪念建校115周年印信文化展"及相关钤印雅集和篆刻体验活动、"煌煌其华——盛世大唐的艺术与生活(浸入式讲座加书法实践)"、"云白天青——蓝染布上的技艺流光"非遗文化展等活动纷至沓来,精彩纷呈。

同济大学博物馆建设和完善了三个永久性陈列展厅:"中国古代机械复原模型展示厅""中国建筑与建筑文化展示厅"和"中国园林与传统艺术展示厅"。此外,博物馆还重点推出了传承中华优秀传统文化和扩大师生国际化艺术视野的外国优秀艺术临展项目,形成了"传承中华优秀传统文化""非遗进校园"和"走近'一带一路'沿线重要国家和地区"等展览系列,以及"敦煌壁画艺术精品展""中国汉画艺术展""龟兹仰止——克孜尔洞窟壁画与西域艺术"等特展,并通过组织专家讲座、观众互动等方式,使观众在观展过程中"立体式"地受到优秀文化的传承和熏陶。博物馆被央视科教频道等多次报道,在上海市2021年博物馆影响力评估中位列高校第四。

2. 开展了"同济复兴古典书院"和"同济英才国学堂",推广国学教育

"同济复兴古典书院"面向师生和社会招收学员,开展公益教学,开设有六经、书画、中医等十余门优秀传统文化主题课程,还设立了书法、国画、昆曲、茶道等实践内容。通过《论语》等优秀传统文化系列课程,实行传统经典研读、学习心得分享等方式,受到师生和社会各界人士的广泛欢迎,其学员作品多次在《人民日报》刊发。"同济英才公益国学堂"主要面向中小学生开展传统经典教育,由优秀国学师资利用双休日和寒暑假提供持续、优质的传统经典教育。相关工作获评全国高校"礼敬中华优秀传统文化"特色展示项目。

3. 不断加强中华优秀传统文化传承基地建设

学校着力构建公共文化平台，持续推进同济大学国家大学生文化素质教育基地、教育部中华传统文化艺术传承基地（京昆）、同济大学上海市大学生戏曲艺术实践基地等的建设，深入开展中华优秀传统文化和高雅艺术进校园活动，不断拓展文化传承创新的载体，涵养和丰富大学校园文化。教育部中华优秀传统文化传承基地（京昆）开设选修课程，编辑京昆普及读物，开通微信公众号和抖音号，深入大中小学普及京昆艺术，邀请名家名剧走进校园，组织策划一系列有影响力的活动，如举办全国高校戏曲育人研讨会、"纪念梅兰芳大师125周年诞辰系列活动"、师生同台演出《太真外传》和《红鬃烈马》、沪上高校昆曲青春汇等活动。基地自2020年以来，在文教结合项目的支持下，启动学生版《长生殿》，经过线上海选、线下面试、昆曲青春训练营、阶段性汇报演出等环节，2021年5月15日上演学生版《长生殿》全本，提升了昆曲艺术在校园的影响力。

2021年5月15日，学生版昆曲《长生殿》首演现场

三、开展丰富多彩的文化育人活动，让中华优秀传统文化走进师生的日常生活

中华优秀传统文化既是知识素养，也是日常可接触到的生活方式。学校积极开展艺术节、高雅艺术进校园等文化活动，扶持传统文化社团建设，让中华优秀传统文化走进师生的日常生活，提升师生中华优秀传统文化的感性素养。

1. 积极举办中华优秀传统文化艺术演出，提升师生的艺术素养

每年举办的"同济大学艺术节"中，与中华优秀传统文化相关的演出常常是"重头戏"。校园精品艺术系列活动、校园群众艺术系列活动、高雅艺术欣赏系列活动、艺术作品展览系列活动、走进艺术名家系列活动、艺术实践工坊系列活动涵盖了多种艺术领域和艺术形式，为师生提供更丰富、水平更高的艺术享受，特别是京昆、越剧、沪剧专场演出、民乐团专场音乐会等，受到师生的广泛欢迎。

2. 加强对师生传统文化类社团的培育和支持

学校现有教工越剧团、教师书画协会和学生民乐团、昆曲研习社、京剧社、金音笛艺社、点墨轩、辟雍汉服社、采薇茶艺社、武术协会、陈氏太极社等传统文化类社团，师生成员2000余人。这些社团通过开展形式多样、内容丰富的社团活动，使校内更多师生受到传统文化的熏陶和吸引。如点墨轩书画篆刻社会员作品在全国比赛中多次获奖，京昆社团学生多次在全国高京赛上获得了特等奖、一等奖等奖项，京剧社获最佳组织奖称号。

3. 营造中华传统文化的育人环境

在校园道路楼宇景观命名中，学校坚持注重从中华优秀传统文化中汲取精华和资源，在语义中倡导中华民族的精神本源，如嘉定校区的教学楼群分别以"安""博""诚""德""迩""复""广""华"命名，学院楼以"开物馆""智信馆""惟新馆""宁远馆"等命名，学生活动中心以"艺嘉楼"、工程教育及科创中心以"致臻楼"命名，实现了文化追求与使用功能的融合。学校举办的"盛世元音——中国昆曲艺术文化同济大学特展"等各类中华文化展览先后在博物馆、沪西校区图书馆、嘉定校区文榷堂、附属中小学等处进行巡展，面向全体师生普及与推广中华优秀传统文化，引领全体同济人自觉接受中华优秀传统文化的熏陶。打造"二十四节气传统文化教育"系列文化讲座、文创周边设计、数字音乐会等特色主题活动，校团委、后勤集团等部门联合举办"济食育人之二十四节气"，在冬至、清明等时间节点让学生感受传统节气与美食的融合。设

计创意学院与博物馆线上线下结合打造"行律千年,东方意蕴:二十四节气创意作品展"。师生创作了一批高质量的网络文化作品,多媒体、多部门线上线下联动,将以"二十四节气"系列活动为代表的中华优秀传统文化在网络上广泛传播,激发中华优秀传统文化的生机与活力,进一步增强大学生文化自觉和文化自信。

四、加强中华文化的国际交流,在多元文化交流互鉴中增强师生的文化自信

中华优秀传统文化既是民族的,也是世界的。同济发挥国际化办学优势,积极推动中华文化传播,引导师生在多元文化交流互鉴中增强文化自信,也为世界文明发展作出贡献。

1. 积极传播中华语言文字和语言文化

学校依托先后承办的日本樱美林大学孔子学院、德国汉诺威孔子学院、韩国庆熙大学孔子学院、意大利佛罗伦萨大学孔子学院,以及日本高岛孔子课堂、日本立命馆大学孔子课堂,做好中华优秀传统文化推广和传播,年均汉语课学员超过1万人,各类文化活动参与人次上万,以语言促进合作,以交流推动文化融合共生。2018年发起成立"一带一路"语言文化传播校企联盟,积极争取社会资源,推动语言文字产学研一体化,服务国家战略。五年来,主办"一带一路"语言文字交流与传播高峰论坛15次,打造"汉语国际传播论坛""汉语科技融合创新平台系列讲座"等学术讲座品牌,吸引相关领域超过3300余名海内外专家学者参会。出版"中华文化国际传播系列丛书""'一带一路'与中华文化国际传播系

2023年8月,德国科隆大学学生团组来我校国际文化交流学院参加中文研习营,在书法家周世璋先生指导下书写"同舟共济"

2023年9月27日 "根植中华 梦播世界"中外文化展示活动,土库曼斯坦学生表演舞蹈

列丛书"等专著、译著、教材教辅书共计 35 本,其中在国外出版专著 5 本,形成了国家语言文字传承推广的"同济经验"。

2. 通过文化交流项目弘扬中华文化

五年来,学校多次在境外友好学校开展"同济日"活动,在介绍学校发展状况的同时,积极推广中华优秀传统文化。2018 年,在中国驻佛罗伦萨总领事馆大力支持下,学校携手上海京剧院等合作主办"京剧走进意大利佛罗伦萨"公益文化系列活动。3D 电影《霸王别姬》佛罗伦萨首映,京剧表演艺术家讲解京剧艺术,同济学生在佛罗伦萨大中学课堂献唱京剧,以中国大学的国际文化传播平台为载体,进一步开拓中华文化传播、向世界观众讲述中国故事的途径,是深入推动中外人文交流与发展所作的又一积极探索。学校还依托大学生艺术团海外交流等项目,传播中华传统文化。同济学生先后在俄罗斯、德国、芬兰、韩国、摩洛哥等地大学上演京剧昆曲剧目和民乐节目,在世界舞台演绎中华艺术,传递"大美中国"的文化印象。国际文化交流学院、同济物业管理有限公司和党委学研工部规划建设了全国首个"留学生中国生态文明体验区"的特色园区——"留学生中医文化体验园",给留学生们构筑了一个看得见、摸得到的中华文化体验平台。

未来,学校党委将深入学习宣传贯彻党的二十大精神,坚守中华文化立场,讲好中国故事、传播好中国声音,深化推进中华优秀传统文化进校园,进一步完善优秀传统文化系列课程体系和实践平台,创作更多优秀文化艺术作品,在学习、力行、传播中弘扬中华传统美德,增强广大师生文化自信,增强中华文明影响力,推动中华文化更好走向世界。

第四节 涵养新时代同济文化，传承发展同济精神

自同济大学第十一次党代会以来，学校党委深入总结同济大学发展历史，立足党和国家所处的新的历史方位以及学校所处的新发展阶段，围绕立德树人根本任务和科教兴国大学使命，提出了以"同济天下、崇尚科学、创新引领、追求卓越"为特质的新时代同济文化。通过深入研讨，让广大师生深刻理解其内涵，凝聚最广泛共识，并通过物质文化、环境文化、制度文化、精神文化建设，深化涵养践行新时代同济文化，持续传承和发展同济精神。以伟大理想引领人，以时代文化感召人，以同济精神凝聚人，形成推进学校事业发展和"双一流"建设的磅礴精神力量。

一、梳理同济精神脉络，顺时应势提出新时代同济文化

学校党委持续深化学习贯彻习近平同志在同济大学建校100周年大会上重要讲话，深刻体会"同济的100年，是与中华民族命运休戚与共的100年；同济的100年，是与祖国科教事业心手相牵的100年；同济的100年，是与上海城市发展相濡以沫的100年"中所体现的学校发展历程中的"同济天下"情怀，以及党和国家领导人对同济未来办学的要求和期许。

1. 系统挖掘总结，梳理同济精神传承发展脉络

党委宣传部、档案馆、图书馆等组织力量系统研究同济大学办学早期至当代同济精神的产生、发展与传承过程。通过研究同济大学办校初期到1949年之间的各类历史出版物，发现在办学早期同济大学就逐步积淀下来同舟共济、同济天下、研究科学、创新开拓等精神内涵，并将其总结为六个方面：实用与科学精神、合作与团结精神、镇静与奋斗精神、济世与救国精神、创新与开拓精神和人文与艺术精神。组织查阅历次党代会文件及80周年至110周年校庆的文件材料，研究了从1987年至今同济精神发展升华的脉络，将其总

结为"同舟共济"和"同济天下"两大主要内核的传承与发展。学校组织编撰出版《星汉璀璨同济人（第二辑）》《同济英烈（第二版）》《济忆：同济历史上的这一周》等为代表的同济校史、学科史专著，发表高水平校史研究学术文章，举办丰富多彩的年度校庆系列活动，与中央电视台和上海电视台联合制作发布校史纪录片，与《解放日报》开展"大先生"口述同济，举办纪念同济大学迁校李庄80周年、劳动建校70周年专题展和"同济印记"同济精神印文征集发布等活动，观看人数以亿计。让世界更了解同济历史和同济精神，也让师生校友全方位感受同济大学"与祖国同行，以科教济世"的优秀传统，以及同济人在不同历史时期的感人事迹和精神传承，激励师生校友拓宽见识、提升情怀，同心协力、投身报国、济人济世。

2. 深入调研讨论，提出新时代同济文化

学校在近五年的《同济大学章程》两次修订中始终坚持"同舟共济"的校训，坚持"与祖国同行，以科教济世，建设成为中国特色世界一流大学"的办学愿景，坚持"严谨、求实、团结、创新"的校风，以及"追求真理，培养人才，研究学术，服务社会，促进文化传承创新，交往世界与贡献智慧"的大学使命。2020年7月，学校在推进文化建设"十四五"规划的调研中总结认为，近年来，同济大学文化建设仍然存在不足，文化引领导向作用还不够突出，大学文化对人才培养等中心工作和对一流大学建设的支撑还不到位，对同济文化内涵的总结凝练、传播应用还有待加强，对师生员工思想道德素质塑造作用还需进一步提升。因此，将结合新时期世界之变、新时代国家需要和同济当前使命任务进一步凝练同济精神，深化交流研讨与阐释宣介，作为文化建设"十四五"规划的重要内容加以推进。经过一段时间的讨论和酝酿，时任校长陈杰在2021年3月开学工作会议上代表学校党委提出涵养以"同济天下、崇尚科学、创新引领、追求卓越"为特质的新时代同济文化。其中，同济天下要求师生具有家国情怀，全球视野；崇尚科学要求师生格物穷理，探求真知；创新引领要求师生勇于突破，敢为人先；追求卓越要求师生争创一流，止于至善。

二、研讨阐释内涵，凝聚对新时代同济文化广泛共识

2022年7月20日，学校党委组织召开了同济精神与新时代同济文化研讨会，20余名校内外专家、校友和学生代表与会，围绕"新时代同济文化的内涵外延与内在逻辑、新时代同济文化对同济精神的传承及其时代价值、新时代同济文化的传承与弘扬"重要议题各

抒己见，建言献策。

1. 深化阐释和丰富新时代同济文化的内涵，加强师生理解和认同

在前期调研和专家研讨的基础上，学校对新时代同济文化的内涵和时代价值作了深入的诠释。同济天下：涵育家国情怀、全球视野的胸襟。"同济天下"是对"同舟共济"的传承与延伸，既有"修身齐家治国平天下"的家国情怀，也有共商共建共享共治的文化底蕴。同济大学既要创造出各种推动经济社会发展的知识、方法和技术，又要在精神上给所有师生赋能，涵育"天下有我、我济天下"的家国情怀和全球视野。崇尚科学：坚守格物穷理、探求真知的执着。"崇尚科学"折射出同济对科学的三种态度。首先是对待科学知识的态度，坚持科技向善，不迷信不盲从，做到去伪存真，坚持用高质量的科研成果充实人类的知识库。其次是对待科学研究的态度，遵循科技内在规律，以发现科学新知、满足国家重大需求为己任。最后是塑造同济科学建制的态度，严守科学规范，鼓励自由探索，弘扬团队精神，集成优势资源，围绕国家重大需求开展有组织科研。创新引领：激发勇于突破、敢为人先的锐气。"创新引领"，既包括知识、科学、技术的创新，也包括管理、文化层面的创新。知识、科学、技术创新，要强调原始创新、重大创新。大学管理体系和文化建设创新要强调理念创新、模式创新。以什么样的方式去引领创新，以什么样的创新去引领发展，对现阶段的同济非常重要，要攻坚克难、勇于创新，用创新的精神、创新的成果引领事业发展。追求卓越：坚定争创一流、止于至善的信念。"追求卓越"既是同济人干事创业结果的价值导向，也是崇尚至真至善至美的追求。在科研上追求至真，在育人上追求至善，在处事上追求至美。"追求卓越"也是上海的城市精神，是同济与上海百余年来城市发展相濡以沫而根植于上海的基因和特色。

2. 总结凝练新时代同济文化的时代价值，形成战略愿景和行动指引

通过调研讨论，广大师生认为新时代同济文化的提出有着深厚的历史渊源和鲜明时代烙印，是对"同舟共济，自强不息"精神的发展升华与时代化。新时代同济文化以"同济天下"和"追求卓越"为同济大学战略愿景使命，以"崇尚科学"和"创新引领"为同济师生行动指引，是学校愿景与师生行动的内在统一。"同济天下"凸显了学校的战略使命。"同济天下"是核心，内涵非常广泛，包含共同的精神、大学的使命、同济的特色；是同济师生校友不变的特质、不变的追求，凝聚了最大共识。"同济天下"体现了在新时代同济大学"与祖国同行，以科教济世"的使命追求和"脚踏实地，放眼全球"的时代要求。"追求卓越"突出了学校的愿景追求。"追求卓越"是更高的精神境界追求。这种精神境界的追求，体现了同济大学不断赶超、争创一流、止于至善，立足中国大地建设世界一流大学的信念。"崇尚科学"是破除痼疾的动力源泉。"崇尚科学"是同济在当前转型发展的历史时期所要强调和侧重的，瞄准国际前沿和重大工程中的关键科学问题，加大基础研究、基地平台、人才队伍建设的投入力度，加强有组织科研，优化科研评价体系建设，推进高水平科技自立自强，形成学校可持续发展的动力源泉。"创新引领"指出了未来发展的方向。"创新引领"不仅要在基础领域、前沿领域创新，而且要注重学科交叉文化建设，牵引和促进学科交叉的创新高质量发展，不断拓展新的学科领域和未来发展方向。怎么把局部的创新、应用的创新提升为源头创新、第一创新，实现对人才培养和学科发展的引领作用，是对建设世界一流大学至关重要的。

三、全方位涵养践行，形成推进事业发展的精神力量

新时代同济文化提出以来，学校在开展教育思想大讨论，推进全面提升人才培养质量、全面提升科技创新质量等工作中不断贯彻和践行。同时，不断丰富载体形式，将新时代同济文化融入各个学院学科文化建设，在师生中选树新时代师德师风、优良学风典型，使新时代同济文化成为推进全校事业发展的精神动力和行动指南。

1. 立足学院学科，深化新时代同济文化的内涵挖掘与延伸

各学院全面梳理学科发展历史，凝练形成凸显同济特色的学院文化精神。土木工程学院提出"兼容并蓄、求实创新"的土木精神，建筑与城市规划学院秉承"博采众长、缜思畅想"的学院精神，交通运输工程学院凝练"思行合一、交融成艺"的办学精髓，海洋与地球科学学院凝练"同舟共济、钩深致远"的新时代海洋文化，人文学院弘扬"人文化成、同济天下"的人文精神，测绘与地理信息学院明确"测天下为大同、绘经纬以共济"的办学目标……各个学科之间积极探索学科交叉文化建设，使新时代同济文化在学院学科的建设发展中注入新的时代内涵，形成各具特色的有效延伸。

2. 丰富载体与形式，深化新时代同济文化的承载与涵养

五年来，学校努力推进学校文化特质、校区文化特性和学科文化特色的交织融合，传承与弘扬新时代同济文化的丰富载体与生动形式。在四平路校区文旅路线的深化探索中形成文化与科学两条优质路线，在嘉定校区图书馆建成展现科学创新精神的"同济荣誉堂"文化地标，总结土木工程学院、建筑与城市规划学院院史馆建设经验，推进医学院、交通

运输工程学院院史馆和汽车学院、材料科学与工程学院、艺术与传媒学院、城市轨道交通研究院等展厅展廊建设，深化深海科学馆和大交通学科展示基地等文化与科普基地建设，丰富纪念场所和文化设施。建设"中国道路""人民城市导论"等同济特色思政课，制作《乡村振兴》《大先生》等微视频，鼓励开展交通、汽车、环境、医学、数学等多个学院开展学科文化图书的编写出版，多渠道讲好新时代文化感召下同济人不断同济天下、追求卓越的"同济故事"。

3. 广泛发动师生，形成新时代同济文化传播与践行合力

学校开展全国劳动模范、全国道德模范、全国高校黄大年式教师团队、全国最美辅导员、全国辅导员和学生年度人物，上海市"四有"好教师、最美教师、最美科技工作者、十佳好人好事等优秀典型推荐，以及感动同济人物、追求卓越奖、优秀师德师风、优秀导学团队等校内评选活动，选树新时代师生优秀典型，并在教育部大美校园、各级庆祝教师节活动等平台和校内外各类媒体广泛宣传新时代同济"大先生"和优秀师生先进事迹。通过榜样引领与深化认同，形成了践行新时代同济文化、传承发展同济精神的浓厚氛围，使新时代同济文化内化于心，外化于行，在教书育人、科学研究、创新实践、社会服务等方面持续涌现出一批批传播和践行"同济天下、崇尚科学、创新引领、追求卓越"文化的优秀师生和校友。

未来，学校党委将发动各单位各学院进一步深化新时代同济文化的内涵挖掘与延伸，立足学科特色阐述创新发展"同济文化"的新内涵，形成特色化的逻辑与延伸；丰富传承弘扬新时代同济文化的载体与形式，强化文化设施，讲好"同济故事"，让新时代同济文化有更好的积淀和传承；广泛发动新时代同济文化的传播者和践行者，充分发挥"大先生""大专家"的榜样力量，形成全体师生校友的践行合力，实现新时代同济文化的代际传递，积聚推进学校事业发展和"双一流"建设的蓬勃精神力量。

第五节　深耕网络文化建设，汇聚团结奋斗正能量

高校，历来是各种社会思潮冲突激荡的场所，更是意识形态斗争的前沿阵地，要自觉承担起举旗帜、聚民心、育新人、兴文化、展形象的使命任务。网络，是当前宣传思想工作的主阵地，也是当前意识形态斗争的最前沿。同济大学党委历来高度重视网络文化建设，从维护国家安全和政治稳定的高度牢牢掌握党对意识形态工作的领导权，认真贯彻落实习近平总书记关于高等教育工作、意识形态工作和网络文化建设等方面的重要论述，紧紧围绕立德树人根本任务，以"铸魂育人"为主线，持续加强网络文化阵地建设管理，壮大融媒体矩阵，加速构建全媒体传播体系，在强化网络文化建设责任担当、阵地建设管理、育人质量成效等方面取得了长足发展。

一、提高政治站位，强化网络文化建设责任担当

习近平总书记指出："宣传思想工作是做人的工作的，人在哪儿重点就应该在哪儿。""过不了互联网这一关，就过不了长期执政这一关。"加强网络文化建设，净化网络舆论生态，掌握网络意识形态主导权，就是守护国家的主权和政权。

1. 深刻领会使命任务

五年来，学校党委以习近平新时代中国特色社会主义思想为指导，深入学习贯彻党的十九大、十九届历次全会精神和党的二十大精神，深入学习领会习近平总书记在全国宣传思想工作会议、中央全面深化改革领导小组第四次会议、党的新闻舆论工作座谈会以及聚焦全媒体时代和媒体融合发展等内容的两次中共中央政治局集体学习上的重要讲话，从建设具有强大凝聚力和引领力的社会主义意识形态的战略高度，深刻认识"意识形态是为国家立心、民族立魂的工作"，从国家大政方针的高度深刻认识媒体融合发展、舆论生态治理、传播能力建设和网络文化建设，深刻认识巩固壮大奋进新时代的主流思想舆论，加速构建

校园全媒体传播体系。

2. 持续完善制度建设

学校党委高度重视网络文化建设的统筹规划和制度建设，在制定《中共同济大学委员会贯彻落实〈党委（党组）意识形态工作责任制实施办法〉细则》《中共同济大学委员会网络意识形态工作责任制实施细则》《中共同济大学委员会贯彻落实〈党委（党组）网络意识形态工作责任制实施细则〉办法》等制度文件的基础上，在上海高校中率先出台《中共同济大学委员会关于加强意识形态阵地管理的意见》，进一步强化意识形态工作责任制。通过制定意识形态工作责任清单与任务清单、网络媒体平台备案登记、二级网站建设与管理办法、新媒体平台建设与管理办法等一系列制度文件，将意识形态责任履行情况纳入班子和领导干部年度考核，将网络意识形态工作责任制、校院新媒体分级管理和备案制、网络思政与网络安全工作考核等管理制度化、规范化。

3. 切实提升阵地意识

结合每一年度的国家网络安全宣传周、全国大学生网络文化节等重要节点系统谋划网络文化建设系列活动，不断强化宣传思想工作的阵地意识，注重以社会主义核心价值观为引领，传承弘扬中华优秀传统文化、革命文化和社会主义先进文化，弘扬主旋律，传播正能量。近年来，持续督促二级单位通过归并注销等方式优化网络媒体平台设置，平台数量由中央巡视前的 1444 个持续减至 1049 个；开展校内用于宣传工作的 LED 电子大屏幕专项检查，做到对 1296 块屏幕专人专管。结合中华人民共和国成立 70 周年、中国共产党成立 100 周年、党的二十大召开等历史节点，依托学校融媒体矩阵在做好重大主题宣传报道的同时，每年对网站和新媒体平台至少开展四次非规范表述等问题的专项检查，提供校院两级文字监测云平台服务，为各单位媒体平台严格落实"先审后发"制度提供技防措施，提高网络媒体平台运行质量，进一步提升传播力、引导力、影响力和公信力。

二、推进媒体融合，强化网络文化阵地建设管理

学校继 2020 年入选教育部教育融媒体试点建设单位之后，2022 年入选上海市首批"网宣队伍建设——网络名团培育提升项目"试点高校，以点带面，加速推进媒体融合并取得标志性成果。近年来，学校课题组负责起草上海学校德育"十四五"规划网络育人板块，承担中国高等教育学会高等教育科学研究规划课题"融媒体时代高校党的新闻宣传工作创

新研究"、上海市人民政府决策咨询研究项目"融媒体时代上海高校宣传思想阵地建设管理研究"等课题项目，为上海高校网络文化建设提供借鉴参考。

1. 深入推进教育部教育融媒体试点单位建设

学校党委注重总体谋划、综合施策，持续开展舆情监测分析、策采编发评、媒体资源管理、自媒体矩阵监测、数据可视化、网评员管理、文字错漏检测等七大软件系统建设，加速推进新兴媒体与传统媒体的融合，紧密结合时代热点、时代精神，深挖网络思政内涵，整合线上线下资源，不断创新活动和呈现形式，增强积极互动，高质量推进网络文化建设。建成精选图片3500张、视频1050部、音频120个、同济报50期为主体的媒体资源库（校园年度十大实事之一），为师生提供丰富的媒体资源服务。近年来，学校在原有官方微信公众号、微博、抖音、快手、哔哩哔哩号等基础上开设微信视频号、央视频、小红书、学习强国号、中国教育发布、人民号、百家号、澎湃号、上观新闻号、网易云号、喜马拉雅号、IPSHANGHAI等共计18个媒体平台，进一步壮大融媒体传播矩阵。学校获评教育部"校园新媒体十佳共建高校"、人民网"高校社会影响力榜单十强"等荣誉；官方微信、微博连续两年入选全国教育政务新媒体影响力20强，"手书中国"《听Ta说》项目获评年度案例。官方微信视频号获评"卓越影响力高校视频号"，4组新闻画面入选央视新闻2021年相册（4/100），2022年两篇推送入选全国高校十佳原创新闻作品；官方微博粉丝84.7万，每年均有多个正向选题上热搜，获评"最具影响力校园官微"；抖音、快手10万+以上视频年均近80个，均获评"最具影响力"称号；2020年新入驻的"中国教育发布"同济大学号，获2020年全国高校排行榜第一；2022年新开设的IPSHNGHAI，获年度资源贡献榜全市第一名。系列作品获评人民网新媒体类高校优秀校园新闻作品，中国青年报十佳新闻、教育部"教师风采短视频"优胜作品（全国共40部）、上海市教育系统落细落小落实社会主义核心价值观示范案例、上海市民微电影（短视频）主题活动微电影综合类优秀影片、短视频优秀影片等荣誉。

2. 统筹策划主题宣传报道

学校各媒体平台围绕国家大事要事以及学校中心工作持续产出正能量的宣传产品，注重在速度、广度、深度、高度、温度传播上下功夫，讲述同济师生"与祖国同行、以科教济世"的优良传统，心怀使命、奋进新征程的家国情怀和奋斗故事。注重加强事先谋划，聚焦主动服务国家战略需求、国家重大工程建设的典型案例、典型人物、作出的重要贡献，持续跟踪报道同济人坚持定点帮扶、助力脱贫攻坚、全面推进乡村振兴中的特色亮点项目及其产生的广泛社会影响,以此教育引导师生进一步提升同济人的自豪感、使命感和专业自信,凝聚起同济师生砥砺奋进新征程的强大力量。注重用身边人身边事传播正能量、提振精气神,把镜头更多对准基层师生,加强对人才培养、科学研究、服务社会、国际合作交流、文化传承创新中先进典型、先进做法的报道。结合党的二十大召开等重要时间节点,开设专题网站并在官微、校园网、校报和学习强国号等融媒体平台开辟专栏,把学习宣传贯彻党的二十大精神作为首要政治任务予以贯彻落实。近年来,每年社会媒体共正面报道同济大学10余万条次,其中新华社、《人民日报》、中央电视台(含新闻联播)、《光明日报》等中央媒体报道近万次。仅2021年、2022年,学校师生陆续登上中央广播电视台20余次,参与了中央电视台"天宫课堂"、中秋晚会、央视面对面、央视新闻周刊、央视直播间、央视24小时等节目录制。学校融媒体中心在教育部中期考核中获评优秀。

3. 持续推进舆论生态治理

新冠疫情期间,在推进网络文化建设的同时,强化涉疫意识形态与舆情应对工作,及时发布校园动态管控措施和保障防疫举措,保障校内防疫工作的信息通畅。注重平战结合,建立网格化意识形态风险防控机制,健全线上线下全方位信息反馈网络,加强研判,不断完善网络舆情预警机制和联合应对处置机制,及时有效处置多起涉疫舆情。进一步提升议题设置和舆论引导的能力水平,注重主动发声,系统加强各类媒体平台的宣传报道和正向引领,推出同济战疫系列主题产品,全方位、多角度、立体化展现学校师生特殊时期投身校园和社区疫情防控一线的担当作为,传播同心抗疫正能量,为打赢校园疫情防控攻坚战提供了精神动力。通过国家安全日、宪法日、法制教育周等一系列活动,帮助师生树立网络法治意识,提高网络素养,规范网络行为,遵守网络纪律,营造天朗气清、积极进取的网络空间环境。

三、加强思想引领,提升网络文化育人质量成效

习近平总书记强调:"宣传思想工作是做人的工作的,要把培养担当民族复兴大任的时代新人作为重要职责。"五年来,学校党委以"铸魂育人"为主线构建网络育人格局,积极开展网络文化建设实践,持续激发师生创作网络文化作品的内生动力,在实现网络平台与平台连接的基础上推动实现人与人的连接,强化思想引领、价值引领,提升舆论引导能力,拓展影响力版图,系统提升传播力、引导力、影响力、公信力,着力培养堪当民族复兴大任的时代新人。

1. 开辟网络育人"空中直播间"

学校党委书记参与录制高校党组织战"疫"示范系列微党课"党旗飘扬 筑牢红色防火墙"、"明理增信 崇德力行"庆祝建党百年高校示范微党课,学校党政领导和专家学者讲授"中国道路"思政课,并在同济校友终身学习平台"星空讲堂"开讲。2020年,奋战在武汉抗疫第一线的最美逆行者在方舱开播主题团课,沪上高校约20万名青年学子通过哔哩哔哩平台在线听课,一小时内弹幕3万余条。10名辅导员分别围绕"家国情怀"等录制战"疫"系列微课,心理健康教育与咨询中心推出《直面生命中的死亡与哀伤》等35集生命教育系列微课,助力师生心理调试和生命教育。

2. 打造学业帮扶"助学云平台"

学校通过哔哩哔哩、ZOOM、腾讯会议等平台开展系列线上学业指导,累计开展战"疫"云课堂85期、期末微课堂9期、英语大咖说6期。24个学院近百名朋辈讲师为全校学生在线授课,课程内容涵盖高数、物理、文献检索等多个方面。依托"同济就业"微信公众号、"生涯规划一键启动"专辑、"济·奋斗者"、"毕业生访谈录"、"同济人在一线"等栏目和特辑重点宣传在重点领域建功立业的典型,鼓励学生志存高远、科学规划、拼搏奋斗,系统开展生涯教育、择业引领、精准就业指导,服务毕业生职业生涯高质量发展。数学科学学院以"万物皆数"为主题,推出"专业大咖说""线上共读会""线上文化展""趣说数学"等文化育人活动,在"画地圈粉"的同时也在网络空间筑起育人阵地;打造高等数学、线性代数、概率论与数理统计的"微课堂",在B站创建"一题,撬动数学"品牌栏目,1个学期内凭借90段微课程吸引了万余粉丝,拥有20万以上的播放量;以朋辈互助为特征的"数学外卖"讲师团汇聚各学院40余名学霸,形成网络空间学业发展共同体;青年骨干教师承担的"数学之桥""数学之梯""数学之翼"等"优师微课",由学校哔哩哔哩号定期发布。

3. 构建网络文化"品牌项目群"

新冠疫情期间,将常规校园文化活动"搬迁"至网络空间,主动适应新媒体平台分众化、差异化的传播趋势,开设移动直播栏目《听Ta说》,分设"红色能量""传统文化""科学素养""人文情怀"等多个板块,系统策划制作60余期网络直播,以年轻人喜闻乐见的形式、视角、语言等进行创作,并在各大校内外平台全平台推送,覆盖师生校友和家长等不同人群。"红色能量"板块,立足上海以及长三角丰富的红色资源,创新党史学习教育载体,邀请一大会址纪念馆、二大会址纪念馆、四大纪念馆等红色场馆负责人和优秀师生代表带来沉浸式、体验式的讲解,让师生于云端"亲临"各类场景,探究红色故事的来龙去脉，体验感悟背后蕴藏的革命传统和时代精神；"传统文化""科学素养""人文情怀"等板块，邀请全国道德模范汪品先院士、著名数学家张益唐、京昆基地专家、宝玉石专家等为师生带来精彩的网络直播，持续提升中华优秀传统文化、革命文化和社会主义先进文化在网络空间的传播力和影响力。工作案例"在云端创新'四史'学习教育——同济大学融媒体中心推出移动直播品牌《听 Ta 说》"入选"2020 教育政务新媒体年度案例"，并获 2021 年度上海市高校网络教育优秀作品奖；系列栏目受到师生一致好评和欢迎，共计近 700 万人次通过各直播平台在线收看。五年来，创作专题片《同舟共济向未来》、乡村振兴系列、人民城市系列、"大先生"系列等 30 余部社会主义核心价值观系列微视频，红船精神等 22 部"中国精神"系列微视频，尹景伊、殷夫等 16 部"同济英烈"系列微视频、广播栏目《英魂济忆》25 期等网络文化作品。

在网络文化作品创作方面，坚持内容为王、打造优质原创，坚持价值引领、做足同济文章，加强组织领导、提升传播实效。近年来，教育部、中央网信办已经连续举办六届"全国大学生网络文化节"和"全国高校网络教育优秀作品推选展示活动"，学校共获得动漫、微电影、网文、音频、工作案例等各类奖项 27 项以及优秀组织奖。其中，纪录片《独角潘》、动画短片《S.M.H》、微作品《同路人》等作品获一等奖 7 项、二等奖 5 项、三等奖 5 项、优秀奖 10 项。在上海市教卫工作党委、上海市教委共同举办的四届"上海大学生网络文化节"和"上海高校网络教育优秀作品推选展示活动"中，学校共获得各类奖项 61 项以及优秀组织奖。其中，公益广告《从 24 节气带你看同济》、网络文章《E·传统 | 当春节文化遇上汉字字源》、工作案例《把主旋律的宣传做成有意思的产品——"中国教育发布"同济号获教育部新媒体高校年度冠军经验分享》等 10 项作品获一等奖，二等奖 25 项，三等奖 25 项，优秀奖 1 项，学校也获评上海市网络文化节优秀组织奖。

学校党委自 2019 年起持续推进实施"同济大学网络育人名师培育计划"，已遴选三期共 42 人，着力加强网络文化工作队伍建设，针对师生群体和骨干队伍开展专项培训，在网络文化建设尤其在团队建设的理念与实践层面积累了一定的经验。

未来，学校党委将深入学习宣传贯彻党的二十大精神，以深入推进教育部教育融媒体试点建设单位、上海市"网宣队伍建设——网络名团培育提升项目"试点高校建设为契机，整合育人资源、挖掘育人要素，推进"万物皆数""石不相瞒"等网络文化建设名师团队建设，为师生骨干队伍持续赋能、激发内生动力，发挥示范、引领、辐射、带动作用，深入开展网络文化建设，不断提升网络文化育人的意识、能力、水平、质量和成效。

第六节　艺术与传媒学院：
精品力作氤氲新时代文化，编创排演引领新征程育人

自第十一次党代会召开以来，同济大学艺术与传媒学院（以下简称学院）聚焦一流大学文化建设与美育教育，发挥艺术专业的中坚作用，深耕挖掘革命文化和同济百余年兴教办学人文历史，创编排校史剧《同舟共济》、大师剧《国之英豪》、英烈剧《铸诗成剑》"同济三部曲"和红色歌剧《江姐》《志丹，志丹》等代表性高水平艺术作品，连通思政教育与艺术展演，以原创力作打造聚心育人的"澧水清泉"，以师生共育打造沉浸式育人情境，在文艺浸润中积蓄育人的强大精神力量，矢志打造打响"同济出品"文化育人品牌，让"同济故事"传唱经久不息、"同济人物"脉动时代当下、"同济品牌"响彻教育阵地，为扎根中国大地加快建设中国特色世界一流大学提供源源不断的内生动力。

一、深挖校史资源创编"同济三部曲"，以精品力作氤氲新时代同济文化

"前有鲁迅弃医从文，今有国豪弃医从工""情感真挚，字字血泪，泪目，不愧是国之英豪""同舟共济，家国同命"……2022年12月13日，为深入学习宣传贯彻党的二十大精神，作为上海市教卫工作党委第四季"伟大工程"示范党课的重要组成部分，由学院教师自编自导、学子及校友出演的大型原创大师剧《国之英豪》在同济大学校园内再度上演，中国科学技术协会的风启学林、科技工作者之家，人民日报的有数青年，上海市教卫工作党委的创先泰克教育云等数字化平台同步直播，吸引了15万名观众在线同上沉浸一课，跟随一幕幕艺术再现共同走进著名桥梁工程与力学专家李国豪将个人发展与同国家、民族命运相融的光辉一生，在历史与现实的穿越中追寻初心，在思想与情感的共鸣中强化使命担当。

如此选材于校史展开艺术创作，已成为同济文化育人的一道独特风景线，学院作为主创单位，2017年编创首演校史剧《同舟共济》，2019年编创首演大师剧《国之英豪》，2021年编创首演英烈剧《铸诗成剑》，串联出以"同济天下"为主线的原创系列话剧"同济三部曲"。"三部曲"力求在故事演绎上有同济的"原汁原味"，人物角色从校史中来，故事情节尊重史实，情感基调引领向上。主创团队专门前往学校档案馆详阅史料，前往家乡故地调研走访，结合学生、亲属、朋友等的访谈翔实研究主角人物的一生。多次召开创作研讨会，多方听取校内外专家宝贵意见，不断完善剧本、优化团队，力求充分挖掘和利用好同济革命先烈、模范人物、先进榜样的精神资源，活用红色校史资源，充分释放其中蕴藏的育人导向、示范和激励功能。

2017年建校110周年之际，大型原创舞台剧《同舟共济》在两个多小时内全景式讲述了同济"与祖国同行，以科教济世"的110年历史。剧中写下"从军志愿书"、一心去参军报国的工科学子彭垂慈，不惧国民党白色恐怖积极掩护进步学生的工学院院长李国豪，骑着自行车奔赴祖国最需要的地方、参与新中国建设的校长夏坚白，舍小家为大家、献身南浦大桥工地的同济教授夫妇都是源自一个个真实存在的"同济英雄人物"。新时代同济文化十六字内涵中"同济天下"这一爱国情怀和使命担当透过一幕幕艺术再现的人物故事得到真切诠释。

2021年，在"左联五烈士"之一、同济大学校友殷夫牺牲90周年之际，原创英烈剧《铸诗成剑》成功上演。该剧将这位无产阶级优秀诗人短暂而壮丽的革命人生再现于舞台，呈现了殷夫少年立志救国、参加五卅运动、在同济坚定理想、投身革命数次被捕，以笔为戈、用诗歌坚持战斗至献出21岁生命的光辉革命历程。

"同济三部曲"的育人效应与专业水准广受认可。节选自《同舟共济》的片段《从军志愿书》获得第五届全国大学生艺术展演活动艺术表演类戏剧组一等奖、优秀创作奖，上海市艺术表演类戏剧组一等奖、优秀创作奖；《铸诗成剑》入选百年高校"四史"学习联合讲坛活动；《国之英豪》被列入上海市教委"名校大师剧创编巡演计划"，并入选中国科协、教育部、共青团中央、中国科学院、中国工程院五部委联合开展的"共和国的脊梁——科学大师名校宣传工程"，且获评2023年高校原创文化精品。

二、融入育人全程沉淀人文底蕴，以全向引领树立新征程育人向标

为创造性发挥系列精品力作的"倍增"效应，学院还将会演实践与育人全过程相互连通，将剧作的创、编、排、观过程创造转变为生动的学思践悟场域，将课堂内外的时空联合作为贯彻落实"三全育人"的有效途径，构建"课堂教学、课外活动、校园文化、艺术展演"四位一体的完备体系，达成以文化人、以美育人的目标导向，树立新征程育人向标。一是将系列剧目展演和主题演出纳入音乐表演、表演等专业人才培养体系，打通课堂教学与课外展演实践链路，以大剧、音乐会等重点项目的创、排、演为载体，融通综合素养课程、专业课程及实践课程"三课合一"，支撑专业人才培养。二是采取演员招募制将非专业学子纳入演职团队，培养学科交叉背景的文艺骨干人才，依托广阔的校园舞台为专业学生提供丰富的艺术实践机会。三是着力拓展艺术实践平台，以艺术实践"小球"带动学校以文化人"大球"，推动各类剧目展演成为优良校风涵养的领育"范本"，带动全校学子成为涵养新时代同济文化的积极行动者、自觉引领者和热情传承者。

2020年9月30日，艺术与传媒学院师生担纲演出的同济大学"丰碑"国庆主题音乐会在四平路校区一·二九礼堂举行

通过实践，已推动"新生教育周""红色艺术教育季"以及主题音乐会等成为校园常态化活动，艺术精品演出成为校园文化活动的必备内容。结合新中国成立70周年、中国共产党成立100周年、学校校庆等重要时间节点组织举办丰富多样的特色活动，积极承办"上海之春"国际音乐节暨同济大学音乐表演艺术成果展示周、上海市教卫工作党委系统"伟大工程"系列示范党课等市级平台活动。

剧目主创人员与演员均为同济师生，师生共同参与编创演出全流程，剧本即课本、舞台即讲台，一幕幕起承转合成为生动的"教案"，别开生面地打开师生共育的沉浸式育人场景，在学生的亲力亲为直接感受中实现春风化雨式引领，探究"以一个灵魂唤醒另一个灵魂"的教育本质。殷夫的扮演者、2018级表演专业本科生吴佳炜表示："从大一开始，我就想递交入党申请书，但不知道从何切入。在这个'三部曲'排演过程中，我从内心真正感受到了一份对党的热爱和信仰所在。完成演出后，我知道我这份入党申请书应该如何写、如何呈交给党组织。"同样还有已参演、主演6个人物角色的来子旸同学在讲述自身成长收获时总结表示："在同济成为一名表演专业学子是幸运的。"从饰演彭垂慈到殷夫"哥哥"徐培根再到挑战饰演老年李国豪老校长，他已有着20多场大型演出经验，累计舞台演出时长达3000分钟。面对专业学生的快速成长，导演、学院教师钱正老师表示，学生们的成长都是多年来将专业教育、复合型人才培养、思政教育深度结合的成果，相信有这样的学生，同济的精神文化传承必将在新时代结出新的果实。

包括"三部曲"剧目在内的各类展演依托"同济大学艺术节"等各类活动平台交错进行，滚动覆盖全校学子，共看一剧、共听一曲成为同济学子在校"济"忆的难忘篇章。为最大限度给学生观演创造沉浸式情境，各类演出不断在舞台布景、音效制作、衍生品网络化传播上求新出奇，《国之英豪》开篇以动画形式再现战火中的同济校园；《铸诗成剑》选择殷夫诗歌为篇章命名，艺术化设计殷夫山中吟诗的情节，传递最为鲜明的人物形象；"读同济讲Deutsch，人人把你夸。宝隆召你来学医，悬壶要将世来济"……剧目中由同济师生原创或演唱的歌曲唱段在演出后同步上线网络音乐平台，不少学生留言表示已加入收藏歌单。先后担纲剧目主创和导演的学院教师董逸表示："我们在弘扬英烈革命精神的同时，力求通过舞台布景等诗意化的视觉艺术呈现，表达革命诗人的浪漫主义情怀，希望给观众带来强烈的感染力。"由此，新时代同济文化十六字内涵中的"崇尚科学""创新引领""追求卓越"这一面向新形势新任务提出的价值追求通过沉浸式观看演出、接受精神洗礼不断走深走实、落地生根。

剧目展演还融入学校立德树人全局，配合专项举措打出"组合拳"，构建育人"强磁场"。结合开办国豪书院这一特色育人举措，专门面向国豪书院学生开演剧目《国之英豪》，用戏剧讲好大师故事，塑造有生命质感的"大先生"形象，打造打响具有同济特色、彰显同济气派的育人标识和文化涵养名片。"在中华民族伟大复兴的历史征程中你与我，都是老校长精神的传承者，都是祖国的建设者，都是复兴的推动者"，"作为以老校长之名命名的国豪书院的学生，更应将他作为我们的学习榜样，努力成为优秀的同济人"，国豪书院的学生们在观演后这样说道。

截至 2023 年 9 月 30 日，《同舟共济》已献演 14 场、《国之英豪》已献演 6 场、《铸诗成剑》已献演 6 场，线下观演近 5 万人次，网络视频播放量超 55 万人次；艺术实践成果总结案例《及人之美，教化于艺》获第六届全国大学生艺术展演活动一等奖，面向全国高校推介分享。艺术与传媒学院入选"上海高校课程思政改革领航学院"，获批建设中国科协学风涵养工作室，专业课程团队入选"上海高校课程思政改革领航团队"，表演艺术人才培养体系创新与实践荣获上海市高等教育优秀教学成果项目二等奖。贯通的专业课程链集群不断完善，"音乐艺术概论""表演片段训练""独唱"等专业课程建设成为国家一流课程、上海高校课程思政改革领航课程，建设有大学素质教育精品通选课、课程思政重点示范课程等。学生专业才能和水平不断提升，在国际国内专业赛事中荣获各类大奖，专业学生主演作品入围电视剧顶级奖项"飞天奖"等。同时还孵化支撑多元学生社团发展，其中合唱团荣获中国国际合唱比赛 A 级最高奖项、世界合唱节金奖，管弦乐团荣获大学生艺术展演活动上海市一等奖。

同时，学院发挥艺术学科专业优势，为全校师生搭建了精品艺术通识课"星期音乐会"、同济文化名片"新年音乐会""上海之春国际音乐节同济大学艺术教学成果展示周"等一系列高品质的活动载体，丰富校园文化建设，使美育教育浸润校园；还构建了学生合唱团、学生交响乐团、各类艺术类社团等多元化的艺术实践平台，用艺术点亮生命，用美育丰盈人生。

三、服务辐射社会丰富内容供给，以共济互通勇担文化传承创新使命

高校作为文化传承创新的重要阵地，更应勇于承担时代使命。对标这一要求，艺术与

传媒学院不断将各类精品剧作和系列演出纳入高校文化传承创新、服务社会公众的"蓄水池",盘活打造环同济服务圈、辐射圈的源头醴泉,坚持发扬"开门办演出"的历史传统,校内各类剧目演出面向周边社区居民开放,广受认可和欢迎,同时依托"大中小思政一体化"等工作体系选取精彩演出片段送入中小学和居民社区,把演出现场办在需求一线。在新冠疫情防控期间也采取线上线下同步开演方式进行,将优秀成果资源纳入云端教育阵地,为社会公众提供指尖可触及、生动可感知的文化盛宴,数万人次分屏共在、共享,"太赞了""太感动了"等各类弹幕闪现线上直播平台成为常态。

学院主动汇聚校内外育人资源,广域共建、共济互通,建立多元联动的协同育人机制。2019年,艺术与传媒学院与陕西省志丹县签约共建,在人才培养、红色文化教育培养和助力经济发展方面深入开展全方位战略合作,并围绕《志丹,志丹》剧目创作组织主创团队开展深入交流,校地共同努力进行优化打磨。

各类剧目展演以线上线下融合的方式走出校园,以剧目为圆心,不断拓展受众辐射圈,让各类文艺创作贴近社会发展实践和青年学生成长需要。《国之英豪》在入选中国科协、教育部、共青团中央、中国科学院、中国工程院五部委联合开展的"共和国的脊梁——科学大师名校宣传工程"后已两度面向全国献演,受到中国科学技术协会的风启学林、科技

《志丹,志丹》剧目演出现场

校园版歌剧《江姐》演出

工作者之家等专项平台特别推荐,部分教育部直属高校、上海兄弟高校及社会大众33万人次通过线上方式观看了演出。学校师生奔赴同济"第二故乡"四川李庄献演,剧目《同舟共济》成为新时代再续校地合作佳话的文化纽带。《铸诗成剑》入选百年高校"四史"学习联合讲坛活动,生动展现同济"四史"学习教育迈向深入的丰富成果。

校园版歌剧《江姐》先后赴四川成都、宜宾、江西井冈山等地巡演18场,并前往教育部进行汇报演出,线下观演观众达3万余人次,荣登中国教育电视台《一堂好戏》节目,获评"全国高校礼敬中华优秀传统文化"示范项目,获得良好社会反响。依托原创剧目展演,学校特色文化育人成果也广受校内外主流媒体关注并报道,《中国科学报》、科学网、《文汇报》、澎湃新闻、东方网、上海教育新闻网、中国新闻网等媒体持续关注并报道学校剧目展演动态,并对作品的艺术水准和思想立意作出了高度评价,《光明日报》《中国青年报》还以"原创红色艺术作品绽放校园舞台"等为题专栏报道了学校精品剧目育人成效,"同济出品"的传播力和影响力持续扩大。

在新的起点,学院将一以贯之地坚守为党育人、为国育才初心,围绕立德树人根本任务,主动谋新、多措并举,坚持以红色文化铸魂育人、以先进文化励志奋发,继续凝练办学特色和发挥专业优势,继续打磨演好"同济三部曲"在内的经典剧目,蓄力打造一系列底蕴深厚、形式丰富、涵育人心、特色鲜明的文化展示体验活动和文化建设品牌项目,让师生喜闻乐见的优秀文化在校园中热烈绽放,提升审美素养,推进文化自信自强,为扎根中国大地加快建设中国特色世界一流大学作出新的更大贡献。

奋楫争先

第九章

构建新时代国际交流合作新格局

第一节　深度参与公共外交和人文交流，服务对外开放和教育综合改革大局

当今世界，国际政治经济、文化科技等战略格局深刻调整，单边保护主义抬头、全球化遭遇逆风，以及地缘政治冲突，世界正经历百年未有之大变局。高等教育国际合作面临着全新挑战。习近平总书记曾指出，要努力在危机中育新机、于变局中开新局，为我们应对世界百年未有之大变局、开创新时期高校国际合作的新局面提供科学认识论和方法论。

对一所现代化的高等学校来说，高水平的国际合作既是一流人才培养和创新生态系统的重要内涵，也是塑造人类命运共同体文化、实现联合国各项可持续发展目标的重要手段。特别是在当前的国际局势下，通过高水平的国际合作来培养、引进、用好拔尖创新人才成为在国际竞争中立于不败之地的重要路径。高等学校作为教育的主阵地，重大科技创新思想的策源地和拔尖创新人才的聚集地，肩负着沉甸甸的历史责任和历史使命。

一、紧密围绕"两个大局"，不断优化顶层设计，全面推动国际合作提质增效

面对新时代新使命新征程，学校坚持以习近平新时代中国特色社会主义思想为指导，统筹国内国际两个大局，持续深化教育国际交流合作内涵，紧紧围绕建设中国特色世界一流大学的愿景和目标，不断优化顶层设计，确定了"国际办学有品质，国际平台有特色，国际师生有规模，国际科研有影响，国际组织有任职，国际会议有声音，国际期刊有文章，国际奖励有位置"为内涵的"八有"指标。学校聚焦人工智能驱动的智慧可持续发展校园两大主题，着眼招生、培养、深造、就业、校友等人才培养的五大关键环节，从学生、教师、人才培养、育人环境等四大领域推进国际合作，力求把国际合作全面融入世界一流大学建设的全过程，把国际合作与课程教学、实践创新列为人才培养的三大核心链条，确立了"教师队伍国际化、学生结构国际化、学科专业国际化、'铁杆朋友'国际化、宣传推广国际化、

管理服务国际化"六大具体目标,力争以高水平的教育对外开放服务外交大局和教育综合改革大局。

在区域布局上,确定了以"聚焦重点、做强主场、布局全球"为原则的国际合作战略,强化对德对欧合作优势,拓展美英合作内涵;工作内容上与学校教学、科研、社会服务等工作重点同频共振,主动服务学校一流大学建设;结合上海和同济发展,推出一批标杆性重点国际合作科研和工程项目;作为国际引智、联合科研和国际合作主场,在共创过程中聚朋友、出成果、拓影响;结合海外校区、平台学院、孔子学院基础,全球布点建设"全球分布式校区",分布互联、云上云下,共享共创。

为系统谋划国际合作,学校于2021年、2022年分别召开外事工作会议、外事工作负责人会议等,对外事工作进行整体讨论、宣贯和部署。在2021年1月19日召开的外事工作会议上,以"新形势·新任务·新突破"为主题,全面回顾了同济大学"十三五"国际化办学成就,谋划部署"十四五"国际合作与交流,努力构建后疫情时代高等教育对外开放的新格局。学校制定出台《国际交流"十四五"专项规划》《关于推进教育对外开放的若干意见》等覆盖长、中、短期的国际合作战略文件,科学指导各项工作开展。国际交流合作成为学校服务国家战略和中国特色世界一流大学建设的核心任务,建立了一套党委书记和校长牵头抓总,校内各部门、各学院深入参与的"大外事"工作机制。学校外事工作逐渐从被动顺应转变为主动作为,从单一部门执行转变为多部门协同,不断形成全员响应、协同发力的大外事工作系统。

二、国际合作成绩亮眼,服务对外开放实力强劲

学校立足对德对欧合作传统和优势,持续创新国际交流合作模式,形成了以德国为核心、欧洲为重点、辐射全球的国际合作伙伴网络布局,具有国际合作体量大、水平高、学科专业参与程度深、国别区域特色明显等特征。英国《泰晤士报》发布的2022年度大学国际合作水平调查结果显示,学校国际合作水平位居我国高校第三(不含港澳台统计数据)。

目前,学校与全球336所高校开展合作,确立35个战略合作伙伴,参与20个国际大学联盟,实施100多个双学位项目,开设近千门外语课程,在联合国环境规划署、联合国教科文组织、世界知识产权组织等国际组织建立稳定的实习渠道。

2020年新冠疫情暴发之前,各学科教授学者在国际舞台上十分活跃,学生国际交流日

趋频繁,"留学同济"品牌效益不断提升。以2019年为例,学校参加国际会议师生2429人次,受理教师出国境申请2670人次;受理学生出国境申请4036人次,其中本科生1536人次,硕士生1311人次,博士生1189人次。共派出8名学生到国际组织实习;有国际学生4891人,占总学生人数13.5%,其中学历生2450人,占所有国际学生的50%。2020年新冠疫情暴发以后,学校的国际合作交流积极探索新渠道、新模式,仍然从不同层面与国际合作伙伴保持了高频交流。以2021年为例,共签署协议110份,其中校际协议54份;召开线上、线下会议40余场,举办线上线下国际会议24场。教师出境29人次,另有144人次参加线上各类境外相关活动;选派参与各类长短期出国(境)交换项目各类学生670人次;有国际学生2088人,占总学生人数5.6%,其中学历生1691人,占所有国际学生的81%。学校的国际知名度和影响力明显提升,学校国际化办学水平处于国内高校前列。2023年各项国际合作指标数据迅速提升。截至2023年9月,校内师生出国境总数达到3614人次,接收国际留学生共计3851人。

学校积极拓展与国外大学、科研院所以及企业的科技合作与交流。在气候变化和碳中和、卫生健康、人工智能、氢能源、智能制造、海洋科学、环境工程等方面开展了广泛合作。通过高水平国际科技合作带动多学科交叉基地平台建设,推进协同创新。目前,已与国外伙伴院校合作建立了包括教育部中德联合研究中心(同济大学)等省部级及以上国际合作实验室17个。2018—2022年,学校共承担国际科技合作项目317项,其中国家重点研发计划国合类专项项目29项(合作国家或地区约50个),与奥地利的格拉茨工业大学、德国的慕尼黑大学、法国的里昂大学(联盟)、西班牙的马德里理工大学等多所国外伙伴高校共同设立"种子基金"和"研究教席",合作开展基础研究,产出了一批具有国际影响力的成果,服务国家科技外交战略。

对德合作一直是学校国际合作事业的重要支撑。目前,同济已与80余所德国高校建有合作关系,和西门子、大众、拜尔、舍弗勒、保时捷等数十家德国知名企业签署合作协议,合作领域覆盖学校几乎全部学科专业的人才培养和科技合作。2020年以前,每年约1000名师生赴德国交流,其中博士生占比17%。每年接收德国留学生超1000人,占德国来华生总数的1/7,是接收德国学生最多的国内高校。学校德国研究基础雄厚,每年形成咨政报告近百篇,《德国发展报告》《德国研究》等已成为业界权威出版物。同济中德合作多次被列入中德政府磋商议题及《中德合作行动纲要:共塑创新》等两国重要文件。德国前总统高克称同济为"中德学术交流重镇"。面对日益复杂的国际形势,为推动合作、增信

2022年5月27日,同济大学与德国学术交流中心(DAAD)举办"中德学术合作的新战略方向——同济大学与德国伙伴高校合作论坛",正式发布"对德合作2.0战略"

释疑,2022年5月,学校克服上海新冠疫情等多重困难,在总结梳理对德合作经验基础上,协同德国学术交流中心(DAAD)举办"中德学术合作的新战略方向——同济大学与德国伙伴高校合作论坛",面向德国合作伙伴正式发布"对德合作2.0战略",成立全国首个中德博士生院,建设中德联合研究中心(同济大学),并与DAAD共同签署第三期《同济大学和德国学术交流中心有关中德学部的合作协议》。会议得到了50多所德国合作高校的积极响应。

学校与其他欧洲国家的合作也不断走深走实,国际伙伴网络向纵深发展。其中,超过半数的合作高校位于欧洲,75%的战略伙伴高校来自欧洲,超过80%的双学位项目与欧洲高校共同实施。70%的留学生来自欧洲,德、法、意分列前三。外籍专家中,来自欧洲的占三分之一。

学校与法国国立桥路学校暨巴黎高科工程师学校集团共建的中法工程和管理学院是国内首个中法学院。目前,同济与50余所法国高校建有合作关系,在巴黎、里昂设立联络办公室,先后成立5个中法联合研究中心/实验室,持续开展本硕博层次学生的联合培养与师生互访交流，在医学、海洋、土木、建筑、城规、交通、声学、材料等领域开展密切科研合作，中法合作每年策划组织"国际可持续发展城市交通系统研讨会""同济大学卓越工程师法国行"等品牌项目。此外，学校在中法人文交流机制第三次会议期间获颁"中法合作优秀项目"奖牌，累计13人次获得法国重要荣誉（法国建筑科学院院士、文化部艺术与文学骑士勋章、教育部学术棕榈军官和骑士勋章、荣誉军团骑士勋章等）。

学校与意大利教研部、环境部等政府部门以及菲亚特、杜卡迪等企业保持良好合作关系。中意设计创意中心、中意可持续发展中心均为学校与意大利政府部门合作设立。同济中意战略咨询委员会吸引30多家中意企业、机构和高校加入，积极利用和发挥其决策支持、智力支持和社会支持作用，构建同济中意合作最高层次的国际化决策咨询和顾问机构。意大利在华企业每年在学校举办"企业日"活动，引入外资企业拓展学生多样化高质量就业渠道。

学校与比利时根特大学、上海建工集团合作成立了"中比工业化建造联合实验室"，瞄准工业化建造技术，助力实现"双碳"目标，促进中比双方科学家开展联合研究，组织开展学术交流活动和教育培训项目，推动中比高校之间的深入合作与校企间的协同创新。

三、高层来访频繁密集，亮点出访主动作为，学校国际影响力持续扩大

近年来，多位国际政要和国际组织负责人来访学校。2019年4月，联合国副秘书长、人居署执行主任麦慕娜·莫哈德·沙里夫（Maimunah Mohd Sharif）来访，与校党委书记方守恩就城市可持续发展、世界城市报告、联合国人居署－上海市政府－同济大学可持续城镇化研究与培训中心等议题交换了意见。

2019年6月，德国联邦经济和能源部部长彼得·阿尔特迈尔（Peter Altmaier）到访同济，与学校主要领导及对德合作机构代表座谈，并发表主题演讲，引起热烈反响。阿尔特迈尔在演讲中对同济大学在中德学术合作领域作出的贡献表示由衷赞赏。

2019年11月，意大利教育、大学与科研部部长洛伦佐·菲奥拉蒙蒂（Lorenzo Fioramonti）出席由同济大学建筑与城市规划学院与佛罗伦萨大学、都灵理工大学、帕维亚大学四校联合举办的世博会意大利国家馆中意设计工作坊活动。2019年12月，法国前总理、法国政府中国事务特别代表让－皮埃尔·拉法兰（Jean-Pierre Raffarin）到访同济大学，与

2023年11月2日,德国联邦环境、自然保护、核安全和消费者保护部部长施特菲·莱姆克(Steffi Lemke)率代表团到访同济大学,发表主旨演讲并与同济师生交流

校领导会晤,双方共话中法教育文化合作,交流新方向、互鉴新理念。会后,学校还向拉法兰颁发了经济与管理学院国际咨询委员会委员聘书。2021至2022年,尽管国际交流受到新冠疫情影响,但学校与德国、奥地利、法国、以色列等各国驻上海总领事馆保持了密切联系,交流最新信息,力求不断深化合作。

2023年2月,德国驻华大使傅融(Patricia Flor)来访,以"创新与中德合作"为题发表演讲,并与校党委书记方守恩就我校对德合作发展新战略进行交流。

2023年7月,联合国教科文组织教育助理总干事斯蒂法尼亚·贾尼尼(Stefania Giannini)来访,与学校代表围绕加强世界遗产保护领域合作、合作举办"国际城市遗产保护大会"和"国际可持续发展国际论坛"、积极推动同济师生赴联合国机构工作和实习等相关话题进行了讨论。

与此同时,学校领导自2018年起多次带队访问德国、法国、意大利、奥地利等国,主动作为,进一步深化与学校国外合作伙伴的合作,达成多个合作意向,取得一系列实质性成果。

2018年11月，校党委书记方守恩率团赴法国和意大利，先后访问了法国新里昂中法大学、里昂大学（联盟）、国立桥路学校，意大利博洛尼亚大学、佛罗伦萨大学等伙伴高校进行工作会谈，签署多份合作协议，并为同济大学驻佛罗伦萨大学联络办公室成立揭牌。

2023年4月，校党委书记方守恩率代表团分赴意大利、德国、法国三国，访问了米兰理工大学、都灵理工大学、佛罗伦萨大学、达姆施塔特工业大学、波恩大学、柏林工业大学等重要伙伴高校，签署多项合作协议，还访问了德国外交部、德国国际合作机构、联合国教科文组织、法国文化部建筑遗产之城等重要部门。

四、深度参与中外人文交流，服务构建人类命运共同体

学校深度参与中外人文交流，从学校到专业学院，到中德学部、中法工程和管理学院、中意学院等各国际平台学院，开展形式多样的人文交流活动。中德学部联合中德校园、中德人文交流研究中心，每年举办"德国周""中德人文交流周""德国音乐节"等品牌活动。中德学部的学生联盟中德之窗集结校内中德学生，定期组织各类文化体验活动，增强中德学生互动。2021年起，嘉定校区每年举办"同德济遇"德国文化节，进一步提升丰富在嘉定校区的校园文化与国际氛围。中法工程和管理学院每年举办"法国文化周/月""卓越工程师法国行"等活动。中意学院自2019年起举办意大利校园嘉年华，自2021年起开展梦想花园节等项目，打造一系列特色人文交流活动。

2020年，学校在中意建交50周年期间开展系列活动，分别举行"第二届同济大学意大利校园嘉年华活动""长三角创新创业与设计教育论坛""意大利孟菲斯×同济在地设计展""中意设计创新论坛"等亮点活动。

2021年是中国共产党建党100周年，对中国、对同济大学怀着深厚情感的5位外籍专家参加科技部举办的"庆祝中国共产党成立100周年，100位国际友人寄语中国"视频征集展示活动，分别为：来自芬兰的索达曼教授（Yrjo Sotamaa）《见证中国设计教育的十年飞跃》，芬兰的苏雅默教授（Jarmo Suominen）《立足中国、携手中国、用心中国》（*In / With / For China*），联合国前副秘书长、来自德国的克劳斯·托普弗教授（Klaus Töpfer）视频致辞，德国的魏德曼教授（Jochen Wiedemann）《上海——我的第二故乡》，荷兰的埃里克·科内尔博士（Erik Jan Cornel）《埃里克·科内尔在同济》。他们讲述了

2018年，中德学部学生联盟——中德之窗邀请中德学生一同在中德联合创新实验室制作京剧脸谱与胡桃夹子，体验中国与德国文化

与中国、与同济一起奋斗一起创新的故事。

2022年，以中德建交50周年为契机，打造公共外交和人文交流示范项目。2022年6月，同济大学成功推选德国前总统武尔夫为当年中国政府友谊奖得主。2022年11月，时任校长陈杰受邀出席中德对话论坛2022年专题视频会议，围绕开放、发展、共赢等关键词，面向德国社会各界有影响力的友华人士宣介了党的二十大精神，阐述了未来中德科教人文合作的共同目标和实现路径。举办中德建交50周年同济设计作品特展、同济大学中德联合创新大赛、"光华教育杯"中德建交50周年知识竞赛团体赛等系列活动，出版《动荡欧洲背景下的德国及中德关系》《感知中德人文交流：中德人文交流优秀案例合辑》等图书，拍摄视频《忆往昔，看今朝——记同济大学对德合作（1972—2022）》。学校智库和专业学院围绕"绿色化、数字化转型的社会影响"等主题举办近10场专题研讨会，主动引导中德公共讨论话语走向。

2022年，学校参与承办2022首届世界设计之都大会。大会以"设计无界，相融共生"

为主题，旨在打造国际一流的设计领域合作交流盛会。作为承办单位之一，本次大会上凝聚了诸多同济元素。开幕式上，校党委书记方守恩发布了由上海市经济和信息化委员会委托同济大学牵头建设的"上海国际设计百人智库"，邀请全球范围内对设计有重要贡献的重量级设计人物，为上海"设计之都"建设构筑高端咨询力量。主旨演讲环节，同济大学副校长娄永琪，麻省理工学院媒体实验室主任达娃·纽曼，意大利孟菲斯设计学派创始人、同济大学设计创意学院教授安东·西比克，围绕"Design to universe, for our planet, with people"（设计：上太空，为家园，与人人）展开关于设计创新和协同共创的探讨。作为开场秀，同济大学团队主创的数字设计交互作品《设计交响》精彩上演。

2023年是中德建交50年的起步之年，也是我校"中德合作2.0战略"的开局之年。学校在10月举办"同济大学中德学术人文交流周"，旨在通过一系列与德国伙伴高校和机构间的战略对话、学术论坛和人文交流活动，为持续推进以智能技术和绿色发展为两大主题的"中德合作2.0战略"走深走实，探索互利共赢的中德高校合作示范模式，搭建多个交流对话的平台。

2023年，学校积极举办各类暑期班活动，促进中外学生互访交流。于8月28日至9月15日期间举办的同济大学中德工程学院德国学生暑期夏令营吸引了来自德国高校国际合作联合会（DHIK）38所成员高校的97名德国学生参加，这也成为新冠疫情以来德国访华团队中人数最多的一支团队。

2023年8月28日—9月15日，同济大学中德工程学院举办德国学生暑期夏令营

第二节 以对德对欧合作优势引领建强国际合作平台，主动融入全球创新网络

习近平总书记在全国教育大会上明确提出要扩大教育对外开放，与世界一流大学开展高水平合作办学。多年来，学校围绕自身发展战略，持续优化对外开放整体布局，不断深化对欧、对美以及对联合国、欧盟等国际组织的合作，高度重视与"一带一路"共建国家的交流。2018—2023 年，学校整合国际优质教育资源，建设包括 3 个中外合作办学机构在内的 12 个国际合作高质量平台，扩大辐射效应，进一步提升其服务人才培养、学科建设、校园文化建设的能力，全面深化学校国际育人和国际科研的能力水平。

一、强化国际合作平台和联盟网络地位，形成双向融合的国际合作新体系

20 世纪 90 年代以来，在对德合作基础上，同济大学进一步布局全球，重点加强与法国、意大利、西班牙、芬兰等欧洲国家的合作，高度重视与联合国环境规划署、联合国教科文组织、世界知识产权组织等具有全球影响力的政府间国际组织的合作关系，积极贡献国际教育治理中的中国智慧和上海方案。利用中德学部、中德学院、中德工程学院、中法工程和管理学院、中意学院、中西学院、中芬中心、上海国际设计创新学院等 12 个国际合作开展"平台对平台、机构对机构"的合作，形成了对欧合作特色与优势。2018 至 2023 年期间，中德学院、中法工程和管理学院、联合国环境规划署-同济大学环境与可持续发展学院等机构庆祝建院 20 周年，中西学院喜迎建院 10 周年。学校系统总结前期合作经验，与德、法、意、西、芬等国战略合作伙伴深度协同，进一步推动平台学院改革发展，力求把实体型国际合作育人平台转变为新型综合平台，实现国际化培养要素向各教学实体主动支撑。

学校不断扩展在国际大学联盟和网络中的参与度。2019 年，"联合国青年教育联盟

2023年4月，学校党委书记方守恩率团出访欧洲。访问期间，推动同济大学建筑城市规划学院与联合国教科文组织亚太区遗产中心（上海）、法国建筑与遗产之城、法国建筑科学学院签署四方协议

（YEA!）"在第四届联合国环境大会（UNEA-4）上成立，同济大学与联合国环境规划署担任联合主席单位；成功推动建立"知识产权国际教育网络"（WINIPe），与世界知识产权组织全球合作大学建立交流机制与平台。2021年，同济大学加入环太平洋大学联盟（APRU），该联盟由美国加州理工学院、加利福尼亚大学伯克利分校等四所著名大学共同发起，目前有60所成员高校。同济大学学生团队在2022年APRU全球健康虚拟案例大赛上位列前十，是中国大陆地区唯一获此殊荣的队伍。同年，全球首个聚焦碳中和技术领域人才培养和科研合作的世界大学联盟"碳中和世界大学联盟"成立，同济大学为创始成员单位；在中国教育部和挪威教育研究部支持下，"中国-挪威海洋大学联盟"成立，学校成为23个成员之一。同济与世界法语大学联盟（AUF）的合作更加密切，执行"新型法语大学空间"（2018—2021）和"法语世界就业竞争力促进中心（上海）"（2021—2025）两个重点项目，合作举办三期"亚太区法语学生暑期学校"（2018年、2019年、2023年），学生龙狮运动协会于2022年加入该联盟全球学生社团网络并派出一名学生（中国唯一代表）参加在埃及开罗举办的首届"法语青年学生大会"。

二、持续以创新合作理念和模式夯实中德合作传统优势，全面带动国际合作提质增效

同济大学以中德学部为一个屋檐，全校多个对德机构和专业学院共同参与的中德合作作为同济大学国际合作事业的重要优势和传统，已多次被列入中德政府磋商议题及《中德合作行动纲要：共塑创新》等两国重要文件。近年来，为更好服务国家战略，学校主动作为，进一步总结、梳理对德合作先进经验，汇聚对德合作优势资源，不断探索高质量国际合作育人的创新模式，以满足未来产业变革对拔尖人才培养和高水平科学研究的需求。

学校借中德学院建院20周年契机，广泛听取中德政治、学术、企业界意见并争取其支持，探索把中德学院从原先单一学科的硕士生培养升级至全链条、产教融合、学科交叉的科教融合高层次育人。2018年，时任全国政协副主席万钢、德国外交部长马斯为中德学院建院20周年发来贺信；5月，中国驻德大使馆在柏林为学院举办庆祝活动，10月，在同济举办系列庆祝活动。2019年，中德合作向"小核心、大外围、高层次"为特色的平台化转型，分别成立中德汽车联合研发中心、中德机械工程中心、中德智能科学与技术研究中心、中德经济与管理研究院，进一步拓展各学科与德国合作的广度与深度。中德学院作为最早引入企业基金教席的中外合作机构，在过去五年间，努力克服国际形势的不利影响，与保时捷、英飞凌、拜尔等12家跨国公司新建或延续基金教席，实现产学研用融合发展新跨越。

2022年以来，学校进一步汇聚对德合作优势资源，探索高质量国际合作育人的创新模式，以满足未来产业变革对拔尖人才的需求。首创"科教、学科及产教三融合"的国际化人才培养生态系统，打造本硕博纵向贯通的全链条人才培养、中德双向交流体系。2022年3月，校长办公会正式审议通过《新时期同济大学对德合作总体构架》。之后，学校通过"同济大学与德国伙伴高校合作论坛"，面向50余所德国高校和机构正式发推出"同济大学中德合作2.0战略"。

"中德合作2.0战略"首创中外领军科学家"团队式"科教融合国际合作育人新平台，力求实现人才培养、科学研究、人文交流三大支柱协同推进。构建以"两硬一软"为核心的创新机构，即中德联合研究中心（同济大学）、中德博士生院、德国与欧洲研究院。

中德联合研究中心（同济大学）依托一流学科群，聚焦国际前沿，以智能科技、绿色发展为主题，力求实现以多学科交叉为基石。中心实施"双学术带头人"（双PI）制度，组建10个由100名中外教席教授共同领衔的合作研究团队，在"教席教授—驻站研究人

第九章 / 构建新时代国际交流合作新格局

2019年10月，时任校长陈杰签署基金教席协议

员（Co-PI）与博士后—博士生"三个层次推动合作，实施产学研合作的交叉学科育人，推动科技创新，引领学科发展，为全球性挑战提供解决方案。形成重大科研成果，培养国际一流人才。

全国首个中德博士生院与中德联合研究中心紧密协同，实施中德联合或双学位形式的博士生培养，打造依托"1"个中德合作科研项目、由"2"名中德导师联合指导、导师组每年同时招收中德"2"方博士生的"122"合作模式，实现50名中方博士生+50名外方博士生的合作培养规模。中德博士生院通过硕博连读、直博生制度等模式，把现有的中德合作人才培养体系向更高层次延伸。博士生毕业后可以以博士后身份进入中德联合研究中心、德国与欧洲研究院开展科研工作。

德国与欧洲研究院整合校内已有的德国和欧洲研究智库群优势资源，聚焦打造德国与欧洲研究领域的高端智库、建设中德中欧人文交流的示范基地、搭建高水平区域国别人才培养的平台，实现咨政、启民、育人、促经大功能。

学校通过专项博士生名额、奖学金等方式为博士生院建设匹配了大量资源。这一构架下，汇聚了德国政府、高校、科研机构和企业多方参与中德高层次人才培养和科研合作。目前，已和德国的达姆施塔特工业大学、柏林工业大学、布伦瑞克工业大学等多所高校签署了相关合作备忘录，集聚 100 多名来自同济大学、德国等欧洲高校的博士生导师，其中包含 30 余名中国科学院院士、中国工程院院士、德国科学与工程院院士、奥地利科学院院士、瑞典皇家工程科学院院士等中外学术界领军人物。2022 年 11 月 29 日，以教育部"国际产学研用合作会议——数字化与绿色发展创新论坛"为契机，中德博士学院举办导师团队选题对接会，双方导师达成多个合作意向，在多个人类社会共同关注的主题开展实质性科研合作，共同培养博士生。首批 24 名中德博士生已经入学。

三、发挥各个国际合作平台特色，主动融入全球创新网络

1. 中法工程和管理学院

中法工程和管理学院作为学校对法语国家和地区的综合性国际合作平台，致力打造在全球法语国家与地区具有较高展示度和影响力的国际化平台。学院积极做实做强与法国国立桥路学校、里昂大学联盟等"铁杆朋友"的战略合作伙伴关系。协同 13 个专业学院，对接 15 所法国学校，执行 12 个理工类硕士层次双学位项目。2022 年，同济大学与法国国立桥路学校签订校际框架合作协议。

中法工程和管理学院协同 5 个专业学院与法方每年举办"国际可持续发展城市交通系统研讨会"。推动落实将创新创业作为同济大学与法国里昂地区开展深入合作的重要抓手：2018 年，校党委书记方守恩与里昂大学（联盟）主席续签合作协议，"里昂与中国"专题展览在学校举办。2019 年，副校长雷星晖与里昂大学（联盟）签署创新创业教育专项合作协议，里昂大学（联盟）BEELYS 创业中心青年创业者代表团来校交流。2020 年，"同济—里昂"教启动席，选拔资助 4 人赴法开展科研合作。2021 年，中法联合线上开展创业主题讲座并建立创业导师团队。2010 年起，学院每年举办丰富的中法文化交流活动。2012 年起，牵头落实同济与世界法语大学联盟（AUF）的所有合作项目。2015 至 2019 年，连续举办五届"卓越工程师法国行"项目；2018 年，在嘉定校区举办"中法创新之夜"，列入首届"世界创新创业博览会（WIEE）"开幕周活动。

2. 中意学院

中意学院与意大利政府、企业以及 21 所意大利高校长期保持着良好伙伴关系。2018—

2022 年，电子信息工程、自动化和机械设计及其自动化等中意本科双学位项目共招收 75 名中国学生和 204 名国际学生。2018 年、2019 年、2023 年，三期"同济大学佛罗伦萨暑期营"吸引约 800 名师生参与。先后开展了"意大利全球设计日""上海 2035—迈向卓越的全球城市研讨会""中意创新论坛""意大利孟菲斯 × 同济在地展""中意创新周"等中意文化交流活动。2021 年，学校首个"劳动教育实践基地"成立，并于 2022 年举办"劳育基地梦想花园节"。

中意学院下设意大利研究中心、中意可持续中心、中意设计创新中心，为中意双方合作提供联合科研平台。意大利研究中心加入中国欧洲学会，成为上海全球治理与区域国别研究院理事会成员，2020 年获评"教育部高校国别和区域研究高水平建设单位（备案中心 1 类）"并获教育部教育国际交流与合作专项项目支持。同年，支持法学院与意大利比萨大学合作成立中意司法中心。

3. 中西学院

中西学院 2019 年新增两家成员单位（墨西哥蒙特雷科技大学、西班牙塞维利亚大学），通过西班牙对南美洲的辐射作用，打造可同时面向拉丁美洲的国际合作平台。

中西学院实施"20+20"学生交流项目，2018 至 2022 年派出学生 100 余人。协助马克思主义学院在古巴建立上海市教委思政教师海外研修基地，协助外国语学院开展"一精多会"人才培养，协助航力、土木、材料、交通、电信等 5 个学院获批国家留学基金委优秀本科生奖学金项目，为经济与管理学院开设 2 门与"创业"相关课程。2018 年、2019 年"城市创新"主题创客暑期学校融入马德里理工大学"领导力硕士项目"创新网络。与加泰罗尼亚理工大学合作申请欧盟 Erasmus 专项 2 个，为学校教工管理能力培训建设、高校管理研究及学校国际化人才管理提供平台。

2019 年起，中西学院推动同济与马德里理工大学设立"种子基金"，当年完成首批 4 组科研合作配对。学院外籍专家冈萨雷斯（Placido Gonzalez）教授 2019 年获得上海市"东方学者"称号。

4. 上海国际设计创新学院

上海国际设计创新学院自 2016 年获得教育部批复后成立以来转入快速发展期，已成为国内外知名的国际化设计学院。与美国麻省理工学院合作成立"同济 –MIT 城市科学实验室"，在"面向产业转型和未来生活的智能可持续设计"领域成果丰富、成效显著。学院 34% 的教师为外籍教师，30% 的研究生为国际学生，在 QS"艺术设计"全球学科排名连续六年位居亚洲第一。学院副院长兼中芬中心副主任苏雅默（Jarmo Suominen）教授2020年荣获上海市"白玉兰纪念奖"。学院协同中芬中心不断深化"设计驱动"创新实践在产学研等多领域的拓展。先后举办中芬文化和科学国际研讨会、第一届建筑设计行业人力资源管理论坛、首届"未来社区的'新'愿：邻里创业创意创新短视频大赛"等活动。中芬联合开设以"为可持续校园的转型实验而设计"合作课程，落实芬兰阿尔托大学在上海国际设计创新学院承担"概念设计""系统创新与设计"和"面向可持续的社会技术转型"等3门必修课程。

5. 联合国环境规划署–同济大学环境与可持续发展学院

联合国环境规划署–同济大学环境与可持续发展学院建立了国际化新型教育模式，并成为国家战略决策的重要智库。学院建设了2个国际硕士和1个国际博士项目，积极利用商务部项目、政府奖学金项目，每年招收的国际学生比例稳固在10%以上。2018—2022年，累计输送20名学生赴联合国相关机构实习。借助科技部外专项目，完成了由20国35位专家组成的国际化师资队伍建设。以国际学生可持续发展大会、联合国青年与教育联盟（YEA!）大会、亚太地区环境与可持续发展能力建设研讨会等会议为支点，五年吸引来自近百个国家和地区数千人参与。依靠可持续城市水系统国际联合研究中心，对标环境学科前沿，大力推进"一带一路"国际合作网络，推进与国际知名学术机构、国际顶级学术协会等全方位合作。与联合国环境规划署、联合国人居署等发布联合研究报告14篇。2022年，与爱思唯尔联合发布《同济大学可持续发展科研创新报告——全球视角下高校对可持续发展目标（SDG）的科研贡献》，与国际水协会（IWA）签署合作协议。2023年，成功举办全球环境科学家大会暨第七次全球环境展望第二次作者研讨会主论坛，来自30多个国家和地区的300多位代表齐聚一堂，共谋全球环境保护与可持续发展大计。

6. 联合国教科文组织亚太地区世界遗产培训与研究中心

联合国教科文组织亚太地区世界遗产培训与研究中心是联合国教科文组织（UNESCO）的二类机构，上海分中心设立在同济大学。在培训方面，以UNESCO优先项目及培养世界遗产紧缺人才为目标，形成了"文化遗产管理规划""遗产影响评估""历史性城镇景观"和"世界遗产与可持续旅游"四大核心培训课程。2018—2022年，面向25个国家的548名专业人士进行了培训。在研究方面，聚焦"历史性城镇景观"试点项目、"世界遗产与可持续旅游"中国试点研究、"小型聚居区与可持续发展"、"全球大都市遗产研究"、"世界遗产教育"等五大主题。

在实践方面,致力于为中国遗产地(含预备清单)提供在世界遗产申报、文化遗产阐释与展示创新、世界遗产教育创新等方面的专业技术支持,包括:为海南省五指山地区黎族文化申报世界遗产提供可行性研究(2021)、"平遥故事"系列原创绘本创作与公众推广项目(2020起)、与世界遗产地张家界合作探索青少年遗产研学活动的设计(2021)等。

在合作与交流方面,与包括联合国教科文组织世界遗产中心在内的22家国际与区域性组织以及国家政府机构建立合作伙伴关系,签订了10份合作协议,惠及亚太地区9个世界遗产地(含预备清单)。五年累计举办22场高层次国际学术会议。2022年,与建筑与城市规划学院合作组织为期6个月的"世界遗产对话"系列活动,庆祝纪念《世界遗产公约》50周年、中国历史文化名城设立40周年、同济大学建筑与城市规划学院建院70周年"同济规划百年"。2023年,联合国教科文组织教育助理总干事斯蒂法尼亚·贾尼尼来访,对同济大学办学成就以及与包括联合国教科文组织在内的联合国机构开展的合作成果给予积极评价。

7. 上海国际知识产权学院

上海国际知识产权学院于2016年由上海市教育委员会和上海市知识产权局联合发文支持依托同济大学成立。2021年,上海市拨付的学院一期建设经费通过验收并获评"优秀";同年,同济大学与世界知识产权组织(WIPO)签署联合培养知识产权法硕士项目第二期谅解备忘录。

上海国际知识产权学院采用专业化、国际化和交叉学科的培养方案,实行"三三三制",即国际师资1/3,校外师资1/3,同济师资1/3。聘请WIPO前任总干事高锐博士担任名誉院长,聘请德国马普所创新与竞争研究所前任所长约瑟夫·施特劳斯(Dres. h. c. Joseph Straus)教授担任顾问院长、同济大学名誉教授,聘请现任联合所长瑞托·赫尔提(Reto Hilty)教授和迪特马尔·哈霍夫教授为同济大学名誉教授。2023年,高锐名誉院长荣获中国政府友谊奖。

上海国际知识产权学院依托WIPO-同济大学联合培养知识产权法硕士项目、国家知识产权局-教育部联合委托同济大学的"一带一路"知识产权硕士项目,录取四届国际学生。持续推进与柏林洪堡大学法学院、康斯坦茨大学法学院的双硕士项目。"欧洲知识产权研究"国别区域研究人才支持计划于2020年成功立项。2018年、2019年累计派出7名学生赴WIPO日内瓦总部实习,2022年5名毕业生在WIPO入职。

上海国际知识产权学院搭建了WIPO-同济国际知识产权论坛、中欧创新与竞争论坛、上海知识产权国际论坛同济分论坛等多个国际会议交流平台。

8. 国际足球学院

国际足球学院建立本科与硕士层次贯通的足球学科建设体系，积极推进同济大学足球研究中心和足球智库建设，完善体育及足球学科布局。足球专业学术硕士 2018 年开始独立招生，2019 年体育学专业硕士研究生获得教育部批准。2019 年，与日本琵琶湖成蹊体育大学签署合作协议；2022 年，与英国曼彻斯特城市大学签署合作备忘录。2018 至 2022 年，引进 1 名意大利籍专家获上海市高级人才引进资格（SQ 计划），引进 2 名青年学者以副研究员身份全职工作。

第三节 加强高质量国际人才合作交流，优化国际人才发展生态

同济大学深入贯彻落实党的十九大以及十九届各次全会，党的二十大会议，以及中央人才工作会议精神，坚持教育优先发展，科技自立自强，人才引领驱动，以国际引智为依托，厚植国际科研合作沃土，聚天下英才而用之。学校的国际人才工作坚持党建引领、党管人才，持续深化国际交流合作内涵，充分利用对德对欧合作优势，坚持"平台吸引人、事业发展人、待遇留住人、感情感化人"，致力于以高质量的国际人才工作助力学校提升科学研究和人才培养水平，不断提升学校的核心竞争力、国际影响力和社会服务能力，构建高水平国际人才聚集高地，为建设中国特色世界一流大学提供有力支撑。

一、充分发挥国际合作优势，坚定不移加大海外引才力度

近年来，学校国际人才工作聚焦创新，精准发力，在国家、上海市及学校各级各类外国专家项目的支持下，国际人才层次、来源、领域及工作方式进一步丰富多元。学校积极应对新冠疫情带来的不利影响，充分利用线上线下相结合等更为灵活的方式开展国际人才工作，长短期外国专家数量稳定在较高水平，科技部各类外国专家项目获批数及经费数均名列全国高校前茅，全方位、多层次、宽领域的国际人才工作格局已经基本形成并不断完善。

学校充分发挥上海开放引才的综合优势，紧抓海外人才回流的历史机遇，聚焦"四个面向"，放大上海高峰人才工程示范引领效应。通过建立海外引才服务工作站、持续举办国际青年学者论坛，广发"英雄帖"，依托各优势学科力量，打出组合拳，持续挖掘海外优秀人才，特别是吸引海外博士和博士后回国工作。2021年、2022年，学校通过上海"国际人才蓄水池"工程，从海外引进293人。2022年优青海外入选30人。2023年海外引进人才计划中，学校青年项目入选32人，全国排名第8；创新项目入选10人，全国排名第1，均较上年度有所提升，且达到历史最佳。

学校进一步拓展国际合作平台学院以及意大利海外校区，德国曼海姆、法国巴黎、意大利佛罗伦萨、日本大阪等地方联络办公室功能，特别是转变在外孔子学院功能，以平台对平台的协调模式，支撑和指导各专业学院与国际伙伴开展引才育才，以及跨学科、跨文化人才培养和科学研究。

2018年以来，学校获国家、上海市重要外国专家奖项16项，其中中国科学院与工程院外籍院士3人、中国政府友谊奖3项。2022年，时任校长陈杰受邀在全国科技工作会议上作为三个典型代表之一、全国高校的唯一代表发言，介绍同济大学"深耕高水平国际人才合作交流、引育并举推进高质量科技创新"的经验，为科技强国、聚贤引智贡献同济智慧。

二、不断优化国际人才发展生态，全面促进学科创新发展

学校鼓励国内外顶尖人才协同创新、融合发展，中外教师共创卓越学术和贡献社会进步，形成"事业吸引人才、人才成就事业"的良性循环。学校聚焦国际学术前沿与重大战略需求，瞄准基础研究和关键核心技术开展联合科研攻关，中外科学家携手合作，为促进学科创新发展、服务区域发展战略、建设高质量人才中心和创新高地注入新活力、赋能新动力。

引育并举、推陈出新，夯实传统优势学科引领地位。作为传统优势学科，同济的土木工程学科连续多年在软科和US NEWS排名世界第一，近年来，3名自主培养的教授、2名长期在校任教的外籍教授当选两院院士；依托土木工程防灾减灾创新引智基地，创建6个国际合作联合实验室和研究中心，获批自然科学基金委重点国际合作项目4项，获国际科学技术合作奖3项。海洋地质学科牵头建设"国家海底科学观测网"大科学工程、上海市深海科学中心等，负责国际最大深海研究大科学计划（IODP）中国基地建设，大力促进了发展中国家建立大洋钻探联盟，打造世界一流海洋科技研究中心及人才基地。

系统引智、机制创新，推进新兴交叉学科快速崛起。作为布局的新兴学科，设计创意学院依托"高校国际化示范学院推进计划"，整建制引进外籍高端人才，借鉴国际先进经验，探索符合中国国情的国际化教学科研模式，构建具备国际视野和竞争力的一流国际人才的培养体系和符合国际惯例的科研组织体系。2018年以来，学校3名外籍教授获上海市白玉兰纪念奖、1名教授当选瑞典皇家工程科学院院士。在中外专家的通力协作下，相关学科发展驶上快车道。近年来，艺术与设计学科在QS世界大学学科排名中持续攀升，2023年

位列全球第 10 名，连续六年位居亚洲第一。在"NICE2035 未来生活原型街"等一批代表性创新探索实践中，无不凝结着外籍专家们的创意设计大手笔。

面向前沿学科，凝聚高端智力。学校瞄准国际前沿，牵头建设上海自主智能无人系统科学中心，围绕自主与感知、智能与涌现、协同与群智等重大科学问题和无人系统在芯片、器件、算法、单体、多体协同等领域面临的卡脖子问题，着重开展人工智能领域的前沿科学难题和核心关键共性技术的攻关，服务上海科创中心建设。目前，在上海市人工智能战略咨询专家委员会中，同济教授就占据了 4 席。中心依托建设教育部前沿科学中心、人工智能国家产教融合平台和无人系统的重大基础设施、浦江国家人工智能实验室，吸引了一批国内外一流创新人才。如德国顶尖人工智能专家、同济大学教授、2021 年当选中国工程院外籍院士的奥托·海因里希·赫尔佐格长期与中国工程院院士吴志强教授紧密合作，以深厚的学术造诣和对中国的热爱，将近 40 年的人工智能研究工作经验应用于学校人工智能与城市规划学科交叉创新之中，推动中德两国人工智能领域的高端合作，为上海建设全球人工智能高地、提升中国人工智能国际影响力、人工智能赋能区域规划与治理作出了卓越贡献。

三、依托平台搭建战略科学家成长梯队，推动科技创新高质量发展

学校以人才资源的集聚为引领、以国际科技合作项目为主体、以合作平台建设为基础，充分聚集国内外创新资源、推动国际科技合作务实发展、提升学校国际科技创新能力。通过不断完善人才工作链条，着力搭建战略科学家成长梯队，形成了战略科学家与青年人才携手共进、国内人才与国际人才深化合作、互利共赢的良好氛围。截至 2023 年 9 月，同济大学已与国外伙伴院校合作建立了 19 个省部级及以上国际合作实验室，包括 4 个科技部国际联合研究中心、3 个教育部国际合作联合实验室、2 个上海市"一带一路"国际联合实验室、9 个"高等学校学科创新引智基地"及 1 个"高等学校国际化示范学院推进计划"。值得一提的是，教育部批建的中德联合研究中心（同济大学）是国内首个跨学科国际联合研究平台，重点聚焦中德两国重大战略需求，发挥多学科优势，积极探索国际化科研合作和人才培养的新模式。

学校以优势特色学科为基础，以国家、省部级重点科研基地为平台，海外顶尖学术大

师以及一大批学术骨干与学校优秀科研团队联合开展科技攻关研究，承担了近70项国家重点国际科技合作项目，取得了一系列具有国际影响力的科研成果。学科创新引智基地将学科建设、科学研究、人才培养和国际交流合作融为一体，基于凝练重大科学问题推动基础研究和应用研究，以高水平外国专家团队引进带动创新人才培养，通过长期稳定支持保障基地可持续发展，培养了大批学科带头人、科技领军人才和优秀青年骨干，为教学、科研、人才协同创新发展提供了有力的平台支撑。

城市规划与人工智能学科依托"未来城市与建筑创新引智基地"，与哈佛大学等共建国际博士生院，引进了院士级专家担任导师。在上海市的大力支持下，依托同济大学建设的上海自主智能无人系统科学中心和上海市重点实验室作为交叉学科平台，持续引进人工智能领域顶级专家，形成院士领衔、中外科学家参与的国际化顶尖研究团队，作为首席科学家获批自然科学基金委基础科学中心、教育部前沿科学中心，建设中国（上海）数字城市研究院，进一步提高了学校的整体学科水平和国际地位。海洋学科牵头的"国家海底科学观测网"大科学工程深入参与地球科学历史上规模最大、影响最深的国际大科学计划——国际大洋发现计划（IODP），掌握了先进的大洋钻探装备和钻探取芯技术。学校作为中国IODP办公室所在地，培养了一支高水平深海科研人才队伍，在国际期刊上发表了一系列高水平论文。环境学科与德国达姆施达特工业大学等多家德国高校和研究机构共建中德清洁水创新合作研究平台，联合中德两国优秀高校、科研机构和企业，协同创新，围绕重点领域水污染、水环境预警与监控、饮用水安全等重大科技问题共同开展研究攻关，以实现水资源的有效利用，成果被广泛应用在非洲及"一带一路"共建国家。土木工程学科与美国加州大学伯克利分校、东京工业大学、意大利欧洲地震工程研究中心等联合建设的地震工程国际合作联合实验室，联合开展国际前沿的重大抗震科学问题研究。汽车学科创立新能源汽车工程中心，战略定位于在新能源汽车领域构筑国际技术创新平台、开拓新能源汽车产业国际合作渠道开展创新研究，积聚和培养高端人才，支撑、引领和服务我国新能源汽车产业发展。

在国际合作平台的带动下，学校教师国际活跃度和学术影响力持续增强。55人在重要国际学术机构和组织高端任职，35人被海外高校授予名誉学衔，64人担任高水平学术期刊主要职务，35人次担任发展中国家科学院和美国、德国、瑞典等国科学院或工程院外籍院士。近五年，10人次获ASCE纽马克奖、德国洪堡研究奖、德国海因茨·迈耶–莱布尼茨奖、IStructE世界结构大奖等国际大奖。

多措并举,不断完善和优化外籍教师管理服务工作流程,强化人才安全。全面梳理外国专家工作流程,在校内多个部门的协同下,2019年修订了《外籍教师管理办法》,2020年出台了《关于加强外籍教师管理的工作方案》,制定了《同济大学外事工作指南》《同济大学外籍教师手册(英文版)》。严把院聘外籍教师的入口关,重点规范院聘外籍教师的招聘管理。根据国家及上海市关于人才安全工作总体部署,在校党委统一领导下,健全海外引才安全保护工作协调机制和海外人才安全事件应对机制,定期开展引才风险检视,夯实人才安全基础,确保安全工作无盲区。2021年印发《同济大学引进人才政治把关工作办法》,明确建立人才政治把关工作专班,严格落实校院四级把关程序。同时不断推动部门协作,创新引才模式,聚焦重点任务,加强各部门各级各类引才项目的衔接,发挥国际人才在本土人才培养中的作用。

不断提升服务水平,改善引智生态。通过构建"一门式"中外高层次人才服务体系,简化服务环节,提高响应速度,改善服务质量。学校为每一名高层次人才建立职业发展全周期手册,为人才发展的里程碑节点和可能遇到的痛点问题提供预先指导。促使国际人才引进工作从"重引进"向"吸引—培养—管理—服务"全链条转型,帮助高层次人才实现自我定位、深度融入、共同成长。全校上下为国际人才的发展创造更好的环境和氛围,了解需求、热情关心、细化服务,保障国际人才安心开展教学科研工作,让国际人才在同济感到温暖,以具有国际竞争力的一流人才队伍为一流大学建设提供坚实的人力资源保障。

学校自成立之初即带着国际合作、国际人才集聚的印记。学校的发展一方面离不开国际人才的共同参与,另一方面也为国际人才施展才华提供了广阔舞台。学校一直注重发挥科教融合、人才汇聚、学科综合、国际合作等综合性优势。教育培养创新人才,科技活动产出创新成果,人才工作蓄积创新智力,不断提升国际人才工作水平,以国际化高层次人才集聚和国内国外科研团队融合发展带动一流科学研究、高水平学科建设和国际化人才培养,以世界一流人才队伍支撑一流大学建设,构建高水平国际人才聚集高地,为国家科技创新事业发展源源不断地汇聚和培养优秀创新人才。

第四节　打造留学同济品牌，构筑国际卓越人才培养基地

学校坚持守正创新、提质增效，发扬"同济天下"的国际化办学理念，将来华留学教育作为学校"双一流"建设的重要组成部分，全面融入学校各项事业发展，着力培育具有高度中华文化国际传播能力的复合型国际化人才。

2018—2023 年，学校年均在册国际学生数超过 4100 人，约占全校全日制学生数的 10%。通过实施"聚焦重点、做强主场、布局全球"的国际化战略，不断加强"一带一路"及其沿线国家招生宣传，扩大海外朋友圈层，服务国家外交大局，学校在国际学生的招生、培养、管理等方面形成了"同济特色"。

面对突如其来的新冠疫情，学校迎难而上、顺势而为，持续探索来华留学教育新模式。2023 年，国际学生招生工作呈现可喜的恢复态势，共录取了来自 12 个国家的 1044 名国际学生，主要生源国为德国、法国、意大利、韩国、日本。来华留学生"知华、友华、爱校"教育成效显著。

一、与时俱进、创新模式，打造示范性的国际学生思想教育

同济大学积极贯彻落实"扎根中国大地，全面感知中国"的理念，构建了国际学生立德树人教育的"12345"模式，即"一个初心、两份使命、三大主题、四种路径、五方维度"。

2018 年以来，围绕中华传统文化、红色文化、当代文化三大主题，举办了 300 多场实践体验活动，参与国际学生多达 20000 多人次。国际学生走访历史名城，领略中国大好河山；体验中国民俗，感受中华文化经典；国际学生走进新农村，了解改革开放的成就；参观现代企业，感受当代中国的发展。他们在中国悠久历史和灿烂文化中，探寻中华民族历经数千年仍然不断进步的奥秘；他们在当代中国社会的日新月异中，探索中华民族从一穷二白变成世界经济大国的活力源泉。最后，国际学生来到了革命圣地，足迹遍布井冈山、延安、

国际学生参加龙舟赛

国际学生学写汉字

西柏坡、遵义等地,在了解了中国革命史、新中国发展史之后,他们终于找到了中华民族"站起来、富起来、强起来"的真正答案——因为有了中国共产党。

来自90多个国家的国际学生化身为"新时代的斯诺",他们从自身的视角,用自身的语言,将在中国的所见所闻所悟所感纷纷记录下来,在《人民日报》海外版、《新民晚报》、人民网等多家国内外媒体及网络平台上发表文章1000余篇,阅读量高达18万。国际学生从他们自身视角,通过短视频等形式,全方位、多角度地讲述中国人民奋斗圆梦的故事、讲述中国共产党治国理政的故事。在此基础上,将录制的视频投放在脸书(Facebook)、油管(Youtube)等国内外多家网络媒体平台,粉丝遍布五大洲,共185个国家。

2022年新冠疫情期间,学校组织国际学生走进社区基层,通过志愿服务实践、网络知识竞赛、讲述抗疫故事、拍摄抗疫视频等方式,实现服务基层社区治理,达成了文明互鉴的目标。通过上海抗疫的亲身实践,增进了国际学生对中国制度的了解和认同。国际学生将中国模式与自己国家抗疫模式对比,为中国和其他国家了解不同国家的道路、理论、制度和文化提供了互鉴的平台。

二、聚焦重点、融入全球,国际"朋友圈"持续扩容

学校继续深化对德合作特色,拓展国际合作全球布局。依托国际合作平台和专业学院,形成了有重点、有聚焦的国际合作格局,合作网络持续拓展,"朋友圈"不断扩大。2022年5月,学校推出"对德合作2.0战略",获得德国50余所高校的积极响应。学校成立我国首个中德博士生院,获批建设中德联合研究中心(同济大学),在既有本科和硕士项目

的基础上，推进前沿科技研究和科教、产教融合式人才培养，构建"小核心、大外围、高层次"的国际学生人才培养体系。围绕中德共同关切的智能科技、绿色发展领域，探索科教融合的拔尖创新人才培养新模式，打造集人才培养、科学研究、人文交流于一体的中德互通的合作生态系统。这一过程中，学校成为全国最受德国学生向往的留学目的地，每年接收的德国学生占到全国来华德国学生总数的七分之一。

学校积极服务国家战略，对标对表中国特色大国外交以及构建人类命运共同体的全局，在新形势下，保持对欧合作院校学生交流规模并扩大"一带一路"共建国家生源占比，五年来，学校共录取100余个"一带一路"及其沿线国家学生1000余人。留学生办公室积极建立同济特色国际课程宣传推广体系，组织参与各类招生宣讲活动，辐射6个大洲、150个国家和地区，受众国际学生超过1万人次。

为进一步发挥学校全球分布式校区优势，学校与海外孔子学院以及马来西亚巴生兴华中学、印尼新光习经院、泰国玫瑰园中学等深化招生合作，挂牌"同济大学海外招生基地"。同时与德国的慕尼黑工业大学、科隆大学，美国夏威夷大学，韩国科学技术院，日本的东京大学、大阪大学、名古屋大学、九州大学，德国的伯乐中学，加拿大的Link教育集团等海外大中院校、学术机构在更深、更广层面开展资源共享，持续深化交流合作，切实推进了海外优秀生源基地建设。"同济大学国际本科生高中校长直推项目"合作高中已增至12所，为学校输送了优秀的国际学生，留学生生源质量不断得到提升，"留学同济"品牌力不断得到增强。

三、精雕课堂、学科引领，促进国际学生培养提质增效

学校注重构建国际化的育人环境和课程体系。全英语授课专业本科3个、硕士12个、博士13个，基本涵盖了学校一流学科与专业。在预科教育方面，自2009年起承担中国政府奖学金来华留学生预科教育，为国际学生提供通用汉语、专业汉语以及具有同济特色的理工、医学、经贸等专业的"桥梁课程"，帮助国际学生实现本国高中课程与中国本科课程的高效衔接，逐渐打通预科—本科—研究生培养通道，促进学校在优势学科领域培养更多、更卓越的国际化人才。

学校以土木、建筑、经管、环境、设计等一流学科和专业为引领，汇聚国际专家，共育国际专业英才。2023年，学校通过国际联合实验室、国际暑期学校等平台，吸引了来自

美国、德国等国家以及欧洲的学生近 500 人来华短期交流和学习。"价值导向、多元耦合、精准传播：留学生'讲好中国故事'人才培养模式创新"项目喜获市级教学成果奖二等奖；外国语学院牵头申报的"体系化外语赋能，交叉性多元协同—国际传播人才培养模式创新实践"荣获国家级教学成果奖。2021 年国际文化交流学院编辑了"同济大学国际学生感悟中国丛书"四册，社会反响广泛。2023 年，学校还出版了 Bridging Cultures at Tongji University 一书，在北美进行推广。

学校平台学院主动对接海外优质资源、积极参与中外人文交流，不断增强学校国际影响力。联合国环境规划署–同济大学环境与可持续发展学院重点支撑"环境科学与工程"一流学科与"低碳发展、环境治理与健康"一流学科交叉领域建设，建设成为联合国环境署以可持续发展为核心的交叉学科智库高地；上海国际知识产权学院依托与世界知识产权组织联合培养知识产权硕士项目和中国政府"一带一路"知识产权硕士项目培养具有国际胜任力的高层次专业人才。为适应新时代学校国际化与来华留学生教育的发展，学校更积极主动转变平台学院功能，将原先以向境外知名高校输出中国学生为主，转变为向外输出和吸引境外知名高校学生来华并重。一些平台学院每年注册的校际交流国际学生达数百人，国际学生的培养质量也稳步提升。2020 届"一带一路"班的俄罗斯籍毕业生高飒拉（Zara Gadzhieva），毕业后就正式入职世界知识产权组织国际专利部（瑞士日内瓦总部）工作；来自巴基斯坦的留学生阿里（MOHSIN ALI）入选了 WIPO 青年专家计划。

四、讲好故事、精准传播，引导国际学生在高水平竞赛屡创佳绩

优秀人才队伍是中华文化走出去的关键支撑，学校积极推动国际传播能力建设，近年来，学校坚持以创办多元、立体的中华文化国际传播理论为导向，致力于构建中国特色话语体系和叙事体系，培养卓越的"知华、友华"的国际传播复合型专业人才，为推动中华文化国际传播事业发展、构建人类命运共同体，提供理论和人才支撑。

学校成立国际学生"行走看中国"故事班，举办"2022 国际传播能力提升"专题研讨班，为培养懂传播、会传播、能传播的复合型专业人才不断发力。精心设计"感知中国"活动，用好红色文化、传统文化、当代文化等育人资源，面向留学生展示真实、立体、全面的中国。"熊猫叨叨——国际学生讲中国故事"团队连续在第七届、第八届中国国际"互联网+"

大学生创新创业大赛上获全国总决赛铜奖。国际学生在"知行杯"上海市大学生社会实践项目大赛中荣获特等奖。中外学子联合在上海市第十七次学代会上的提案"关于构建国际学生多语言讲述中国故事的示范平台"荣获优秀人民建议。

新冠疫情期间,为让生活在海外的家人、朋友了解上海的抗疫情况,学校组织国际学生用文章和短视频的方式分享他们的抗疫故事与感悟。亲身经历并参与中国抗疫行动的国际学生,将抗疫中的所见所闻、所思所感记录下来,写成一篇篇鲜活、感人的文章,向身边的亲友、向世界同胞讲述上海的抗疫故事。这些抗疫文章将成为这段不平凡时光的见证,是一段段有温度的载体。国际学生自发拍摄歌曲联唱"We are the world",登上今日头条,并获得了《人民日报》《中国日报》《文汇报》《新民晚报》等多家主流媒体的报道。

五、趋同管理、多措并举,构建浸润式国际校园文化

学校积极推进中外学生趋同化管理,营造跨文化校园环境,更广泛地促进中外融合。按照趋同化与分级管理、分类指导相结合的原则,利用现有资源和有效的管理队伍,统筹安排,分工协作,将国际学生教育管理纳入学校教学管理口统一管理,在本科生院设立了对外交流合作科,在研究生院设立了国际联合培养办公室,从组织架构上夯实趋同化管理的基础。

学校积极促进中外学生融合,以"全面营造、广泛吸引、打造品牌"为主要目标,开展跨文化交流与体验活动。加强组织领导、做好前期策划,留学生办公室、学研工部、校团委作为主要牵头部门,相关工作形成合力。学校不仅加强网络平台、校园环境、学校重要文件的中英文双语化建设,同时还努力打造国际学生信息化平台,为国际学生在勤工俭学、宿舍选择等方面提供更多便利条件。

学校还充分发挥奖学金的示范引领作用,为优秀的国际学生设立国际学生卓越博士奖学金、中国银行菁英奖学金、校长奖学金、志愿者奖学金等,加大对国际学生的表彰力度,树立典型、加强宣传、以点带面,让更多的国际学生以中国为桥,走向世界;让更多的中国学子,以国际学生为桥,成就自我,实现文明互鉴、中外融合。

第五节　构建对外传播话语体系，提升国际传播能力水平

在过去的五年间，学校发挥学科和人才优势，不断深耕理论研究与实践探索，构建融通中外的话语体系，建立多主体、立体式的具有同济特色的国际传播平台，努力培养具有全球胜任力的国际传播复合型专业人才，为讲好中国故事、传播好中国声音、塑造好中国形象提供理论支持和人才支撑。

一、以理论研究为引领，构建具有同济特色的中华文化国际传播理论体系

依托国际文化交流学院，汇聚了国家语言文字推广基地、上海语言文字推广基地、上海华文教育基地、中印人文交流研究中心、李宇明研究室、古川裕研究室、语言应用研究所、海外汉学研究中心、当代中国研究中心、国际中文教育大数据研究中心、长三角研究院等一系列专业研究基地，集结了一批海内外语言学和文化传播专家，打造"汉语国际传播论坛""长三角'一带一路'文化大讲堂""语虹课堂"等系列精品论坛和讲座，共话当前汉语和中华文化国际传播的热点难点、汉语国际传播的人才培养，学术交流活跃。

着力培养新时代国际传播优良师资，以及"知华、友华"的中华文化国际使者。为提升中外学生及教师的国际传播能力，开设同济大学"国际传播能力提升"专题研讨班，邀请媒体记者、传播学专家进行系列授课，并通过研讨、情景模拟强化学员的传播意识，着眼具体问题，凝练多方智慧，切实提升学生和老师的国际传播能力，为中华文化走向世界，培养懂传播、会传播、能传播的复合型专业人才。

从小切口看大世界，用留学生熟悉的语言向世界讲中国故事。创办"熊猫叨叨 Panda Talk"栏目，成为留学生网络思政的特色品牌。已推出系列视频，涵盖抗疫志愿者、红色文化、历史文化、民族文化、社会民生、学生生活等多方面。同济大学"留学生行走看中国"故

事班顺利开班,引导留学生以亲眼所见、亲耳所闻、亲身所感客观全面地了解中国及中华文化,进而理解中国智慧和精神内涵,共同打造留学生"讲中国故事,传中国声音"的范本,出版"留学生行走看中国"系列丛书,助力留学生成为积极传播中华文化的使者,增强其对中华文化感召力与亲和力的认知,培养留学生讲好中国故事的能力。

《中华优秀文化走出去应做到"三个坚持"》《中国文化外交与传播如何相辅并行》《"一带一路"中华文化国际传播是中国特色哲学社会科学理论创新点》等有关中华文化国际传播的观点文章相继发表于《人民日报》《光明日报》等重要媒体。主编"中华文化国际传播系列丛书""'一带一路'与中华文化国际传播丛书""同济大学国际学生感悟中国系列丛书",精准聚焦中华文化走出去的实际需要,为中华文化走向世界贡献"同济智慧"。

二、坚持理论构建与实践应用并重,为讲好中国故事提供学理支撑

学校面向新时代我国亟须提升话语创新能力和国际传播能力的重大战略需求,依托国家社科基金重大项目"中国特色对外话语体系在英语世界的译介与传播研究(1949—2019)"等系列课题,剖析当前中国对外话语实践中的问题,构建国际传播对外翻译理论框架,探索国家对外话语构建各环节运作机制和实践路径,为解决当下我国国际传播中"卡嗓子"关键难题提供重要参考方案。

积极探索构建对外翻译与国际传播研究理论框架和实践路径,搭建高层次中译外人才的培养模式,同时立足新时代翻译研究的学科交叉属性,探索多模态翻译研究路径,聚焦中国文学海外传播的多元可能。近年来,学校成立了"国家对外话语体系研究中心""中华外译与国际传播研究基地""语言规划与全球治理研究中心"等多个研究实践基地,加大对英语国家、德语国家与日本等的全方位翻译传播战略研究与实践,培养学以致用的高端翻译人才。开展包括国家社会科学基金重大项目、国家社科基金中华学术外译项目等在内的高层次科研项目研究,梳理新中国成立以来对外翻译传播的历时演进,总结经验得失,研究国家对外话语体系的基本内涵、理论框架和提升路径以及在"一带一路"倡议中的具体实践,为当下国家对外翻译传播事业发展提供高质量的咨政建议。

五年来,学校对外翻译与国际传播研究平台与导学团队围绕中国对外译介与传播实践、对外翻译理论构建、多模态翻译、对外话语体系构建、当代文学外译等课题,在专著出版

以及论文发表方面取得了一系列高质量研究成果，形成了较为鲜明的"外语+"跨学科研究特色，成为我国较具影响力的传播团队。

三、建设一流高校智库，助力国际传播平台的搭建

学校持续推进建设服务国家战略需求的高水平智库，致力于打造以德国及欧洲研究为重点、特色鲜明、国内一流、国际知名的专业智库。"同济大学中德人文交流研究中心"受教育部委托成立于2017年3月，并被列为教育部中德人文交流研究基地，以加强中德人文交流研究、推进中德人文交流为宗旨，立足于学校全方位对德研究与交流的传统优势，为中德高级别人文交流对话机制提供智力支持和人才保障，致力于建设成为卓越的中德人文交流研究智库、信息平台、人才培养基地和项目执行机构。

学校通过如国家留学基金委的"国际区域问题研究及外语高层次人才培养"等项目，持续输送研究生赴欧洲伙伴高校从事与德国及欧洲研究相关的学习与研究，派遣访问学者赴欧洲有关智库研修，以此拓宽研究人员全球视野，提高人才队伍的国际化水平。目前，学校与德国、欧洲其他国家和美国高校科研机构以及智库等已经建立了多种形式的深度合作。以学校德国研究中心为平台建立了中外智库品牌论坛，如与德国波恩大学全球研究中心组织的"中德论坛"已连续成功举办了多届。与德国卡尔斯鲁厄理工大学技术未来研究所有关技术的社会影响的双边论坛、与德国对外文化关系研究所组织的中德人文交流论坛也是讲述中国故事、传递中国声音的重要平台。

此外，学校中德人文交流研究中心联合同济大学海外合作设立的汉诺威莱布尼茨孔子学院共同开发"当代中国"课程。从2019年夏季学期开始，课程以讲座课和研习班的形式，正式进入汉诺威莱布尼茨大学（LUH）的课程目录，成功向德国大学实现"当代中国"系列课程的输出，开拓了中国话语对欧传播的新路径。

五年来，以德国研究中心为代表的智库群主动积极开展针对性研究，努力产出优质科研成果，为中央和地方政府部门的决策出谋划策。德国研究中心每年在主流媒体发表媒体署名文章百余篇，承担各类国家级、省部级哲学社会科学课题10余项。每年和德国波恩大学联合举办的"中德论坛"已成为探讨中国和德国未来发展的重要学术平台。2022年，同济大学德国研究中心入选CTTI2022年度高校智库百强榜（A+榜单），《德国发展报告》（德国蓝皮书）系列获优秀成果特等奖，《新型高校智库国际化建设》入选年度智库建设示范案例。

四、打造"一带一路""中文+"模式,精准培养"一带一路"建设人才

紧密结合"一带一路"建设目标,进一步优化各专业与学科的人才培养结构,形成了"一带一路""中文+"专业人才培养模式和创新课程体系。面向全校本科生(中外学生)开设"'一带一路'文化经典解读"的人文经典与审美类通识课程。依托"一带一路"的合作基础,形成同济大学"一带一路"专业人才培养的"学习→实践→内化→提高"自循环创新模式,持续扩大"一带一路"沿线国家来华留学生招生培养规模,培养能够直接服务于"一带一路"建设的专业人才。发起由60多家中外高校、机构和企业加盟的"一带一路"语言文化传播校企联盟,主办"一带一路"发展论坛等高峰论坛和各级别会议15次,打造"汉语科技融合创新平台系列讲座"等学术讲座品牌,吸引相关领域3300余名海内外专家学者参会,推动学校和共建国家学生交流互访2500余人次。

充分发挥海外孔子学院、"一带一路"共建国家华文学校和相关机构的优势,开展丰富多彩的教学和文化活动,着力培养具有鲜明"一带一路"共建国家语言和文化特色的汉语师资,推动共建国家本土汉语师资的培养。4所孔子学院、3所孔子课堂各具特色,成为汉语和中华文化国际传播的重要阵地。樱美林大学孔子学院依托青少年中文教学与文化活动组织的经验,侧重发展中文学历教育、组织大型青少年文化活动;汉诺威莱布尼茨孔子学院发挥文化传播特色,侧重开发针对不同目标人群的文化项目;庆熙大学孔子学院擅长学术交流与研究,侧重开展传统文化讲座及青年汉学人才培养;佛罗伦萨大学孔子学院因具有设计创意文化的特色,将同济大学佛罗伦萨海外校区和孔子学院形成合力。

五、坚持立德树人、以文化人,不断增强中国学生家国天下的理想信念

学校在国际化育人过程中坚持立德树人和以人为本的教育思想,充分利用课堂教学与实践拓展双渠道,立足专业导师主体身份,发挥学生主体作用,促进教学、研究和育人相统一,秉持"知行合一、完善自我、融贯中西、服务国家"的导学理念,以德育人、以文化人,不断提升导学的质量与效果,促进学生的全面发展。相关教学成果获上海市教学成

果一等奖，精准国际传播咨政报告获党和国家领导人肯定性批示，学生的国家意识、理论素养和实践创新能力获得显著提升。

不断深耕课堂教学，厚植学生家国情怀意识。开设中国特色话语翻译课程链，挖掘中国传统文化、红色文化、社会主义核心价值观等思政资源，与对外翻译传播紧密结合，将"怎么译"的翻译之"技"与中外文化推介与分析、比较与运用之"需"紧密融合，培养学生立足双语能力、面向现实需求、服务国家战略的意识与能力。博士生原创视频《向世界讲述延安：革命而浪漫的圣地》获全国高校思政网等媒体平台报道，并入选"高校庆祝中国共产党成立100周年原创精品"展播。

学校推进对外翻译与国际传播研究平台与导学团队融入社会实践，加强习近平新时代中国特色社会主义思想海外传播领域的对外话语翻译教学和研究，大力推动中华文化"走出去"，促进中华优秀传统文化传承创新。创设同济大学国家对外话语体系研究中心，以中国对外话语体系研究为重点，探索中国对外话语能力提升机制与策略，开展对外话语领域硕博研究生联合培养，为国家制定对外话语政策与措施提供咨政报告，致力于建成国家语言政策和对外翻译传播领域的高端智库和人才培养基地。

学校与各方合作设立实践育人基地，以实践工作提升学生对外话语翻译和对外传播实践能力。推动经济日报报业集团与同济大学外国语学院共建中华文化国际传播基地，形成中华文化传播的实践阵地。2019年9月，该基地与中国文字博物馆、中国驻里昂总领事馆等在法国举办"中国文字丝路行——'汉字'国际巡展"，得到法国第一大报《费加罗报》的详细报道，打造了中国文化对外传播实现民心相通，达到良好接受效果的实例。博士生参与的项目"熊猫叨叨——国际学生讲中国故事"获2021"互联网+"大学生创新创业大赛上海市金奖。

学校积极推动中国红色革命文化国际传播，支持本硕博开展中国红色文化翻译实践。学校与革命基地井冈山合建"井冈山文化国际传播合作基地"，并与井冈山、西柏坡等革命圣地博物馆达成合作协议，共同致力于对外讲好中国故事。通过导学团队组织学生利用假期，以井冈山、延安、西柏坡、长征沿线等红色教育基地为实践对象，对当地红色文化传播景点的公示语英语译文进行勘误、修订、改写，制作了《红色文化翻译指南》，构建了"中国红色文化翻译术语库"，创建了红色文化外译新媒体平台，提升了中国红色文化国际传播的有效性和影响力，妥善解决了中国特有的红色文化存在英语译文质量较低、无法传递中国红色思想与精神、话语传播方式单一等问题，以及由此导致的国际社会对中国特色话语内涵或知之甚少或存在误读的问题。"中国共产党红色文化对外传播的问题与对策——基于革命圣地英译的调查研究"项目获第十七届"挑战杯"上海市大学生课外学术科技作品竞赛决赛特等奖、国赛二等奖。

学校与德国、法国、意大利、匈牙利等欧洲国家合作，探索创新科创人才全球胜任力培养体系。2021年成立"中欧高素质工程人才全球胜任力培训中心"，并在佛罗伦萨设立基地，与相关国家科教组织开展多层次、多维度的科技交流和联合研究，培育"一带一路"重点行业科技人才及国际组织任职人才，服务国家融入全球创新网络，提升我国在国际科技治理体系中的话语权和影响力。发挥对德、对欧人文交流与区域国别研究的特色，引进关键语种紧缺人才，推动德英双语国际组织人才培养辅修专业、卓越意英双语国际组织人才培养微专业、卓越西英双语国际组织人才培养微专业等项目的建设，提升了外语人才区域化、分众化国际传播的能力。

第六节 设计创意学院：构筑浸润式国际一流人才培养生态，建设世界一流设计学科

自学校十一次党代会以来，设计创意学院在学校党委的指导和支持下，坚持以习近平新时代中国特色社会主义思想为指导，全面贯彻党的教育方针，落实新时代党的建设总要求，以党的政治建设为统领，紧紧围绕立德树人根本任务，将党的领导和建设贯穿人才培养和学科建设的全过程，不断深化教育综合改革，努力实现建成具有鲜明特色的国际化、创新型、前瞻性、研究型的世界一流设计学院。

学院致力于引进国际先进的体制机制、人才团队，实现国际顶尖水平的人才培养、科学研究和社会服务，引领行业发展、树立中国品牌、催生新业态、推动产业转型升级。以世界一流"智能可持续设计创新领军人才"为培养目标，基于"领异标新、兼容并包、知行相资"的理念和举措，通过扎根中国和全球协作，个性化培养学生的使命感、洞察力、创新力和领导力，在中国国情下培养世界一流创新设计人才、建设世界一流学科专业。

同济设计在 QS"艺术与设计"学科排名中连续六年位居亚洲第一、全国第五轮学科评估 A+，实质性引领了我国设计教育事业的发展。

一、党建引领，深化体制机制改革，一流学科建设成效显著

设计创意学院在校党委领导下，坚持以"办中国特色的世界一流设计学院"为指导思想，同济大学将设计创意学院确定为"校试点学院"和"校院两级人事和财务试点学院"；实现学院充分的自主管理和制度创新的权限，在部市共建教育综改框架下实现创新与突破。通过建立国际战略咨询委员会和学术委员会，全方位实行院长负责、教授治学制度。

2018 年，同济大学在 QS"艺术与设计"学科全球排名 18 位，首次位列亚洲第一；2019 年全球第 14 位，2020 年和 2021 年均为全球第 13 位；2022 年，同济大学在 QS"艺

术与设计"学科全球排名第 12 位；2023 年全球第 10 位。连续六年保持亚洲第一。

2017 年和 2021 年连续两轮入选"世界一流学科"建设学科。在教育部首轮"双一流"评估中所有指标全部获得第一档，"兼容并包、领异标新、知行相资"的同济设计学派初步显形。2021 年，由设计学科牵头，共 11 个一级学科共建"创新设计与智能制造"学科群，开启了"同济大设计"时代。

2022 年，同济大学实现了 3 "A+"：全国第五轮学科评估设计学为 A+、全国艺术硕士专业学位"艺术设计"评估为 A+、THE 泰晤士高等教育中国学科评级"设计学"为 A+。

二、立德树人，建成创新型、交叉型、全球化的拔尖创新设计人才培养体系

1. 艺工交叉、"立体 T 形"的设计创新人才培养模式特色鲜明

通过设计基础教学改革、跨学科课程体系建设、国际和企业合作网络搭建、"做中学"的体验式学习环境建设等路径，已完成"开源硬件与编程""创新创业跨学科课程包""创新移动课堂"等一系列特色项目。专业建设上，工业设计、环境设计、视觉传达设计、产品设计四个专业全部成为国家级一流本科专业建设点，在软科 2023 中国最好专业中都被评为 A+。在我国率先开设服务设计、人工智能设计新专业方向，2022 年首设视觉传达设计 / 人工智能本科双学位。设计创意实验教学中心成为上海市级实验教学示范中心立项建设单位。

2. "三区联动、三全育人"的设计创新人才培养生态初步建成

打破学院和城市之间的围墙，把社区作为大学进行教学、科研、社会实践的新基地，实现社区、园区、校区之间的深度融合；联合社区场景资源、园区产业资源和高校学术资源，以设计驱动、产学融合、扎根社区、学生为主、协同创新为主要特点，助力全员、全过程、全方位的"三全育人"。

3. 学科交叉、创新创业、设计中学等设计创新人才培养外延不断拓展

其一，持续推动"同济 – 阿尔托设计工厂"和"同济大学中芬中心"建设成为全球知名的国际化、跨学科、开放创新平台。其二，持续举办"数制"工坊系列活动 150 余场，建立"数制"工坊上海站、深圳站和苏州站。其三，连续举办承办各级创客大赛，包括教育部主办的中美青年创客大赛上海赛区选拔赛、上海大学生创客大赛、连续五年举办海峡两岸青少年创客大赛、中日韩智能可穿戴大赛等。其四，持续提升"上海市同济黄浦设计

2023年7月，设计创意学院举办环境设计工作坊

创意中学"教学水平，被《新校长》杂志评选为2019年度风向标学校TOP100。其五，10余个创新项目正在孵化成为创新企业。

教学成果上，2022年上海市教学成果奖大丰收；2023年获国家级教学成果二等奖。娄永琪教授牵头的"领异标新、兼容并包、知行相资，世界一流设计创新人才培养的同济实践"获上海市优秀教学成果特等奖；丁峻峰老师牵头的"高校赋能普通高中艺科融合STEAM+非遗课程创新实践"获上海市优秀教学成果一等奖；苏运升教授牵头的"社会技术经济政策融通的STEP设计创新教学模式探索与实践"获上海市优秀教学成果二等奖。

大力推动思政课程与课程思政协同建设，将思政教育内涵融入专业课程和跨学科课程，把价值观的培育和塑造有机融入所有课程中，构建具有同济底色的、设计特色的"大思政"育人新格局。

学生设计专业能力卓越，频获德国红点和IF、韩国K-DESIGN、意大利A'设计大奖等世界设计大奖。莫娇、刘震元、任丽莎、郁新安指导的本科生作品"大学生板凳造型艺术设计实践工作坊"获全国第六届大学生艺术展演活动大学生艺术实践工作坊一等奖。学生跨学科创新和创业能力突出，先后获得三届戴森（Dyson）创新设计大赛中国赛区总冠军等标志性成果；苏运升、邱梦实指导的本科生作品"Aero-Space低碳离网建筑变革者"获第七届中国国际"互联网＋"大学生创新创业大赛金奖；任丽莎指导的本科生作品"电能共生体"（Power Mutualism）斩获全球生物设计挑战赛（BioDesign Challenge）的"Outstanding Science Prize"大奖，系中国队首次在该赛事获奖。

三、鸾翔凤集，国际化、跨学科、高水平的师资队伍建设取得质的突破

1. 中国籍师资队伍实力得到实质提升，在学科和专业的关键岗位积极发挥带头人作用

依托教育部、国家外专局"高校国际合作示范单位推进计划"和学校人才政策，引育国家级和省部级高层次人才22人次，其中"瑞典皇家工程科学院"院士1名、教育部"长江学者"特聘教授2名（其中1名为柔性引进），教育部"长江学者"青年学者1名，国家海外高层次人才（文化艺术类）专家1名，国家海外高层次青年人才2名；上海高校"东方学者"特聘教授3名、上海海外高层次人才引进计划6名、晨光学者2名，上海市青年科技英才扬帆计划2名、上海浦江人才计划2名。师资队伍中，国务院设计学学科评议组秘书长1人、教育部高校设计学类专业教学指导委员会副主任委员1人、教育部高校工业设计专业教学指导分委员会委员2人、教育部艺术硕士教学指导委员会2人。2023年，全国设计专业学位研究生教育指导委员会成立，娄永琪教授任主任委员，范圣玺教授任秘书长。

2. 面向国际领先的院校和业界，定方向、成建制、分层级地引进建成了一支外籍专家团队

外籍教师占教师总数约34%，来自英国、美国、芬兰、意大利、瑞士、法国、奥地利、德国、希腊、荷兰、新加坡、韩国等14个国家。外籍教师中获"中国政府友谊奖"1名、获"上海市白玉兰奖"4名、入选国家外专局高端专家16名、入选上海省部级人才17人次。学院教师任职世界设计组织（WDO）执委和国际艺术、设计与媒体院校联盟（CUMULUS）副主席等国际组织领导岗位。多人次担任《设计问题》（Design Issues）《设计研究》（Design Studies）《视觉艺术与实践》（Journal of Visual Art Practice）等国际期刊编委，产生重要国际影响力。

四、协同创新，国际科研和学术平台、同城教学和产学研平台并驾齐驱

有序推进上海Ⅳ类高峰学科建设，协同同城五校，发起成立"上海国际设计创新研究

院",全面完成了第一期(2016—2020年)的建设任务、高质量达成既定目标。

1. 建设了上海国际设计百人智库、上海市学生(青少年)科创教育基地等省部级平台，和30多个前沿实验室

同济-麻省理工共建的上海城市科学实验室初见成效。实验室坚持以科研为导向，在信息可视化、数据挖掘、机器学习、人机交互等领域累计发表高质量国际学术论文20余篇，获上海市ACM新星奖、美国体验图形协会奖、国内外顶级会议最佳论文奖等。目前已与英特尔、西门子、PSA、飞利浦、思爱普、大众、华为、上汽、腾讯等企业合作，连续发布《设计与人工智能》年度白皮书。

2. 自主创办的英文设计学报《设计、经济与创新学报》已产生全球影响

截至2023年6月，已连续出版到第9卷、第31期。2018年进入Scopus检索，2021年进入ESCI检索，2022年入选教育部首批海外回归试点期刊。2023年首获期刊影响因子(JIF)2.0，期刊引文指标(JCI)4.42，位列科学引文数据库(Web of Science)多学科人文与交叉社会学Q1。CiteScore(引用指数)从2021年4.5升至2022年6.5，在Scopus一般经济与金融学、视觉与表演艺术、教育学三个领域位列Q1。《设计、经济与创新学报》(*She Ji*)已经进入世界设计学期刊的第一梯队。

五、科教济世，论文写在从乡村到社区的祖国大地上

2017至2022年累计获得国家自科、社科重大、国际合作等国家级科研项目29项、省部级科研项目24项，发表论文629篇，尤其在《设计问题》《设计研究》全球设计学顶刊发表论文。科研成果获得上海市第十四届哲学社会科学学术优秀成果二等奖、上海市ACM新星奖、美国体验图形协会奖、国内外顶级会议最佳论文奖等。产出"火眼实验室""设计丰收""NICE2035"等一批有影响力的设计作品，获得工信部中国优秀工业设计奖银奖、德国红点奖至尊奖(Red Dot，best of best)、"好设计金奖"和"中国智造大奖(DIA)金奖"等国内外一流大奖。

1. 投入战略研究，服务国家创新设计战略制定

自2018年起，在上海市人民政府与中国工程院联合举办的"2018创新与新兴产业发展国际会议"(IEID)等平台上系统发布《全球创新设计竞争力报告》。同时，持续开展《中国好设计案例》系列研究，学科骨干教师担任中国好设计委员会副主任。2023年发布"服

务设计上海倡议",被国内外学者热议。

2. "三区联动"模式,率先并持续推动学科建设与区域发展联动

依托科技部"星火基地"以及环同济知识经济圈,持续以设计驱动型创新实现创新创业,催生"新技术、新业态、新模式和新经济"。持续开展"四平三创社区"建设,2018年2月5日发布"NICE 2035"未来生活原型街项目,充分利用大学知识溢出社区,将成为城市创新发展新范本和"中国方案"。2023年,发布"NICE 2035 环同济3.0"总体规划。

六、融贯中西,实现国际交流与合作主动化、纵深化、常态化

1. 从引进来到走出去,在国际设计学科和国际设计组织中发挥重要作用

持续活跃在国际艺术设计与媒体院校联盟(CUMULUS)、世界设计组织(WDO)、社会创新和可持续设计联盟(DESIS Network)、FabLab 国际联盟、欧洲 Living Lab 国际研究网络(ENoLL)等国际组织中,为中国设计发声。

2. 从双硕士双博士到中外合作办学,推动国际化教育向纵深发展

已与全球65所著名设计院校建立合作关系,包括12个国际双硕士学位项目,3个国际双博士学位项目。每学年接收约50名国际学生,约占研究生总数的50%。拥有海外实习和交换学习经历的研究生超过70%。以2019年为例,学院在拓展国际合作形式、深化国际合作内容的基础上,进一步扩大国际合作网络,与西班牙马德里理工大学(UPM)建立了硕士双学位联合培养项目,与法国斯特拉特设计学院(Strate School of Design)、瑞士日内瓦艺术设计学院(Geneva School of Art and Design)、西班牙瓦伦西亚理工大学(UPV)、瑞典于默奥设计学院(Umeå Institute of Design at Umeå University)等国际知名设计院校签订了学生交换协议。

3. 搭学术平台、出中国思想,从"追踪"到"引领"

连续11年举办的"同济设计周"和"新兴实践国际设计教育与研究会议";持续在同济设计周发起关于未来设计发展方向的"Design X""NICE2035"等引领性宣言。2020年,在英国设计博物馆出版的《未来展望计划》中,同济"社区中的大学"计划被作为后疫情时代的大学创新范式;2020全面负责"上海设计之都十周年"系列活动,并成立"国际设计联盟";连续两年承办"世界设计之都大会"系列活动;2023年"世界设计之都大会系列活动",全网浏览量达20.3亿。

奋楫争先

第十章

健全提升现代化大学治理体系和治理能力

第一节　稳步推进校园建设，全面改善办学环境

学校持续推进美丽校园、温暖校园、平安校园建设，不断优化美化校园整体环境，促进学生健康成长，校园形象整体得到提升，师生工作、学习、生活的满意度和幸福感也不断提高。

一、高质量推进校园工程建设

学校严格执行基本建设管理制度，切实贯彻"三重一大"决策程序，对校园工程建设项目进行全方位、全过程管理。五年来，学校新建项目共完成投资272 059万元，计划总建筑面积494892平方米，彰武路研究生公寓（二期）、设计创意学院大楼改扩建、嘉定校区工程教育及科创中心、智能网联汽车测试评价基地、海底科学观测网监测与数据中心、嘉定大学生活动中心、彰武路研究生公寓（三期）等7项工程竣工；上海自主智能无人系统科学中心、四平路校区东区1-2号楼、四平路校区东区3-4号楼、嘉定校区土木工程抗火科研综合楼等4项工程在建。以上多个项目荣获上海市文明工地、上海市建设工程优质结构、上海市白玉兰工程等荣誉和奖项，上海自主智能无人系统科学中心项目入选2022年上海市建设工程安全质量综合创优观摩工地，迎接了来自全市相关单位千余人次的观摩。一系列重要基础设施的建设，为学校服务国家重大战略、促进一流学科发展、拓展人才培养空间、改善学生住宿条件等，提供了坚实的保障。

2018—2023年，学校通过实施校内修缮项目，不断加强校园环境净化绿化美化，推动实现山、水、园、林、路、馆建设达到使用、审美、教育功能的和谐统一。同时瞄准师生急难愁盼问题，对相关楼宇及时进行更新维修，服务学科发展，切实提升师生工作、学习、生活的环境品质，各校区主要修缮项目投入15.7亿元，其中教育部改基专项7.3亿元，校控项目8.4亿元。为配合医学院整体搬迁至沪西校区的战略规划，自2020年起，对沪西校

区进行升级改造,对相关修缮工程整体规划、分步实施,基于智能运维、绿色节能的理念完成了沪西校区整体改造的一期、二期工程,沪西图书馆、第二教学楼、第三教学楼、第四教学楼、学生公寓、食堂、操场、体育馆、如故楼、落飞楼、电信楼、行政楼等楼宇修葺一新。为建设全国重点马克思主义学院,修缮了马克思主义学院大楼。为支持经济与管理学院发展,对相关楼宇持续进行了空间资源统筹和优化改造。为推进"国豪学堂"建设,完成了西南一楼改造项目,该建筑为学校最具代表性的建筑之一,是上海市第四批优秀历史保护建筑。

为满足师生日益增长的生活条件需求,学校不断改善公用设施,消除安全隐患,全面优化师生工作、学习、生活环境。完成彰武路学生宿舍楼"2 改 3"项目,完成四平路校区西北四楼、西北五楼、西南三楼大修项目,完成沪西学生公寓改造项目和沪北校区一号楼、二号楼修缮工程,持续推进嘉定校区学生宿舍楼宇整体修缮。完成"热水进宿舍"工程,对 6 栋研究生公寓 16 台电梯进行更新改造,对四平路图书馆部分阅览室、卫生间和沪北图书馆进行修缮改造,对嘉定图书馆的中央空调和卫生间进行改造。对西苑饮食广场进行修缮改造,给"吃在同济"增添了色彩,全新改造的"同济那碗面"营业点成为同济餐饮的一块招牌。对同济新村老年活动中心进行整体修缮。完成校园室外灯光改造工程,整个校区面貌焕然一新,完成嘉定校区友园学生公寓楼内灯光改善项目。完成嘉定校区人行道绿色安全改造项目,对四平路校区部分绿化步道进行整治,对四平路校区东大道及逸夫楼积水点进行整治。

学校各项工程建设在提升师生幸福感的同时,也为学生们提供了优质的实践课堂,各相关学院依托专业课程实习,积极组织学生参观学校建设项目,了解最新建筑工程施工工艺,为学校加快构建同济特色劳动教育体系、创新劳动实践教育载体提供了有力支撑。

二、资产、实验室和能源管理水平不断提升

五年来,学校共完成 161 个中央高校改善基本办学条件专项资金项目,包括房屋修缮项目、设备资料购置项目、基础设施维修改造项目和建设项目配套工程项目等,金额合计约 12.1 亿元,其中中央财政资金拨付约 7.08 亿元,极大改善了教学楼、学生宿舍、食堂和体育场馆等房屋使用环境。

持续优化学生居住环境,先后对各校区学生宿舍楼等进行修缮,持续推动嘉实学生社

区回购工作。为解决当前嘉实学生社区的安全保障问题，学校制定了五年修缮计划，分批启动嘉定学生社区整体性修缮工程，2022年学校安排校级预算3000万元，利用暑假时间对嘉定学生宿舍9号和10号楼进行功能恢复性修缮，2023年安排了校级预算600万元，对其他部分宿舍进行了功能性修缮和提升，改善了学生居住环境。在嘉定区大力支持下，黄渡社区01A-03A地块新建租赁公寓项目于2022年8月底开工建设，预计于2024年3月完成，可提供570间学生宿舍。嘉定校区校内新建学生宿舍项目于2022年12月获得教育部可行性立项批复，可提供1011间学生宿舍，现已完成前期准备工作，预计2023年底开始实施。

截至2023年9月，学校占地面积259.01万平方米；校舍建筑面积195.17万平方米，总价值68.76亿元；正在施工校舍建筑面积约48.09万平方米。为更好提高房产资源使用绩效，学校鼓励各学院根据实际情况与学科规划，统筹资源配置，实施内部调配，以实施全额成本核算为抓手，构建资源节约型校园。2021年以来，先后有土木、城规、交通、材料、电信、自主智能无人系统科学中心等20个学院和科研单位开展全额成本核算试点，提升了学校房屋资产管理水平和使用效益。推进四平路校区南区第三教学楼、沪西校区竹喧楼、赤峰路临街商业房等区域租户清退，优化了房屋资源配置。

全力做好教职工住房服务保障，逐步提高公寓整修标准，通过零星维修加快公寓周转，缓解教师公寓供需矛盾。为改善人才住房条件，学校自购大学里72套公寓，租赁双创公司72套公寓作为人才公寓，2022年完成44套人才公寓装修投入使用；2022年完成铁岭路5套人才公寓装修翻新投入使用；与杨浦区、嘉定区等多家公租房管理单位签订协议，整体承租房源，陆续安排教师入住。截至2023年9月，对外租赁教师公寓累计40套。

加强设备管理，建立健全设备入账、使用、保管、维修、转让、报废、清查等关节的内部控制机制。截至2023年9月，学校有车辆55辆、固定资产设备总台数37.66万台，总价值58.73亿元。统筹推进学校仪器开放共享工作，加强校院两级集约化公共平台建设，深化开放共享工作机制，提升重大科研设施设备支撑科技创新的引领作用。截至2022年底，50万元以上设备开放率达100%。在科技部、财政部大型科研仪器开放共享评价考核中，学校因管理制度规范、科研仪器设备运行使用效率高、对外开放共享成效明显等特点，于2020年、2022年两次荣获优秀评价。

建设以国家级、上海市级和校级实验教学示范中心为主体的实验教学中心体系。2018—2023年，全校共有3个实验教学中心获批上海市级实验教学示范中心，11个实验项目获批国家级虚拟仿真实验教学项目，23个实验项目获批上海市级虚拟仿真实验教学项目。建设运行1个危险化学品仓库、1个易制爆危险化学品储存点、7个危险废物贮存站，年处理化学废弃物约160吨。修订《同济大学实验室安全管理规定》，大力推进化学类实验室整体改造升级，建设安全信息管理系统、安全教育与考试系统等。推进实验室安全教育，重点建设研究生公共平台课程"实验室安全"，促进了师生安全实验的意识与能力的提高。

建设节约型校园和绿色校园，提高校园节能降耗的技术和管理水平。2018年开始，学校对各校区变电所现有数据采集设备进行升级改造，实现各单位用电精准计量，精准统计并合理分配现有容量，提前对容量吃紧的校区做好电力扩容规划。2019年开始，学校先后更新了嘉定校区、四平路校区供水系统，建成了一套覆盖范围全、智能程度高、响应速度快的校园综合用水实时监控平台，构建了校园用水节水精细化管理的长效管理模式。学校于2021年获评上海市"节水型高校典型示范案例"，2022年入选首批全国88所节水型高校典型案例，2022年通过上海市绿色校园评审。

三、校园长期保持安全和稳定

学校高度重视建设一支作风优良、素质过硬、敢挑重担、攻坚克难的安全保卫队伍，织牢校园安全防护网，为学校事业高质量发展提供强有力的支撑与保障。推进四平路1239号大门安保改革试点工作，引进第三方专业服务，优化安保人员年龄和学历结构，加强队伍业务培训，提高师生评价在校卫队考核指标中的权重，多措并举推进校卫队伍建设。

密切关注国内外政治形势，保持高度政治警惕性和敏锐性，提前做好预案，加强与国安、公安的联系，强化不稳定因素的排查和风险研判，围绕特殊群体开展有针对性的提前工作，确保校园政治安全稳定。做好敏感时间节点的风险防控和突发事件处理工作，加强党的二十大、进博会等重要时间节点的值班备勤工作，做好重大校园活动的安保工作。做好意识形态领域不稳定因素排查工作，及时发现并果断处置多起敏感张贴物事件，妥善处置各类闹访、缠访等。建立常态化工作机制，联合市公安局文保分局等开展反恐内容讲座，做好反恐工作检查，进行反恐实战演练，确保校园安全稳定。

加强基层安全工作，推动安全教育系列化、安全防范信息化、安全设施标准化、安全管理制度化、安全责任明确化。强化巡逻机制，做好校园公共部位巡查，及时更新监控设施，推进各楼宇门禁系统和访客系统升级改造等。加大反诈宣传力度，每月给全校师生发送一封电子邮件，列举诈骗手段和对策，提升师生防诈骗意识。组织防诈骗、防传销、防校园贷、禁毒、反邪教宣传讲座等，2022年涉及学校师生电信网络诈骗发案率同比下降28%。做好疫情防控等特殊时期校园安全管理服务，全力做好校门和校园面安全管控。

守牢安全生产和消防工作底线，着力规范安全生产和消防管理行为。定期召开学校安全生产委员会、安全生产及防火工作会议、消防安全工作会议等，研究部署工作。制定和修订《同济大学安全生产和消防标准化工作指导意见》《同济大学消防监测值班记录》《同济大学安全生产消防工作手册》等，指导各单位规范开展安全生产及消防工作。加强消防报警值班，构建消防维修短平快和应急响应机制，推进消防维修综合单价采购，优化消防维修申报—审核—验收流程。切实抓好安全生产和消防教育宣传，全面提高师生安全素质，每年组织安全生产教育培训近60场次。发挥好大学生义务消防队作用，着力开展各类校园安全文化活动，包括消防安全"进社区""进课堂"和119宣传月线上线下宣传活动等。以全媒体融合思维开展全方位安全生产宣传警示。切实抓好安全隐患排查整改，每月开展消防安全督查和隐患整改治理回头看工作，重点时期重点督查，坚决防止火灾等事故发生。完成学校智慧消防二期建设，联网监测覆盖全校167栋楼宇，已完成对全校符合消防报警联网条件楼宇的联网全覆盖。在学生宿舍、实验室、高层建筑等楼宇以及人员密集的高风险场所，配备4000个防毒面具。

同济后勤坚持通过提升师生校园生活体验，在"同济美食地图"、社区"一站式"育人体系的基础上，打造"吃在同济、住在同济、游在同济、乐在同济"的名校服务品牌，彰显同济后勤特色。把坚持公益性作为出发点和落脚点，不断优化服务模式、扎实做好餐饮、学生公寓、教学办公楼宇、会务接待、物资供应、校园环境、交通运输、工程维修、网络通信、幼教等基础性保障工作。同济餐饮吸取广大师生对特色面食的需求意见，在四平校区和嘉定校区开设"同济那碗面"特色食堂，推出了大江南北较为经典的56种面食，丰富了校内餐饮结构。汲取四平校区"同济大排档"经验，开设嘉定校区大排档，满足嘉定师生的宵夜餐饮需求。不断弘扬中华传统美食，打造网红青团、粽子、月饼等；结合传统二十四节气菜肴、冬日暖心等活动调整升级42个新菜档口、推出500余道新菜品。三好坞自选部、北苑中点部、北苑风味部、北苑快餐部及嘉苑小炒部陆续完成"组团式"引入服务团队，丰富校内餐饮产品和结构，提升校园餐饮供应水平，满足了师生多样化的需求。立足校园网红打卡点，点亮校园美食地图，引进漠漠家肉夹馍、红玫瑰烧烤和星巴克三个美食品牌分别入驻三好坞咖啡吧、同济大排档以及嘉定校区教师服务中心。完成了彰武路校区东苑

2023年春，校长郑庆华走访学生食堂

风味部改造工程，改善彰武路校区食堂就餐环境，同时推出港式蒸点、烧腊等9个风味窗口，弥补彰武路校区餐饮供应风味特色短板。在各校区30余个食堂及营业场所增设监控设备，实现后厨全方位监控，做到安全卫生无死角。

学生社区坚持推行"六T"标准化管理的可持续和常态化，积极打造"一站式"学生社区建设，从空间建设、管理队伍、思政教育等多方面打造新时期社区，包括学三四楼"暖居"庭院、彰武3号楼"济云居"共享空间、西南八楼锻炼空间，沪西多功能党建空间等，进一步强化了学生社区价值理念与知识信息传递的重要载体作用。利用学校暑期完成彰武研究生公寓宿舍"二改三"工作，确保新生平稳入住，缓解了扩招后住宿资源紧张问题。以四平校区西南二楼、西北三楼为试点，建立智能化综合安防管理系统。以西南三楼、铁岭校区为试验点，在宿舍门口设防尾随人脸识别门禁系统，提供了安全、可靠的访客及学生或老师出入的身份识别和门禁控制。积极发挥学校公共机构榜样作用，试点打造"零浪费"街区，倡导师生养成爱惜粮食、健康饮食的好习惯，提高厉行节约、反对浪费意识，深化垃圾分类引领低碳生活新时尚的内涵。

为进一步促进校园生态文明建设，同济物业建立校园生活垃圾分类实施体系，确定了校园公共部位、楼宇垃圾容器的设置和清运方式，确保每天楼宇物业按规定时间将四分类垃圾送至校园垃圾收集点，垃圾清运班组定时赶赴收集点装车清运，形成了有效顺畅的闭环工作机制。针对学校教学楼易产生生活垃圾的特点，与环境科学与工程学院何品晶教授团队合作，制定教学楼宇生活垃圾分类、投放管理体系。为给师生提供舒适的工作学习环境，在南北教学楼增加饮水机、安装零星物品的失物招领处、卫生间安装小厨宝提供热水。在极端天气来临之时迅速排查各类险情、处置倒伏树木、疏通堵塞排水口，以最快的速度恢复各校区教学生活秩序。每年改造校内花坛、花境、花箱及更换植物千余平方米。以同济大厦A楼、博物馆为标杆，通过加强制度化建设、完善监督机制、培育服务理念等措施，成功通过质量管理、环境管理、职业健康安全管理三体系贯标工作。

全面启动"智慧后勤"系统建设，整合线上线下资源，面向服务对象，提供多种服务途径（PC、App、微后勤等），方便师生随时随地获取后勤服务。建立以师生为主体的服务监督体系，方便后勤管理人员及时听取师生意见，不断提高服务质量。"智慧后勤"平台包含信息发布、服务监督、网络报修、餐饮服务等功能，为师生提供一站式的便捷服务。同时，充分利用智能化、网络化等信息化手段改进工作方式和运作模式，提高后勤的管理能力和服务质量。

第二节　加快建设智慧校园，推进教育数字转型

学校扎实推进教育信息化 2.0 行动计划，积极发展"互联网＋教育"，加快建设教育新型基础设施，推进新一代信息技术与师生教学、科研、管理、生活等深度融合，整体促进教育数字化转型，以一流信息化支撑学校中国特色世界一流大学建设。

一、完善顶层规划设计

科学制定《同济大学智慧校园规划》《同济大学信息化建设"十四五"规划》。聚焦国家新时代教育发展的新主题、新方向、新目标和新任务，为学校"双一流"建设整体发展战略赋能；促进信息技术与具体业务深度融合，激活全校各职能部门（院系）参与信息化建设的内生动力；深入了解用户需求、重点解决师生关注的痛点问题，提升师生体验感和获得感。

建立以网络安全和信息化领导委员会、网络安全和信息化领导委员会办公室、信息化办公室、职能部门（院系）分级管理制度为组织保障，以网络安全和信息化联席会议制度为跨部门协调机制的学校信息化工作机制。加强信息化管理与服务队伍建设，明确二级单位网络安全和信息化分管领导、信息员、安全员的工作职责，组织专业技能培训，为学校网络安全和信息化建设、运维和服务提供了有力保障。

持续完善网络安全和信息化相关管理制度和技术标准，制定《同济大学信息化建设管理办法》《同济大学网络与信息安全管理办法》，健全《同济大学网络安全事件应急预案》《同济大学信息系统浏览器兼容性规范》《同济大学数据安全管理办法》等信息化管理类、技术类、数据类规范，覆盖信息化建设全过程。

二、加强基础设施建设

1. 建设有线、无线、5G、物联四网泛在融合的新型网络基础设施

自主建设有线光缆系统，其中校内光缆 4300 芯公里，连通全校 285 栋楼宇；校区间光缆 90 千米，实现四平沪西—嘉定—沪北—四平环网互联互通。建设校园无线网，部署无线接入点 30000 余个，覆盖全校区所有教学楼宇、办公楼宇和 16000 余间学生宿舍，校园网接入终端峰值提升至 80000 余个。建设 5G 虚拟校园网，包括 30 余座 5G 室外基站，实现各校区 5G 信号全覆盖。全校接入网全面支持 IPv4、IPv6 双栈接入，校园网 IPv4 出口宽带 35G、IPv6 出口宽带 20G，师生上网全免费。完成 600 多个应用的 IPv6 访问改造，并逐步进行纯 IPv6 应用网站的建设和推广。

依托新型网络基础设施，实现大型教学、思政、文体活动的稳定直播和跨时空互动，提升同济文化的传播力和影响力；打破教学、科研、实践活动的地理空间限制，实现校内资源广域可达，做到有同济人的地方就有同济校园网。

2. 建设多校区云网融合数据/计算中心

持续建设、优化、扩容四平路校区数据中心（IDC）。基于虚拟化技术构建了私有云平台，通过上海教育城域网实现公有云的私有化（VPC），基于云网融合技术提供 IaaS 和 PaaS 服务，为全校 800 多个信息系统、网站提供了稳定且可靠的计算资源。规划建设嘉定校区数据中心，建设基于国产化平台的同济校园云，同时为异地灾备提供条件。启动建设科学计算中心，为全校师生提供高性能的科学计算服务。

面向师生提供丰富且优质的基础信息服务。为全校师生提供全过程自助的校园卡综合服务、多角色整合的校园邮箱和永久使用的校友邮箱、丰富易用的正版软件下载服务等，提供免费大容量的网盘服务、稳定的 VPN 和学术加速服务等，支撑师生教学科研工作，改善师生信息服务体验。

3. 构建校级数字基座，实现业务数据化、数据业务化

建设并不断升级大数据数仓平台，累计入仓 51 个系统、1566 张表、数据总量 270G。建设国内高校领先的 ESB 数据交换平台和百万级数据处理性能的数据交换平台 Roma，梳理 592 张表、6462 个字段的映射和转换关系，构建实时交换任务 151 个、批量交换任务 826 个。上线自主研发数据开放平台，授权开放 123 个接口，日均调用量达 25 万次，平均响应时间 300 毫秒，为全校业务系统运转和数据同步提供有效支撑。

基础数据平台有效支撑了部门和师生各类数据共享、检索、分析和决策需求。汇总整合包含项目、经费、专利、教学、教改、论文、著作、获奖等分散于7个业务系统的数据形成考核主题库，解决考核评聘类场景下的重复填表问题。提供各类基础数据并协助建设院校研究系统，为学校、学科和学院的发展规划提供决策支持。对拥有多个学习或工作经历的人员进行人员身份信息整合，支撑一网通办门户、校友系统、邮箱等系统账号收敛和数据整合，提升师生用户体验。

4. 加强信息系统深度整合和集约管理

紧跟技术发展趋势，持续优化升级系统开发平台。建设了基于云网融合技术和微服务架构的应用开发平台，构建了开发部署方便、易于迭代升级的系统开发生态。基于上述应用开发平台，建设本研一体化教学管理系统、科研大平台系统、离校系统、高等讲堂等一系列有特色的应用系统，解决浏览器兼容性问题，显著提升了师生的获得感。

引入并部署校级轻服务开发平台、低代码开发平台等，完成统一身份认证对接和用户组织架构搭建并开发丰富的能力组件，初步形成既能提高专业公司开发效率又能面向普通师生开放的校园轻应用开发生态，培养学生开发团队参与学校信息化建设。

三、营造智慧环境

1. 推动师生服务"一网通办"、校园管理"一网统管"

建设综合服务门户并升级至"一网通办"门户，提供学校各平台、系统、应用和服务的统一入口，上线130余项在线服务，初步实现办事"最多跑一次"。建设"同心云"平台并升级为基于微信小程序及企业微信的移动门户，支撑校内信息发布、移动应用开发和部署使用。通过入职一件事、出国一件事等实现跨部门跨层级业务打通，基于人工智能和超自动化等技术实现智慧服务和主动服务，促进"一网通办"转变为"一网好办"。

基于基础数据平台，结合校园物联网、边缘计算技术，建设"一网统管"校园运营管理平台，实现对学校人、财、物、事等治理要素相关数据资源的泛在接入与汇聚，探索如数字孪生校园、出入口安全管控、防汛应急管理、校园人员分布、楼宇安防预警等场景应用，为各项事务的精细管理和科学决策提供数据支撑。

2. 系统扩展、提升和优化物理空间与网络空间相结合的智慧教学环境

五年来，累计建成各类智慧教室310间，占公共教室总数近70%，与教学观摩与智慧

同济大学智慧教室

评价中心共同形成了同济大学智慧教学物理空间"两区一中心"的整体格局；对全校公共教室的智能化设备进行持续改造，使其全面支持线上线下融合教学和常态化录播，满足不同时期师生个性化教学需求；依托同济大学公共教室管理系统实现全部450间公共教室的"一网统管"，优化了管理流程和模式，提升了服务质量。

依托四网融合的泛在同济校园网及丰富的计算资源，以 Canvas 学习管理系统为核心，建设了云课堂、云视频会议、云媒体等一系列线上教学平台，构建了同济大学智慧教学网络空间。各个平台各具特色，通过数据和业务的紧密耦合，实现智慧教学网络学习空间整体架构的优化，覆盖课前、课中、课后教学全过程。

线上线下融合的智慧教学环境响应不同时期、不同场景下的教学需求，满足教育数字化转型背景下教学模式变革、教学方法改进、教学内容提升对物理空间及线上平台的要求，有效支撑了覆盖课前课中课后全过程、教学管评测全流程的智慧教学活动。

3. 广泛开展无边界教学实践，推动智慧教育模式变革

探索现场实景进课堂的创新教学模式，通过 5G 专网将红色地标、国家重大建设成果现场实景引入校园，12 个学院近 50 门课程在教学环节中走进实景。例如"新经典德语"课将海外德语对话现场引入教学，获 2022 外研社多语种教学之星大赛二等奖；《听 Ta 说》将历史文化实景、校内外优秀思政展览引入课堂，场均观看人数超过 10 万人次。

探索全场景互动教学的创新教学模式，依托 5G 融合校园网实现全专业优质课程、国内外高端师资的互通与共享，服务无法参与常规课堂教学的国内外师生，例如"机器学习"课程实现四平、嘉定、张江三校区互动教学，"结构力学"课程通过银龄计划与喀什大学互动教学。

探索线上线下融合考试的创新教学模式，范围覆盖校内教学测试、人事招聘、知识竞赛等多种考试场景，场均最大并发人数超过 2000 人，累计保障超过 5000 场各类线上线下融合考试的顺利进行。

4. 建设同济智慧教学大脑，提升教育教学智慧化水平

完成同济大学智慧教学大脑一期建设。通过公共教室智慧化提升、线上教学平台建设，提升教学全过程的数据采集能力，对多源多模态数据进行筛选、分析与融合，形成可读、可理解、可不断丰富的教学评价指标，将 AI 技术与传统教学评价指标相结合，探索教学评价由经验驱动向数据驱动、智能驱动发展的实施路径，形成人工督导为主、智能督导为辅的"人工 +AI"教学督导评价模式。通过引入 AI 能力对南楼 8 间试点教室实现实时 AI 辅助教学评价，并对剩余 64 间教室的课程实现课后 AI 评价，探索教学表情分析、动作捕捉、语音识别、学生表情分析、多模态教学数据融合等场景中的关键科学问题，为教学评价指标体系建设和教学模式改进奠定理论和数据基础。

四、强化安全保障

1. 构建校园网络安全防护体系

落实网络安全责任制，建立健全网络安全和数据安全的管理制度、行为规范和基线标准，制定网络安全事件应急预案并每年开展应急演练，教育部网络安全责任制考核并连续三年获得满分。落实网络安全等级保护制度，主页网站、一网通办门户、本研一体化教学管理系统、科研大平台、招生就业系统、网站群（360 多个网站）等核心系统通过等保测评，等保率达 65.3%，并逐年提升。完善网络安全纵深防御技术体系，实现校园网边界统一实名认证、数据中心边界动态访问控制；基于日志大数据分析安全态势，主动发现威胁和攻击；推广终端防护软件，构筑安全的最后一道防线。建立平战结合的网络安全运营体系，对漏洞、挖矿、僵尸等安全风险和问题进行常态化、全流程、自闭环管理，探索基于 AI 和超自动化技术实现运营自动化；落实重要时期 7×24 小时保障，确保重要时期"零报告"。建设信创、国密和数据安全治理体系，按计划落实国产化替代工作，逐步实现数据中心软硬件自主可控和信息安全；构建可信密码服务体系和能力，支撑国产密码应用和改造；对学校核心业务数据开展分类分级管理和安全风险评估，保障数据安全。开展形式多样的网络安全宣传宣贯，如印发安全提示手册、邀请技术专家讲座、开设线上培训课程、举办校内 CTF 比赛等，引领师生树立正确的网络安全观，帮助师生提升网络安全意识和能力。

2. 支撑保障疫情精准防控和学校各项工作顺利进行

2020年，在新冠疫情暴发后及常态化防疫期间，通过精细化管控一卡通门禁权限，建设健康申报、离沪报备等应用，全面支撑学校防疫工作。通过云视频会议、云课堂、Canvas LMS 和 CARSI 认证等系统，有效保障了学校线上教学、科研和管理工作，确保"停课不停学"。2022年，在校园封闭管理及常态化防疫期间，对接上海市大数据中心的防疫数据，开发升级防疫相关系统和应用以适应不断变化的防疫政策。形成一套基于数据的疫情防控流调工作方法，实时分析核酸检测、健康码、进出校、一卡通消费、楼宇门禁、Wi-Fi使用、GPS各类数据，主动发现异常情况，快速精准定位涉疫人员，为学校守好大门，得到疾控部门的充分肯定。

经过多年努力，同济大学信息化水平显著提升，信息技术与教学科研、行政管理、校园生活深度融合，在学校"双一流"建设中发挥了服务、支撑、驱动和引领作用，智慧校园建设和智慧教育改革的相关成果也获得行业和社会的广泛认可。2022年，获批工信部教育部"5G+智慧教育"应用试点项目"人工智能赋能的5G+三全育人智慧校园构建及应用试点"，项目成果"有教无界：5G+AI构建的多回路育人环境"获评第五届"绽放杯"5G应用征集大赛智慧教育专题赛二等奖。2021年，同济大学入选上海市教育信息化应用标杆培育校。2021年，"智慧教学数字化生态体系建设"案例入选《中国智慧教育创新实践报告》，并在上海开放大学与联合国教科文组织教育信息技术研究所（UNESCO IITE）举办的"中国教育数字化转型下的智能教育论坛"上作主题汇报。本研一体化教学管理系统获2020中国云计算经典应用案例奖、2022中国云计算生态峰会金云朵系列大奖；院校研究系统入围泰晤士高等教育亚洲2020年度技术创新奖。此外，"同济大学数据交换开发、管理和监控平台（2018）""竞争性抢课与移动刷脸签到系统设计与实现（2019）""人员状态管理系统（2019）""基于PaaS平台的云原生本研一体化教学管理系统（2020）""信息化支撑线上教学的'三全'模式探索（2020）"等获上海市高校信息化建设与应用优秀案例。

在新的起点，学校将持续以"一网通办""一网统管"为引领，以系统整合数据共享为导向，以一流的信息基础设施和服务、一流的基础平台和信息系统、一流的教学和生活环境，全面支撑学校核心业务、管理治理和师生生活的数字化转型，全面实现教学模式的颠覆性变革、信息资源的智能化连通、校园环境的数字化改造、网络安全的体系化建设以及师生信息素养的适应性发展，建成具有同济特色、体现同济智慧的软硬件设施高度发达、人工智能技术广泛应用的智慧校园，为建设高质量教育体系和智慧教育纵深发展奠定坚实基础。

第三节　积极整合内外资源，优化办学资源配置

每一所大学的办学资源都是有限的。如何整合大学的内外部资源，优化办学资源配置，发挥资源的最大效用，是大学治理体系和治理能力现代化建设的重要内容。自学校第十一次党代会以来，同济大学以提升办学资源科学配置能力为核心，深入研究办学资源优化配置机制，提升学校顶层规划能力和资源统筹能力，多方面探索资源整合和优化配置实践方法，取得了明显的成效。

一、深入开展资源整合和资源配置研究

瞄准一流大学事业发展目标，学校尝试推进大部制改革，组建成立发展规划部，下设资源配置办公室，统筹学校人、财、物等各项资源的配置，力求按照学校事业发展目标及一流大学建设方案来进行科学合理的资源配置，为按时实现建设目标提供保障。五年来，原发展规划部资源配置办公室和学校行政机构调整后的发展规划与学科建设部分别研究撰写了《"十二五"期间我国部分一流大学建设高校资源现状调研分析报告》和《"十三五"期间我国部分一流大学建设高校资源现状调研分析报告》，以国内外主流排名中处于全国前二十的我国部分高校（清华大学、北京大学、复旦大学、上海交通大学、浙江大学、南京大学、武汉大学、华中科技大学、北京师范大学、中山大学、西安交通大学、南开大学、天津大学、四川大学、东南大学、吉林大学、同济大学等17所高校）为样本，根据教育部蓝皮书数据、各校公开数据、文献资料等各类公开及非公开的数据，结合调研得到的信息，对各样本高校的财力、人力、校舍土地、仪器设备资源现状进行对比分析，结合学校资源现状及特点，针对学校存在的优势和不足，研究制定了关于进一步做好学校资源配置工作的有关方案，推进学校资源整合和资源优化配置工作。

针对资源配置存在结构性失衡、利用效率不高、广泛吸纳社会资源参与办学的机制尚

未有效建立等问题，学校加大资源募集与统筹力度，实施"增收优支、提质增效"专项行动计划，进一步推动完善办学经费的投入机制，提高纵向、横向科研经费，增加成果转化收益与校办企业收益上缴额度，加大高层次非学历培训项目建设力度，进一步扩大社会捐助，积极拓宽学校筹资渠道。完善预决算管理体系，建立高效的资产调配与处置机制。

二、积极探索和实施资源整合和优化配置工作

各相关条线和职能部门根据学校优化资源配置的总体部署，针对分管领域在资源配置方面的具体问题，积极探索和实施优化配置工作。

1. 财务资源整合和统筹使用

学校在积极争取政府财政资金支持的同时，广泛拓展校内外资金来源渠道。积极与上级财政部门沟通，参与政策研究，充分了解各类办学资金分配规则和申请途径，推出鼓励竞争性科研经费的系列举措，加大争取捐赠资金等外部资源的支持力度。在资金使用安排上，根据学校事业发展规划和年度目标，做好顶层设计，统筹各类资金来源，提高资金使用效率和效益。

资源开拓整合方面，首先，由学校发展规划部门牵头，财务等各职能部门协同，研究财政资金的分配政策和重点支持方向，由发展规划部门归口统计各类基础数据，确保数据准确且口径统一，最大限度争取财政资金。其次，在积极争取上级专项资金方面，学校各职能部门和相关学院协同推进，加强前期准备工作，申请获得各类专项资金支持。发展规划与学科建设部、科研管理部、本科生院、研究生院、党委宣传部等相关职能部门牵头对中央、地方政府的专项资金建设方案开展有组织的预算评审、中期考核、验收评价等工作。项目实施过程中，各相关职能部门协同，按照学校发展规划统筹安排学校相关建设任务，财务部门协调组织制定专项资金管理办法，在高质量达到专项建设绩效目标的同时优化学校的资源配置。再次，在鼓励争取竞争性科研经费方面，学校科研管理部门深入学院开展主动对接提供指导及精准服务，充分发挥各类科技人才的作用，协同人事部门持续完善申报重大重点项目的考核与激励政策。强化基本科研业务费的"种子"基金特性，采用前期遴选、项目培育、重点支持等形式，通过科研业务费的前期支持，相关学科和项目负责人积极争取和申报国家更高层次的科研项目，支撑产出更高质量的科技创新成果。最后，在努力争取外部资金方面，通过教育发展基金会、校友会开展行之有效的工作。学校十分重

视校友工作，在联络校友、维系感情上积极主动，各地校友分会为学校发展贡献了力量；学校与多家业务合作银行签订了全面战略合作协议，推动开展"银校通"建设项目，共建智慧教室、智慧图书馆、数字金融实验室，设立优秀学生奖学金等，取得了很好的效果；学校创新创业控股有限公司不断提升公司治理能力，依靠学校优势学科发展相关产业，促进产学研健康发展，每年上缴学校利润、设立专项资助资金等，回报学校人才培养及学科建设，屡次获得教育部国有资产经营收益预算资金拨款，为支持学校事业发展提供了大力支持。

经费统筹使用方面，学校主要领导高度重视预算绩效管理工作，对校级预算编制及执行过程进行及时明确的指导，注重顶层设计。分管财务的常务副校长带领财务、发展规划、人事等部门一起，根据学校发展规划，对各单位预算进行充分前期论证和不断优化，形成符合学校发展规划和匹配学校年度工作任务的预算建议方案供学校决策。预算方案中统筹了各类资金来源，将日常财政拨款、财政专项、地方专项、学费收入、科研收入、其他各项收入均纳入校级预算，统一布局、统筹考虑，实现资金使用效率最大化。资金统筹采取了如下举措：第一，教育教学改革、基本科研业务费、双一流专项等各财政专项根据专项任务和学校实际发展需求统筹安排、合理配置，有效提升了财政专项资金使用效率。第二，中央财政专项与地方财政专项、学校专项配套资金统筹安排、统一布局，如中央双一流专项、地方双一流配套、学校配套，均统筹管理，纳入校级双一流专项预算，有效保障资金使用效率，避免重复无序投入。第三，学校各类人员支出均统一归口人事处，由人事部门根据工作量和工作成效确定人员费金额，全额纳入学校绩效总量，不再由各部门计件发放，大大加强了教职工人员费统筹力度。第四，基金会发展基金、产业公司上缴利润按照经费使用要求，由学校统筹安排用于事业发展需要。

2. 人力资源整合和优化

持续实施人才强校战略，紧密围绕建设世界一流大学的人力资源需求，以德为先、分类管理、分类建设、分类评价，突破队伍建设瓶颈，建设一支政治素质优良、层次结构优化、人员规模合理、富有活力和创新精神的一流师资队伍。

首先，完善高层次人才管理体系，集聚学术领军人才。探索高层次人才的引进与培养新机制，优化人才引进决策机制。进一步加强高层次人才的引进，全面开展学科、专业、课程责任教授队伍建设。通过薪酬体系的优化和岗位聘任制度的完善，实现内部人才和引进人才管理与待遇并轨。依托高层次人才建设世界一流的新兴交叉学科创新团队，建立适合创新团队健康发展的政策环境。其次，加大青年人才引进与培养，改革专业技术职务评聘方式，整体提升专任教师队伍水平，严格实施教师资格和准入制度。加大力度吸引国际知名大学博士学位获得者及学术潜力较强的年轻博士进入助理教授队伍。深入实施和完善同济大学"青年百人计划"，引进和培养青年后备领军人才。实施专业技术职务评聘方式系统改革，以立德树人为首要标准，以教学能力为重要评价指标，提高学术标准，强化岗位控制，严格评审程序，完善以代表性成果为主的学术评价机制。最后，创新用人机制，打造专职科研与成果转化队伍，更好地服务国家重大战略需求，推进科研成果转化服务社会。以学科、方向责任教授或领军人才为 PI，招聘和使用专职科研人员，组建科研团队。打造科技特区，建立校内事业编制、参照事业编制双轨制、项目聘双轨制、人才派遣制等多种用人模式，完善和创新专职科研队伍用人机制。此外，学校在全职教师和兼职教职的配置、博士后队伍的建设、附属医院的教师队伍建设等方面探索和实施科研和教师队伍的优化工作。

3. 校舍土地资源优化工作

学校委托上海同济城市规划设计研究院有限公司修编各校区所在地区控制性详细规划。同济大学各校区分布较为分散，有四平路校区（杨浦区）、嘉定校区（嘉定区）、沪西校区（普陀区）、沪北校区（静安区）、临港园区（浦东新区）。各校区在同济大学校园总体规划中定位日趋明确，各校区所在地区控制性详细规划修编有序推进。

医学院整体逐步搬迁到沪西校区，是学校党委着眼于科学布局校区规划和加快医学学科发展而作出的重大决策，学校各部门通力合作，全力保障医学院按时、圆满完成搬迁工作。2021 年 8 月 23 日上午，沪西校区搬迁工作推进会在沪西校区图书馆召开。校党委书记方守恩、时任校长陈杰出席会议并讲话，常务副校长吕培明、副校长陈义汉、副书记彭震伟、副校长黄翔峰出席会议并对相关工作提出要求。会议强调，在科研实验室改造过程中，要特别重视公共平台的建设，提高资源的利用效率。要充分发挥智慧教室的作用，使四平路校区和嘉定校区的优质课程向沪西校区延伸。要统筹医学院和医学与生命科学学部的工作，加强与校区周边的对接，多方争取资源支持医学学科和沪西医学片区的发展。

积极服务国家和地方发展战略，也是学校拓展办学资源的重要形式。2018 年 12 月 17 日，依托同济大学建设的上海自主智能无人系统科学中心揭牌成立。之后，通过持续发展，同济大学张江科学园的建设已经初具规模，成为学校在张江地区的重要研究基地。

建设四平路校区东区是学校拓展大四平路校区办学空间的战略性举措。在医学院整体

航拍同济大学四平路校区

搬迁到沪西校区的背景下,优化使用四平路校区东区是学校盘活大四平路校区的重要举措。学校组织发展规划与学科建设部、资产与实验室管理处、基建处等部门进行了多轮深入的研讨,就校区规划理念、区块功能定位、关键楼宇使用方案、搬迁计划等方面问题进行了充分的研究,以期通过优化办学空间资源,助力学校实现"双一流"建设目标。

4. 仪器设备资源的统筹

五年来,学校高度重视大型仪器设备开放共享工作,深入贯彻《国务院关于国家重大科研基础设施和大型科研仪器向社会开放的意见》精神,压实校院两级责任。各部门、各院系认真落实共享制度,深化共享服务成效,持续提升共享服务水平。

为了将分散于各学院的大型科研仪器集中管理,提高仪器使用效率,学校成立了校级分析测试中心,由分管副校长担任分析测试中心主任,资产与实验室管理处处长担任常务副主任,积极推动大型仪器对外开放共享,提供高质量共享服务,提升大型科研仪器共享效率。截至 2022 年 6 月,学校 50 万元以上仪器开放率达到 100%。

为了加强大型科研仪器日常管理,充分发挥其在科研工作及服务社会经济发展中的作用,调动师生使用共享仪器的积极性,鼓励对外开放共享服务,学校实施了测试基金项目管理办法,先后落实了七次测试基金项目。全校所有师生均可申请,经院系推荐、专家审核等流程批准,深入推进大型仪器共享,提高仪器设备使用效益,效果显著。

5. 学科资源的统筹与优化

学科和专业设置权是大学的重要办学资源。发展规划与学科建设部牵头制定了《同济大学学科建设管理办法》和《同济大学学科专业设置审核与动态调整管理办法》，为学科资源的优化和实施提供了制度保证。学科群建设和交叉学科建设是科学资源优化配置的一个新着力点。学校规划了一流学科牵引的学科群建设总体框架，设计制定了常规学科建设、"8+2"学科群建设、基础学科及交叉学科建设专项方案。

在学科建设资源投入上，发展规划与学科建设部协同财务处、人事处、科研管理部、文科办公室等部门，秉持"大财政、大统筹、大学科"的理念，根据学校"双一流"建设方案和相关规划，做好学科资源的顶层设计，加强统筹和协同。发展规划与学科建设部通过科技专项投入、基地平台建设、科研专项计划推进等共12个输入口径，对学科建设年度投入的详细数据进行了系统整理，通过进一步聚焦重点、特色领域，给予资源支持和保障，切实贯彻了"目标统筹、任务统筹、资源统筹"的"大统筹"策略。

三、学校资源整合和优化配置取得明显成效

经过五年的努力，学校资源整合和统筹能力得到了长足的进步，也取得了显著的成效，对资源整合和优化配置工作的探索和创新走在了同类高校的前列。

1. 财务资源整合和统筹使用方面的成效

对办学资源争取、统筹、使用等工作进行顶层设计，制定方案和举措，各类办学资源在外部环境相对艰难的情况下取得了稳步增长。

2. 人力资源整合和优化方面的成效

通过对学校内外多元人力资源的统筹和优化配置，学校较好地稳住了生师比指标，同时推进了人才培养和科学研究等事业发展，尤其是大师汇聚同济项目和多种用人模式的开创和采用，让学校的人才吸引力和竞争力显著提升。

3. 校舍土地资源方面整合和优化的成效

完成修编各主要校区的修建性详细规划，为未来学校的发展和基本建设铺平了道路。通过研究，学校校区分布得到了优化，把沪西校区整体定位为医学院办学场所，启动了医学院整体搬迁工作。四平路校区东区的建设，为后续大四平路校区的功能布局优化提供了很好的条件。

4. 仪器设备资源的整合和统筹使用成效

学校大型仪器共享平台升级上线，新版平台正式运行。在大型科研仪器稳定增加的基

础上，学校加强大型仪器设备资源网络集约化管理，实现了用户自主预约使用，提高了仪器设备预约使用率。新共享平台及时与国家网络管理平台、上海研发公共服务平台对接，及时报送符合共享要求的设备信息，面向全社会进行开放共享。学校推动以学科集聚为特色的院级公共平台建设，成立了生命科学学院仪器共享平台、工科化学实验教学示范中心、交通运输工程实验教学示范中心、力学实验教学示范中心、材料测试中心等学科仪器平台，充分发挥相应实验队伍和设施运行统一管理的集约化优势，实现校院两级平台对接，提高设备共享管理信息化服务能力，院级公共实验平台实体化建设得到显著加强。通过持续提升仪器设备资源管理的信息化、智能化水平，提高了仪器设备的管理效率，推进了大型仪器设备物联网建设工程。2023 年，可实时记录运行设备量比上一年度增加 2.9 倍，实现纳入国家网络管理平台设备全覆盖。纳入国家网络管理平台统一管理的仪器同比增长 48%，开放率提高 22%。学校分别在 2020 年度和 2022 年度科技部、财政部大型科研仪器开放共享评价考核中荣获优秀。学校对"双一流"建设重大项目所需购置的大型仪器设备，采取集中论证方式，严格把关，尽可能缩短设备购置周期，确保科研任务不受影响；加强了 200 万元以上设备购置的学校查重及评议工作，努力从源头上避免重复购置造成资源浪费。大型仪器共享平台对接财务系统，仪器共享可实现预约、测试、结算和支付等全流程网上办理，提高师生使用共享仪器的便利性。

5. 学科资源的统筹与优化成效

落实学科专业动态调整机制，构建了优良学科生态。推进学科专业"评估—警示—停招—撤销"动态调整机制构建工作。发展规划与学科建设部协同教学质量管理办公室对《同济大学本科专业全过程评价指标体系（试行）》进行了修订完善，以"定量＋定性"的方式对本科专业建设的招生—培养—毕业（深造与就业）—未来成长（校友）全过程进行质量监测，指标体系包含一级指标 6 项、二级指标 24 项、观测点 59 项（含定量指标 32 项）。为加强学科面向未来的前瞻性布局，持续开展学位授权点自主审核与动态调整，学校从学术型学位授权点、专业型学位授权点和交叉学科学位授权点建设统筹考虑的角度，制定相关方案，持续优化学科结构，加强专业与学科的结构设计，促进工、理、医、文、交叉融合发展，构建高质量学科与专业体系，形成良好的生态。

学校资源整合和配置工作是一个持续改进的过程。今后，学校将继续围绕世界一流大学建设目标，与时俱进，开拓进取，不断探索资源整合和配置的新理念、新举措，不断提高资源统筹和优化配置水平。

第四节　充分调动校友力量，助力治理能力提升

2018年以来，同济大学校友会（以下简称校友会）在民政部、教育部的指导下，在学校党委的领导下，在各校友组织、广大校友和师生的大力支持下，紧密围绕"服务校友、服务母校、服务社会"的宗旨，加强自身建设、完善组织体系、办好校友活动、培育校友文化、凝聚校友力量，助力学校高质量发展和校友成长成才。

一、规范办会，建立健全社团治理有效工作机制

1. 加强社团组织治理

2017年，同济大学校友会在民政部正式登记注册，成为全国性社团组织，建立了以章程为核心，理事会（常务理事会）、监事会和秘书处为决策、监督和执行机构的三位一体治理结构。五年来，校友会严格落实业务主管单位教育部、登记管理机关民政部的工作指导和指示，加强请示沟通，按时完成各项请示报送与备案工作；完善校友会治理的各项制度，先后制定、修订并通过14项管理办法及规定；严格履行主体责任，通过历年社团年检与财务审计，并按照章程规定召开会员代表大会、理事会、常务理事会和监事会。

2. 规范校友组织管理

校友总会从会员人数、理事会情况、负责人信息、社交媒体公共平台等方面定期对各校友组织进行全面"体检"，对不具备正常运行条件等问题的校友组织进行撤销和划并，积极筹建多个校友组织并推动完成地方注册。截至2023年9月，已有地区、行业（兴趣）、学院三大类别校友组织119个，其中境内48个、境外33个，还有城市建设、金融、投融资等15个行业（兴趣）联谊会以及23个学院校友分会。2019年，成立首个以校友企业为单位的新型校友组织——校友产业创新联盟。

2020年1月1日，由同济大学校友会和同济大学教育发展基金会联合主办的"2020同济新年音乐会"于上海交响乐团音乐厅上演，新年音乐会的所有入场券所募款项注入同济大学云龙发展基金，用于支持云龙县各项事业发展

3. 推动校院两级联动

指导院级校友工作实施。2018年，举办同济大学校友工作会议，明确建立协同创新的"大校友"工作机制。通过调研走访、座谈交流等方式推动学院校友分会成立，开展校友工作台账试点行动。台账内容涉及校友工作开展情况、重点联络校友库建设情况、校地校企合作情况等。

健全院级校友工作队伍。召开学院校友工作座谈会，加强人员业务培训。培训内容涵盖校友工作目标宗旨、校友组织建设路径、校友品牌活动内涵等，积极推动学院校友工作高质量发展。同时，对院级校友联络人队伍进行梳理，明确专兼职工作人员。2018—2023年，共聘任35个学院1800名班级联络人、347名年级理事，夯实学院校友工作基础，优化联络结构。

二、聚焦重点，显著提升服务校友、母校和社会的能力

1. 做实校友基础服务工作

建立校友信息更新机制。持续完善校友重点联络数据库，切实提升校友信息挖掘及更新的时效性和准确性。定期汇编校友奖项荣誉、履职变化、公开报道、重大捐赠等领域的资讯动态，形成校友发展简报。

提高校友组织联络频次和效率。依据联络率、规范化、活跃度、发展性等维度，对校友组织采取不同强度的联络与指导方式，探索从单一群管理模式向分维度的精细化管理模式转变。对 118 个校友组织保持平均每月 2 次以上的联络频次，两月一次收集工作动态进行集中宣传报道。校庆、新年等特定节日向校友推送问候短信和邮件，年均发送 12.3 万人次。

推出"校友终身学习支持计划"。集学校、校友、社会优质知识资源，2020 年起成功举办 10 场"星空讲堂"，线上线下观看人数累计超过 60 万，全球各地校友组织分会场累计达 143 场次。2022 年，"同学同济"线上学习微信小程序上线。

持续开展校友追踪和调研项目。先后完成《同济大学校友发展白皮书》（百十校庆版）、《同济大学校友发展追踪调研报告（第一期）》《同济大学在深校友发展报告》《MBA 校友培养质量与发展评价研究》《校友创新创业能力及特质研究》《"同路人"校友发展研究》《同济大学全过程一体化人才培养体系中的校友评价与反馈调研报告》等。自主研发校友评价指标、校友调研数据可视化等。完成高教学会"十三五"规划校友工作专项重大课题，在《高等教育研究学报》和《北京教育（高教）》发表相关文章 2 篇。着力构建基于校友评价的人才培养反馈机制，将校友工作提升到"反馈""研究"的新层面。

加强信息传递和宣传工作。每年完成 4~5 期《同济人》杂志的编辑，五年间发行近 30 万册。建立以微信、微博、视频号等组成的自媒体矩阵，订阅号粉丝量达 15.6 万人。出版《星汉璀璨同济人》发放新生，成为"立德树人"的生动教材。遴选同济历史上各时期不同行业的优秀党员代表 40 人，出版《同济人·用忠诚与智慧践行初心》庆祝中国共产党成立 100 周年特刊。

完成校友邮箱、校友卡和校友名片等基础服务应用。截至 2023 年 9 月，共有 110138 人次校友进行申领，推出多项校园和校友会基础服务。完善校友返校接待服务流程和内容，形成校院两级校友会"统一接待前台、后台协作联动"的服务体系，除特殊时期外，平均每年接待 100 个班级、约 3000 人次校友返校。

2. 做优协同育人中心工作

招生工作。发挥地方校友会优势，积极参与招生宣传工作，在后勤保障、高中联络、政府关系等方面发挥作用。每年有 30 多个地方校友会，500 人次校友参与，平均每人投入时间超 8 小时、陪同走访高中超 100 所、参与招生宣讲 80 余场。首创成立家委会、设立新生助学金、走访困难新生家庭、新生专业引导、职业生涯规划等方式，使校友成为"全员、全方位、全过程育人"中一支不可或缺的力量。

迎新送新。自 2009 年起，迎新送新活动已持续开展 14 年，每年惠及新生及毕业生数量达到近万人。2022 年虽受新冠疫情影响，但各地校友与新生对活动的组织、参与热情不减，20 多个地方校友在有限的条件下集思广益、各显神通，通过线上、线下不同形式邀请新生与家长以及校友代表参加，呈现多场精彩纷呈、温馨感人的活动。特别是四川校友会在 2022、2023 年分别为川籍新生提供包机、包列车报到服务，更是一场暖心"护送"。

毕业季、新生季活动。每年举办毕业季活动，毕业生通过领取毕业季大礼包、举行班级联络人就职典礼；聘任年级理事，共同作为母校与校友间联络、互动的纽带和桥梁，承担起将同济人紧密联系在一起的责任。每年报到日，新生可在校友之家领取一份同济新人礼遇，3 个校区 4000 余名新生参与。使新生在开学初始就能体验校友服务，了解校友文化，感受来自同济大家庭的温暖。2022 年，克服新冠疫情影响广、筹备时间短等困难，首次尝试在 8 个地方校友会设立毕业典礼分会场，给因疫情不能在校参加毕业典礼的学生留下温馨而难忘的记忆。面临严峻的就业形势，校友会主动联络地方校友会，为多个学院的应届毕业生提供就业机会。

3. 做好服务社会发展工作

积极践行服务社会的承诺，以新型校友组织"校友产业创新联盟"为平台，发挥校友会人才、智力、产业等优势，推动第一个长三角校友产业园落地嘉善。校友捐赠支持上海自主智能无人系统科学中心建设与发展。组织同济校友进静安、看杨浦活动，助推校友企业对接地方资源，服务地方经济发展。2020 年新冠疫情发生后，发起设立"同济大学医疗支援专项基金"和"同济英雄基金"支援湖北，表彰援鄂医疗队员。收集并原创近 50 篇宣传稿，弘扬同济人的抗疫先进事迹。

三、守正创新，鲜明打造同济校友文化特色品牌

1. 举办高质量的品牌活动

多年来，注重校友活动策划、组织、传播的平台化、品牌化和专业化。在活动主题策划上，紧跟时代、紧贴学校、紧连校友，活动质量和影响力得到进一步提升，逐步形成开放、创新、有温度且具有同济特色的校友文化。

同济青年论坛。2016 年发起创立，已举办四期，旨在搭建同济青年校友的交流平台，探讨青年人的现实挑战、人生理想和社会责任，树立青年榜样。论坛广邀学界大咖、业界

领袖以及各领域青年校友代表等，通过主旨演讲、TED 演讲、圆桌论坛等形式研讨和对话，聚焦当今时代青年英才的挑战与梦想。

中德人文交流周。2015 年发起创立，连续六年举办。依托校友之家，让校友和学生们不出国门就体验到最地道的德式风情，又能在轻松自在的氛围中互动交流，为学院、学校产业、学生社团、校友组织和校友企业，搭建开放多元的文化交流和成果展示平台。

校友创新创业大会。2018 年发起创立，邀请有梦想、敢创造、愿分享的同济校友走上舞台，讲述自己的创新创业故事。旨在为校友打造事业发展平台，探索校友、学校、社会共同发展的新模式。每场 600 余名校友济济一堂，聆听创业故事，聚焦未来机遇。

校友产业博览会。2019 年举办的首届校友产业博览会，全面展现校友在人工智能领域的新技术、新成果、新思考，助推政产学研的信息、技术、人才和资本的对接交流，助力校友与母校事业的共同发展。70 家以人工智能为特色的校友企业回母校，和教授科研团队、学生科创团队项目同展，参展企业总估值逾 1000 亿元。1 万余人线下观展，《解放日报》《新民晚报》《上观新闻》等 14 家专业媒体报道。

旭日课堂。2016 年开始举办的旭日课堂，依托校友之家平台，旨在为各界校友、在校学生提供生动、有趣、自由、多元的主题文化交流。每年开展 2~3 期，共有 500 余名校友与在校生参与。

拾璞计划。2021 年暑期，首次联手校友企业为在校生打造了一个特别的实践项目平台——拾璞计划，第一期有 13 名学生分别进入 6 家校友企业参与为期 20~40 天的实践，帮助学生提前体验职业生活，明确职业规划，并在实习过程中了解校友的创业经历，进一步完善校友导师计划。

新年音乐会。2019 年发起创立，以服务国家脱贫攻坚和乡村振兴战略为目标，每年以慈善捐赠形式举办，至今已成功举办四届，吸引众多校友参与。音乐会票款注入"同济大学云龙发展基金"，用于支持云南省云龙县的教育、医疗、产业发展和基础设施等各项事业。

校庆活动。每年校庆，校友会都会举办论坛、讲座等形式的校友活动。特别是 2022 年在上海疫情最困难时期，校友总会迎难而上，创新形式，紧急启动校庆线上活动策划。校庆前夜，"我们在一起——校友云返校"正式上线，营造了热烈的网络校庆氛围。在上线的 24 小时内，总访问人数 4.66 万人次、总参与人数 3.42 万人、页面总访问量达到 128.72 万次、收到校友云祝福 1.71 万条。

2. 打造标杆性的"校友之家"

2015 年，学校启用校友之家，先后进行 4 次环境改造和提升，以满足校友返校接待、校友文化展示、师生员工交流等需求，其运营模式成为全国高校校友工作干部培训案例，获得校友及师生的一致好评。2018—2023 年间，接待校友师生 20 多万人次，举办各类活动 3000 多场，接受小额捐赠 16000 多人次。

四、赋能增效，持续推进校友工作数字化转型

2021 年 12 月，启动校友大数据智慧平台建设，探索推进校友工作数字化转型新路径。截至 2023 年 9 月，累计修改更新 6 个版本，完成门户整体架构和核心功能的建设工作。

打造校友服务智慧融合门户"同学同济"。通过重构、扩展、更新校友名片、校友卡等多个现有小程序，集成国内新一代校友服务应用门户。打造学校资讯、终身学习、校友活动、联络校友和信息维护五大功能板块，实现联络全流程、活动全循环、终身服务大门户和组织成长大平台。在切实提高校友交互体验便捷度的同时，为校友组织提供一套自动化、网络化校友活动运营工具，促进校友、校友组织与学校间的良性互动循环。

构建校友工作智慧融合门户。以应纳尽纳的校友全画像数据库为基础，集成数据维护、数据挖掘、组织管理、活动运营等多重功能，构建起校友大数据管理平台。针对校友组织、校友工作人员、校友的不同需求开发工作界面，提升数据管理能力、联络服务能力、规范治理能力和资源整合能力，实现校友工作核心业务数字化。

五、八方驰援，生动彰显同舟共济的精神力量

2022 年 3 月，新冠疫情突袭上海，学校进入疫情管控状态。得知母校物资紧缺消息，各校友组织迅速响应、主动联络，向学校捐赠防护服等重要防疫物资和水果等生活物资。2 个多月间，33 个校友组织、多家校友企业和众多校友捐赠物资 200 余万件，向学校捐款 200 余万元，为学校疫情防控工作提供坚实保障，也坚定了师生战胜疫情的信心和决心。此次校友的捐赠行动是一次"以捐身教"的生动案例，更是对学生传承同舟共济校友文化最好的实践教育。

第五节 推进机关作风建设，提升管理服务水平

学校机关在学校治理体系中处于特殊重要地位，是推动学校各项事业发展的重要力量。对标世界一流大学对管理服务体系的要求，对标学校和师生对管理服务工作的要求和期盼，在学校党委领导下，机关党委以作风建设为抓手，推动机关部门实现管理向服务转变、被动向主动转变、粗放向精细转变、办事向谋事转变，营造积极进取、敢于担当、协同高效、团结奉献的机关工作氛围，扎实推进学校治理体系和治理能力现代化，努力建设让党委放心、让师生满意的模范机关。

一、找准问题，深挖根源，明确机关作风建设目标要求

一是高起点谋划部署。2018 年，机关党委主动申请学校党建课题"同济大学加强和改进机关作风长效机制研究"，认真梳理机关机构、人员、干部情况，针对群众反映突出的机关作风问题开展深入研究。2019 年，机关党委继续将推进作风建设作为年度重点工作，实施作风调研，同时组织开展"强作风、增效能"征文比赛，发动管理人员立足岗位开展思考研究，从日常工作点滴发现问题，改进工作作风，并将获奖文章成册公开发表。二是多渠道收集意见。2019 年"不忘初心、牢记使命"主题教育期间，机关各部门领导班子坚持广开言路、畅通渠道，广泛听取各方意见。共召开师生座谈会 193 场次，设立意见箱 30 个，个别访谈 488 人次，向全校师生发放意见征求表 13887 份，共收集意见、建议 1909 条次。梳理 2018—2019 年学校民主生活会、教代会征求以及校领导主题教育期间下基层收集的与机关工作作风相关的意见建议 80 条次。三是全方位查摆问题。机关 35 个部门领导班子根据自己查、群众提、领导点等方式共查找问题 592 条次，处级以上干部检视问题共 390 条次，即知即改 282 个，制定整改措施 953 个。问题主要集中在部门协同、联系基层、工作流程、规章制度、"四风"问题、工作预判、跨校区工作等方面。机关党委通过座谈会、

问卷调研、干部自查等方式汇总梳理群众反映集中的涉及机关工作作风的核心问题，多次召开党委会专题研讨问题产生的原因，寻求破解作风建设难题的实招。四是针对性修订文件。2020年学校实施"作风建设年"行动。在前期充分调研和讨论的基础上，结合学校实际情况，2020年4月机关党委牵头修订或制定印发了《同济大学关于进一步加强和改进工作作风的意见》《同济大学加强机关工作作风建设实施细则》《中共同济大学委员会关于开展"作风建设年"行动的实施方案》等三个文件，从队伍培训、能力建设、组织保障等方面对规范管理人员行为、提升管理服务效能作了明确的规定，并对标脑中有"事"，眼中有"活"，心中有"数"，手中有"招"的标准，进一步对机关职能部门、机关工作人员的工作作风进行了详细的规定，同时要求各部门高度重视，明确分工并相互配合，切实推进作风建设扎实推进。

二、抓"关键少数"扣中坚环节，狠抓机关作风建设实效

一是让干部"担"起来。抓作风建设关键在干部重不重视。机关部门负责人是部门作风建设的第一责任人，要勤下基层，定点联系，以上率下，公平公正，提升工作谋划能力、抓班子带队伍能力以及对管理工作的精力投入度。为进一步推进忠诚干净担当的高素质机关中层领导干部队伍建设，学校出台印发了《同济大学中层领导干部履职尽责若干规定》《中共同济大学委员会关于进一步激励广大干部新时代新担当新作为的实施办法》等文件，对干部因公出国（境）、主持科研项目、承担教学课程、外出请假报备等进行了规范，同时在干部选人用人、提升本领能力、完善考核评价机制、建立容错纠错和澄清保护机制等各个方面明确相应措施，推动并落实机关"双肩挑"干部专业技术职务聘期考核免考核制度等，进一步鼓励和支持干部担当作为、干事创业。机关党委每年对照要求进行两次机关中层干部履职尽责的检查，检查结果报学校组织部，并根据检查结果对相关人员进行点对点的提醒教育，督促中层干部将主要精力放在管理岗位上，做到守土有责、主动担当、积极作为、追求卓越。

二是让部门"转"起来。抓作风建设核心在于部门的有效运行。2020年4月，机关党委召开"作风建设年"启动会，下发80条机关工作作风共性问题，要求各部门领导班子及干部对照文件要求及时反馈意见，提出整改措施，形成整改方案。以党支部为单位开展专题组织生活、以各部门为单位组织教职工专题学习，重点学习习近平总书记关于作风建

设的系列重要讲话精神，学习学校关于机关作风建设的相关文件和要求，做到作风建设培训学习全覆盖。为有力推动"作风建设年"各项要求落地见效，2020年6月，学校党委对包括机关党委在内的33个职能部门开展"作风建设"专项巡察，校党委书记方守恩在专项巡察工作动员会上作动员讲话。巡察将机关部门分成"党政管理组""人事科研组""人才培养组""服务保障组"，重点查找各部门落实党的路线方针政策和党中央重大决策、落实学校党委重要工作部署、落实部门职责、落实作风建设和纪律建设等四方面情况存在的问题和不足。

2021年开学第一周，校党委常委会召开机关"作风建设"专项巡察整改专题会议，逐一听取了机关党委及32个职能部门巡察整改情况的汇报，对整改情况一一进行了点评，并对进一步深化整改提出了要求。按照学校党委要求，机关各部门在前期集中整改的基础上，进行了再一轮的深化巡察整改，重点从提高政治站位、加强作风建设、坚持以上率下、系统思维、一体整改、以改促建等方面推动落实巡察整改。党委办公室实行岗位AB角制度，确保党委用印、发文制文等窗口服务不断岗缺人。新冠疫情防控期间，克服办公室人员短缺的困难，为学校疫情防控领导小组做好各项服务支撑，坚持"文不过夜、事不隔天、办

2021年6月29日，同济大学机关庆祝中国共产党成立100周年"两优一先"表彰大会

不超时",确保政令畅通、保障有力。发展规划部牵头开发建成院校研究数据系统,按照实时和季度两种更新存储方式,自动调用校内人事、学生、科研等三个方面、8个部门14项业务的信息系统数据,搭建包含数据采集、存储、使用及分析的信息系统平台,为学校发展提供数据支撑。财务处制定了《同济大学财务工作校院两级联系工作实施办法》,一对一联系全校各二级学院及直属单位,及时解答学院在财务业务方面的问题咨询,主动走进学院开展业务宣讲,将财务小讲堂搬进学院。

  三是让流程"顺"起来。提升服务效能的有效路径在于流程的革命性再造。2021年11月,机关党委召开首问负责制实施方案意见征求会,就如何规范实施首问负责制征求各部门分管综合或作风建设相关工作负责人的意见。12月下发《进一步规范落实首问负责制实施方案》,明确了首问负责制的定义、适用范围、工作内容、考核奖惩以及监督落实手段等;明确机关部门是落实本部门"首问负责制"的主体,部门主要负责人是落实本部门"首问负责制"的第一责任人。机关党委要求各部门高度重视,认真组织部门专题学习,并根据部门实际情况制定规范落实首问负责制的措施方案,以落实"首问负责制"为抓手,通过完善部门规章制度、明晰优化办事流程、加强政策制度宣传、主动加强信息公开、开展内部业务培训、建立部门间主动会商协同机制等多种措施,不断提高服务意识和服务能力,避免空转、推诿与真空,确保首问负责制在本部门落实落细。结合学校2022年深化巡视整改工作任务的落实,在推进"首问负责制"的同时,延伸推进落实"服务承诺制"和"限时办结制"。要求各部门进一步完善规章制度、优化工作流程,及时在部门网站发布工作信息、规章制度、办事流程、人员变动、服务承诺等相关内容,方便办理业务的师生查询。党委组织部持续升级"干部综合信息管理服务平台",不断完善干部选任全流程监控、干部监督事项相关模块建设,建立干部综合信息电子档案,形成集干部教育培训、挂职锻炼、奖惩情况、年度考核、干部监督事项等于一体的干部综合电子信息"一人一档",推动干部识别评价在平时、任用调整有迹可循。保卫处户政科2022年主动对接属地公安部门,设立"跨省通办"等业务,外地学生迁户可以不必提供纸质迁移证,全部网上操作,避免了纸质材料丢失的风险,更大幅减少了户口迁进迁出的等待时间。2021年以来,采购管理系统移动版开发上线,实现了与同心云的对接,满足了移动办公的需求。教职员工可在任意地方任意时刻通过移动端(手机/平板)对申购项目进行审核、审批等操作,也可以随时查阅项目的进度情况与审批结果等,让办公更便捷、更自由。采招办加强同财务处、资产处等部门的协同,牵头开发了"同济－京东采购平台",全面打通采购、财务、资产等三个系统，实现预算、采购、报销、管理全流程化，有效降低了师生在零星采购中耗费的时间，实现了"让数据多跑路、让师生少跑腿"的服务宗旨。

四是让全员"动"起来。2020年7月，学校组织举办为期5天的干部全脱产专题研讨班，党委书记、校长带领校领导班子集体备课、全体授课，全校中层干部和优秀青年干部全程参加学习，学习研讨还进一步延伸到机关科级干部和全校教职工党支部书记，通过精心组织教学内容、结合分管工作研讨工作部署，全面提升干部队伍政治意识、大局意识。2021年人事处牵头，机关党委积极配合，进一步推动机关管理人员的共性能力培训，同时推动各部门进一步加强部门内部培训和学院对口管理队伍的培训，不断提升管理队伍能力，提高管理服务水平。机关党委积极开展各支部支委班子成员、科级干部、新发展党员的业务培训和红色实践基地、警示教育基地等实践参观，不断加强支部战斗堡垒作用，推进机关作风建设。机关团总支始终秉持让机关青年在文化建设引领中"显活力"、在能力提升交流中"炼能力"、在成长成才服务中"提内秀"的工作理念，团结凝聚机关青年，成立了机关青年先锋队，连续两年评选机关"五四"优秀青年，发出了机关青年"十要十更要"的作风倡议，号召机关青年成为机关作风建设的表率。

三、善作善成，久久为功，推进机关作风建设长效常态

一是健全监督评议，推进长效常态。机关工作作风建设主动接受全校师生的监督和评议。机关党委网站增设了议链接、设立监督举报电话和邮箱，建立问题台账，受理来访对象的投诉。对来访对象反映集中的问题和测评集中体现的问题，相关部门迅速核查处理，情况属实即知即改，做到反映问题事事有回音，件件有结果。从2018年开始，机关党委以面向全校师生发放问卷调查的方式，开展每年度"同济大学机关工作作风与服务效能问卷调研"，从师生对办理业务（窗口服务）的评价、对软硬件设施（非窗口服务）的评价、对机关各个职能部门的评价、对机关工作作风和服务效能的总体评价等方面，以及机关管理人员本身对机关工作作风、工作状态、工作压力等进行年度调研，接受师生对机关工作作风的全面评价，并形成调研分析报告报学校党委组织部。同时将调研报告对机关各部门的反馈结果和意见，在机关党支部书记会议上反馈给各部门，供各部门参考后不断改进。2022年师生对机关评价的总体满意度相对于2018年有了显著提升。

二是凝聚抗疫力量，锻造能力作风。2020年初，机关党委积极响应学校公共卫生安全

应急工作领导小组的要求，第一时间向机关全体教职工发出成立志愿服务队的倡议，制定志愿服务工作方案，随时准备投身学校新冠疫情防控的最前线。2022年上半年新冠疫情阻击战是一场史无前例的硬仗大仗，也是对机关队伍战斗力的一次大考和淬炼。在学校党委领导下，机关各部门干部队伍身先士卒、坚守岗位，广大党员群众闻令而动、冲锋在前，成为校园疫情防控的关键力量。新冠疫情来临时，机关迅速集结志愿队，先后开展校园巡逻、食堂维持秩序、师生送餐、物资派送、核酸检测、疫情热线、学生社区进驻、流调、消杀、学生返乡、学生返校等志愿服务，为夺取校园疫情防控胜利发挥了重要作用。新冠疫情防控期间，机关各支部、部门发挥迎难而上、艰苦奋斗的精神，统筹推进疫情防控和事业发展，主动创造性地开展工作和做好服务，保障教学、科研等各项工作有序开展。

三是弘扬奋进文化，营造向上氛围。加强作风宣传，强化正向引导。机关党委网站开设"学习贯彻落实党的二十大、持续深化机关作风建设"专栏，开展机关部门作风建设先进经验系列报道，推出14个部门报道宣传，促进部门之间相互学习和借鉴，正向引导成效明显。制作首问负责制服务公约，在行政楼大厅电子屏滚动播放，强化首问负责意识。表彰和树立先进典型，激励管理人员见贤思齐，向先进人物学习，把自己锻造成为管理工作的精兵强将。开展机关"两优一先"、机关五四优秀青年等评先评优。积极向学校推选优秀管理服务人员，2018年以来，5人获卓越服务奖，1人获卓越服务奖（提名），4人参加追求卓越服务奖（特别奖）；6人获评同济大学师德师风优秀教师，5人获评同济青年五四奖章，2人获评同济青年五四奖章（提名）。

在新的起点，机关党委将深入学习宣传贯彻党的二十大精神，坚持以习近平新时代中国特色社会主义思想为指导，牢固树立政治机关意识，以党的政治建设为统领，推进全面从严治党向纵深发展；不断推进机关作风建设走深走实，引导机关管理人员以满腔的热情，昂扬的状态，将对学校的热爱、对师生的情感转化为工作热情和自觉行为，把个人的价值实现与学校的发展目标紧密结合，同舟共济，追求卓越；推动机关职能部门在建设中国特色世界一流大学的征程中始终干在实处、走在前列。

第六节　不断强化底线思维，确保校园安全稳定

党的十八大以来，习近平总书记从全局和战略高度，就维护国家安全和社会稳定作出了一系列重要论述和指示，深刻阐述了新形势下维护国家安全和社会稳定的极端重要性。2018 年，同济大学第十一次党代会报告将"努力满足师生对美好生活的需求，确保校园安全稳定"单独列为未来五年同济大学党的建设工作要点之一进行部署。五年来，同济大学学习贯彻习近平总书记总体国家安全观和对教育系统安全稳定的指示批示精神，贯彻落实教育部、上海市对高校安全稳定工作的部署，坚持稳字当头、稳中求进主基调，全面准确把握面临的新形势新任务新要求，统筹发展和安全，增强忧患意识，树牢底线思维，提升高校稳定风险研判防范能力，维护和塑造高校政治安全和意识形态安全，持续深化平安校园建设，切实维护高校政治安全和校园稳定。

一、深刻理解新时代高校安全稳定工作的重要意义、面临挑战和理念

深刻理解新时代高校安全稳定工作的重要意义和面临挑战，是更好维护和塑造校园安全稳定的客观需要和基本前提。党的二十大指出，国家安全是民族复兴的根基，社会稳定是国家强盛的前提。必须坚定不移贯彻总体国家安全观，把维护国家安全贯穿党和国家工作各方面、全过程，确保国家安全和社会稳定。党的二十大报告同时指出，全面建设社会主义现代化国家，是一项伟大而艰巨的事业，前途光明，任重道远。我们必须增强忧患意识，坚持底线思维，做到居安思危、未雨绸缪，准备经受风高浪急甚至惊涛骇浪的重大考验。实现伟大梦想，就必须进行具有许多新的历史特点的伟大斗争，其中就包括为实现中国梦筑牢安全保障的伟大斗争。如果国家安全保障跟不上，中华民族伟大复兴的道路就会加倍曲折和坎坷，甚至可能半途夭折。进入新时代，我国面临更为严峻的国家安全形势，外部

压力前所未有，传统安全威胁和非传统安全威胁相互交织，"黑天鹅""灰犀牛"事件时有发生。同形势任务要求相比，我国维护国家安全能力不足，应对各种重大风险能力不强，维护国家安全的统筹协调机制不健全。时代发展和形势变化都对做好国家安全工作提出更高要求，使得全面加强国家安全更具有现实紧迫性。

安全稳定是干好一切工作的前提和基础，高校系统安全稳定是实现教育现代化宏伟目标的重要保证。2020年4月教育部等八部门联合印发《关于加快构建高校思想政治工作体系的意见》，要求各高校强化政治安全，加强国家安全教育，筑牢校园安全防线，健全安全工作责任体系。2020年7月，中共教育部党组等部门联合印发《关于加强高校党的政治建设的若干措施》，就提升防范风险能力、加强意识形态管理等任务作出具体部署。从高校来说，"安全和发展是一体之两翼、驱动之双轮"。高校安全稳定既是高校落实立德树人根本任务的重要前提，也是新形势下高校加快"内涵式发展"、推进"双一流"建设的坚实基础。高校是国家培养全面发展青年人才的地方，同时，高校也是意识形态工作的前沿，在社会主义现代化征程中地位特殊而重要。高校安全稳定，关乎办学使命的实现，关乎社会大局的稳定。

二、全面构建科学有效的安全稳定综合防控体系

同济大学第十一次党代会报告强调，构建校园安全稳定综合防控体系，确保校园秩序平稳有序。五年来，学校党委积极探索新时代校园安全稳定工作相结合的新内涵、新方式、新举措，将国家安全工作纳入重要议事日程，和改革发展同谋划、同部署、同落实，自觉坚守安全底线，充分把握校园安全稳定的工作原则，不断完善校园安全稳定的工作机制，全面构建科学有效的安全稳定综合防控体系。

五年来，学校充分把握校园安全稳定的工作原则。把握好校园安全稳定工作原则是维护和塑造校园安全稳定的重要前提。学校党委根据上级工作要求，结合实际，主要坚持五个方面工作原则。一是坚持党的领导。安全稳定工作是高校党建工作的重要基础工作，是各级党组织的最基本职责所在。始终坚持党对安全工作的领导，教育引导各级党员干部充分认识安全稳定工作重要性、艰巨性、紧迫性，不断强化风险意识，坚持发扬斗争精神，有效防范化解各类风险。二是坚持预防为主。备豫不虞，为国常道。坚持关口前移，注重抓早抓小抓苗头，强化源头治理，做到未雨绸缪、防微杜渐，打好防范化解风险的主动战。

三是坚持压实责任。着力健全安全责任体系，拧紧责任链条，明确责任主体，狠抓责任落实，做到学院有责、部门履责、师生尽责，构建覆盖学校全方位的安全稳定工作网格。四是坚持协同联动。充分着眼新时代安全稳定防控的集约化、信息化、全时化特点，加强校内协同、校地联防，充分发动群众，调动各方力量，形成群防群控、群管群治、合力协作的安全稳定工作局面，做到条块结合、高效快捷、运行顺畅。五是坚持专业防治。准确把握高等教育事业改革发展中的新形势、新特点、新任务，不断强化专业精神和专业能力建设，大力开展教育培训，组建专班工作队伍，增强安全技术支撑，全面提高安全管理工作科学化、专业化水平和软硬件条件建设水平。

五年来，学校不断完善校园安全稳定的工作机制。完善工作机制是维护和塑造校园安全稳定的工作出发点和具体落脚点。同济大学主要从七个方面完善工作机制：一是健全完善风险预警机制。坚持"早发现、早预警、早控制、早处理"原则，以安全防范教育为基础，以安全信息管理为手段，以安全防范预警为支撑，不断健全完善安全风险预警管理处置机制。高校应制定各领域安全稳定风险预警办法，根据安全稳定问题的可控性、危害性、影响力等因素，将各领域安全稳定预警状态分级分类，明确分类预警标准，明晰处置流程，严肃责任分工，采取有效措施防止突发事件发生。二是着力提高应急处置能力。一方面要制定和实施各安全领域的综合应急预案、专项应急预案或现场处置方案，明确牵头部门、规范处置流程、落实责任单位及责任人，并根据形势任务要求等变化，适时动态调整各类应急预案。另一方面要抓好应急处置队伍建设，强化实战思维，经常性组织开展应急演练活动，定期开展专项模拟演练，认真做好应急指挥、联动处置、卫生应急、新闻宣传、舆论引导等一体化处置，健全完善应急联动处置机制。三是全面推行清单式安全管理。将不同安全领域的管理责任和工作要求，逐条细化量化，梳理工作流程，建立动态台账，形成工作清单，明确领导责任、监管责任和主体责任，推动按章履职、照单办事、狠抓落实。狠抓网格化安全管理，充分运用信息化手段，以校园、楼宇、区域、人员等为网格基点，建设安全网格动态管理信息平台，推动各管理节点安全责任到岗到人。四是精准掌握师生思想状况。对潜在思想苗头和风险隐患做到底数清、情况明，将影响安全的不安定因素消灭化解在萌芽状态，并及时加强教育引领，持续做好防渗透、防倒灌等工作，防范错误思想、错误观点影响师生。五是定期开展安全研判分析。定期开展安全稳定形势分析研判，组织好年度研判、节点研判和专题研判，及时研究新情况、新问题、新变化，发现问题隐患及时通报预警，全力做好提前防范和应对处置工作。围绕重要敏感节点认真组织专题研判，针对意识形态、反恐防暴、疫情防控、招生就业等重点领域进行专项研判，列出风险清单，实行挂账管理，提前做好应对。六是加大安全教育培训。将安全教育培训内容作为教职工教育、干部培训重要组成部分，推进学生安全教育进教材、进课堂、进头脑，利用全民国家安全教育日、安全生产月、网络安全宣传周、心理健康月等组织开展各项安全专题宣传教育活动，强化安全宣传教育制度化、规范化。七是抓好安全工作队伍。组建安全信息员队伍、监督员队伍，加大安全工作队伍教育培训力度，制定年度安全教育培训方案，突出教学与演练相结合，采取线下与线上相结合，集中授课、业务培训、专家讲座、岗位练兵、随机考试等多种方式，充分发挥安全专家在教育培训、预防预警、分析研判、检查评估、应急处置中的专业指导作用，提升维护安全稳定工作队伍综合素质。

三、坚决打好主动仗，牢牢守住维护校园安全稳定底线

五年来，同济大学党委认真贯彻上级工作部署，突出系统思维、战略思维、底线思维，加强校园安全稳定工作，汇聚起维护校园安全稳定的强大力量，开创校园安全稳定工作新局面。实现总体阵地稳固、人员稳控、校园稳定，为推进学校改革发展保驾护航。

1. 防范化解校园风险，维护政治和意识形态安全

五年来，同济大学党委始终坚持把政治安全和意识形态安全摆在突出位置，牢牢守住不发生系统性风险、重大风险的底线。切实加强重点人员和阵地管理，严密注意师德师风、学术学风、导师关系、学校管理方面网络话题被炒作带偏，坚决防范美西方敌对势力和别有用心之人插手炒作、制造事端。此外，对基层单位意识形态工作责任制落实情况进行督察，抓好课堂教学督导，加强教材建设管理，严格执行《同济大学教材使用管理办法》，加强对讲座、论坛、报告会、校报校刊、学术期刊政治把关，加强对校内自媒体梳理、管理，加强对师生参加外国驻华使领馆活动、接受境外媒体采访的报备。加强校内反对"三股势力"和反恐防范，加强少数民族学生关心关爱。积极与属地公安机关联动，坚决反对校园传教。提早研判线上线下敏感活动苗头动向，做到早发现、早处置、早报告，切实避免小事拖大、大事拖炸现象。

2. 统筹发展与安全，确保学校行业政策和事业运转安全稳定

五年来，同济大学各单位注重出台各项政策的效果和影响分析，杜绝往水里扔石头的情况发生。不断完善各类招考工作的监督，确保考试招生录取过程公开透明、平稳进行。

有力应对应届毕业生就业形势压力，多管齐下推进企业招聘与职业生涯教育。做好人事人才工作方面的政策解读和辅导，加强精细化过程管理与服务，确保不因政策问题产生矛盾。充分发挥教代会和工会作用，拓宽教职工参与学校民主监督、民主管理的渠道。加大基础建设投入，服务师生，持续改善校园基础建设，对嘉定校区宿舍进行维修投入。学校企业改制过程中，做好改制企业事业编制人员的安置，建立台账，"一人一策"。巩固深化校园安全专项整顿工作成果，健全完善校园及周边治安综合治理长效机制。深入开展国家安全教育线上课堂、知识竞答、教学能力展示等活动。做好保密工作。组织开展专项保密教育培训和保密专项飞行检查，提高领导干部和师生员工政治站位和保密意识，加强制度建设和保密管理，不断增强防范失泄密风险的能力，切实筑牢保密工作安全防线。

3. 狠抓安全生产责任和措施落实，保障师生生命财产安全和校园安全

五年来，同济大学党委坚守安全红线，强化责任措施落实，推动安全生产工作取得显著成效。定期召开学校安全生产委员会、书记专题会议、学校安全生产及学校消防安全工作会议，研究部署工作。制定和修订各类制度文件，指导各单位规范开展安全生产消防及防火工作，规范和加强消防报警值班，切实抓好安全生产和消防教育宣传，组织11个安全督查小组开展常态化督查，将隐患消除在源头。以"四不两直"方式，每月定期开展消防安全督查和隐患整改治理回头看，督促落实隐患整改。完成学校智慧消防建设，督促各二级单位和职能部门切实履行好教育安全主体责任。将实验室安全管理摆在突出位置，从制度设计、安全检查、实验室管理和安全教育等方面入手，着力构建实验室安全管理长效机制，牢固树立灾害风险理念，提升各级干部和全体教师对台风、暴雨等自然灾害风险及其防范工作严峻性、紧迫性的认识，扎实做好日常减灾工作。

4. 因时因势优化调整防控措施，保障师生健康安全

新冠疫情防控工作开展以来，同济大学积极应对、主动作为，以灵活的防控策略、充分的部署准备，抓实抓细各项工作，建立完善学校疫情防控指挥体系和校园网格化管理体系，统筹疫情防控和学校发展，打赢疫情防控总体战。在重要时间节点开展风险点排摸工作，从学生思想意识形态、学业就业压力、校园突发事件等方面排摸风险点，制定相应防范措施。在学生中开展法律意识、校规校纪教育，特别针对学业、心理有问题的学生，持续开展心理疏导工作。全力防范和化解各种苗头性倾向性问题，坚决防止发生重大影响的政治敏感事件和重大校园群体性事件，确保总体师生生命健康和校园安全稳定。

维护高校安全稳定是落实总体国家安全观的题中应有之义，也是高校推进改革发展、

履行办学使命的重要保障。进入新征程,同济大学将以习近平新时代中国特色社会主义思想为指引,坚持总体国家安全观,坚持统筹发展和安全,牢固底线思维,注重堵漏洞强弱项,努力构建起科学有效、切实管用的工作体系,以高度的使命感和责任感做好工作。有效防范化解各类风险挑战,打好维护安全稳定工作主动仗,不断巩固校园安全稳定的良好局面。

第七节　电子与信息工程学院：
##　　　　聚焦数字治理创新，
##　　　　完善协同育人体系

党的十八大以来，"数字中国"正式上升为国家战略，数字技术逐渐全面应用于中国经济社会发展全过程和各领域。党的十九大以后，随着信息技术的不断发展，教育领域的数字化改革日渐加速。2018年以来，教育部出台一系列政策，部署推进教育数字化转型。《教育信息化2.0行动计划》等系列规划文件陆续发布，明确指出充分利用云计算、大数据、人工智能等新技术，构建全方位、全过程、全天候的支撑体系，助力教育教学、管理服务的改革发展。2022年，党的二十大报告首次把教育、科技、人才进行"三位一体"统筹安排、一体部署，将"推进教育数字化"写入报告，进一步明确了教育数字化未来发展的行动纲领。

为深入贯彻实施科教兴国战略，推进教育数字化，办好人民满意的教育，担好为党育人、为国育才的历史重任，电子与信息工程学院（以下简称学院）依照同济大学"三全育人"示范学院建设标准，依托学科优势与专业特色，聚焦数字治理创新，以智能引领、信息赋能，系统性谋划学院协同育人中心建设，稳步推动"三全育人"数智化转型，全面推进大学数治体系和数治能力现代化，着力构建高质量发展的协同育人体系。

一、探索学院数治发展路径，系统性谋划协同育人中心建设

电子与信息工程学院由教育部原副部长、同济大学原校长吴启迪教授创建，目前有教师382人、学生4048人，是同济大学师生体量较大的学院。自2018年来，在教育部副部长、中国工程院院士、原同济大学校长陈杰教授的引领下，学院迎来重要战略机遇期：获批教育部科研基地3个，获得省部级及以上科研奖励近70项，2020—2022年年均科研经费到账1.25亿元，目前正在建设"自主智能无人系统"全国重点实验室和上海自主智能无人系统科学中心；自动化专业和计算机科学与技术专业进入全球工程教育的第一方阵，控制理

论与控制工程被列为全国重点学科,计算机学科新进 ESI 千分之一;组建了一批高端人才队伍,由陈杰院士和蒋昌俊院士领衔,拥有 11 名兼职院士、1 名国家级教学名师和 23 名国家级称号人才。

学院第六次党代会将完善学院治理体系、提高学院治理能力、进一步增强师生获得感作为发展目标,以"三全育人"示范学院创建为契机,进一步明确了将学院一体化信息系统建设作为学院治理体系和治理能力提升的重要工作,着力打造以零代码技术和高精度算法为核心的数据平台,全方位赋能学院人才培养、学生管理、科研创新、学科发展和现代治理,统筹构建"智信"育人体系,全面支撑学院人才培养体系高质量发展。

经过多次党政联席会专题研讨,学院划拨 70 余万元专项经费,打造协同育人中心,形成党政齐抓共管、定期沟通、协同处理、统筹部署的协同育人组织机制,实现育人成效增量最大化。强化组织领导,明确该中心工作管理责任,成立由学院党政一把手任组长的协同育人中心建设领导小组,完善学工、教学、科研、行政领导责任制度,明确时间表和路线图,通过每月召开协同育人工作会议,确保各项重点任务落地落实。

学院坚持服务至上,深入系所和一线师生开展调研座谈,全面梳理汇总教学、科研、管理、服务等方面数字化建设重点需求,以师生实际需求为导向,牵引学院信息平台建设。以"易用、可用、好用"为原则,充分发挥学科和专业优势,引入"零代码"技术,完成

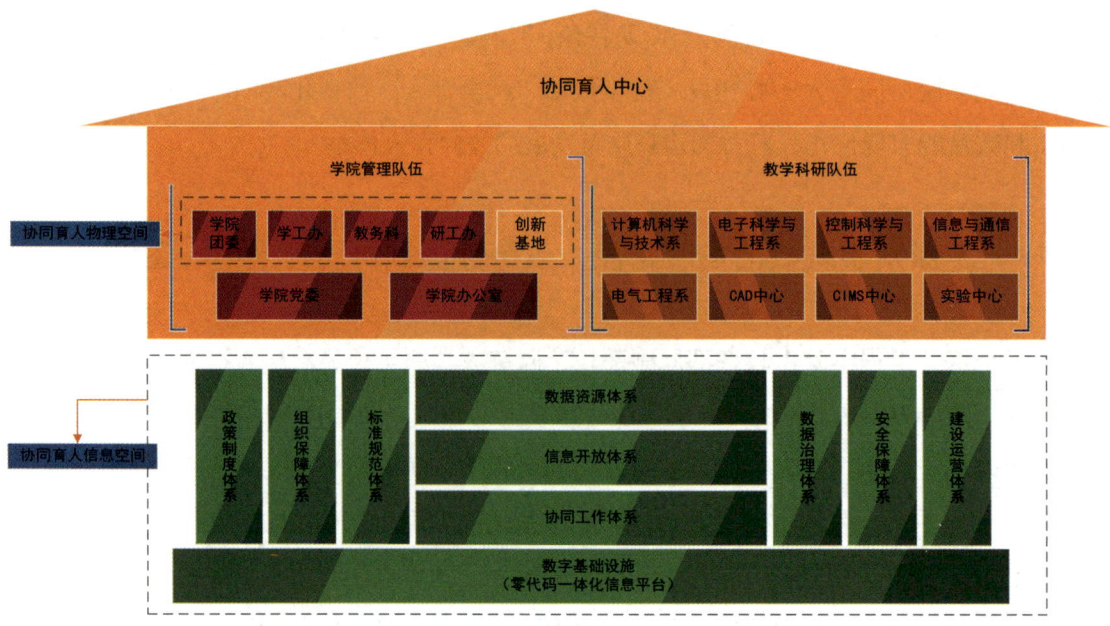

同济大学电子与信息工程学院"智信"育人体系

了集智能表单、智能流程、低代码函数、多端信息推送、自定义打印、数据可视化分析等于一体的信息平台研发。通过构建微信端、移动端和电脑端的分角色门户，整合部门业务和常用服务应用，完成部门数字孪生和业务流程构建，建立院内用户和外部联系人两大人员体系，开发20余个微应用，实现60余个事项"一键直达""一键办理"。推进线上线下协同办理，逐步实现师生办事"网上办、掌上办、就近办、自助办"，为育人主体的便捷联动、育人过程的高效协同提供了核心基础保障，促进办学治院各项工作更加科学化、精细化、人性化。

整合育人资源，强化空间保障。学院规划450余平方米空间，装修改造智信馆一楼办公室用房，打造协同育人中心物理空间，促使全员全方位育人落地见效。聚焦学生成长需求，结合具体育人场景，设立协同育人一体化办公区，实现本研学工、教务、学生创新基地集中办公，建立了协同工作与资源共享的新机制，打破了部门间的工作"壁垒"。同时，整合扩充学生专用场地，构筑立体式学生互动空间。打造融合团学活动、学业辅导、科技创新、志愿实践、心理健康教育、生涯发展与指导教育于一体的立体式专属空间，为高素质人才培养提供重要保障。建设"启智励行"文化长廊，营造文化育人氛围，构建"三全育人"一体化的沉浸式文化长廊。依托低代码一体化信息平台开放能力，推进各项事务线上线下融合，打造一站式学生自助服务站，为学生提供自助打印、签章、资料报送等全天候便捷服务，确保协同育人提质、增效、减负。

二、强化育人主体协同意识，全面提升多元数治思维能力

学院高度重视多元育人主体协同能力建设，围绕师生数字使用能力、数治思维深化以及数字化育人资源整合等全面推进全院数治能力提升。以制度建设为抓手，以教育全要素、全流程、全业务和全领域的数字化建设为目标，全方位系统性优化学院数字治理体制机制、组织架构、方式方法和资源配置。

学院充分关注数字使用鸿沟问题，注重管理队伍数字化领导力与治理能力的提升。在制度方面，实行管理队伍轮岗制度，通过"一盘棋"的模式培养管理队伍，推动管理人员多部门工作轮岗，进一步融通学院教师管理队伍，增强队伍活力，破除部门工作信息差，加强协同育人实效。在内容上，定期开展管理队伍交流培训，积极开展信息化工具应用实战培训，提升管理队伍信息素养与数治能力，保障工作协同高质高效。组织专项研学，先

后前往西安交通大学、上海健康医学院等兄弟院校开展交流学习，积极引进先进理念，全面推动学院数字治理体系建设。

依托一体化信息平台，学院着力构建数智融合的全流程教学管理体系，联通教务、学工、研工等部门，将学生线下座谈和线上调研相结合，通过数据流通和智能分析，形成从组织、实施到评价的线上线下育人管理闭环。同时，推行教学—学工联席工作会议，每学期召开两次，及时发现并打通教务和学工协同事务中的断点和堵点，确保育人工作精准高效。目前，共收集750余条学生意见反馈，形成10余份数据分析报告，建立问题清单，推动针对性听课、学生服务优化等专项工作精准化。

学院充分运用云计算、大数据、人工智能等数字技术推动教学改革，创新特色教学模式，开设"人工智能导论"等面向全校学生的专业通识课。通过信息化平台，将全校不同学院按照大类进行划分，开展分类化教学，设置专用题库并发布差异化考试链接，结合进程性考核，为不同学科背景学生学习信息专业类课程搭建友好的学习路径，扩大学院优质教学资源辐射圈，促进信息类专业知识赋能其他专业学科融合发展。

深化全员育人，建设产教融合示范基地，加速数字教育资源整合。2020年以来，学院先后与上海自主智能无人系统科学中心、华为技术有限公司、百度（中国）有限公司签订协同育人基地合作协议，从硬件、软件、课程、人才和平台等多维度拓展学院数字化协同育人资源。与上海自主智能无人系统科学中心完成"智能科学与技术"高峰学科建设，累计共建"人工智能基础""深度学习""物联网""智能感知网"等优质课程18门；聚焦计算机、人工智能、电子信息等信息技术领域，与华为共建协议课程25门，引进协议教师43名。促进资源共享，助力科研创新，形成了开放包容的全员育人体系，有效支撑学院人才培养高质量发展。

三、打造智慧高效治理体系，推动"三全育人"数智化转型

学院坚持以数智服务提升治理能力水平，以工作流程优化和再造为着力点，加速"三全育人"数字化转型。全面梳理学院各部门业务需求和数字资源，依托一体化信息平台，重塑工作流程，强化辅导员、教务员、导师、科创指导教师、班主任等育人主体业务联动和明确职责分工，实现全学院各部门同频共振。

整合学校信息化系统数据字典准则，集成标准数据，建设公共基础数据库，制定资源

目录，并依照目录对"一事一表"的公共数据进行链接与整合，推动跨部门数据采集标准和质量的统一，构建开放的数据生态，强化公共数据共享与应用。目前，已完成教工、学生、教学以及常用第三方数据等4个标准数据子集和24个公共数据表单的入库工作。

优化学生服务流程，聚焦师生关注事项。按照"一事一表"的原则，优化、完善工作流程和表单设计，切实提升全院师生信息化服务体验。建立学生数字档案模块，以共享数据最大程度实现师生员工各类数据表格的自动填充。面向新生入学报到和毕业生离校注销，建成"入学一件事""离校一件事"，实现每年1000余名入院新生快速办理报到和分班手续。综合学科评估、学生评奖评优和部门数据统计需求，构建学生成果库，完成含期刊论文、会议论文、发明专利、软件著作权、竞赛获奖、荣誉称号、志愿服务、社会实践、学生工作认定等各类学生成果成长大数据库，建立两级成果审核制度，确保成果数据精准有效。坚持以"一人登记，多人共用""一次录入，永久使用"为原则，研究同类数据在不同业务中所需的"最小公倍数"，开发规范、全面、高效的可复用电子表格，全面提升学生评奖评优、学科评估数据统计效率和服务质量。

坚持制度修订与技术配套，有机衔接业务协同需求和数字工具技术特点，完成28件各类规章制度"立、改、废"。2020年以来，学院结合"破五唯"要求，推进学生综合评价体系改革，先后修订《同济大学电子与信息工程学院学生奖学金评定细则》《同济大学电子与信息工程学院优秀毕业生评定细则》《同济大学电子与信息工程学院优秀本科毕业生免试攻读研究生工作实施细则》，实现奖学金评审、优秀毕业生评选和优秀本科生推免等全流程线上审核，多角色协同，形成了"学生申报—形式审核—班级测评—导师审核—学院部门审核—智能评分排名"的基本流程，通过标准规程体系有效破解了评审工作中特殊情况和统一评价的难题。自2021年系统投入使用至今，每年完成1200余名学生超5000余份材料的线上审核，实现1600余人次奖项评审全过程"公平、公正、公开"，连续多年零投诉，师生满意度显著提升。

坚持前沿技术支撑信息化平台建设，有力保障信息平台"开箱即用"，高效应对突发和临时业务需要。在学校新冠疫情防控工作中，学院借助一体化信息平台技术优势，快速完成了场馆限流管理、在校学生就医、学生返乡离校承诺书签署、物资代取发放、核酸抗原检测管理等多场景多任务的应用开发，形成了"新任务24小时上线，新要求即改即用"的技术支持能力，高效支撑了全校新冠疫情防控工作，有力保障了在校师生的生命财产安全。

充分运用信息画布技术，灵活构建各类业务数据可视化图表，推进精准化协同育人。每学期开展学生思想动态调研，建立标准题库，从综合状态自评到思想政治、身心健康、学业进展、导学关系、学院治理多维度进行长效化跟踪，建立"一人一档"和群体大数据画像，及时排摸学生的成长困惑和发展需求。基于线上流程实施脱敏报告流转批阅和信息往来，有效协同班主任、导师、辅导员、教务员等育人主体，形成高质量精准育人模式。面向全体本科生和硕士生实施"五育分"管理制度，依托信息平台，建成集五育活动发布、报名、反馈等活动全流程管理表单，通过数据引用、表格嵌套和智能画布，实现学生分数自查、五育成果分析，精准支撑学生德智体美劳全方位综合能力培养。

梳理校外育人载体和资源，以联系和发展的视角系统整合企业和校友资源，用数智服务不断拓展师生服务空间。运用零代码编程技术，实现外部联系人与学院师生业务联动，搭建全要素学生就业服务平台，为招聘单位管理提供标准化自助注册和信息发布入口。通过表单引用，实现学生简历"一键生成"和"一键投递"，切实提升就业招聘中双向体验。通过线上流程组织大规模线上招聘会，及时掌握当年就业市场行情和学生就业意向，建立学生就业全过程数字服务体系。

站在新的起点，学院将深入学习贯彻党的二十大精神，积极探索数字治理新模式，稳步推进治理体系和治理能力数字化。坚持问题导向，进一步聚焦数字治理创新，不断发挥信息技术在学院发展和人才培养中的作用，加快实施学生服务智能化、学生教育日志化、学生预警实时化、校企服务网络化。不断完善协同育人体系，强力整合各类数据资源，实现大数据驱动的"滴灌"式育人，精准对接师生需求，有效识别学院工作中的潜在风险，逐步转事后处置为事前预警，变被动工作为主动作为。多维发力，协同渐进，发挥示范引领，注重内涵建设，持续推动数字技术为学院人才培养赋能，为建设中国特色世界一流大学贡献"电信"力量。